JN418514

전시기획론

Exhibition Planning Theory

「성공적인 전시회 개최를 위한 실무서」

KOTRA 조 기 창 著

2002년 『한국전시산업진흥회』 출범
2008년 『전시산업발전법』 제정
2011년 10여년전에 비해 4배 증가한 552개 국내전시회 개최
2012년 10만㎡가 넘는 전시장 등 13개 전시장 보유

전시회 육성을 위한 기반은 마련되었다.
그렇다면 성공적인 전시회 개최 전략과 방안은 무엇인가?

머 리 말

지난 10년도 안되는 짧은 기간 동안 우리나라 전시산업은 비약적으로 발전해왔습니다. 2000년대에 들어 주요 지방자치 단체들이 국제 규모의 초현대식 전시장을 잇따라 개장하거나 확장하면서 고질적으로 우리나라 전시산업 발전을 저해해 왔던 전시장 부족 문제를 해결할 수 있게 되었습니다.

또한 2002년, 우리나라 전시산업을 대표하는「한국전시산업진흥회」의 출범과 함께 전시장운영자, 전시주최자, 장치업체 및 전시서비스 업체 등이 직능별 조합을 구성하여 각 단체 이익을 대변하고 상호 간 발전 방향을 모색해가고 있습니다. 이와 함께「한국무역전시학회」에서는 정기 학술대회를 통해 우리나라 전시산업의 발전 방향을 제시하고 있습니다.

정부에서도「한국전시산업진흥회」를 통해 전시회 인증제도를 실시하고 매년 국내 전시산업 통계를 발표하고 있으며 2008년에는「전시산업발전법」을 제정하여 법적 · 제도적으로 국내 전시산업의 지원 근거를 마련하였습니다. 또한 전시산업 발전 5개년 계획을 수립하여 조만간 우리나라를 세계 전시 10위 강국으로 육성하겠다는 강한 의지를 갖고 전시업계에 대한 재정 지원도 대폭 강화하고 있습니다.

이러한 변화에 힘입어 우리나라에서 매년 개최되는 전시회도 지난 10여 년 동안 양적, 질적으로 크게 성장해왔습니다. 연간 개최되는 전시회 건수도 4배 이상 증가하였고 개최 규모, 참관객 수도 매년 크게 늘어나고 있습니다. 또한 해외참가업체 및 참관객 유치, 전시장 조성, 전시회 진행과 개최 성과, 부대행사 내용도 종전에 비해 훨씬 개선되었고 다수 전시회가 UFI 인증까지 취득하는 등 한국 전시산업은 국내 어느 산업 분야에 비해서도 손색이 없을 정도로 발전해 온 것으로 평가 받고 있습니다.

그럼에도 불구하고 아직까지 우리나라 전시산업은 소위 전시 선진국이라 할 수 있는 독일, 미국, 이태리는 물론이고 중국과도 비교할 때 더 발전시켜야 할 부분이 많이 있다는 점을 부인하기 어렵습니다. 현재 한국전시산업은 하드웨어적인 면에서는 상당한 수준까지 성장했다고 할 수 있겠으나 전시회의 대형화, 전문화, 국제화를 위해 더 분발해야 할 것입니다. 특히, 소규모 전시회 난립은 하루 속히 해결해야 할 과제입니다.

다행히 최근, 국내 다수 대학교에 전시관련 학과가 개설되면서 많은 우수한 학생들이 전시산업을 떠오르는 미래의 성장 산업으로 평가하고 몰려들고 있습니다. 그러나 필자는 우리나라 무역 투자 진흥기관인 코트라에 입사한 이래 주로 전시 분야의 업무를 담당하면서 현실적으로 우리에게 전시관련 전문시적이 빈약한 점을 항상 안타깝게 생각하고 미래의 한국 전시산업 주역이 될 전시 학도들을 위해 이론서가 아닌 실무서 발간의 필요성을 절실하게 느껴왔습니다.

본 책자는 전시회를 처음으로 기획하려는 전시주최자들과 전시컨벤션학과 학생들을 위해 전시 개발 전략 및 세부 계획을 필자의 실제 경험과 지식을 바탕으로 제시하였습니다. 또한 독자들의 이해를 돕기 위해 가장 성공적인 전시회로 평가 받고 있는 코트라 주최 「서울국제식품산업대전」의 예를 많이 인용하였고 사진도 풍부하게 수록하였습니다.

아무쪼록 본 책자가 전시회 개최 방법을 배우거나 계획하고 계신 학생, 전시주최자들에게 다소나마 도움이 되기를 바라며 이 책자가 나오기 까지 많은 도움을 준 코트라 조상재 차장, 백택은, 백운호, 추대로, 최도연, 류성영, 정가훈 인턴, 한국전시산업진흥회의 민정우 대리를 비롯하여 원고 교정과 많은 조언을 아끼지 않은 아내에게 진심으로 감사의 뜻을 전합니다.

2013년 4월

조 기 창

Contents

제 1 장 국내전시회 현황 및 육성방안

제 2 장 전시회 기획 전략 및 절차

제 3 장 전시회 개최 세부 계획

Contents

제 7 장 CEM

제 8 장 전시학도 대상 프로그램

부 록

Chapter 1
국내전시회 현황 및 육성방안

제 1 장

국내전시회 현황 및 육성방안

1. 국내전시회 현황

가. 전시회 정의 및 분류

전시회란 특정 장소인 전문 전시장에서 일정 기간 동안 제품, 기술, 서비스 전시를 통해 판매, 홍보, 마케팅 활동을 하는 행위이다. 또한 전시 참가업체가 유통업자, 무역업자, 소비자, 관련 종사자 및 전문가, 일반인 등을 대상으로 자신의 기업 및 상품 관련 정보를 제공하고 이들과 거래가 이루어지는 형태의 행사로서 경제적 목적을 달성하고자 하는 경제 활동으로 정의[1]한다.

전시회는 전시되는 품목이나 분야에 따라 전문전시회, 종합전시회 및 세계박람회 등 세 가지 유형으로 나누어지며 전문전시회는 방문객 성격에 따라 Trade Show와 Public Show로 구분된다. 그러나 종합전시회는 점차 줄어들고 있는 추세이다.

〈전시회 분류 I〉

구분	전문전시회	종합전시회	세계박람회
전시품목	특정산업분야 또는 전문품목	다양한 산업 분야 및 종합품목	산업, 과학, 기술, 문화, 예술 등 전 분야 망라
전시기간	3-5일	1-2주	6개월 이내
참가업체	제조업체, 유통업체	개별업체, 정부기관	국가단위
방 문 객	바이어	바이어 및 일반대중	일반대중
성 격	철저한 상거래를 목적으로 하는 B2B전시회	자국 산업에 대한 홍보 및 교역활성화	미래 지향적인 전시 주제를 가지고 일반 대중에게 방향을 제시하는 비상업적 박람회
예	• Trade Show 한국전자전, 기계전 • Public Show 결혼/육아박람회	• 한국상품전 • 카이로 (국)박 • 80년대 SITRA (서울국제박람회)	• 상해 Expo • 여수 Expo

1) 한국전시산업진흥회의 전시회 정의

또한 전시회는 바이어와 공급자간 순수한 상거래를 목적으로 개최되는 무역전시회와 일반인을 대상으로 제품을 소개하거나 기업을 홍보하기 위해 개최되는 일반전시회로 구분되며 이들 두 전시회의 특성을 혼합한 형태의 무역일반전시회도 개최된다.

〈전시회 분류 II〉

구분	무역전시회 (Trade Show)	일반전시회 (Public Show)	무역일반전시회 (Mixed Show)
참가기업	제조업체, 유통업체	소매업자 및 바이어(End-user)를 접촉하려는 제조업체	제조업체, 유통업체
참 관 객	바이어 (End-user)	일반대중	바이어, 일반대중
입장제한	바이어 및 초청장 소지자만 입장	입장제한 거의 없음	통상 바이어만 입장 가능한 별도의 business hour 운영
점 유 율	미국 내에서 개최되는 전시회의 49% 차지	미국 내에서 개최되는 전시회의 13% 차지	미국 내에서 개최되는 전시회의 38% 차지
예	• 한국기계전	• 한국결혼상품전	• 서울국제식품산업대전

전시회는 전시주최자, 전시장운영자, 용역회사,[2] 전시회 참가업체 및 참관객으로 구성된다

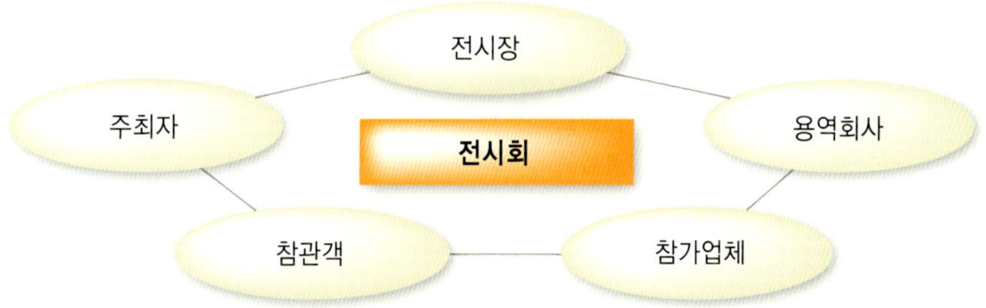

나. 국내전시회 발전 과정

우리나라가 개최한 첫 번째 박람회는 1958년 경복궁에서 개최된 산업박람회이다. 이 박람회는 건국 10주년 기념 사업의 하나로 국내 산업을 부흥시키는 데 개최 목적이 있었다. 그 후, 1960년대 초부터 국내외 중소기업의 유망품목 개발을 지원하기 위해 품목별 박람회 및 지방순회 전시회와 같은 소규모 전시회가 연간 몇 차례씩 비정기적으로 개최되었다. 1968년 가을, 서울 구로동 수출공단에서 코트라 주관으로 우리나라 최초 「제 1회 한국무역전시회[3]」가 개최되었으며 이어 전문

2) 여기서 용역회사란 전시장치업체 및 전시관련 서비스 업체 (인력, 물류, 렌탈, IT 등)를 말한다.

3) 한국무역박람회는 '내일을 위한 번영의 광장 (forum for prosperity of tomorrow)'을 주제로 하여 1968년 9월 9일부터

품목 전시회로는 1969년, 덕수궁에서 「한국전자제품전시회」 (현 한국전자전)가 최초로 개최되었다. 1962년부터 1969년까지 국내전시회는 총 36회 개최되었는데 이중 상품포장 및 디자인 관련 전시회가 28회, 국제 스웨터 전시회 등 전문전시회가 5회 개최되었다.4)

[1955년 광복 10주년을 기념해 창경궁에서 열린 산업박람회]

1970년대에는 해외 우수 상품을 수집, 국내에서 생산된 제품과 비교 전시하는 전시회가 열렸고 1975년부터는 「서울교역전」이 코트라 주관으로 연 1-2회 개최되었으며 1976년에는 서울 여의도에서 한국기계공업진흥회가 「한국기계전시회」를 개최하였다.

1968년 10월 20일까지 총 42일간 개최되었다. 주요 행사로 친선 파티 개최, 연예 행사 (방송), 가요제, 패션쇼, 불꽃놀이, 꽃전차 행렬 등이 진행되었다.

국내 전시장은 총 311개 업체가 참가한 가운데 국제적 규모 (8,479.3㎡)의 대 전시장으로 마련되어 각종 우수 상품 2만 여점이 출품 전시되었다. 우수 전시 장치업체에 대해서는 설계자, 시공사 및 출품자를 공동 표창하는 제도를 마련하는 한편, 직접 사용할 기회를 제공함으로써 수출 상품의 우수성을 소개하고자 직매장을 운영하였다. 해외 전시장의 경우 미국을 비롯한 독일, 스웨덴, 스위스, 프랑스, 이태리, 네덜란드, 일본, 중국, 태국 등 10개국에서 100여개 업체가 참여하여 총 1,664점을 출품 전시하였다.

전시관은 크게 국내 업종관, 정부관, 외국관, 미국 원자력관으로 구분되었다. 국내 업종관에서는 국내 기업들이 생산한 제품과 무역업자들이 취급하던 상품들을 업종별로 구분 전시하였는데, 293개 기업체에서 총 2만여 점을 출품하였다. 또한 외국관에는 10개국으로 부터 101개 기업체가 참가하여 상품을 전시하였다.

한국무역박람회 기간 동안 외국 바이어 1,800명을 유치하였고, 2,100만 달러의 수출 거래 실적을 올렸으며 관람객은 200만 명을 돌파하였다. 전시회장의 지리적 여건이 불리하다는 이유로 입장료는 대인 50원, 소인 30원으로 정하였으며, 일평균 5만 여명의 입장객이 방문하였다.

4) 송성수저 <21세기 떠오르는 전시산업> P370

[제1회 한국무역전시회 1968년 9월, 구로공단]

우리나라에서 본격적인 전시회가 개최된 것은 1979년, 우리나라 최초 전문전시장인 한국종합전시장[5](현 COEX)이 개관되면서부터 이다. 1980년대 초반에는 연 11-15회 정도 전시회가 개최되있다. 특히, 1982년 현 COEX에서 코트라 주최로 「서울 국제무역전시회 (Seoul International Trade Fair)[6]」가 개최되면서 수출업체들이 국내에서 개최되는 무역전시회의 중요성을 인식하게 되었다. 그 후 1980년대 후반으로 접어들면서 한국종합전시장에서만 연간 30회 이상의 전시회가 개최되었다.

[한국 최초 전문전시장이었던 한국종합전시장 (현COEX)]

[1978년 서울 트레이드페어]

---

5) 한국종합전시장은 총 138억원을 들여 '76년 12월 착공한지 30개월만인 '79년 7월에 완공되었으며, 개장 당시 4만평 대지 위에 옥내 4,860평, 옥외 4,900평의 전시 면적을 갖춘 동양 최대 규모의 우리나라 최초 전문전시장이었다. <매일경제 1979.7.3>

6) 1982~1994년까지 2년마다 서울에서 개최된 종합 부역박람회이다. 1976년부터 개최되던 '서울교역전'을 발전시킨 것으로 코트라에서 주관했다. 마지막으로 열린 1994년 서울무역전시회에서는 87개국에서 총 1,057개 기업이 참가하여 11만명에 가까운 참관객을 유치하였으나 종합무역박람회 분야보다는 전문 무역박람회에 대한 기업들의 선호도가 높아지면서 1996년부터 폐지되었다.

〈한국종합전시장 연도별 운영현황〉

구분	1979	1980	1981	1982	1983	1984	1985	1986	1987	1988
개최횟수(회)	7	11	15	11	23	26	30	30	34	37

출처 : KOEX

[1980년대 서울국제무역박람회]

1990년대 이후에는 COEX 확장과 함께 전시주최 전문업체, 업종별 조합 및 협회, 공공기관, 언론기관 등이 주최하는 전시회가 늘어나기 시작하였다. 특히, 이 시기에 「서울 국제조명산업전시회」, 「리빙디자인페어」, 「한국 국제공장자동화 종합전시회」, 「서울 모터쇼」, 「서울 국제화학플랜트전시회」 등 많은 전문전시회가 생겨났다. 그 후 2000년대 들어 수도권을 비롯한 주요 지자체들이 경쟁적으로 전시장을 신설7)하거나 확장하면서부터 전시회 개최 횟수뿐 아니라 규모도 크게 확대되고 있다.

더구나 2004년부터 국가공인기관의 인증제도 도입에 힘입어 공신력 있는 전시회로 대내외 홍보가 가능하게 되었으며 이를 통해 2011년 말 현재, 74개 국제 인증전시회와 11개 인증전시회가 생겨났다. 또한 이와 별도로 총 28개 국내전시회가 UFI 인증을 획득하는 등 질적인 면에서도 크게 성장하고 있다.

다. 통계로 보는 국내전시회

한국전시산업진흥회가 매년 2월과 4월 사이에 조사한「국내전시산업 통계조사」에 따르면 우리나라 전시회 현황은 다음과 같다.

7) COEX 이외 대전무역전시관 ('95년 5월), SETEC ('99년 5월), EXCO ('01년 4월), BEXCO ('01년 9월), aT Center ('02년 11월), KINTEX ('05년 4월), 김대중 센터 ('05년 9월) 등이 연이어 개장하였다.

① 개최 건수

한국전시산업진흥회의 조사에 의하면 2000년대 들어 국내에서 개최되는 전시회 수는 매년 크게 증가하고 있다. 지난 10여 년 동안 국내 개최 전시회수는 4배 이상 늘어났고 연평균 성장률도 15%에 육박하고 있다. 이와 같이 개최 전시회수가 크게 늘어나고 있는 이유는 기존 전시장 확장과 신규 전시장 건립 등으로 전시 가용 면적이 증가하였고, 이로 인해 신규 및 유사전시회 개최가 가속화되고 있기 때문이다. 특히 2011년의 경우, 전년에 비해 전시회가 급격히 증가한 이유는 채용·취업박람회, 창업박람회 및 정부주도형 전시회의 증가에 그 원인이 있다.

〈2001-2011년 전시회 개최 현황〉

(단위 : 건, %)

연도	2000	2001	2002	2003	2004	2005	2006	2007	2008	2009	2010	2011
개최건수	132	221	248	268	300	336	353	354	409	422	479	552
성장률	-	67.4	12.2	8.1	11.9	12.0	5.1	0.3	15.5	3.2	13.5	15.2

② 개최 성격

한국전시산업진흥회가 2007년부터 2011년까지 조사한 국내전시회의 성격을 비교해 보았을 때 무역·일반전시회를 포함한 무역전시회 성격의 전시회 개최 비율은 매년 개최되는 전시회의 절반 가량을 차지하고 있다.

〈전시회 개최 성격〉

(단위 : 건)

구분	2007년	2008년	2009년	2010년	2011년
무역전시회	92 (40.3%)	98 (37.1%)	58 (13.7%)	75 (15.7%)	95 (17.2%)
무역·일반전시회	25 (11.0%)	70 (37.1%)	168 (39.9%)	156 (32.6%)	150 (27.2%)
일반전시회	111 (48.7%)	96 (36.4%)	196 (46.4%)	248 (51.7%)	307 (55.6%)
합계	228 (100%)	264 (100%)	422 (100%)	479 (100%)	552 (100%)

주) 2007년, 2008년의 경우 응답전시회 기준이며 2009년, 2010년 및 2011년의 경우 전체 개최 전시회 건수임.

③ 평균 전시면적

전시면적은 해마다 큰 변동이 없다. 다만 해외참가업체의 전시면적은 지난 수년 동안 위축세를 나타내고 있다. 특히, 2009년 국내 참가업체 전시면적이 감소 한 것은 글로벌 경제 위기로 인해 국내 산업이 위축되었기 때문인 것으로 분석된다. 그러나 그 이듬해 부터 전시회별 평균 전시면적은 9,000㎡대로 회복되었다.

〈연도별 평균 전시면적〉

(단위 : ㎡)

구분		2007년	2008년	2009년	2010년	2011년
총 전시면적		9,402	9,728	8,277	9,350	9,246
순 전시면적		4,593	4,106	3,540	5,956	3,950
	국내참가업체	3,294	3,271	3,147	4,854	3,417
	해외참가업체	1,077	820	849	513	533

④ 평균 참가업체 수

평균 국내 참가업체 수는 매년 130 ~ 140개사 정도이고 해외 참가업체수는 30개사 내외 수준을 보이는 등 큰 변동을 보이지 않고 있다. 따라서 평균 전체 참가업체수도 160 ~ 170개사로 거의 정체 상태이다.

〈연도별 평균 참가업체 수〉

(단위 : 개, 개사)

연도		2007년	2008년	2009년	2010년	2011년
총 개최전시회수		354	409	422	479	552
총 참가 업체 수	총합계	38,546	37,795	53,789	40,948	67,446
	평 균	177	161	161	159	167
	응답 전시회수	218	235	334	258	403
국내 참가 업체 수	합 계	24,760	26,483	43,524	32,467	54,451
	평 균	124	124	130	139	135
	응답 전시회수	199	213	334	234	403
해외 참가 업체 수	합 계	9,920	9,032	8,475	5,616	12,995
	평 균	54	42	25	24	32
	응답 전시회수	185	214	339	234	403

④-1 전시장별 총 참가업체 수 현황

2008년 부터 2011년 까지 4년간 전시장별 연도별 평균 총 참가업체 수는 기타 전시 장소를 제외한 전문전시장 중 KINTEX가 264개사로 1위를 차지하였으며 Coex 182개사, ICC Jeju 174개사, KOTREX 169개사로 그 뒤를 잇고 있다. 4년간 전시장 전체 평균 총 참가업체 수는 162개사로 조사되었다.

〈전시장별, 연도별, 참가업체 규모별 전시회 개최 현황〉

(단위 : 개)

전시장	연도	100개사 미만	100개사 이상	200개사 이상	300개사 이상	400개사 이상	500개사 이상	무응답	합계	평균 (개사)
aT Center	'08	7	6	1	1	-	-	-	15	118
	'09	9	2	-	-	-	-	5	16	71
	'10	4	6	-	-	-	-	11	21	98
	'11	5	4	1	-	-	-	-	10	115
BEXCO	'08	11	13	1	-	-	1	5	31	138
	'09	17	15	6	-	-	1	2	41	143
	'10	15	11	8	1	-	-	18	53	128
	'11	14	14	9	2	1	2	-	42	183
CECO	'08	9	3	2	1	-	-	1	16	126
	'09	12	5	-	-	-	-	-	17	82
	'10	9	5	-	1	-	-	3	18	105
	'11	7	6	2	-	1	-	-	16	144
Coex	'08	19	37	10	4	5	4	8	87	193
	'09	41	48	16	4	3	5	10	127	183
	'10	18	37	16	2	3	5	41	122	193
	'11	61	50	20	6	5	7	-	149	160
DCC	'08	2	-	-	-	-	-	-	2	87
	'09	11	2	-	-	-	-	-	13	63
	'10	5	1	-	-	-	-	7	13	55
	'11	6	2	-	-	-	-	-	8	80
EXCO	'08	12	8	2	-	-	-	1	23	112
	'09	13	14	4	-	-	-	2	33	105
	'10	12	14	-	1	-	-	12	39	103
	'11	18	15	7	1	-	-	-	41	123
ICC Jeju	'08	-	-	-	1	-	-	-	1	330
	'09	-	-	-	-	-	-	-	-	-
	'10	-	-	-	-	-	-	-	-	-
	'11	1	-	-	-	-	-	-	1	17
KDJ Center	'08	4	7	1	-	-	-	4	16	122
	'09	7	7	1	-	-	-	2	17	111
	'10	9	7	2	-	-	-	13	31	115
	'11	22	13	-	1	2	-	-	38	111
KINTEX	'08	9	12	5	3	1	3	2	35	213
	'09	10	15	6	1	5	4	1	42	289
	'10	9	16	7	3	2	4	17	58	234
	'11	8	24	8	4	1	9	-	54	320
KOTREX	'08	3	2	-	-	-	-	1	6	107
	'09	2	3	1	-	-	1	-	7	233
	'10	-	-	1	-	-	-	1	2	200
	'11	3	4	1	-	-	-	-	8	137
SETEC	'08	6	10	-	1	-	-	5	22	125
	'09	11	14	-	1	-	-	4	30	117
	'10	1	5	-	2	-	-	13	21	180
	'11	5	9	1	1	-	-	-	16	109
Songdo ConvensiA	'08	1	5	-	-	-	-	2	8	114
	'09	5	10	-	1	-	-	-	16	131
	'10	3	4	1	-	-	-	3	11	124
	'11	6	1	1	-	-	-	-	8	94
기타	'08	-	1	1	-	-	-	-	2	200
	'09	-	-	1	-	-	-	-	1	268
	'10	1	3	2	-	-	-	-	6	155
	'11	5	4	2	1	-	-	-	12	136
전체	'08	83	104	23	11	6	8	29	264	161
	'09	138	135	35	7	8	11	26	360	161
	'10	86	109	37	10	5	9	139	395	159
	'11	161	146	52	16	10	18	-	403	167

〈전시장별, 연도별 평균 참가업체 수 및 순위〉

(단위 : 개사)

전시장	2008년	2009년	2010년	2011년	평균	순위
aT Center	118	71	98	115	101	⑬
BEXCO	138	143	128	183	148	⑥
CECO	126	82	105	144	114	⑩
Coex	193	183	193	160	182	③
DCC	87	63	55	80	71	⑭
EXCO	112	105	103	123	111	⑪
ICC Jeju	330	-	-	17	174	④
KDJCenter	122	111	115	111	115	⑨
KINTEX	213	289	234	320	264	①
KOTREX	107	233	200	137	169	⑤
SETEC	125	117	180	109	133	⑦
Songdo ConvensiA	114	131	124	94	116	⑧
기타	200	268	155	136	190	②
전체	161	161	159	167	162	

주) 음영은 수도권 소재 전시장

⑤ 평균 관람객 수

평균 총 관람객수도 3만명을 다소 상회하고 있으나 해외 관람객 비중은 2%대에 머물고 있다. 국내에서 개최되는 전시회 수는 매년 늘어나고 있지만 평균 해외참가업체와 평균 참관객 수는 큰 변화가 없거나 오히려 줄어들고 있어 국내전시회의 국제화와 대형화가 시급함을 말해주고 있다.

〈연도별 평균 참관객 수〉

(단위 : 명)

구분	2007년	2008년	2009년	2010년	2011년
총 관람객	36,634	32,297	31,120	31,603	32,651
국내 관람객	32,097	32,329	27,807	31,765	32,045
해외 관람객	923	767	598	660	606

⑤-1 전시장별 총 참관객 수 현황

2008년 부터 2011년 까지 4년간 전시장별, 연도별 평균 참관객 수는 기타 전시 장소를 제외한 전문전시장중 KINTEX가 48,197명으로 1위를 차지하였으며 BEXCO 34,092명, Coex 29,934명, KOTREX 29,764명으로 그 뒤를 잇고 있다. 4년간 전시장 전체 평균 참관객 수는 31,123명으로 조사되었다.

〈전시장별, 연도별, 참관객 규모별 전시회 개최 현황〉

(단위 : 개)

전시장	연도	1만 미만	1만 이상	2만 이상	3만 이상	4만 이상	5만 이상	10만 이상	무응답	합계	평균(명)
aT Center	‘08	-	3	6	3	-	1	1	1	15	46,064
	‘09	3	3	2	-	-	1	-	7	16	15,483
	‘10	3	2	1	-	-	-	-	15	21	8,367
	‘11	3	4	2	-	-	1	-	-	10	18,615
BEXCO	‘08	5	2	4	7	-	5	2	6	31	34,755
	‘09	15	1	10	3	2	5	5	0	41	37,354
	‘10	11	5	3	3	2	2	4	23	53	35,737
	‘11	14	8	7	5	3	4	1	-	42	28,520
CECO	‘08	3	2	6	2	-	2	-	1	16	23,653
	‘09	8	6	1	-	1	1	-	-	17	15,483
	‘10	6	2	2	-	3	-	-	5	18	19,022
	‘11	2	4	3	3	1	3	-	-	16	28,504
Coex	‘08	6	26	21	11	4	12	4	3	87	32,897
	‘09	21	22	27	18	12	14	-	13	127	28,026
	‘10	15	16	14	10	2	14	1	50	122	31,998
	‘11	48	36	21	19	5	14	6	-	149	26,813
DCC	‘08	-	-	-	-	-	-	-	2	2	-
	‘09	8	1	2	1	-	-	-	1	13	10,196
	‘10	2	2	-	2	-	-	-	7	13	18,350
	‘11	3	-	4	-	-	-	1	-	8	33,083
EXCO	‘08	5	6	9	1	-	2	-	-	23	19,702
	‘09	8	9	5	2	1	5	1	2	33	25,419
	‘10	9	9	2	3	1	3	-	12	39	19,993
	‘11	12	10	7	3	-	7	2	-	41	30,964
ICC Jeju	‘08	1	-	-	-	-	-	-	-	1	3,000
	‘09	-	-	-	-	-	-	-	-	-	-
	‘10	-	-	-	-	-	-	-	-	-	-
	‘11	1	-	-	-	-	-	-	-	1	800
KDJ Center	‘08	2	6	3	1	-	2	-	2	16	23,718
	‘09	8	5	1	-	1	-	1	1	17	17,483
	‘10	3	4	3	-	1	1	-	19	31	22,675
	‘11	15	9	6	5	1	1	1	-	38	19,783
KINTEX	‘08	7	6	4	3	4	6	1	4	35	33,911
	‘09	7	5	6	5	5	8	3	3	42	65,072
	‘10	10	13	3	2	4	6	3	17	58	39,119
	‘11	7	15	7	3	4	13	5	-	54	54,684
KOTREX	‘08	1	2	-	1	1	-	-	1	6	23,079
	‘09	2	2	-	2	-	-	1	-	7	28,948
	‘10	-	-	-	-	-	-	-	2	2	-
	‘11	1	4	-	1	1	-	1	-	8	37,266
SETEC	‘08	5	2	6	4	-	1	2	2	22	30,148
	‘09	10	3	6	3	2	1	2	3	30	30,211
	‘10	2	3	-	1	-	3	-	12	21	28,259
	‘11	7	2	3	2	-	1	1	-	16	24,888
Songdo ConvensiA	‘08	2	4	1	-	-	-	-	1	8	14,642
	‘09	3	7	3	1	-	1	-	1	16	18,986
	‘10	2	2	2	-	-	-	-	5	11	14,830
	‘11	2	3	3	-	-	-	-	-	8	16,247
기타	‘08	-	-	1	-	-	-	1	-	2	205,821
	‘09	-	-	-	-	-	1	-	-	1	65,970
	‘10	1	1	2	-	-	-	2	-	6	110,456
	‘11	3	3	2	-	1	1	2	-	12	84,409
전체	‘08	37	59	61	33	9	31	11	23	264	32,297
	‘09	93	64	63	35	24	37	13	31	360	31,082
	‘10	64	59	32	21	13	29	10	167	395	29,067
	‘11	118	98	65	41	16	45	20	0	403	32,045

〈전시장별, 연도별 평균 참관객 수 및 순위〉

(단위 : 명)

전시장	2008년	2009년	2010년	2011년	평균	순위
aT Center	46,064	15,483	8,367	18,615	22,132	⑧
BEXCO	34,755	37,354	35,737	28,520	34,092	③
CECO	23,653	15,483	19,022	28,504	21,666	⑨
Coex	32,897	28,026	31,998	26,813	29,934	④
DCC	-	10,196	18,350	33,083	20,543	⑪
EXCO	19,702	25,419	19,993	30,964	24,020	⑦
ICC Jeju	3,000	-	-	800	1,900	⑬
KDJCenter	23,718	17,483	22,675	19,783	20,915	⑩
KINTEX	33,911	65,072	39,119	54,684	48,197	②
KOTREX	23,079	28,948	-	37,266	29,764	⑤
SETEC	30,148	30,211	28,259	24,888	28,377	⑥
Songdo ConvensiA	14,642	18,986	14,830	16,247	16,176	⑫
기타	205,821	65,970	110,456	84,409	116,664	①
전체	32,297	31,082	29,067	32,045	31,123	

주) 음영은 수도권 소재 전시장

⑥ 전시회별 평균 상담액·계약액

전시회 종료 후, 참가업체들을 대상으로 조사한 상담액 및 계약액은 구속력이 없고 자의적으로 제시 될 수 있기 때문에 높이 신뢰할 만한 데이터는 아니다. 따라서 이러한 수치는 일정치 않은 추세를 보이고 있다.

〈전시회별 평균 상담액·계약액〉

구분		2007년	2008년	2009년	2010년	2011년
국내 (백만원)	상담액	81,809	82,885	154,042	120,250	143,258
	계약액	12,028	11,624	43,332	18,617	42,071
해외 (백만불)	상담액	3,412	818	903	1,013	1,634
	계약액	621	34	83	84	86

⑦ 월별 개최 현황

우리나라 전시회는 1년 중 10월에 가장 많은 전시회가 개최되며 11월과 9월이 그 뒤를 잇고 있다. 다음으로는 5월, 6월, 4월 순으로 많은 전시회가 개최되고 있다. 반면 1월과 2월에 가장 적은 전시회가 개최되고 휴가철인 8월과 7월에도 많은 전시회가 개최되지 않는다.

〈최근 4년간 월별 전시회 개최 건수〉

(단위 : 개)

구분	1월	2월	3월	4월	5월	6월	7월	8월	9월	10월	11월	12월	합계
2008년	12	18	26	30	43	34	19	22	40	79	62	24	409
2009년	9	19	27	47	42	42	22	25	49	49	55	36	422
2010년	23	11	45	38	38	48	32	17	51	60	68	48	479
2011년	21	21	43	50	51	59	32	28	53	81	77	36	552
계	65	69	141	165	174	183	105	92	193	269	262	144	1862
비중(%)	3.5	3.7	7.6	8.9	9.3	9.8	5.6	4.9	10.4	14.4	14.1	7.8	100

⑧ 전시회별 평균 부스임차료

⑧-1 국내

국내 참가기업들에 대한 조립부스 평균 임차료는 해마다 인상되고 있으며 특히 2010년에는 30%가 넘게 인상되었으나 2011년에는 다시 30% 이상 인하되었다. 반면, 독립식 부스는 오히려 소폭이지만 임차료가 떨어지다가 2011년에는 10% 가까이 인상되었다. 2011년 기준, 국내업체 참가의 경우 조립·독립 부스료가 150만원 이상 200만원 미만인 전시회 비중이 가장 높았다.

〈전시회별 평균 부스임차료 : 국내〉

(단위 : 만원)

구분	2007년	2008년	2009년	2010년	2011년
조립부스	184	191 (4.0%)	201 (5.2%)	269 (33.8%)	184 (-31.6%)
독립부스	149	162 (9.1%)	152 (-6.2%)	149 (-2.0%)	162 (8.7%)

* ( )은 전년 대비 증감률

⑧-2 해외

해외 참가업체 대상 부스임차료는 매년 한자리 숫자로 인상되고 있다.

2011년 기준, 해외업체 참가의 경우에는 조립부스료는 300만원 이상이 가장 높았으며 독립부스료의 경우, 200만원 이상 250만원 미만인 전시회가 가장 많았다.

〈전시회별 평균 부스임차료 : 해외〉

(단위 : 만원)

구분	2007년	2008년	2009년	2010년	2011년
조립부스	-	-	223	234 (4.9%)	239 (2.1%)
독립부스	-	-	196	197 (0.5%)	208 (5.6%)

* ( )은 전년 대비 증감률

⑨ 해외업체 및 해외바이어 유치 타겟 국가

전시회 개최 시 국내 전시주최자들의 해외업체 및 해외바이어 유치 타겟 국가 선호도는 중국, 일본, 미국, 유럽, 동남아의 순으로 나타났다.

〈전시주최자가 희망하는 해외업체 및 해외바이어 유치 타겟 국가〉

(단위 : 건수)

구분 (가중합계)	2009년	2010년	2011년
중국	125	79	113
일본	122	76	105
미국	108	58	80
유럽	111	32	40
동남아	69	16	21

⑩ 전시회 투입 인원

1개 전시회 당 평균 투입 인원은 150명 가량이며 장치 및 용역 서비스 투입 인원이 가장 많은 비중을 나타냈다. 정규직 (관리) 인원은 6-8명 선이다.

〈1개 전시회 당 평균 투입 인원〉

(단위 : 명, %)

구분	2009년		2010년		2011년	
	투입인원	비율 (%)	투입인원	비율 (%)	투입인원	비율 (%)
정규직 (관리)	7	3.9	6	5.0	8	4.8
장치공사	57	31.7	38	30.4	65	38.9
용역서비스	71	39.4	40	32.2	57	34.1
통역	26	14.4	11	9.2	15	9.0
임시직	19	10.6	29	23.2	11	13.2
합계	180	100.0	124	100.0	156	100.0

⑪ 해외 전시주최자와의 협력 여부

해외 전시주최자와의 협력 여부는 10~20% 정도가 협력 (합작투자, 프랜차이즈, 경영서비스 계약, 업무제휴, 기타) 중이었으며 이중 업무제휴 (상호간의 공동 이익을 위한 업무협약 MOU 등을 체결하는 방식)가 거의 대부분이었다. 한편 미협력인 전시회도 20~40%를 차지하였다.

〈해외 전시주최자와 협력 여부〉

(단위 : 건)

구분	2009년		2010년		2011년	
	건수	비율 (%)	건수	비율 (%)	건수	비율 (%)
협력중	72	20.0	47	11.9	61	15.1
협력예정	8	2.2	8	2.0	4	1.0
미협력	146	40.6	84	21.3	125	31.0
무응답	134	37.2	256	64.8	213	52.9
합 계	360	100.0	395	100.0	403	100.0

라. 품목별 개최 현황

우리나라에서 개최되는 전시회를 분야별로 살펴보면 2000년대 초 까지 만해도 정보통신,[8] 건축·조경, 전기·전자, 육아·교육 분야가 가장 큰 비중을 차지하였다. 특히, 정보통신 분야는 1997년부터 수년간 부동의 1위 자리를 고수하였다. 그리고 상위 10개 분야가 전체 개최 전시회에서 차지하는 비중은 40%대를 유지하였다.

〈1998년-2002년 연도별 상위 최다 개최 품목 순위〉

순위	1998년 (87회)	1999년 (129회)	2000년 (146회)	2001년 (180회)	2002년 (261회)
1	정보통신 [13회/14.94%]	정보통신 [19회/14.73%]	정보통신 [17회/11.64%]	정보통신 [22회/12.22%]	정보통신 [29회/11.11%]
2	건축·조경 [6회/6.90%]	전기·전자 [5회/3.88%]	건축·조경 [6회/4.11%]	건축·조경 [11회/6.11%]	식품·음료 [17회6.51%]
3	전기·전자 [4회/4.60%]	건축·조경 [5회/3.88%]	혼수용품 [6회/4.11%]	전기·전자 [7회/3.89%]	건축·조경 [15회/5.75%]
4	과학·기술 [4회/4.60%]	과학·기술 [5회/3.88%]	육아·교육 [6회/4.11%]	스포츠·레저 [7회/3.89%]	육아·교육 [15회/5.75%]
5	선물·판촉 [3회/3.45%]	육아·교육 [5회/3.88%]	스포츠·레저 [5회/3.42%]	혼수용품 [7회/3.89%]	스포츠·레저 [10회/3.83%]
6	인쇄·종이 [3회/3.45%]	미술골동품 [5회/3.88%]	전기·전자 [5회/3.42%]	과학·기술 [6회/3.33%]	환경 [9회/3.45%]
7	환경 [3회/3.45%]	스포츠·레저 [4회/3.10%]	가구 [4회/2.74%]	육아·교육 [6회/3.33%]	혼수용품 [9회/3.45%]
8	육아·교육 [2회/2.30%]	혼수용품 [4회/3.10%]	시청각 [4회/2.74%]	환경 [5회/2.78%]	창업 [9회/3.45%]
9	과학·기술 [2회/2.30%]	의료기기 [4회/3.10%]	의료기기 [4회/2.74%]	시청각 [4회/2.22%]	전기·전자 [8회/3.07%]
10	혼수용품 [2회/2.30%]	가구 [4회/3.10%]	관광 [4회/2.74%]	식품·음료 [4회/2.22%]	의료기기 [8회/3.07%]
소계	42회/48.28%	60회/46.51%	61회/41.78%	79회/43.89%	129회/49.43%

8) 2000년대 초반, 대표적인 국내 정보통신전으로는 <국제컴퓨터, 소프트웨어, 통신전시회 - 한국경제신문>, <국제정보통신 및 이동통신전 - 한국정보통신진흥협회>, <한국 컴퓨터 소프트웨어전 - 전자신문사>, <윈도우월드전시회-전자신문사>, <컴텍스코리아 - 디지털조선일보>가 있었다.

그러나 시대의 흐름에 따라 최근 들어 종전 수위권을 차지했던 정보통신과 전기·전자 분야는 10위권에도 포함되지 못하고 있으며 건축·조경 분야만 겨우 8-9위권을 맴돌고 있다. 반면, 우리나라 교육열을 반영하듯 육아·교육 분야가 최근 최상위권을 차지하고 있으며 소득 수준 향상에 따라 스포츠·레저 및 취미 분야가 그 뒤를 잇고 있다. 또한 취업난으로 인해 채용·창업 전시회가 상위권으로 진입하고 있으며 건강에 대한 인식이 높아져 의약·보건 분야도 10위권으로 진입하였다. 아울러 전체 전시회 개최 건수에서 상위 10대 분야가 차지하는 비중도 종전 40%대에서 최근에는 60%대로 훨씬 높아지고 있다. 이는 국내전시회가 특정 분야로 집중되고 있음을 나타낸다.

〈2008년-2011년 연도별 상위 최다 개최 품목 순위〉

순위	2008년 (409회)	2009년 (422회)	2010년 (479회)	2011년 (552회)
1	육아 · 교육 [39회/9.54%]	스포츠 · 레저 [43회/10.19%]	혼수용품 [46회/9.60%]	육아 · 교육 [58회/10.51%]
2	스포츠 · 레저 [38회/9.29%]	육아 · 교육 [40회/9.48%]	채용 · 창업 [44회/9.18%}	식품 · 음료 [46회/8.33%]
3	기계 · 부품 [36회/8.80%]	채용 · 창업 [35회/8.29%]	육아 · 교육 [43회/8.98%]	스포츠 · 레저 [45회/8.15%]
4	혼수용품 [30회/7.33%]	식품 · 음료 [35회/8.29%]	기계 · 부품 [38회/7.93%]	채용 · 창업 [41회/7.43%]
5	식품 · 음료 [27회/6.60%]	기계 · 부품 [33회/7.82%]	스포츠 · 레저 [37회/7.72%]	기계 · 부품 [37회/6.70%]
6	채용 · 창업 [25회/6.11%]	혼수용품 [27회/6.40%]	식품 · 음료 [30회/6.26%]	의약 · 보건 [35회/6.34%]
7	과학 · 기술 [23회/5.62%]	과학 · 기술 [23회/5.45%]	건축 · 조경 [23회/4.80%]	혼수용품 [32회/5.80%]
8	의약 · 보건 [19회/4.65%]	건축 · 조경 [19회/4.50%]	환경 · 에너지 [23회/4.80%]	과학 · 기술 [30회/5.43%]
9	건축 · 조경 [19회/4.65%]	환경 · 에너지 [16회/3.79%]	과학 · 기술 [21회/4.38%]	건축 · 조경 [29회/5.25%]
10	환경 · 에너지 [15회/3.67%]	의약 · 보건 [15회/3.55%]	의약 · 보건 [14회/2.92%]	환경 · 에너지 [26회/4.71%]
소계	271회/66.26%	286회/67.77%	319회/66.60%	379회/68.66%

최근 가장 많이 개최되고 있는 전시 분야는 전통적 전시 품목인 일반 상품 보다는 레저, 관광, 취미, 육아 및 교육, 채용 및 창업 등 서비스 분야 품목이 강세를 보이고 있으며 여기에 혼수용품까지 포함한다면 해외업체 참가와 해외바이어들의 참관과는 비교적 거리가 먼 내수 위주의 전시회로 집중되고 있음을 알 수 있다. 특히, 스포츠·레저 분야는 축제성 이벤트와 골프용품전이 그리고 육아·교육 분야는 진학 정보와 유아 교육 관련 전시회가 대부분을 차지하고 있다.

□ 스포츠·레저

구분	전시회명
2008년 (38회)	• 2008 서울국제낚시박람회 • 2008 국제애완동물용품박람회 • 2008 옥션골프박람회 • 2008 대한민국축제박람회 • 2008 부산국제관광전 • 2008 대한민국 국제 요트 전시회 • 경남국제관광·레저·스포츠박람회 • 2008 내나라여행박람회 • 2008 서울국제스포츠레저산업전 • 2008 한국골프종합전시회 • 제6회 실버토피아 박람회 • 2008 스파·사우나·아쿠아 시설 및 관련 산업 전시회 • 제21회 한국국제관광전 • 2008 아시아 태평양 관광투자 컨퍼런스 및 박람회 • 제5회 국제동계스포츠박람회 • 2009 시울바이크쇼 (제6회 서울자전거 전시회) • 제6회 대구경북국제관광박람회 • 제2회 대구애견엑스포 • 2008 대구골프엑스포 (스포츠장비 및 용품박람회) • 제10회 골프장 장비, 기자재전시회 • 2008 광주봄꽃박람회 • 2008 광주 F1 & 슈퍼카 쇼 • 전국 관광기념품 공모전 • 동신대문화관광박람회 • 레져 차량, 보트 및 장비 쇼 2008 • 2008 대한민국 골프대전 • G★2008 • 제6회 경기국제관광박람회 • 대전 실버박람회 • 제1회 대전 골프박람회 • 서울국제골프&리조트 박람회 • 2008 서울국제만화애니메이션페스티벌 • 제4회 숙박산업전시회 (호텔페어2008) • 서울국제영화산업박람회 • 서울국제e-Sport페스티벌 • Korea Art Summer Festival • 2008 한경골프박람회 • 2008 서울국제 펫 엑스포

구분	전시회명
2009년 (43회)	• 2009 대한민국 로하스박람회 • 2009 실버엑스포 • 2009 부산국제관광전 • 2009 G-STAR • 2009 경남여행페스티벌 • 내나라여행박람회 • 2009 서울국제스포츠레저산업전 • 2009 스파, 사우나, 아쿠아 시설 및 관련산업 전시회 • 한국골프종합전시회 • 제7회 실버토피아 박람회 • 제22회 한국국제관광전 • Asia Attraction Expo 2009 • 필라코리아 2009 제24회 아시아국제우표전시회 • 서울국제만화애니메이션페스티벌 • 한이음 EXPO & Festival 2009 • 제6회 국제동계스포츠박람회 • 2009 서울 바이크쇼 • 제2회 Bewit대회, dbDrag대회 • 제7회 대구경북국제관광박람회 • E-FUN 2009 • 2009 대구골프엑스포 • 대구 애완동물용품전 • 2009 광주봄꽃박람회 • 광주국제골프박람회 • 2009 광주국제실버박람회 • 2009 대한민국 골프대전 & 2009 대한민국 스포츠대전 • 2009 하나투어 여행박람회 • 제7회 경기국제관광박람회 • 2009 TJB 골프 & 스포츠 엑스포 • 2009 TJB 골프 & 스포츠박람회 • 2009 코리아 바이크 페스티벌 • 제3회 고풍전 • 제3회 서울 국제 골프&리조트 박람회 • 2009 한국국제낚시박람회 • 2009 동물보호 문화대전 • 2009 동물보호 산업대전 • 2009 Auction 골프 & 스포츠레저박람회 • 서드플레이스 • 2009 한경골프 박람회 • 숙박산업전시회 (호텔페어2009) • 도그쇼 • 대한민국 축제박람회 • 2009 인천 골프 & 레저스포츠박람회

구분	전시회명
2010년 (37회)	• 2010 한국골프산업박람회 • 2010 내나라여행박람회 • 제4회 서울 국제 골프 & 리조트 박람회 • 2010 스파, 사우나, 아쿠아시설 및 관련 산업전 • 2010 한국국제낚시박람회 • 2010 대한민국 골프대전 • 글로벌 관광에티켓 전시회 • 2010 광주 봄꽃박람회 • 제8회 대구경북국제관광박람회 • 2010 한국골프종합전시회 • 제4회 대구애완동물용품전 • 제15회 한국고양꽃전시회 • 서울포토 2010 • 제6회 체험학습 농어촌관광박람회 2010 • 제8회 실버토피아 박람회 • 2010 제3회 XGOLF 골프박람회/Auction 골프 & 스포츠레저 박람회 • 숙박산업전시회 (호텔페어 2009) • 2010 하나투어 여행박람회 • 제23회 한국국제관광전 • 2010 경기국제보트쇼 • 제3회 실버박람회 • 제6회 인천국제악기전 • 2010 제1회 대구꽃박람회 • 2010 부산 실버엑스포 • 2010 국제캠핑산업전시회 • 2010 대한민국우표전시회 • 2010 제13회 부산국제관광전 • 2010 한경골프박람회 • 제4회 대한민국 국제보트쇼 • 2010 대한민국 산 박람회 • E-FUN 2010 • 2010 광주국제실버박람회 • 제8회 경기국제관광박람회 • 2010 G-STAR • 2010 대구골프엑스포 • 2010 국제애완동물용품박람회 • 2010 체험학습농어촌관광박람회

구분	전시회명
2011년 (45회)	• 광주봄꽃박람회 • 제2회 대구꽃박람회 • 제16회 한국고양꽃전시회 • 제18회 대한민국 난 전시회 • 체험학습 귀농귀촌도시민유치박람회 2011 • 제5회 대구애완동물용품전 • 2011 아시아필름마켓 • 서울국제스포츠레저산업전 • 서울국제골프&리조트박람회 • 2011 대한민국 골프대전 • 2011 대한민국 레저대전 • 2011 서울바이크쇼 • 2011 부산국제낚시박람회 • 2011 국제수면박람회 • 2011 한국골프종합전 • 제9회 노후준비 및 실버산업 박람회 • 2011 국제캠핑산업전시회 • 2011 경기국제보트쇼 • 광주 골프&스포츠쇼 • 2011 부산국제실버엑스포 • 낚시&레저스포츠박람회 • 2011 서울골프쇼 • 한경골프박람회 • 도심속오토캠핑페스티벌 • 2011 한국골프박람회 • 2011 광주국제실버박람회 • 2011 대구골프엑스포 • 2011 이벤트산업전 • 2011 내나라 여행박람회 • 인천관광상품설명회 및 연계전시 • 2011 대구경북국제관광박람회 • 이펀 • 2011 하나투어 여행박람회 • 2011 한국국제관광전 • 2011 한국MICE산업전 • 체험학습농어촌관광박람회 · 귀농귀촌도시민유치박람회2011 • 체험학습 창의활동박람회 • 2011 부산국제관광전 • 2011 서울기프트쇼 • 2011 서울 토이&게임쇼 • 2011 경기국제관광박람회 • 제3회 이벤트산업전 • 2011 국제 애완동물용품 박람회 • 국제게임전시회 지스타 2011 • 제15회 대전종합만화축제 DICU Festival

최근 가장 많이 개최되고 있는 스포츠·레저분야 전시회는 골프용품 전시회, 관광 관련 전시회, 실버 박람회, 애완동물 전시회와 이벤트성 행사가 대부분이다. 소득 수준 향상에 따른 골프 인구와 관광 수요 증가에 따라 내국인 참관객의 유치가 수월하기 때문인 것으로 분석된다. 또한 노령 인구 증가에 따라 실버박람회 개최도 늘어나고 있다. 아울러 엄격한 의미에서 전시회라 할 수 없는 이벤트성 축제도 다수 차지하고 있다. 전통적 의미의 스포츠 레저용품 전문전시회는 소수에 지나지 않는다.

스포츠 레저 전시회와 골프박람회는 수도권 소재 전시장에서 모두 개최되고 있다. [KINTEX : 대한민국 골프대전 & 대한민국 스포츠대전 (2006년 부터 매년), COEX : 서울국제스포츠레저산업전 (2002년부터 매년), 한국골프종합전시회 (1995년부터 매년) SETEC : Auction 골프 & 스포츠레저박람회 (2008년부터 매년), 한경골프 박람회 (1999년부터 매년) Songdo ConvensiA : 인천 골프 & 레저스포츠박람회 (2009년부터 매년)] 이중 가장 대표적인 전시회는 2002년부터 매년, 무역협회, 국민체육진흥공단과 Reed Exhibitions이 COEX에서 개최하고 있는「서울국제스포츠레저산업전」[9]이다. 애완동물 관련 전시회 개최도 더욱 늘어날 것으로 전망된다.

[「SPOEX (서울국제스포츠레저산업전)」와 한경골프박람회]

9) 2001년 139개사 참가를 시작으로 2010년에는 309개사가 참가하여 120% 이상 성장하였으며 매년 3만여명이 참관하고 있음. 2005년 UFI 인증을 취득하였으며 지식경제부 유망전시회로 선정됨.

□ 육아·교육

구분	전시회명
2008년 (39회)	• 해피베이비육아 박람회 • 2008 부산임신출산유아교육박람회 • 2008 부산임신출산육아박람회 • 아동도서교육박람회 • 2008 영어체험교육박람회 • 제3회 창원평생학습축제 • 2008 경남교육박람회 • 2008 교육박람회/2008오피스 비즈니스페어 • 제13회 서울국제 임신 출산 육아용품 전시회 (춘계) • 제18회 서울국제유아교육전 • 조기유학 및 영어캠프 박람회 2008 • 2008 대한민국학생 창의력 올림피아드 • 제14회 서울국제 임신 출산 육아용품 전시회(추계) • 2008 이러닝 국제박람회 • 제3회 체험학습박람회 2008 • 제19회 서울국제유아교육전 • 제3회 키즈페어 • 2008 영어교육 및 초중고 입시정보 박람회 • 2009 대학입학정보박람회 • 2009학년도 전문대학 입시박람회 • 제11회 에듀엑스포 (EXCO) • 2008 영어박람회 • 제6회 대구임신출산육아용품전 • 제6회 대구유아교육용품전 • 제11회 에듀엑스포 (KDJ Center) • 제4회 대한민국 청소년 박람회 • 제45회 전국 도서관 대회 • 제4회 국제임신출산육아용품박람회 (봄) • 제15회 서울 국제 유아교육박람회 • 제5회 서울국제임신출산육아용품박람회 (가을) • 제4회 대전 충청 육아박람회 • 2008 대전국제교육박람회 • 제5회 대전 충청 육아박람회 • 2009 비전대학박람회 • 에듀 엑스포 2008 (제 11회 교육정보화종합전) • 2008 특목고박람회 • 2008 서울청소년교육미디어축제 • 2008 인천 경기 임신출산 육아박람회 • 2008 전국학교도서관대회

구분	전시회명
2009년 (40회)	• 2009 임신출산육아&어린이유아용품전 • 2009 영어학습박람회 • 2009 부산임신출산&영유아교육박람회 • 2009 경남출산유아교육박람회 • 2009 에듀엑스포 (CECO) • 2009 아동도서교육박람회 • 2009 영어체험교육박람회 • 제6회 2009 교육박람회 • 2009 초중등 교육대전 • 제15회 서울국제 임신출산 육아용품 전시회 • 제20회 서울국제유아교육전 • 조기유학 및 영어캠프 박람회 2009 • 제4회 체험학습박람회 2009 ←제6회 체험학습, 방과 후 학교 박람회 • 제16회 서울국제 임신출산 육아용품 전시회 • 이러닝국제박람회 • 제21회 서울국제유아교육전 • 서울국제어린이. 유아용품전 2009 • 제5회 체험학습 농어촌박람회 2009 • 영어교육박람회 • 2010 대학입학정보박람회 • 2010 전문대 입시홍보박람회 • 대전MBC 육아교육박람회 • 제12회 에듀엑스포 (DCC) • 대전MBC 임신출산육아박람회 • 제7회 대구임신출산 유아교육용품전 • 2009 대한민국 영어교육박람회 • 2009 대한민국 청소년박람회 • KBC유아초등교육박람회 • 제6회 국제임신출산유아교육박람회 • 2009 어린이 교육체험박람회 • 제7회 국제임신출산유아교육박람회 • 제6회 대전·충청 육아박람회 • 제7회 대전·충청 육아박람회 • 2010 비전대학박람회 • 미래 임신·출산·육아박람회 • 2009 국제학교정보박람회 • 제16회 국제유아교육박람회 / 키즈페어 • 2009 해피 맘스 페어 • 제2회 인천경기 임신출산 육아박람회 • 제12회 에듀엑스포 (Songdo ConvensiA)

구분	전시회명
2010년 (43회)	• 2010 교육박람회 • 2010 맛있는 공부 교육대전 • 2010 부산어린이유아교육전 • 제8회 국제임신출산유아교육박람회 • 제8회 대전 충청 육아박람회/제8회 대전 충청 어린이 교육박람회 • 제3회 대전임신출산유아교육박람회 • 제17회 서울국제 임신출산육아용품 전시회 (춘계) • 2010 경남출산유아교육박람회 • 2010 교육정보화종합전 • 제22회 서울국제유아교육전 • 2010 제13회 에듀엑스포 (EXCO) • 2010 제13회 에듀엑스포 (KDJ Center) • 제8회 대구임신출산 유아교육용품전 • KBC 유아 초등교육박람회 • 2010 서울국제도서전 • 2010 대한민국영어교육박람회 • 2010 청소년 박람회 • 2010 제9회 부산국제임신출산육아박람회 • 2010 대한민국영어교육박람회 • 2010 임신출산육아용품 및 유아교육전시회 • 레이디경향 맘스페어 2010 • 2010 영어체험교육박람회 • 제9회 대전 충청 육아박람회 • 2010 영어학습박람회 • 2011학년도 수시 대학입학정보박람회 • 제9회 국제임신출산유아교육박람회 • 제18회 서울국제 임신출산육아용품 전시회 (추계) • 2011 대학입학정보박람회 • 2010 이러닝국제박람회 • 제23회 서울국제유아교육전 • 제5회 서울국제어린이 유아용품전 • 2010 광주직업교육박람회 • 제10회 대전 충청 육아박람회 • 제3회 대전국제교육박람회 • 제17회 국제유아교육박람회/키즈페어 • 제17회 국제유아교육박람회/EBS 영어교육박람회 • 2010 부산임신출산영유아교육박람회 • 2010 방과 후 학교 콘텐츠페어 • 대구경북 대학입학 정보박람회 • 2011 비전대학박람회 • 2010 경남교육박람회 • 2011학년도 대학입학정보박람회 • 2011학년도 전국 전문대학 입시홍보박람회

구분	전시회명
2011년 (58회)	• 2011 영어 및 외국어교육박람회 • 2011 교육박람회 • 2011 부산국제어린이유아교육전 • 제10회 국제임신출산 유아교육박람회 • 제19회 서울국제 임신출산육아용품 전시회 • 인천지역 클러스터 활성화를 위한 산학연회의 및 연계전시 • 제11회 대전충청 육아박람회 • 제5회 대전임신출산유아교육박람회 • 2011 경남출산유아교육박람회 • 제24회 서울국제유아교육전 • 2011 구미경북 베이비페어 • 제24회 서울국제유아교육전 • 2011 구미경북 베이비페어 • 2011 EEHS 연구원 춘계학술대회 연계전시 • 제6회 임신출산유아교육박람회 • 제9회 대구임신출산유아교육전 • 제2회 인천 임신, 출산, 유아용품 및 유아교육전 • 제4회 2011 대한민국영어교육박람회 • 2011 부산국제임신출산육아전시회 • 제12회 대전충청 육아박람회 • 조기유학 및 영어캠프 박람회 2011 • 제11회 국제임신출산 유아교육박람회 • 2011 서울국제도서전 • 2011 영어체험교육박람회 • 2011 영재&영어학습박람회 • 2011 부산국제어린이유아교육전 • 2012학년도 수시 대학입학정보박람회 • 2011 아이엠맘페어 • 제20회 서울국제 임신출산육아용품 전시회 • 영재학습박람회 • 유아교육 성과전시회 및 특별기획전 • 제6회 대전임신출산유아교육박람회 • 2011 이러닝국제박람회 • 2011 부산임신출산유아교육박람회 • 2011 제2회 고입박람회 • 2011 베이비 키즈맘 엑스포 • 2011 베이비 엑스포 • 제13회 대전충청 육아박람회 • 제48회 전국도서관대회 • 2011 인천직업교육대제전 • 고운맘페어 (임신출산육아교육박람회) (KDJ Center)

구분	전시회명
	• 서울국제문구전시회 • 제25회 서울국제유아교육전 • 제6회 서울국제어린이유아용품전 • 고운맘페어 (EXCO) • 제18회 국제유아교육박람회 및 제3회 서울영어교육박람회
	• 2011 경남출산유아교육박람회 • 제3회 인천 임신, 출산, 유아용품 및 유아교육전 • 2011 경상북도 마이스트대전 • 2012 대학입시정보박람회 • 2011 방과후학교 콘텐츠페어
	• 2011 경남교육박람회 • 2012학년도 정시대학입학정보박람회 • 제7회 대한민국 청소년박람회 (KOTREX) • 대한민국청소년박람회 (DCC) • 대한민국 창의체험 교육기부 페스티벌
	• 2011 교과교실제 e-러닝 경기박람회 • 2012학년도 전국 전문대학 입시홍보박람회

젊은 엄마들을 대상으로 임신, 출산, 육아박람회가 우후죽순 격으로 생겨나고 있으며 교육열기를 반영하듯 상급 학교 입학정보 박람회, 영어캠프 박람회도 크게 늘어나고 있으나 이들 박람회 역시, 내국인을 대상으로 개최되고 있다. 특히, 유(육)아박람회는 국내 전시장에서 모두 개최되고 있다. 이 분야 전시회의 특징은 연 2회 개최하는 전시회가 많으며 같은 전시회명으로 국내 전시장을 순회하며 개최한다는 점이다. 유사 전시회 난립이 매우 심각하여 통폐합이 시급한 분야이다. 1994년부터 세계전람이 개최하고 있는 「서울국제유아교육전[10]」이 국내 최대 규모의 유아교육전시회이다.

[서울국제유아교육전과 에듀엑스포]

10) 매년 4월과 11월 두 차례 개최되고 있으며 2011년 4월에는 750개 부스가 참가하고 102,800명이 참관하였다.

□ 채용·창업

구분	전시회명
2008년 (25회)	• 2008 점포개발 및 창업박람회 • 2008 부산광역시 창업박람회 • 2008 제3회 부산광역권 채용박람회 • 2008 외국인투자기업 채용박람회 • IBK 우수기업채용박람회 • 2008 대한민국 취업박람회 • 2008 미래직업박람회 • 2008 실버취업박람회 • 2008 외국인투자기업 채용박람회 • 2008 대한민국 창업대전 • 2008 전기산업취업박람회 • 2008 개원 및 경영정보 박람회 • 2008 대전광역권 취업한마당 • 2008 대구창업산업박람회 • 2008 대구경북 소상공인 창업박람회 • 2008 광주 점포개발 및 창업박람회 • JOB 페스티벌 • 2008 한국창업산업 박람회 • 2008 전역간부 취업 박람회 • 2008 3040 여성 취업창업 박람회 • 2008 방송엔터테인먼트채용박람회 • 2008 보훈가족 제대군인 취업박람회 • 2008 서울특별시 소상공인 창업박람회 • 방송 엔터테인먼트 채용박람회 • 2008 인천 경기서부 일자리박람회
2009년 (35회)	• 플랜트협회 전문인력마트 • 서울시 우수중소기업초청 취업박람회 • 2009 창업 신사업 신상품 박람회 • 2009 제1회 부산광역권 채용박람회 • 2009 부산노인일자리 경진대회 • 2009 제2회 부산광역권 채용박람회 • 2009 부산광역시 창업박람회 • 부울경 채용박람회 • 2009 여성취업창업박람회 • 2009 어르신일자리박람회 • 2009 대한민국 창업대전 • 2009 방송엔터테인먼트 채용박람회 • 미래직업박람회 • 미래선도인재채용박람회 • 2009 전기산업 취업박람회 • 2009 상생협력주간 개막식 및 청년채용박람회 • 2009 외국인투자기업 채용박람회 • 2009 개원 및 경영정보박람회

구분	전시회명
	• 대전충청지역 IT, SW, JOB FAIR 2009 • 2009 대전 창업산업 박람회 • 2009 대구 창업산업박람회 • 2009 대구 경북 소상공인 창업박람회 • 광주전남채용박람회 • 광주실버채용박람회 • 2009 여성취업 창업박람회 • 노인일자리박람회 • 2009 경기소상공인창업박람회 • G-fair 채용박람회 • 2009 제2회 한국 창업산업 박람회 • 2009 전역(예정)간부취업박람회 • 2009 보훈가족 제대군인 취업박람회 • 2009 취업박람회 • 2009 서울특별시 소상공인 창업박람회 • 2009 직업 진로 박람회 • 인천 일자리 창업 제품 박람회
2010년 (44회)	• 2010 관광산업 채용박람회 • 2010 노인일자리정보한마당 • 2010 미래선도인재채용박람회 • 2010 창업박람회 • 2010 청소년직업진로지도박람회 • 2010 제3회 한국 창업산업 박람회 • 2010 산업단지채용박람회 (동남권) • 2010 경기소상인창업박람회 • 2010 산업단지채용박람회 • 2010 대한민국창업대전 • 2010 부산노인일자리경진대회 • 2010 대경권인력채용박람회 • 2010 호남권 인력채용박람회 • 2010 대구창업산업박람회 • 2010 부산노인일자리경진대회 • 2010 부산광역시 창업박람회 • 2010 대구경북 청소년 직업진로정보박람회 • 2010 서울일자리박람회 • 한이음 일자리 EXPO 2010 • 2010 미래직업박람회 • 여성취업창업박람회 • 2010 인천장애인취업박람회 • 2010 미래선도인재채용박람회 • 2010 외국인투자기업 채용박람회 • 2010 해외취업박람회 • 50세 이상 일자리박람회 • 2010 장애인취업박람회 • 2010 부울경 채용박람회

구분	전시회명
	• 2010 부산직업박람회 • 2010 충청 의약바이오 취업박람회 • 노인일자리박람회 • 2010 서울특별시 소상공인 창업박람회 • 2010 고양희망찾기일자리한마당 • 제2회 대한민국기술인재대전 • 2010 코스닥 상장기업 취업박람회 • 2010 진로직업박람회 • 2010 신한 희망 채용박람회 • 2010 부산발명기술창업박람회 • 대중소 기업 상생협력 취업박람회 • 제1회 창업산업박람회 • 2010 개원 및 경영정보박람회 • 우수 일자리 채용박람회 • 2010 대구경북소상공인창업박람회 • 퇴직전문인력 해외투자기업 채용박람회
2011년 (41회)	• 2011 대한민국소상공인창업박람회 • 제2회 대전창업산업박람회 • 2011 부산창업박람회 • 서울창업산업박람회 • 대구창업산업박람회 • 2011 전역(예정)간부취업박람회 • 2011 코리아 나라장터 엑스포 • 서울시장애인취업박람회 • 2011 강남 희망 나눔 일자리박람회 • 베이비부머 중견전문인력 채용박람회 • 2011 공직채용박람회 • 광주시자원봉사박람회 • 2011 부산광역시 채용박람회 • 2011 제2회 신한 희망 채용박람회 • 2011 국가 R&D기관 채용정보 박람회 • 2011 경남노인일자리경진대회 • 부산시 노인일자리경진대회 • 해외투자기업 전문인력채용박람회 • 서울 일자리 박람회 • 2011 충남광역경제권 의약바이오 취업박람회 • 제5회 일하는 노인전국대회 • 2011 부산광역시 창업박람회 • 2011 대구경북 여성 및 고령자 채용박람회 • 2011 대구경북 청년층 직업진로정보박람회 • 2011 대한민국벤처·창업대전 • 2011 KB Good Job 중견/중소기업 취업박람회 • 2011 해외취업박람회 • 2011 인천장애인취업박람회 • 2011 광주일자리박람회

구분	전시회명
	• 2011 대구노인일자리정보한마당 • 2011 진로직업박람회 • 희망 2011대구경북취업창업박람회 • 2011 창원시 채용박람회 • 2011 진로직업박람회 • 호남광역경제권 선도산업 2011 취업박람회 • 2011 통합포럼&캡스톤디자인경진대회&채용박람회 • 2011 잡월드 로드쇼 • 2011 지식서비스 창업대전 • 2011 공공기관 열린채용정보 박람회 • 2011 미래직업박람회 • 2011 부산발명신기술창업박람회

취업난 해소를 위해 주로 지방자치단체, 지식경제부, 고용노동부에서 취업박람회를 개최하고 있으며 플랜트, 방송엔터테인먼트, 전기산업, IT, 외국인 투자기업 등 특정 전문분야 취업박람회도 늘어나고 있다. 채용 창업박람회도 거의 대부분 내국인을 겨냥한 전시회이므로 국제 전시회와는 거리가 있으며 일회성 이벤트로 개최되는 경우도 많다. 취업난이 해소되지 않는 한 이 분야 전시회는 앞으로도 계속 늘어날 것으로 전망된다. 2001년부터 중소기업청이 우수 창업기업을 발굴 육성하기 위해 개최하고 있는 「대한민국 창업대전」[11]이 가장 대표적인 박람회이다.

[대한민국 창업대전과 방송엔터테인먼트 채용박람회]

11) 2011년부터 기존의 대한민국창업대전, 벤처코리아, 비스쿨페스티벌, 시니어창업경진대회를 연계하여 「대한민국 벤처창업대전」으로 통합 개최되고 있다.

□ 식품·음료

구분	전시회명
2008년 (27회)	• 2008 서울세계관광음식박람회 • 제5회 국제자연건강식품박람회 • 2008 농림수산식품과학기술대전 • 2008 서울국제음식산업박람회/한국음식대전 • 2008 KOREA FOOD EXPO • 2008 세계양식학회대회, 세계양식EXPO • 2008 제15회 부산국제식품전 • 2008 농산물 브랜드전 • 2008 부산국제차공예박람회 • 부산 건강 및 음식박람회 • 2008 부산국제수산무역엑스포 • 2008 Feel 경남특산물박람회 • 제7회 친환경유기농박람회 2008 • 2008 서울수산식품전시회 • 2008 서울국제주류박람회 • 제6회 국제 차(茶) 문화대전 • 2008 대한민국 주류박람회 • 제3회 서울국제식품산업진 • 제3회 서울팬시푸드페스티벌 2008 • 2008 대구국제차문화축제 • 제8회 대구국제식품산업전 • 2008 대구국제음식관광박람회 • 세계 차(茶) 홈데코전시회 • 2008 광주국제식품산업전 • 2008 서울국제식품산업대전 • 2008 대한민국 축산물 브랜드 페스티벌 • 2008 우수급식산업대전
2009년 (35회)	• 서울떡볶이페스티벌 • 서울세계관광음식박람회 • 국제자연건강식품박람회 • 2009 세계 떡 산업박람회 • 농수산식품박람회 • 서울국제푸드앤테이블웨어 • 2009 농수산물식품박람회 • 2009 제16회 부산국제식품전 • 2009 한가위 우리농산물대축제 • 2009 부산국제차공예박람회 • 2009 부산건강 및 음식박람회 • 2009 부산국제수산무역 EXPO • 2009 부산국제 주류&카페 제과 제빵박람회 • 2009 금산인삼특별전 • 2009 금산인삼 창원특별전 • 2009 서울수산식품전시회 • 2009 서울주류박람회 • 제7회 국제차(茶) 문화대전

구분	전시회명
	• 제8회 친환경유기농박람회 • 2009 우수급식산업대전 • 서울국제 빵 과자 페스티벌 2009 (SIBA 2009) • 서울국제식품산업전 • 서울쌀박람회 • 제8회 2009 서울카페쇼 • 제9회 대구국제식품산업전 • 2009 대구국제차문화축제 • 제8회 대구음식관광박람회 • 2009 세계차전시회 • 가을맞이 농수산 식품박람회 • 2009 광주국제식품산업전 & 2009 소금박람회 • 웰빙 농수산물박람회 • 2009 서울국제식품산업대전 • 2009 농어촌산업박람회 • 2009 전국우수시장박람회 • 2009 대전국제축산박람회
2010년 (30회)	• 2010 서울수산식품전시회 • 2010 서울세계관광음식박람회 • 2010 서울떡볶이페스티벌 • 2010 서울국제주류박람회 • 2010 서울국제식품산업대전 • 2010 대구세계차문화축제 • 2010 치킨페스티벌 • 우수급식산업대전 • 제10회 대구국제식품산업전 • 제8회 국제차문화대전 • Buy Korea Food 2010 • 2010 제17회 부산국제식품전 • 제9회 친환경유기농무역박람회 • 제2회 농어촌산업박람회 • 2010 WACS 아시아포럼 및 대전국제요리축전 • 2010 소금박람회 • 2010 광주국제식품산업전 • 제9회 대구음식관광박람회 • 제2회 세계좋은술박람회 • 제2회 카페베이커리쇼 • 2010 키즈푸드페스티벌 • 2010 세계관광음식브랜드박람회 • 2010 전국국제발효식품엑스포 • 2010 베이커리페어 • 2010 워터코리아 • 2010 부산국제음식박람회 • 2010 서울국제식품산업전 • 제9회 서울카페쇼 • 2010 경기 음식 페스티벌 • 2010 금산인삼 창원특별전

구분	전시회명
2011년 (46회)	• 설맞이 명절선물상품전 • 2011 1월 희망장터 • 설맞이 지자체 우수, 농특산품박람회 • 2011 정월대보름 희망장터 • 부산도시농업박람회 • 2011 서울수산식품전시회 • 2011 한국외식산업식자재박람회 • 2011 한국음식관광박람회 • 2011 치킨페스티벌 • 2011 금산인삼 부산특별전 • 2011 서울국제식품산업대전 • 한식세계화요리대회 • 대전국제소믈리에축제 및 제7회 한국국가대표 소믈리에 경기대회 • 2011 대한민국산채박람회 • 2011 서울국제주류박람회 • 대구세계차(茶)문화축제 • 제18회 부산국제식품대전 • 2011 우수급식산업대전 • 제9회 국제차(茶)문화대전 • 제11회 대구국제식품산업전 • 2011 농공상 융합엑스포 • 광주국제차(茶)문화전시회 • 친환경유기농무역박람회·도시유기농업식품공장기술전 2011 • 2011 대한민국 우수 축산물 페스티벌 • 2011 서울국제외식산업박람회 • 한가위 명절 • 추석선물특별전 • 제3회 농어촌산업박람회 • 2011 한국국제축산박람회 • 2011 한국국제 카페베이커리쇼 • 광주우수시장상품박람회 • 2011 부산국제음식박람회 • 대구음식관광박람회 • 2011 대구국제커피문화박람회 • 2011 전주국제발효식품엑스포 • 전국우수시장박람회 • 2011 서울국제빵제과페스티발 • 2011 광주국제식품전 • 2011 필경남특산물박람회 • 코리아 푸드 엑스포 • 2011 부산국제수산무역엑스포 • 2011 부산국제차(茶)공예박람회 • 제10회 서울카페쇼 • 2011 대한민국 과실대축제 • 광주발효식품박람회 • 2011 서울떡볶이 & 쌀면 페스티벌

식품·음료 전시회도 매년 꾸준히 증가하고 있으며 주로 일반인들이 참관객으로 방문하기 때문에 참관객 모집이 용이하다. 참관객 중에는 식품영양학을 전공하는 학생들도 많이 눈에 띈다. 주로 국내기업들이 국내 소비자들을 대상으로 홍보를 위해 참가하며 시식 코너를 운영하기 때문에 일반 내국인들의 인기가 높다. 떡, 빵, 차, 주류, 소금, 인삼과 같이 특정 분야의 식품 위주로 개최되는 전시회가 늘어나고 있다. 국내 모든 전시장에서 식품전이 개최되고 있으나 그 중 aT Center에서 상대적으로 가장 많은 연 6-7회의 식품 관련 전시회가 개최되고 있다.

최근에는 건강, 웰빙, 친환경 유기농 식품 박람회로 관람객들이 많이 몰리고 있으며 차(茶)와 관련된 전시회도 다수 생겨나고 있다. 가장 대표적인 국제 규모의 전시회로는 1983년부터 코트라가 매년 KINTEX에서 개최하고 있는 「서울국제식품산업대전」[12]이 있다.

[서울국제식품산업대전과 서울국제주류박람회]

□ 기계·부품

구분	전시회명
2008년 (36회)	• 2008 부산국제모터쇼 • 2008 제2회 부산국제공작기계공구 및 금형설비전 • 2008 제2회 부산국제용접절단 및 레이저설비산업전 • 2008 국제수송기계 부품산업전 • 2008 창원 국제자동화정밀기기전 • 2008 국제조선해양산업전 • 2008 한국국제기계박람회 • 국제표면실장 및 인쇄회로기판 생산기자재전 • 제19회 국제자동화종합전/제1회 국제빌딩자동화시스템설비전 • 2008 서울국제모터사이클쇼 • 2008 서울오토살롱

12) 30년 역사를 자랑하는 서울국제식품산업대전은 아시아 4대 식품전으로 성장하였으며 2012년 43개국 1,155개사 2,333부스로 개최되었고 47,552명이 참관하였다. 2007년 부터 세계적인 전시기획사인 AllWorld Exhibition과 전략적 제휴를 맺고 공동 개최하고 있다.

구분	전시회명
	• 제5회 서울국제야금금속&주조 단조 및 열처리 공업로 설비전/제3회 서울국제세라믹&분말야금기술 및 설비산업전 • 2008 한국 국제자동판매기전 • 2008 서울국제 중고자동차 박람회 • 2008 서울국제농업기계박람회 • 제3회 대한민국 보조공학박람회 • 제17회 대한민국 국제섬유기계전시회 • 제9회 대구국제자동화기기전 • 제3회 국제부품소재산업전 • 친환경 모터쇼 2008 • 2008 한국유휴설비 및 중고기계박람회 • 2008 오토서비스코리아 • 코리아 튜닝쇼 2008 • 제19회 국제플라스틱 고무산업전시회 • 제13회 2008 서울국제공작기계전 • 2008 국제상용 특장차 전시회 • 제13회 한국국제포장기자재전/제약화장품산업전 • 2008 국제부품소재산업전 • 2008 국제자동화정밀기기전 • 2008 한국 자동차 전장품 전시회 • 2008 한국자동차부품 및 연관산업전시회 • 2008 대한민국 코팅산업쇼 • 대한민국 보트전시회 • 제5회 서울트럭쇼/물류운송전/캠핑보트쇼 • 2008 인천자동차부품전시회 • 2008 군산국제자동차엑스포
2009년 (33회)	• 2009 국제기계대전 • 2009 부산국제철도물류전 • 부산국제조선해양대제전 • 제13회 한국국제용접기술전 • 2009 창원 국제자동화정밀기기전 • 국제수송기계부품산업전 2009 • 2009 국제표면처리 및 도장기술전 • 2009 국제공작기계 및 관련부품전 • 2009 국제물류 및 건설산업기계전 • 국제자동화종합전 (aimex 2009) • 국제표면실장 및 인쇄회로기판 생산기자재전 • 2009 서울오토사롱 • 2009 국제세탁기자재전시회 • 제5회 국제특수인쇄산업전시회 • 2009 지상무기학술대회 전시회 • 대구국제자동화기기전 • 국제부품소재산업전 • 2009 대한민국자동차부품전/수출상담회 • 화학공학회 기계전시회

구분	전시회명
	• 제10회 한국국제냉난방공조전 • 제19회 국제금형 및 관련기기전 • 2009 서울모터쇼 • 2009 국제부품소재산업전 • 오토서비스코리아 2009 & 코리아튜닝쇼 2009 • 한국국제포장기자재전/제약화장품산업전 • 2009 서울국제공구 및 관련기기전 • 금속산업대전 2009 • 2009 산학협력엑스포 • 2009 한국 자동차부품 및 연관산업 전시회 • 2009 자동차 튜닝카 및 자동차 내외장 창업/부품전시회 • 제1회 인천국제 용접 절단 및 레이저 설비산업 전시회 • 인천국제자동차부품전시회 • 서울국제항공우주 및 방위산업전시회
2010년 (38회)	• 제21회 서울국제자동화산업전 • 2010 국제철강 및 비철금속산업전 • 2010 오토모티브위크 • 2010 국제 모션컨트롤전시회 • 국제표면실장 및 인쇄회로기판 생산기자재전 • 국방 분야 부품 국산화 촉진 전시회 • 제14회 2010 서울국제공작기계전 • 2010 국제식품&기계산업전 • 국제포장기자재전 • 2010 국제 접착 코팅 산업 전시회 • 2010 부산국제모터쇼 • 2010 창원국제자동화정밀기기전 • 2010 국제포장기자재전/제약화장품산업전 • 2010 국제부품소재산업전 • 2010 국제수송기계부품산업전 • 2010 서울오토살롱, 서울오토서비스 • 2010 전기자동차엑스포 • 제7회 대한민국국제소방안전박람회 • 2010 국제자동화정밀기기전 • 제17회 국제인쇄산업전시회 • 2010 한국국제건설기계전 • 2010 한국국제기계박람회 • 2010 국제조선해양산업전 • 2010 광주국제금형 및 기계산업전 • 2010 국제공구 및 금속가공기술전 • 2010 국제제어계측자동화설비 및 측정장비산업전 • 2010 제3회 부산국제공작기계, 공구 및 금형설비산업전 • 제3회 부산국제 용접 절단 및 레이저설비산업전 • 그린수송장비엑스포 2010 • 2010 인천국제자동차부품전시회 • 제11회 대구국제자동화기기전

구분	전시회명
	• 제5회 국제부품소재산업전 • 2010 KOREA SAFE SHOW • 2010 한국 자동차 부품 및 연관 산업 전시회 • 2010 국제빌딩관리산업전 • 2010 국제농기자재전시회 • 2010 부산오토살롱 • 2010 한국승강기안전엑스포
2011년 (37회)	• 2011 국제식품&기계산업전 • 대전 국제농기자재 및 우수종자 전시회 • 제20회 국제금형 및 관련기기전 • 2011 한국국제용접 및 전단기술전 • 금속산업대전 2011 • 대한민국재료학회 추계학술대회 • 소품·부품 미래비전 2020 • 인천국제용접&절단&레이저설비산업전 • 제21회 국제플라스틱, 고무산업전시회 • 2011 국제접착코팅산업전시회 • 2011 국제표면처리박람회 • 오토메이션 월드 • 한국국제냉난방공조전 • 2011 창원 국제자동화정밀기기전 • 2011 국제부품소재산업전 • 제5회 부산국제기계대전 • 제16회 국제포장기자재전 • 2011 국제세탁기자재전시회 • 2011 서울국제공구전 • 2011 한국기계전 • 제18회 국제인쇄산업대전 • 2011 한국산업대전 • 서울 국제 항공우주 및 방위산업 전시회 2011 • 제6회 국제부품소재산업전 • 제12회 대구국제기계산업대전 • 2011 국제공작기계 및 관련부품전 • 2011 광주국제농기자재박람회 • 2011 서울모터쇼 • 제5회 부산국제철도 및 물류산업전 • 2011 서울오토살롱·오토서비스 • Synovate • 2011 국제그린카전시회 • 한국자동차부품 및 연관산업 전시회 • 2011 한국자동차공학회 정기 학술대회 및 전시회 • 제5회 대한민국 국제보트쇼 • 부산국제조선해양대제전 • 2011 국제수송기계부품산업전

제품 특성상 모터쇼 (자동차 전시회)를 제외하고는 대부분 전문박람회이다. 수송기계 특히, 자동차 관련 전시회가 가장 큰 비중을 차지하고 있다. 가장 많은 참관객들이 몰려드는 모터쇼의 경우,「서울모터쇼[13]」는 KINTEX에서 홀수년에,「부산국제모터쇼」는 BEXCO에서 짝수년에 개최된다. 대표적인 기계류 전시회로는 매년 홀수년에 개최되는「한국기계전」과 짝수년에 개최되는「서울국제공작기계전」이 있다. 기계 및 부품 관련 전시회는 격년으로 개최되는 전시회도 다수 있으며 대부분 중간에 소멸되지 않고 지속 개최되는 전시회이다.

특히, 2011년 9월에는 KINTEX 제 2 전시장 개장 기념으로 종전까지 각기 다른 시기에 개최되었던 자본재 6개 전시회 (「한국기계전」,「금속산업대전」,「서울국제공구전」,「국제플라스틱고무산업전」,「국제인쇄산업대전」,「서울국제종합전기기기전」)를 통합하여 한국 최대규모의「제 1회 한국산업대전」이 개최된 바 있다. 대표적인 자동차부품 전시회로는 (재)아인글로벌이 개최하고 있는「한국 자동차부품 및 연관산업 전시회」가 있다.

[서울모터쇼와 한국기계전]

13) 2005년 모터쇼 (10개국 179개사 참가, 1,019,923명), 2007년 모터쇼 (11개국 188개사 참가, 992,800명 참관), 2009년 모터쇼 (9개국 158개사 참가, 956,650명 참관), 2011년 (8개국 139개사 참가, 1,005,460 참관)을 기록하였으며 2011년 다시 참관객이 100만명을 돌파하였다.

□ 혼수용품

구분	전시회명
2008년 (30회)	• 싸이월드와 함께하는 제10회 동양결혼박람회 • 싸이월드와 함께하는 제11회 동양결혼박람회 • 제15회 결혼박람회 • 2008 하반기 결혼박람회 • 2008 혼수상품대전 • 제29회 춘계 한국결혼상품전 • 서울 에센스 웨딩박람회 (2008 SPRING) • 제30회 추계 한국결혼상품전 • 서울 에센스 웨딩박람회 (2008 AUTUMN) • 2008 가을웨딩박람회 • 2008 웨딩혼수명품전 • 2008 TBC 결혼박람회 • 2008 웨드엑스포 혼수박람회 • (춘계) 2008 TBC와 함께하는 결혼박람회 • (추계) 2008 TBC와 함께하는 혼수박람회 • KBC 웨딩박람회 (I) • MBC 결혼박람회 • KBC 가구가전결혼상품대전 • MBC 웨딩박람회 • KBC 웨딩박람회 (II) • 2008 가을 웨딩엑스포 • 2009 봄 웨딩엑스포 • 제8회 대전 충청 결혼박람회 • 제9회 대전 충청 결혼박람회 • 제10회 대전 충청 결혼박람회 • 2008 S/S 한국결혼박람회 SETEC 명품전 • LG 해피웨딩결혼박람회(I) • LG 해피웨딩결혼박람회 (II) • 2008 F/W 한국결혼박람회 SETEC 명품전 • 2009 S/S 한국결혼박람회 SETEC 명품전
2009년 (27회)	• SBS 결혼박람회 (I) • SBS 결혼박람회 (II) • 2009 상반기 결혼박람회 • 2009 추계 결혼박람회 • 2009 8월 웨딩박람회 • 제31회 춘계 웨덱스코리아(한국결혼상품전) • 제4회 2009 서울 에센스 웨딩박람회 (spring) • 연회&예식홀박람회 • 제32회 추계 한국결혼상품전 • 제5회 추계서울에센스웨딩박람회 • 2009 추계연회 및 예식홀박람회 • 웨딩박람회 • 가을 웨딩박람회 • 제1회 MBC와 함께하는 대전웨딩페어

구분	전시회명
	• 대전웨딩박람회 • TBC와 함께하는 2009 결혼 & 혼수박람회 • MBC 웨딩박람회(봄) • KBC 웨딩박람회(봄) • KBC 웨딩박람회(가을) • MBC 웨딩박람회(가을) • 2009 가을 웨딩엑스포 • 2010 봄 웨딩엑스포 • 제11회 대전·충청 결혼박람회 & 국제웨딩페어 • 제12회 대전충청 결혼박람회 • 한국결혼박람회 SETEC 명품전 • 2010 S/S 한국결혼박람회 SETEC 명품전 • 웨딩엑스포 인천
2010년 (46회)	• 마이웨딩플랜 결혼박람회 • 2010 웨딩 구매전 • 서울 웨딩 페어 • 봄 웨딩 박람회 • MBC 결혼박람회 • 2010 TBC와 함께하는 결혼&혼수박람회 • TBC와 함께하는 2010 결혼박람회 • TBC와 함께하는 2010 혼수박람회 • 제33회 춘계 한국결혼상품전 • 2010 1월 BEXCO 결혼박람회 • 제13회 KBC 웨딩박람회 • 대전MBC 웨딩페어 • 제1회 광주웨딩박람회 • 대전웨딩홀 주최 결혼박람회 • 2010 에센스 웨딩박람회 SPRING • 2010 2월 BEXCO 결혼박람회 • 대전웨딩혼수 박람회 • 가을웨딩박람회 • 제3회 SBS결혼박람회 • 대전웨딩혼수 박람회 • 2010 제13회 대전 충청 결혼박람회 • 서울 웨딩 페어 • 2010 웨딩구매전 (KDJ Center) • 웨딩구매전 (EXCO) • 2010 가을 웨딩엑스포 • 2010 가을 결혼박람회 • 제26회 MBC웨딩페어 • 대전웨딩혼수 박람회 • 2010 MBC 경남 결혼박람회 • 2010 웨딩 구매전 (SETEC) • KBC 웨딩박람회 (가을) • 제34회 추계 웨덱스코리아 (한국결혼상품전)

구분	전시회명
	• 2010 하반기 BEXCO 결혼박람회 • 제7회 광주MBC웨딩페어 • 2010 하반기 BEXCO 웨딩박람회 • 2010년 가을웨딩 박람회 • SBS 웨딩페어 • 제5회 SBS 결혼박람회 • 대전 웨딩혼수 박람회 • 가을 웨딩박람회 • 제27회 MBC 웨딩페어 • 제8회 서울에센스 웨딩박람회 • 2011 웨딩구매전 (KDJ Center) • 마이웨딩 박람회 • 2011 봄 웨딩 엑스포 • 2011 S/S 한국결혼박람회 SETEC 명품전
2011년 (32회)	• 제3회 연회 및 예식홀 박람회 • 마이웨딩 결혼박람회 • 결혼&혼수박람회 • 벡스코 웨딩박람회 • AT웨딩페어 (3월) • 2011 mbc 경남 결혼박람회 • AT 웨딩페어 • SBS 웨딩페어 • 2011 포인트웨딩박람회 • 함사요넷 웨딩박람회 (KOTREX) • AT웨딩페어 (6월) • 2011 가을 에센스 웨딩 박람회 • 2011 가을 대전웨딩업 연합박람회 • 함사요넷 웨딩박람회 (Coex) • 웨딩앤결혼박람회 • 2011 제29회 대한민국 웨딩산업박람회 (EXCO) • 2011 제29회 대한민국 웨딩산업박람회 (BEXCO) • 2011 제29회 대한민국 웨딩산업박람회 (Coex) • 웨딩박람회 • MBC 웨딩박람회 (BEXCO) • 벡스코 웨딩박람회 (7월) • 2011 MBC 경남 결혼박람회 (하반기) • 결혼&혼수박람회 • 제14회 MBC웨딩박람회 (KDJ Center) • 제36회 추계웨덱스코리아 • 2011 제29회 대한민국 웨딩산업박람회 • 마이웨딩 결혼박람회 • 벡스코 웨딩박람회 (8월) • SBS 결혼박람회 (11월) • 제29회 MBC웨딩페어 • 제6회 SBS 결혼박람회 • 제10회 서울에센스 웨딩박람회

이 분야 전시회는 모두 결혼을 앞둔 국내 예비 신혼부부를 대상으로 주로 봄, 가을로 구분하여 1년에 두 차례 개최되며 국내 모든 전시장에서 개최되고 있다. 동일 전시주최자가 같은 해에 동일한 전시회명으로 전국 전시장을 순회하며 개최하기도 한다. 혼수용품 전시회도 유사 전시회의 난립이 심각한 형편이다. 경쟁이 심해지다 보니 호객 행위, 끼워 팔기, 과소비 조장 등으로 인해 결혼 준비를 한 곳에서 해결 할 수 있다는 당초 취지가 무색해지고 있다. 이 전시회 역시 국제화와는 무관한 전시회이다.

[한국결혼상품전]

□ 과학·기술

구분	전시회명
2008년 (23회)	• 농업경영비절감 기술전시회 • 2008 부산과학축제 • 2008 부산 신기술 발명박람회 • 2008 국제로봇대전 • 2008 국제과학축전 • 2008 대한민국 세계 여성 발명대회 • 제2회 국제방재산업기술전 • 독일 첨단기술 라이프스타일 과학전 • 2008 충청권 벤처프라자 • 로보월드 2008 (2008 국제로봇산업대전) • 제9회 중소기업기술혁신대전 • 로열티없는 우리품종 우리기술박람회 • 2008 대한민국발명특허대전 • 서울국제발명전시회 • 2008 대구과학축전 • 기술혁신 박람회 • 2008 대한민국 과학축전 • 물리학회 기자재전시회 • 2008 광주국제자동차로봇전 • 제6회 국제나노기술심포지엄 및 전시회 • 2008 산학협력EXO • 제5회 한국 국제 연구 분석실험기기 전시회 • 제9회 벤처국방마트

구분	전시회명
2009년 (23회)	• 2009 부산과학축전 • 로보월드 부산 2009 • 2009 부산발명신기술박람회 • 2009 국제로봇대전 • 한국하이테크박람회 • 2009 대한민국 여성발명품 박람회 • 2009 대한민국학생발명전시회 • 제10회 중소기업기술혁신대전 • 충청권 벤처프라자 • 2009 발명특허상품유통박람회/발명특허대전 • 서울국제발명전시회 • 2009 첨단민간기술 군 활용 전시회 • 2009 국제교육로봇페어 • 2009 대구과학축전 • 광주국제자동차로봇전 • 신성장동력 박람회 2009 • 2009 대한민국과학축전 • 마이크로월드 제2회 국제마이크로/MEMS 기술전시회 • 나노코리아 2009 세7회 국제나노기술 심포지엄 및 전시회 • 대한민국우수상품박람회 (G-FAIR 2009) • 제6회 한국 국제 연구분석실험기기 전시회 • 제10회 벤처국방마트 • 세계 신기술 신공법대전
2010년 (21회)	• 2010 대전 건설/환경 신기술(특허) 신제품 박람회 • 2010 지식경제 R&D 성과전시회 • 2010 제9회 부산과학축전 • 2010 대한민국 여성발명품 박람회 • 2010 생명산업대전 • 2010 국토해양기술대전 • 대전국제연구분석실험기기전 • 2010 첨단 민간기술의 군 활용 전시회 & 세미나 • 2010 대한민국과학축전 • 나노코리아 • 제11회 중소기업기술혁신대전 • 2010 충청권벤처프라자 • 2010 대구과학축전 • 제11회 벤처국방마트 • 제7회 WTA대전하이테크페어 • 2010 국제로봇산업대전 • 2010 한국하이테크박람회 • 대한민국 아이디어 우수제품홍보박람회 • 2010 대한민국 로봇박람회 • 2010 서울국제발명전시회 • 대한민국발명특허대전

구분	전시회명
2011년 (30회)	• 서울 국제 3D 페어 • 한국물리학회 2011 봄 학술논문발표회 • 2011 지식경제 R&D 성과전시회 • 대한민국 신기술대전 • 2011 서울머니쇼 • 대한민국 세계여성발명대회 • 과학체험아카데미 과학전시회 • 2011 첨단국방산업전 • 대한민국과학축전 • 제9회 국제나노기술 심포지엄 및 나노융합대전 • 제12회 중소기업기술혁신대전 • 2011 광주과학문화축전 • 고분자학회 추계학술대회&기자재전 • 한국분자세포생물학회, 추계학술대회 (부대전시회) • 국제 U-CITY 산업전시회 • 제1회 생산제조기술혁신대회 • Green City Week • 로보월드 국제로봇산업대전 • 제8회 WTA 하이테크페어 • 2011 경남과학대전 및 지역과학축전 • 2011 국제로봇컨텐츠쇼 • 2011 대한민국발명특허대전 • 서울국제발명전시회 • 2011 충청권벤처프라자 • 2011 국제연구분석장비전시회 • 생화학분자생물학회 연례국제학술대회 (부대전시회) • 세계화학의 해 - 범화학학술대회 • 2011 세계 화학의 해, 세계 화학 엑스포 • 한국화학공학회 2011년 추계 학술대회 및 전시회 • 2011 벤처국방마트

이 분야도 행사성 전시회가 많다. 로봇과 발명 관련 전시회가 다수 개최되고 있으며 국내 최대 과학 관련 축제인 「대한민국과학축전」[14]이 대표적인 전시회이다. 주요 참관객은 청소년층이다. 이 전시회의 특징은 심포지움 등 다양한 부대행사가 개최된다는 점이다. 2000년도 전후에는 연간 2-7회 개최되었으나 최근에는 20회 이상 관련 전시회와 이벤트가 개최되고 있어 가장 큰 성장을 보이고 있는 분야이다.

14) 1997년 한강고수부지에서 처음 개최된 이래 매년 수도권에서 개최되었으나 최근에는 비수도권으로도 장소를 옮겨 가며 개최되고 있다. 2011년에는 8월 대구 EXCO에서 <대한민국과학창의축전>이라는 이름으로 개최되었다.

[대한민국과학축전과 국제로봇대전]

□ 건축·조경

구분	전시회명
2008년 (19회)	• 2008 제2회 부산리빙&하우징엑스포 • 2008 부산경향하우징페어 • 2008 부산국제건축문화제 • 제1회 2008 창원친환경도시건축제 • 친환경주거인테리어전 • 2008 하우징브랜드페어 • 2008 서울리빙디자인페어 • 제10회 조선일보 홈덱스 • 2008 대한민국 조경 박람회 • 한국건축산업대전 2008 • 제9회 국제 유리 창호 산업전 • 대구하우징엑스포 • 2008 주거환경&도시디자인 박람회 • 2008 대한민국건축문화제 • 2008 광주건축박람회 • 2008 경향하우징페어 • 2008 교회건축산업전 • 제19회 MBC 건축박람회 • 제20회 MBC 건축박람회
2009년 (19회)	• 제3회 부산리빙&하우징엑스포 • 2009 부산하우징페어 • 2009 부산국제건축문화제 • 제11회 조선일보 홈덱스 2009 • 2009 하우징브랜드페어 • 서울리빙디자인페어 • 2009 대한민국 조경박람회 • 한국건축산업대전 • 홈 테이블데코 2009 • 2009 대전MBC 건축박람회

구분	전시회명
	• 대구건축박람회 • 제2회 주거환경&도시디자인박람회 • 광주건축박람회 • 2009 경향하우징페어 • 제22회 MBC 건축박람회 • 2009 한국가구 및 인테리어산업대전 • 2009 교회건축산업전 • 제21회 동아전람 건축박람회 • 2009 그린 하우징 페어
2010년 (23회)	• 동아전람 건축박람회 • 2010 경향하우징페어 & 하우징브랜드페어 • 제4회 리빙&하우징 엑스포 2010 • 2010 서울리빙디자인페어 • 대구건축박람회 • 2010 홈덱스 Spring • KBC 리빙&하우징페어 • 2010 인천건축박람회 • 2010 대한민국 조경박람회 • 2010 공공디자인 조경박람회 • 제24회 MBC 건축박람회 • 2010 서울국제건축인테리어전 • 제2회 건축박람회 • 2010 한국국제가구 및 인테리어산업대전, 목공산업대전 • 2010 부산국제건축문화제 • 2010 부산경향하우징페어 • 2010 한국국제인프라기술전 • 동아전람 인테리어 건축박람회 • 한국건축산업대전 2010 • 광주건축박람회 • 2010 부산국제도시디자인엑스포 • 인테리어디자인브랜드전 • 제10회 국제유리창호산업전
2011년 (29회)	• SBS 국제건축박람회 2011 • 제25회 MBC 건축박람회 • 2011 경향하우징페어 • 국제빌딩자동화전 (IBS) • 2011 서울리빙디자인페어 • 제11회 대구건축박람회 • 2011 부산건축인테리어전시회 • 2011 KBC 리빙&하우징페어 • 2011 공공시설 및 조경박람회, 디지털 프린팅 및 사인엑스포 • 제3회 대전건축박람회 • 제7회 숙박산업전시회 호텔페어 2011 • 2011 대한민국 조경박람회

구분	전시회명
	• 국제원부자재산업대전 • 제2회 인천건축박람회 • 2011 라이프스타일핸드메이드코리아 • 2011 부산경향하우징페어 • 2011 한국국제가구 및 인테리어산업대전/한국국제목공기계산업전시회 • 제27회 MBC 건축박람회 • 2011 서울국제건축인테리어전 • 제1회 한국리모델링 건축대전 • 2011 국제도로교통박람회 • 2011 대한토목학회 학술대회 및 CIVIL Expo • 제6회 광주국제건축박람회 • 2011 한국국제사인디자인전 • 제6회 KBC 건축박람회 • 홈·테이블 데코 페어 2011 • 2011 목재산업박람회 • 2011 아이방꾸미기전시회 • 국제안전보건전시회

건축 및 건설 분야도 전통적으로 많이 개최되는 전시회 중 하나였다. 2000년대 초반에는 정보 통신 분야에 이어 두 번째로 많이 개최되는 전시회였다. 그동안 국내 전시장이 다수 개장되었음에도 불구하고 2002년 연간 15회에서 최근에는 연간 20~30회 정도 개최되고 있다. 건축, 조경 박람회가 크게 늘어났다고 볼 수 없지만 거의 대부분의 전시회가 중단되지 않고 매년 개최되고 있다.

가장 대표적인 전시회는 1986년부터 매년 개최되고 있는 「경향하우징페어 & 하우징브랜드페어」[15]와 동아전람[16]이 개최하는 「MBC 건축박람회」가 있다. 또한 조선일보가 주최하고 (주)홈덱스가 주관한 「조선일보 홈덱스」가 2009년 11회까지 개최되었으나 2010년에는 (주)홈덱스 주최 「친환경건축박람회」라는 명칭으로 개최되었다. 이어 2011년에는 (주)홈덱스와 SBS 주최로 「SBS 서울국제건축박람회」란 이름으로 개최되었다.

15) 경향하우징페어와 자매행사인 하우징브랜드페어가 별도 개최되었으나 동종 전시회의 별도 개최에 의한 난립과 혼동을 막기 위해 2010년 행사부터 통합 개최되고 있다.

16) 1998년에 설립된 전문전시기획사로 MBC 건축박람회 이외 공공디자인조경박람회, 서울사인엑스포, 리모델링전원주택박람회 등 주로 건축, 조경 분야의 박람회를 개최하고 있다.

[경향하우징페어 & 하우징브랜드페어와 MBC 건축박람회]

ㅁ 전기·전자

구분	전시회명
2008년 (13회)	• 세미콘 코리아 2008 • 한국전자부품전 2008 • 국제전자회로산업전 • 2008 국제전력IT 및 전기설비전 • 국제모션컨트롤전시회 • 2008 국제조명산업전 • 2008 춘계 한국전자전 • 국제광산업전시회 • 국제 LED EXPO & FPD KOREA 2008 • 2008 한국전자전 • 제10회 국제반도체대전 • 2008 서울국제종합전기기기전 • 배전설비 및 개발기술 전시회
2009년 (10회)	• 세미콘 코리아 2009 • 한국전자부품전 + 국제전자계측기기전 • 2009 국제전력전자 IT 및 전기설비 • 2009 국제조명산업전 • 2009 서울국제종합전기기기전 IEEE T&D ASIA-SIEF 2009 • 2009 춘계 한국전자전/모바일산업비즈니스전 • 국제전자회로산업전/국제전자실장산업전 • 국제 LED EXPO & FPD KOREA 2009 • 2009 국제반도체대전 • 2009 한국전자전
2010년 (14회)	• 세미콘 코리아 2010 • VR/Simulation & 3D 산업전 • 2010 국제광산업전시회 • 2010 국제전자회로산업전/국제전자실장산업전/한국전자부품산업전 • LED 생산기자재전 & 국제광전자산업전 • 2010 국제 스마트그리드 및 전기설비전 • 국제 LED EXPO & OLED EXPO 2010

구분	전시회명
	• 제1회 국제 LED & Display Korea • 제1회 국제 최첨단 군전자장비시스템 산업전 • 2010 LED/OLED 응용기술산업전 & 2010 디지털사이니지 및 키오스크산업전 • 2010 국제조명산업전 • 2010 서울국제종합전기기기전 • 2010 국제반도체대전 • 2010 제41회 한국전자산업대전
2011년 (22회)	• 세미콘코리아 2011 • 국제 기능성 필름 산업전 • 2011 국제 표면실장 및 인쇄회로기판 생산기자재전 • LED 생산기자재전 • 국제전자회로산업전 • 2011 한국전자부품산업전/국제모션컨트롤전시회 • 국제 LED EXPO & OLED EXPO 2011 • 2011 전기자동차 및 전장엑스포 • 2011 세계 원자력 및 방사선 엑스포 • 2011 IPFA 연계전시 • 2011 국제터치패널 산업전 & 국제 LED 생산기자재전 & 국제 광전자 산업전 2011 • 스마트 & 클라우드쇼 • 2011 국제조명산업전 • 2011 국제전자엑스포 • 제2회 국제 LED & DISPLAY KOREA • 2011 서울국제종합전기기기전 • 2011 국제반도체대전 • 2011 국제정보디스플레이전시회 • 한국전자산업대전 • 인천정보산업진흥원 물류세미나 연계전시 • 2011 월드스마트그리드산업대전 • 2011 LED/OLED 응용기술산업전

우리나라 전기 전자산업 위상에 비해 개최되는 전시회가 많지 않으며 해외 유명 경쟁 전시회에 비교해도 결코 그 규모가 크다 할 수 없다. 2002년, 이 분야에서 8개 국내 전시회가 개최되었으나 현재 연간 개최되는 전시회는 20개 내외에 불과하다. 그동안 다른 분야의 전시회가 많이 개발된 것과는 대조를 이루며 질적으로도 성장했다고 말하기 어렵다.

이 분야 전시회의 경우, 지방 소재 전시장에서는 거의 개최되지 않고 있으며 수도권 전시장에 집중되어 있다. 전자 및 반도체 분야에서는 「한국전자산업전」,[17] 「세미콘 코리아」,[18] 전기 분야에

17) 1969년 최초 개최된 이래 매년 <한국전자산업진흥회>가 개최하고 있는 우리나라 최대규모 전자전이다. 2010년에는 12개국 750개사 2,328부스 규모로 개최되었으며 해외바이어 1,823명을 포함하여 55,242명의 참관객이 다녀갔다.

18) <국제반도체장비재료협회>가 매년 개최하는 세미콘 코리아는 2011년 24번째로 개최되었으며 20개국 458개사가

서는 「서울국제종합전기기기전[19]」이 가장 대표적인 전시회이다.

[한국전자산업전과 서울국제종합전기기기전]

□ 환경·에너지

구분	전시회명
2008년 (15회)	• 2008 국제환경에너지사업전 • 2008 국제재생에너지전시회 • 국제물산업전시회 • 2008 국제 환경·에너지 및 생태박람회 • 2008 대한민국에너지체험전 (COEX 10.9-10.12) • 제30회 국제환경기술전 • 2008 대한민국 에너지대전 • 2008 친환경상품전시회 • 2008 대한민국그린에너지 엑스포 • SWEET 2008(구_2008 하늘바람땅에너지전) • 2008 대한민국에너지체험전 (KDJ Center 10.23-10.26) • 2008 자원순환·미래에너지 전시회 • LANDEX 2008 • 2008 대한민국 에너지체험전 • 인천환경기술전
2009년 (16회)	• 대한민국 기후변화 박람회 • 2009 부산국제환경&에너지산업전 • 경남물지구엑스포 • 제1회 세계태양에너지엑스포 • 2009 신재생에너지/전시산업전 • 서울기후변화박람회 • 제31회 국제환경기술전

참가하였고 33,074명이 참관하였다.

19) <한국전기산업진흥회>가 1994년 최초 개최한 이래 1998년부터 매년 개최하고 있다. 2010년 행사에는 78개국 185개사 450개 부스 규모로 개최되었다.

구분	전시회명
	• 2009 대한민국 녹색에너지대전 • 2009 저탄소녹색성장박람회 • 제6회 대한민국 그린에너지엑스포 • SWEET 2009 • 국제기후환경산업전 • 2009 자원순환 미래에너지전시회 • 인천국제환경기술전 • 2009 세계통신에너지 연계 전시회 • Water Korea 2009
2010년 (23회)	• 세계태양에너지엑스포 • SWEET 2010 • 2010 경남 물 지구 엑스포 • 2010 대한민국 산림바이오에너지 박람회 • 제6회 부산녹색생활농업박람회 • 제7회 국제그린에너지엑스포 • 국제 공기청정 및 그린환경산업전 • 2010 국제수처리산업전 & 컨퍼런스 • 제3회 자원순환 미래에너지전시회 • 제32회 국제환경산업기술 & 그린에너지전 • 2010 신재생에너지 및 전지산업전 • 녹색상품 전시회 • 2010 국제환경에너지산업전 • 2010 대한민국 산림바이오에너지 박람회 • 2010 환경수도창원그린엑스포 • 2010 저탄소 녹색성장 박람회 • 2010 대한민국 에너지대전 • 2010 대한민국 신재생에너지대전 • 2010 기후변화방재산업전 • 2010 국제기후환경산업전 • 2010 대한민국녹색산업기술대전 • 2010 국제녹색성장에너지 박람회 • 국제그린카전시회
2011년 (26회)	• 수자원 포럼 2011 • 2011 세계에너지절약 엑스포 • 세계태양에너지엑스포 • 2011 국제수처리플랜트산업전 및 컨퍼런스 • 제18회 물관리 심포지엄 및 전시회 • SWEET 2011 • 제8회 국제 그린에너지엑스포 • 서울 미네랄쇼 • 제4회 국제자원순환산업전 • 대한민국 녹색 에너지체험전 • 제33회 국제환경산업기술·그린에너지전 • 2011 한국국제전지산업전 • 2011 국제환경·에너지 산업전

구분	전시회명
	• 국제공기청정 및 그린환경전시회 • 2011 국제기후환경산업전 • 광주세계도시환경포럼 • 저탄소녹색성장박람회 • 2011 생명산업대전 • 저탄소 국제자원순환산업전 • 2011 국제가스연맹 가스학술회의 • 2011 대한민국신재생에너지대전 • 대한민국 녹색에너지대전 • WATER KOREA 2011 국제상하수도전시회 (DCC) • WATER KOREA 2011 국제상하수도전시회 (KOTREX) • 제2회 대한민국 녹색기술 산업대전 • 2011 대한민국 녹색 에너지체험전

최근 지구 온난화로 인한 환경 파괴, 산업화에 따른 오염, 에너지 고갈 등이 심각한 문제로 대두됨에 따라 가장 각광받고 있는 분야이다. 그러나 우리나라에 관련기업들이 많지 않음을 감안하여 현재와 같이 여러 전시장에서 소규모로 개최하는 것 보다는 통합하여 순회 개최하는 방안도 검토할 필요가 있다. 김대중컨벤션센터에서 매년 개최되는 「SWEET[20](구_ 하늘바람땅에너지전)」이 대표적인 전시회이다.

[SWEET와 Water Korea 2009]

20) 2006년 처음 개최된 이래 매년 개최되고 있으며 국내 신재생에너지전시회 중 2008년 7월, 최초 UFI 인증을 취득하였다. 2011년에는 15개국 174개사 600부스 규모로 개최되었고 총 16,200명이 참관하였다.

□ 의약·보건

구분	전시회명
2008년 (19회)	• 2008 국제웰빙&통합의학박람회 • 2008 부산광역시 치과의사회 종합학술대회 및 치과기자재 전시회 • 2008 고령친화산업박람회 • 한국안경광학전시회 및 학술대회 • 24회 국제의료기기·병원설비전시회 • 2008년 서울국제치과기자재전시회 및 종합학술대회 • 국제안전보건전시회 • 2008년 조선일보 건강박람회 • 대한민국 성인병박람회 • 제10회 한의학국제박람회 • 2008 영남 치과종합학술대회 및 치과기자재전시회 • 2008 대한민국 한방엑스포 • 2008 대한민국 의료.복지기기전시회 • 호남권 치과기자재전시회 • 광주 MBC LOHAS 웰빙.건강 박람회 • 2008 대전건강박람회 • 하이서울 2008 건강엑스포 - 아토피 없는 서울 : All that atopy • 엑스포캠 2008 & 엑스포팜 2008 • 바이오 코리아 2008
2009년 (15회)	• 제2회 국제 웰빙 통합의학 박람회 • 제25회 국제 의료기기 병원설비전시회 • 제6회 서울국제치과기자재전시회 • 국제안전보건전시회 • 2009 조선일보건강박람회 • 제11회 한의학국제박람회 • 2009 대한민국약학 약업박람회 • 2009 글로벌헬스케어 • 2009 대한민국 한방엑스포 • 2009 대한민국 건강의료산업박람회 • 2009 웰빙바이오대전 • MBC 자연사랑 웰빙 건강박람회 • 2009 시니어/장애인 엑스포 • 서울 국제웰빙 통합 의학박람회 • 2009 인천국제웰빙건강박람회
2010 (14회)	• 제3회 웰빙통합의학박람회 • 제26회 국제의료기기병원설비전시회 • 제47회 대한치과의사협회 종합학술대회 및 치과기자재전시회 • 제1회 국제 암 엑스포 • 2010 건강박람회 • 2010 제10회 대한민국 한방엑스포 • 제7회 서울국제치과기자재전시회 • 국제안전보건전시회 • 2010 조선일보 건강박람회

구분	전시회명
	• 2010 시니어 & 장애인 엑스포 • 2010 경남건강의료박람회 • 2010 대한민국 건강의료산업전 • 제8차 병원의료산업전시회 • 2010 서울국제헬스케어박람회
2011년 (35회)	• 제27회 국제의료기기 · 병원설비 전시회 • 제2회 국제암엑스포 • 2011 대한미용성형외과학회 춘계학술대회 (부대전시회) • 항생제 내성에 관한 국제 심포지움 (ISAAR, 부대전시회) • 2011 국제 웰빙건강 & 의료박람회 • 대한응급의학회 춘계학술대회 & 기자재전 • 제9회 국제위암학회 학술대회 (부대전시회) • 2011 안티에이징 엑스포 • 대한당뇨병학회 춘계학술대회 • 2011 영남치과 종합학술대회 및 기자재 전시회 • 제22차 세계피부과 학술대회 • 글로벌 바이오 메디컬포럼 • 창립86주년 기념 2012 종합학술대회 및 제8회 서울국제치과기자재전시회 • 제12회 한의학국제박람회 • 2011 시니어&장애인 엑스포 • 제12차 아시아 이식학회 학술대회 (부대전시회) • ICOI World Conference (구강인플란트학회, 부대전시회) • APACRS-KSCRS Seoul 2011 (부대전시회) • 경기도 종합학술대회 및 치과기자재전 • 2011 대구의료주간 • 대한영상의학회 학술대회 (부대전시회) • 부산 국제암엑스포 • 2011 Korea Healthcare Congress 및 병원의료산업전시회 • 대한치과교정학회 (부대전시회) • 제106회 학술대회 및 제4회 한중일안과학술대회 • 대한흉부학회 추계학술대회 기자재전 • 2011 대전의료관광&뷰티 국제컨퍼런스 • 2011 개원 및 경영정보박람회 • 제1회 어린이 건강박람회 • 대한가정의학회 춘계대회 • 대한진단검사의학회 2011년 춘계 심포지엄 • 녹색식생활 교육 박람회 • 2011 국제건강산업박람회 • 제1회 건강식품 및 용품박람회 • 2011 서울국제가발 · 탈모방지전시회

소득수준 향상과 건강에 대한 의식이 고조됨에 따라 많은 참관객들이 몰려드는 전시회이다. 그러나 개최되는 전시회의 절반 가량이 1회성 행사로 그치고 있다. 이 분야 전시회도 주로 수도권 전시장에서 개최되고 있으며 지방 전시장 중에는 대구 Exco에서 「대한민국 한방엑스포」 등 2-3건의 전시회가 매년 개최되고 있다. 최근에는 각종 의약세미나 (학술대회)와 함께 부대전시회가 개최되는 경우가 많다. 가장 대표적인 전시회는 「국제의료기기 병원설비 전시회」[21]와 「조선일보 건강박람회」이다.

[국제의료기기병원설비전시회와 조선일보건강박람회]

□ 물류·유통

구분	전시회명
2008년 (9회)	• 2008 국제물류박람회 • 프랜차이즈 서울 Spring 2008 • 프랜차이즈 서울 Fall 2008 • 2008 충청권 벤처프라자 • 2008 한국국제물류 및 유통 산업전 • 제19회 프랜차이즈 산업박람회 • 2008 제20회 국제프랜차이즈산업박람회 • 2008 하반기 중소기업과 대형유통업체 공공구매기관 상담 전시회 • 2008 인천국제물류산업전
2009년 (8회)	• 2009 외식산업프랜차이즈전 • 2009 부산국제철도물류전 • 2009 프랜차이즈 창업 부산박람회 • 프랜차이즈 서울 Spring 2009 • 한국국제유통산업전 • 프랜차이즈 서울 Fall 2009 • 2009 제22회 국제프랜차이즈 산업박람회 • 2009 인천국제물류산업전

21) 1980년부터 매년 개최되고 있으며 지식경제부 선정 Global Top 후보 전시회이다. 2011년에는 32개국 1,026개사가 참가하였으며 57,000여명 (해외바이어 1,900명)이 참관하였다.

구분	전시회명
2010년 (7회)	• 2010 프랜차이즈 서울 Spring • 2010 서울 국제프랜차이즈박람회 • 2010 한국프랜차이즈창업대전 • 2010 프랜차이즈창업 부산박람회 • 2010 프랜차이즈 서울 Fall • 2010 서울 국제 프랜차이즈 박람회 • 2010 인천국제물류산업전시회
2011년 (8회)	• 2011 제25회 프랜차이즈산업박람회 • 2011 제26회 프랜차이즈 창업박람회 • 2011 대전 소상공인 및 프랜차이즈 창업박람회 • 2011 프랜차이즈 창업 부산국제박람회 • 2011 프랜차이즈 서울 Spring • 2011 프랜차이즈 서울 Fall • 이마트 동반성장 박람회 • 2011 한국국제유통산업전

이 분야에서는 자영업을 희망하는 내국인들을 대상으로 프랜차이즈 관련 전시회가 주로 개최되고 있다. 소자본 창업이 가능한 다양한 프랜차이즈 브랜드들을 만나볼 수 있어 예비창업자들이 많이 참관한다. 특히, 외식, 유통, 서비스 분야의 업체들이 많이 참가한다. 대표적인 전시회는 「프랜차이즈 서울 Spring와 Fall[22]」이다. 창업관련 각종 사업설명회 및 세미나 등 다양한 부대행사도 함께 개최된다. 그러나 최근에는 「부산국제철도물류전」[23] 및 「인천국제물류산업전[24]」과 같이 보다 큰 규모의 국제적 성격의 물류 유통 전시회도 개최되고 있다.

[프랜차이즈서울과 한국국제유통산업전]

22) 코엑스와 월드전람이 1996년부터 매년 봄과 가을 두차례 공동 개최한다.

23) 2003년부터 BEXCO에서 격년제 (홀수년)로 개최되고 있으며 2011년 전시회에는 해외 17개국 59개사를 비롯하여 총 158개업체가 682개 부스 규모로 참가하였다. 해외 바이어 523명을 비롯하여 총 25,000여명이 참관하였다.

24) 2008년부터 2010년까지 연속 3회 개최되었다.

□ 정보통신

구분	전시회명
2008년 (11회)	• 2008 IT EXPO BUSAN • 2008 국제유비쿼터스 제조 IT솔류션전시회 • 월드 IT 쇼 2008 • 2008 국제보안기기 및 정보보호전 • IPTV 월드 엑스포 - VoIP 2008 • RFID/USN KOREA 2008 국제전시회 및 컨퍼런스 • 2008 모바일-디스플레이 누리엑스포 • 2008 광주 정보통신전 • 2008 모바일산업비즈니스전시회 • 국제정보디스플레이전시회 • 2008 인천국제정보산업전시회 (ITC 2008)
2009년 (8회)	• 2009 IT EXPO • 국제 유비쿼터스 제조IT 전시회 2009 • 국제 보안기기 및 정보보호전 • 월드 IT쇼 • 2009 국제정보디스플레이전시회 • 2009 IT융합 국제전시회 • 2009 인천국제정보산업회 (ITC 2009) • RFID/USN KOREA 2009
2010년 (9회)	• 2010년 국제 IT 융복합 산업전 • 월드 IT 쇼 • 제10회 국제보안기기 및 정보보호전 • 2010 IT 엑스포 부산 • 2010 국제 유비쿼터스 제조 IT전 • 2010 국제정보디스플레이전시회 • 제17회 부산 ITS 세계대회 • 2010 인천국제정보산업전시회 • 호남 IT 전시회
2011년 (13회)	• 월드 IT 쇼 • 2011 국제IT융복합 산업전 • 2011 국제보안기기 및 정보보호전 • 2011 교육용 IT 솔류션 페어 • 스마트 워크 & 스마트러닝 코리아 • 2011 IT 엑스포 • 2011 국제광산업전시회 • 호남 IT 전시회 • IT와 함께하는 행복한 실버세상 • 글로벌 모바일 비전 2011 • RFID/USN KOREA 2011 국제전시회 및 컨퍼런스 • 2011 SW·컴퓨터 R&D 전시회 및 컨퍼런스 • 2011 디지털미디어 & 콘텐츠 페어

우리나라 IT 산업 위상에 비해서 개최되는 전시회 수도 많지 않고 대부분 개최 규모도 작은 편이다. 이 분야에서 2001년에는 22개 전시회, 2002년에는 29개 전시회가 개최되어 가장 개최 횟수가 많은 전시회였으나 현재는 거의 대부분이 중단되고 연간 10회 내외로 개최되고 있다.

2000년대 초만 해도 「국제컴퓨터, 소프트웨어, 통신전시회 - 한국경제신문」, 「국제정보통신 및 이동통신전 - 한국정보통신진흥협회」, 「한국 컴퓨터 소프트웨어 전시회 - 전자신문사」, 「윈도우월드전시회 - 전자신문사」, 「컴덱스코리아 - 디지털조선일보」 및 「소프트엑스포」 등이 여러 해 동안 연속 개최되는 전시회였다. 그러나 2008년, 「한국 컴퓨터 소프트웨어전시회 : SEK」와 「국제컴퓨터, 소프트웨어, 통신전시회 : KIECO, IT-KOREA」가 「월드 IT쇼[25]」로 1:1 통합되어 개최되었으며 그 후 「국제정보통신 및 이동통신전 : EXPO COMM KOREA」까지 통합되어 국내 최대 규모로 개최되고 있다.

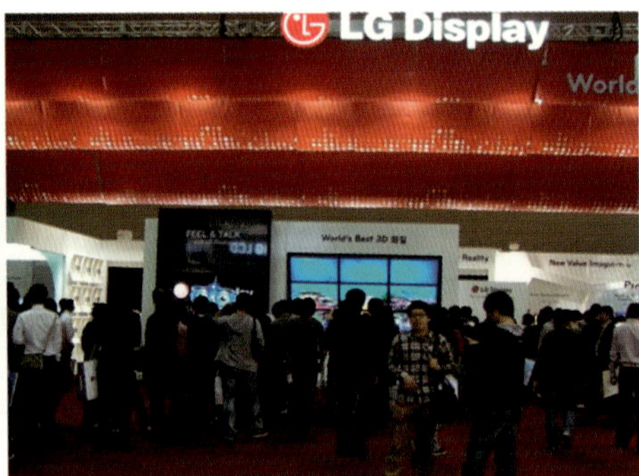

[월드 IT쇼와 국제정보디스플레이전시회]

□ 미용

구분	전시회명
2008년 (12회)	• 2008 국제뷰티테라피 & 두피모발건강엑스포 • KASF 2008 피부미용 학술세미나 & 박람회 • 2008 한국미용페스티벌 • 2008 서울 국제미용산업 박람회 • 2008 뷰티 사이언스 페스티벌 • 2008 부산세계네일페스티벌 • 2008 국제 뷰티&성형 박람회 • 2008 서울국제화장품미용박람회 • 2008 국제뷰티엑스포/제4회 국제두피모발건강엑스포/제2회 한국국제네일페어

25) 월드IT쇼 2011에는 19개국, 440개사가 참가하였으며 전시회 기간 중 167,000여명의 참관객이 다녀갔다. 월드IT쇼는 2011년 지식경제부 선정 40개 유망전시회와 4개 합동전시회로 동시 선정된 바 있다.

구분	전시회명
	• 2008 대구국제미용박람회/제22회 대구광역시장배 미용경기대회 • 제21회 피부미용 학술세미나 및 기자재 박람회 & 네일엑스포 2008 • SNAIL 2008
2009년 (13회)	• 피부미용 학술세미나 & 박람회 • 한국미용페스티벌 • 2009 한국에스테틱산업박람회 • 2009 부산세계네일페스티벌 • 국제 뷰티&성형박람회 2009 • 2009 서울국제화장품미용박람회 • 2009 서울뷰티엑스포 • 2009 국제뷰티엑스포/제5회 국제두피모발건강엑스포 • 2009 대구국제미용박람회 • 피부미용세미나 및 기자재박람회 • NAIL EXPO 2009 • 2009 안티에이징 엑스포 • 네일 엑스포
2010년 (14회)	• 한국피부미용교육박람회 (3월) • 2010 안티에이징 엑스포 • 네일 엑스포 • 2010 서울국제화장품, 미용박람회 • 2010 한국네일엑스포 • KASF 2010 피부미용 학술세미나, 경진대회 & 박람회 • 한국피부미용교육박람회 (6월) • 2010 비네일 • 2010 국제뷰티&성형의료산업박람회 • 2010년 한국피부미용사 학술세미나 및 기자재박람회 • 뷰티디자인엑스포 • 제8회 한국에스테틱산업박람회 • 시네일 2010 • 2010 국제 뷰티엑스포/제18회 서울국제미용건강올림픽
2011년 (10회)	• 2011 서울국제화장품 · 미용산업박람회 • 2011 국제피부미용전시회 • 한국국제네일페어 • 제9회 국제뷰티엑스포 • 네일엑스포 2011 • 코리아뷰티콘테스트 • 2011 비네일 • 2011 대한민국 뷰티디자인엑스포 • 제9회 한국피부미용 산업박람회 및 교육박람회 • 2011 이미용 경기대회

생활 향상과 아름다움에 대한 인식이 고조되면서 이 분야 역시 최근 들어 유사전시회가 크게 늘어나고 있다. 특히 aT Center에서만 연간 미용 관련 전시회가 4회나 개최되고 있다. (사)대한화장품협회, (사)한국미용산업협회와 (주)한국국제전시가 주최하는 「서울국제화장품·미용박람회」[26]가 가장 대표적인 전시회이다.

[서울국제화장품미용박람회와 서울뷰티엑스포]

□ 섬유·피혁·신발

구분	전시회명
2008년 (12회)	• 2008 부산국제신발피혁전시회 • 2008 부산국제섬유패션전시회 • 2008 대한민국 섬유교역전 • 서울국제퀼트페스티벌 2008 • 2008 대전국제코디페어 • 대구국제섬유박람회 • 2008 국제 자연염색 심포지엄 및 전시회 • 2008 대구패션페어 • 2008 F/W 서울패션소싱페어 • 2008 춘계 서울컬렉션 • 2009 S/S 서울패션소싱페어 • 2008 추계 서울컬렉션
2009년 (10회)	• 2009 부산국제첨단신발부품전시회 • 2009 부산국제섬유패션전시회 • 2009 대한민국 섬유교역전 (프리뷰 인 서울 2009) • 서울국제퀼트페스티벌 2009 • 대구국제섬유박람회 • 2009 대구패션페어

26) 2009년 (사)대한화장품협회와 (주)한국국제전시가 주최하는 <서울국제화장품 미용박람회>와 (사)한국미용산업협회 주최 <서울뷰티엑스포>가 통합 동시 개최되었다가 세 개 주최자가 2010년부터 <서울국제화장품 미용산업박람회> 단일 박람회로 개최하고 있다. (서울뷰티엑스포는 폐지) 18회째인 2011년에는 해외 12개국 25개사 40부스를 포함하여 총 222개사 350개 부스 규모로 개최되었고 총 55,500명이 참관하였다.

구분	전시회명
	• Seoul Fashion Week • 제6회 패션소싱페어 • 2009 추계 서울컬렉션 • 패션대전
2010년 (10회)	• 대구국제섬유박람회 • 춘계 서울패션위크 • 키즈패션박람회 (5월) • 2010 대한민국섬유교역전 • 2010 부산국제섬유패션전시회 • 2010 부산국제첨단신발부품전시회 • 추계 서울패션위크 • 2010 대구패션페어 • 제28회 대한민국 패션대전 • 키즈패션박람회 (12월)
2011년 (10회)	• 대구국제섬유박람회 • 대한민국 패션대전 • 2011 춘계 서울 패션위크 • 2011 한국퀼트연합 퀼트 페스티벌 • 대한민국패션대전 (5월) • 대한민국패션대전 (6월) • 2011 대한민국섬유교역전 • 2011 부산국제섬유패션전시회 • 서울국제퀼트페스티벌 2011 • 2011 부산국제첨단 신발부품전시회

섬유 전시회는 우리나라 섬유산업 중심지인 대구 소재 Exco에서 많이 개최되고 있으며 서울에서는 패션소재나 의류 전시회가 주로 개최되고 있다. 신발 관련 전시회는 「부산국제첨단신발부품전시회」[27]가 유일하다. 대표적인 섬유 관련 전시회는 「대구국제섬유박람회」[28]와 「대한민국섬유교역전 (Preview in Seoul)」[29]이다.

---

27) 2009년부터 종전 <부산국제신발피혁박람회>를 <부산국제첨단신발부품전시회>로 명칭을 바꾸어 <부산국제섬유패션전시회>와 동시에 개최하고 있다. 2010년에는 8개국 266개 기업 601개 부스 규모로 개최되었다.

28) 2002년 처음 개최되었고 2008년을 기점으로 매년 10% 이상 규모가 증가하고 있다. 2011년에는 국내외 8개국 296개사 486개 부스 규모로 개최되었고 18,604명이 참관하였다.

29) 섬유제품에 대한 홍보강화, 수출증대를 목적으로 매년 가을 서울에서 개최되는 국제 섬유소재 전문전시회로 2000년 처음 개최되었다. 2010년에는 국내외 8개국 231개사 390부스 (해외 7개국 50개사 65부스) 규모로 개최되었다. 2011년에는 252개사 416부스 (이중 해외업체는 84개사 117부스) 규모로 개최되었다.

[대구국제섬유박람회와 대한민국 섬유교역전]

□ 유학·이민

구분	전시회명
2008년 (6회)	• 2008 추계 부산유학이민박람회 • 제26회 춘계 해외 유학어학연수 박람회 • 제15회 춘계 해외 이민투자 박람회 • 제27회 추계 해외 유학 어학연수 박람회 • 제16회 추계 해외 이민투자 박람회 • 2008 세계유학박람회
2009년 (9회)	• 2009 춘계 부산 유학이민 • 2009 일본유학박람회 • 해외 유학 이민 박람회 2009/추계 - 부산 • 제17회 해외 이주 이민 박람회 (춘계) • 제28회 해외 유학 어학연수 박람회 (춘계) • 제18회 해외 이주 이민 박람회 (추계) • 제29회 해외 유학 어학연수 박람회 (추계) • 일본유학박람회 • 2009 가을 세계유학박람회
2010년 (9회)	• 2010년 세계유학박람회 • 제19회 해외이민 투자박람회 2010/춘계 • 제30회 해외 유학 어학연수 박람회 (2010/춘계) • 2010 춘계 이민 유학박람회 • 조기유학 및 영어캠프 박람회 2010 • 일본 유학박람회 • 2010 추계 부산 유학이민 박람회 • 제20회 해외 이민 투자 박람회 2010 • 제31회 해외 유학 어학연수 박람회

구분	전시회명
2011년 (9회)	• 2011 세계유학 박람회 • 해외 유학/이민 박람회 2011 • 제32회 해외 유학/어학연수 박람회 • 제21회 해외 이민/투자 박람회 • 2011 일본유학박람회 (SETEC) • 제22회 해외 이민/투자 박람회 • 2011 일본유학박람회 (BEXCO) • 2011 추계 이민유학박람회 • 2011 세계유학 해외취업박람회

해외 이민이나 유학 관련 전시회가 춘추계로 나뉘어 개최되고 있으며 일본유학박람회도 일년에 2차례 개최되고 있다. 전국을 순회하며 전시장이외 호텔에서 개최되기도 한다. 전통적인 개념의 전시회와는 거리가 있다.

[투자이민박람회 및 유학박람회]

□ 방송·음향·광고

구분	전시회명
2008년 (6회)	• 국제디지털뉴미디어방송전 • 제17회 서울국제사진영상기자재전 • 제18회 국제방송 음향 조명기기전시회 • 광주옥외광고대상전 • 2008 국제음향산업전/국제공연산업전 • 제8회 국제방송영상견본시
2009년 (9회)	• 2009 전파방송 EXPO • 서울국제사진영상기자재전 • 제19회 국제 방송 음향 조명기기전시회 • 제9회 국제방송영상견본시 • 2009 디지털미디어페어

구분	전시회명
	• 제4회 광주옥외광고대상전 • 신문 뉴미디어엑스포 • 2009 국제음향산업전/국제공연산업전 • 국제디지털뉴미디어방송전
2010년 (12회)	• 2010 카오디오 페스티벌 • 제8회 국제디지털케이블 TV쇼 • 2010 제19회 서울국제사진영상기자재전 • 2010 부산 콘텐츠 마켓 • 코리아 미디어 & 콘텐츠 마켓 2010 • STAGE EXPO 2010 • SIGGRAPH Asia 2010 • 제20회 국제방송, 음향, 조명기기전시회 • 제5회 광주옥외공고대상전 • 2010 국제 방송영상 콘텐츠 견본시 • 2010 국제음향 무대조명 영상산업전 + 교회건축산업전 • 2010 디지털미디어페어
2011년 (10회)	• 서울국제사진영상기자재전 • 2011 디지털 광고마케팅 전시회 • 제6회 광주옥외공고대상전 • 제21회 국제 방송·음향·조명기기 전시회 • 디지털 케이블 TV 쇼 • 2011 부산 콘텐츠 마켓 • 서울포토 2011 • 2011 국제방송영상견본시 • 2011 아시아필름마켓 • 2011 국제음향 무대조명 영상산업전 + 교회건축산업전

최근 들어 각광 받고 있는 전시회 중 하나이며 첨단 IT 및 전자기술이 융합된 새로운 영상 및 음향기기를 선보이고 있다. 2000년대 초반만 해도 연간 3-4회[30] 개최 되었으나 매년 개최 전시회 수가 늘어나고 있다. 「서울국제사진영상기자재전」[31]과 「국제방송, 음향, 조명기기전시회」[32]가 대표적인 전시회이다.

30) 2000년대 초반에는 <서울멀티미디어쇼> <국제입체디지털영상기기전> <국제방송 음향 조명기기전> 등이 개최되었다.

31) 1989년 '한국국제광학기기전'으로 출범, 사진 업계의 발전과 사진 인구 저변확대를 위해 개최됐고 2011년 20회를 맞이했다. '서울국제사진영상기자재전'은 국내뿐만 아니라 아시아 최대 규모의 행사로 2002년 국내 최초 UFI(국제전시연맹) 인증, 10년 연속 지식경제부 유망 전시회로 선정됐다. 2011년 행사에는 20개국 117개 업체가 참가하여 281개 브랜드 제품을 선보였으며 7만 여명이 참관하였다.

32) 1991년 첫 회를 시작으로 <국제음향무대조명영상산업전>은 정부의 신성장동력산업인 방송통신융합산업관련 국내 유일의 전문전시회로서 지식경제부와 서울특별시를 비롯해 국제전시협회로부터 국제인증을 받은 글로벌 유망 전시회다. 2011년에는 국내 129개사를 비롯하여 총 33개국 603개사 참가하였으며 17,629명이 참관하였다.

[서울국제사진영상기자재전과 국제방송음향조명기기전]

□ 디자인 · 캐릭터 · 아트

구분	전시회명
2008년 (18회)	• 2008 디자인엑스포 • 제5회 국제디지털프린팅 및 그래픽디자인전 • 2008 서울캐릭터페어 • 2008 대한민국 공공디자인 엑스포 • 제16회 한국국제사인디자인전 • 2008 서울디자인페스티벌 • 2008 상표-디자인전 • 2008 인천국제디자인페어 • 2008 서울오픈아트페어 • 2008 아트대구-세계현대미술시장 • 2008 골든아이 아트페어 • 2008 한국국제아트페어 • 2008 대구아트페어 • 부산국제아트페어 특별전 • 화랑미술제 • 서울뉴아트페어 • 공예트랜드페어 • 2008 국제문화창의산업전
2009년 (21회)	• 국제디지털프린팅 및 그래픽전 • 2009 서울캐릭터 라이센싱페어 • 대한민국 공공디자인엑스포 • 2009 서울캐릭터페어 • 2009 서울디자인페스티벌 • 솔솔디자인페어 • 2009 상표디자인권전 • 2009 경기디자인페스티벌 • 2009 대한민국뷰티디자인엑스포 • 디자인코리아 2009 • 아트대구 • 화랑미술제 • 열린미술시장 2009

구분	전시회명
	• 2009 서울아트살롱 • 국제아트페어 • 2009 부산국제아트페어 • 제4회 한국공예문화상품전 • 2009 공예트랜드페어 • 대한민국 공예품대전 • 아시아 공예페어 (ACF 2009) • 2009 국제문화창의산업전
2010년 (25회)	• 2010 서울사인엑스포 • 2010 서울캐릭터 라이센싱페어 • 2010 컬러 & 디자인위크 • 제4회 국제캐릭터디자인공모전 • G-디자인 페스티벌 2010 • 뷰티 디자인 엑스포 • 제18회 한국국제사인디자인전 • 2010 상표 디자인권전 • 2010 인천국제디자인페어 • 디자인코리아 2010 • 2010 서울디자인페스티벌 • 한국스타일박람회 • 공공디자인엑스포 • 2010 화랑미술제 • 2010 서울오픈아트페어 • 제1회 빛고을공예대전 • KASF 2010 아트페스티발 • 2010 아트광주 • 2010 국제문화창의산업전 • 제40회 대한민국공예대전 • 2010 아트에디션 • 2010 대구아트페어 • 2010 경남아트페어 • 대한민국 미술축전 • 2010 부산국제아트페어특별전
2011년 (24회)	• 2011 상표 · 디자인권전 • 서울캐릭터라이선싱페어 2011 • 제15회 서울국제만화애니케이션페스티벌 • 2011 대한민국공동브랜드종합대전 • 2011 대한민국 우표전시회 • 디자인코리아 2011 • 아트광주 2011 • 2011 경남국제아트페어 • 에이엔씨 아트페어 2011 서울 • 서울오픈아트페어 • 2011 서울국제아트페어

구분	전시회명
	• 부산국제아트페어 • 아트 에디션 2011 • 2011 서울디자인페스티벌 • 2011 국제문화창의산업전 • 제29회 화랑미술제 • 국제아트페어 • 경기 디자인 페스티벌 2011 • 제41회 대한민국공예품대전 • 대한민국공예문화박람회 • 2011 청년미술프로젝트 • 2011 대구아트페어 • 2011 공예트렌드페어 • 2011 대한민국 미술축전

디자인 관련 분야 역시 각광받고 있는 전시회이며 매년 개최 건수가 늘어나고 있다. 또한 아트 관련 전시회도 자주 개최되고 있다. 이 분야에서는 「서울디자인페스티벌」[33]이 가장 대표적인 전시회이다.

[서울디자인페스티벌과 서울캐릭터페어]

마. 주최자별 분석

우리나라에서 개최되는 전시회는 단독 개최 전시회가 공동 개최 전시회보다 다소 많다. 최근 4년간 단독 개최 전시회 주최는 조합/협회/단체가 가장 많고 그 뒤를 이어 전문전시업체, 정부 및 공공단체, 지자체 순이다. 공동 개최 전시회의 경우에는 정부 및 공공단체, 지자체간 전시회 비중이 매우 높다. 따라서 전체적으로 정부 및 공공단체, 지자체가 국내전시회에서의 비중이

33) 2002년부터 매년 개최되는 서울디자인페스티벌은 디자인전문전시회로 디자이너, 마케터, 트렌드 리서치 기관, 문화계 매체, 디자인 전공생, 일반 관심자 등 연간 5만명이 방문하는 국제적인 행사이다.

가장 높은 전시주최자로 나타나고 있다. 그러나 정부정책을 홍보하고 당면 문제를 해결하기 위한 전시회는 지속성이 없다. 이러한 전시회의 증가는 유사전시회의 증가와 더불어 한국 전시산업의 내실이 아직 부족함을 보여준다.[34)]

그러므로 전시회 발전을 위해서는 관 (官) 보다는 민간 전문전시주최자나 조합/협회/단체가 개최하는 전시회 비중이 높아져야 한다. 특히, 참가업체 모집이 유리한 조합/협회/단체와 전시회 개최 관련 많은 Know-how를 갖고 있는 전문전시업체 그리고 홍보에 강점을 갖고 있는 언론사들이 공동 개최하고 정부나 지자체가 예산을 지원하는 형태가 가장 바람직한 조합 (調合)이라 할 수 있다.

〈2008-2011년 주최자별 박람회 개최 건수〉

(단위 : 회, %)

구분	주최자	2008년		2009년		2010년		2011년	
		건수	비중	건수	비중	건수	비중	건수	비중
단독 개최	전문전시업체	52	12.7	35	8.3	66	13.8	48	9.1
	전시장운영자	8	2.0	3	0.7	3	0.6	3	0.6
	조합, 협회, 단체	70	17.1	48	11.4	45	9.3	89	16.9
	언론사	21	5.1	37	8.8	24	5.0	30	5.7
	지자체	31	7.6	39	9.2	47	9.8	39	7.4
	정부 및 공공기관	36	8.8	43	10.2	48	10.0	63	12.0
	기타	25	6.1	24	5.7	34	7.2	40	7.6
	단독개최 소계	**243**	**59.4**	**229**	**54.3**	**267**	**55.7**	**312**	**59.3**
공동 개최	전문전시업체 + 전시장운영자	7	1.7	5	1.2	5	1.0	12	2.3
	전문전시업체 + 조합, 협회, 단체	14	3.4	20	4.7	14	3.0	16	3.0
	전문전시업체 + 언론사	12	2.9	11	2.6	19	4.0	12	2.3
	전시장운영자 + 조합, 협회, 단체	7	1.7	4	0.9	5	1.0	5	0.9
	전시장운영자 + 언론사	4	1.0	4	0.9	5	1.0	1	0.2
	지자체 + 정부 및 공공기관	17	4.2	25	5.9	25	5.3	26	4.9
	지자체 + 지자체	22	5.4	26	6.2	28	5.8	24	4.6
	지자체 + 언론사	6	1.5	9	2.1	6	1.3	5	0.9
	정부 및 공공기관 + 조합, 협회, 단체	6	1.5	8	1.9	5	1.0	5	0.9
	정부 + 정부	6	1.5	8	1.9	15	3.2	13	2.5
	조합, 협회, 단체 + 조합, 협회, 단체	8	2.0	10	2.4	12	2.5	22	4.2
	언론사 + 언론사	6	1.5	10	2.4	10	2.0	18	3.4
	기타 공동개최	51	12.3	53	12.6	63	13.2	56	10.6
	공동개최 소계	**166**	**40.6**	**193**	**45.7**	**212**	**44.3**	**215**	**40.7**
계		**409**	**100.0**	**422**	**100.0**	**479**	**100.0**	**527**	**100.0**

34) 『2011 국내전시산업 통계』 한국전시산업진흥회 P61

바. 개최 횟수 분석

한국전시산업진흥회가 파악한 통계에 의하면 연간 개최되는 국내전시회 중 신규 전시회 비중이 10%를 약간 상회하고 있다. 이들 신규 전시회중 다음해까지 이어지는 경우는 50% 정도에 지나지 않는다. 나머지 절반은 일회성 행사로 그치고 있다. 이러한 수치는 제 2회 전시회 개최가 가장 어렵다는 것을 입증하고 있다. 3회, 4회로 이어지는 전시회도 2회 전시회 만큼은 아니지만 많이 줄어들다가 5회째 개최되는 전시회부터는 그 후 중단되는 경우가 크게 감소하고 있다.

〈2008-2011년 개최 횟수 건수〉

(단위 : 회)

개최횟수	2008년	2009년	2010년	2011년
1회	39	42	33	49
2회	53	31	27	53
3회	45	28	38	22
4회	25	34	23	35
5회	26	23	28	24
6회	28	25	26	35
7회	14	25	21	29
8-10회째	34	40	58	58
11-15회째	22	24	28	47
16-20회째	20	25	29	21
21회 이상	24	21	32	55
계	329	324	343	428

주) 주최자가 개최 횟수를 발표한 전시회에 한해 분석

결국, 우리나라에서 처음 개최되는 전시회는 절반 가량이 일회로 종료되고 그 후에도 중단되는 전시회가 다수 나타나다가 일단 5회를 넘게 개최되면 장기적으로 계속 될 가능성이 높다는 것을 의미한다. 10회 넘게 개최되는 전시회는 매년 개최되는 전시회 중 15% 정도, 그리고 20회 넘게 개최되고 있는 전시회는 5%에 지나지 않은 것으로 추정되고 있다.

한편, 연간 개최되는 국내전시회 중 60% 가량이 수도권 소재 전시장에서 개최되고 있다. 우리나라 산업의 거의 대부분이 수도권에 집중되어 있는 상황에서 전시회는 비교적 지방에서도 많이 개최되고 있는 것으로 해석할 수 있다. 이는 많은 국내 광역지자체들이 전시장을 보유하고 있고 일부 전시장은 확장을 계획하고 있기 때문에 국내전시회의 지방 분산은 계속 이루어질 것으로 예상된다.

〈전시장별 연간 개최 전시 횟수〉

(단위 : 회)

개최횟수	2008년	2009년	2010년	2011년
aT Center*	18	17	26	27
BEXCO	43	48	56	56
CECO	20	19	22	25
COEX*	129	134	138	184
DCC	7	16	25	28
EXCO	42	33	43	49
ICC JEJU	1	-	-	1
KDJ Center	32	28	43	45
KINTEX*	45	49	60	62
KOTREX	14	13	7	12
SETEC*	47	42	40	33
Songdo ConvensiA*	9	22	13	17
기타	2	1	6	13
수도권 전시장 개최 건수 및 비중	248 [60.6%]	264 [62.6%]	277 [57.8%]	323 [58.5%]
합계	409	422	479	552

주) * 수도권 소재 전시장

2. 국내전시산업 환경 분석

국내 전시산업의 최대 장점은 수도권을 비롯하여 주요 지자체들이 세계 수준의 전시장을 확보하고 있고 또 그 규모와 시설을 계속 확충해나가고 있다는 점이다. 우리나라 국내 전시장의 시설과 자재는 세계 어디에 내놓아도 손색이 없을 정도이다. 또한 정부는 2008년 「전시산업발전법」을 제정하고 전시산업발전 5개년 계획을 수립하여 시행중에 있다. 정부의 강력한 전시산업 육성 의지 또한 국내 전시산업의 든든한 버팀목이 되고 있다. 이와 함께 2002년 출범한 「한국전시산업진흥회」에서는 전시회 인증제도 실시와 함께 매년 전시산업 통계를 발표하고 있으며 전시 인력 양성 프로그램을 진행하고 있다. 전시업계 역시 전시장운영자, 전시주최자, 장치업체 및 전시서비스업체 등이 직능별로 조합을 구성하여 단체별 이익을 대변하고 업계간 상호 발전 방향을 모색하는 등 활발한 활동을 하고 있다.

이러한 강점에도 불구하고 국내 전시산업의 경우, 여전히 소규모 전시회 난립 현상이 심화되고 있으며 아직까지 국제화가 제대로 이루어지지 않아 내수 시장 위주의 전시회가 주종을 이루고 있다. 세계적 수준의 전시장을 확보하고 있음에도 불구하고 여전히 주변 인프라가 열악하여 특히 해외 참가업체나 바이어들에게 많은 불편을 주고 있다. 또한 전시회 참가나 참관을 위해 방한하는 외국인들을 위한 관광산업과의 연계 부족도 극복해야 할 요인이다.

한편, 국내 전시산업의 기회 요인을 살펴보면 우리나라는 이미 일인당 국민소득 2만 달러대에 진입하였을 뿐 아니라 인구 5천만명이 넘는 거대한 내수 시장을 형성하고 있기 때문에 외국 참가기업들에게 매력적인 시장이라는 점이다. 또한 정보통신, 가전분야, 자동차, 조선 산업에서는 세계 최강 국가에 속하며 세계 11위의 경제 대국으로 부상하고 있다는 것과 지정학적으로 동북아 허브 인프라를 구축하고 있다는 점도 긍정적인 요인이라 할 수 있다.

반면, 최근 급격한 경제 성장과 함께 중국이 전시산업면에서도 세계를 주도할 정도로 큰 발전을 거듭하고 있어 수많은 해외 참가업체들과 바이어들이 중국에서 개최되는 전시회로 집중되고 있으며, 저임금을 무기로 한 중국을 비롯하여 동남아 후발 개도국들의 추격으로 경공업 분야에서 우리나라의 입지가 날로 좁아지고 있는 것도 국내 전시산업 발전의 위협 요인이 되고 있다. 이와 함께 최근 급격한 국내 물가 상승과 임금 인상으로 전시회 참가비가 매년 오르고 있다는 점도 전시산업 발전에 부정적인 요인으로 작용하고 있다.

[어마어마한 참관객이 몰리는 중국전시회]

[아시아 최대 규모 소비재 박람회 Canton Fair]

우리나라 전시산업의 강점, 약점, 기회 및 위협 요인을 분석하면 다음 표와 같다.

〈국내 전시산업의 SWOT 분석〉

강점 (S)	• 세계적 수준의 전시장 확보 • 정부의 강력한 전시산업 육성 의지 • 전시회 인증, 전시산업 통계, 전시인력 양성 등 전시산업 기반 구축 • 전시업계의 조직화·협동화 확산	기회 (O)	• 소득 수준 향상에 따른 거대한 내수 시장 형성 • 세계 11위 경제 대국으로 부상 • 동북아 허브 인프라 구축 • 전시 수요 확대
약점 (W)	• 소규모 전시회 난립 • 국내 전시회 브랜드 부족 • 내수시장 위주의 전시회 • 전시장 주변 인프라 열악 • 관광, 컨벤션 연계 부족	위협 (T)	• 중국으로 주요 전시회 쏠림 현상 심화 • 후발 개도국의 추격으로 경공업 제품 경쟁력 상실 • 고물가, 고인건비로 전시회 참가비 상승 • 기존 해외 경쟁 전시회의 대형화 및 전문화

3. 국내전시산업 강점

최근 우리나라 전시산업도 비약적으로 발전하여 일부 분야는 전시 선진국과 견줄 정도로 성장하였다. 그동안 고질적인 문제였던 전시 관련법 부재로 인한 전시산업 육성 근거 빈약, 대형전시장 부재 및 지역별 전시장 불균형, 신뢰성 있는 전시통계 및 관리기관 부재, 통합되지 못하고 여러 목소리를 내는 전시 관련 업계, 전시 전문 인력 및 정보 부재 등이 해소된 점이 국내 전시산업의 최대 강점으로 떠오르고 있다.

① 경쟁력 있는 전시 인프라 구축

1980년대 COEX 개장 이래 지자체들을 중심으로 국제 규모의 전시장 건립이 이어졌고 지금도 일부 전시장들은 확장 공사를 하고 있다. 2010년에는 구미에 소형 전시장이 개장되었으며 2011년 EXCO 및 KINTEX에 이어 2012년 BEXCO 확장 공사 완료로 우리나라 전체 전시면적은 266,887㎡로 늘어났다. 이와 함께 KDJ Center도 2단계 건립을 위한 예비타당성 조사가 진행 중에 있으며 창원 CECO도 확충을 추진 중에 있다. 그러나 전시장마다 경쟁적인 시설 확충으로 인해 2016년 이후에는 전시면적 초과수요가 발생될 것으로 전망된다.

이미 우리나라 전시장 인프라는 세계적 수준으로 도약하였으며 전시장 시설과 디자인, 자재 분야에서는 세계 어느 수준의 전시장보다도 우수하다는 평가를 받고 있다. 전시 선진국이라 할 수 있는 독일, 미국 전시장도 우리나라 전시장만큼 세련되거나 현대적이지 못하다.

[세계 최고 수준의 전시장 KINTEX 외부 및 로비]

〈국내전시장 현황〉

전시장명	개장년도	운영기관	건립비	시설 규모	
				부지면적	전시면적
COEX (서울 삼성동)	'88. 9월 '00. 5월	COEX	7,714억원 (전액민자)	125,713㎡	36,007㎡
SETEC (서울 학여울)	'99. 5월	서울산업 통상진흥원	54억원 (전액국고)	31,000㎡	7,948㎡
KOTREX (대전 유성구)	'95. 5월	코트라	98억원 (전액국고)	29,196㎡	4,200㎡
EXCO (대구 신격동)	'01. 4월 '11. 5월 (확장)	(주)엑스코	1,740억원 (국고 820) 확장 → 892억원	20,863㎡	22,159㎡
BEXCO (부산 해운대)	'01. 9월 '12. 5월 (확장)	(주)부산전시 컨벤션센터	1,600억원 (국고 500) 확장 → 1,915억원	114,772㎡	46,380㎡
aT Center (서울 양재동)	'02. 11월	농산물 유통센터	773억원 (국고 268)	18,810㎡	7,422㎡
ICC JEJU (제주)	'03. 5월	(주)제주국제 컨벤션센터	1,806억원 (국고 900)	54,876㎡	2,395㎡
KINTEX (경기 고양시)	'05. 4월 '11. 9월 (확장)	KINTEX(주)	2,315억원 (국고 753) 확장 → 3,458억원	423,911㎡	108,049㎡
KDJ Center (광주)	'05. 9월	(지방공사) 김대중 컨벤션센터	771억원 (국고 434)	53,301㎡	9,072㎡
CECO (창원)	'05. 9월	경남도/창원시	730억원 (국고 200)	40,282㎡	7,827㎡
DCC (대전 유성구)	'08. 4월	(재)대전 컨벤션뷰로	520억원	24,281㎡	2,520㎡
Songdo ConvensiA (인천 연수구)	'08. 10월	인천관광공사	1,500억원	102,166㎡	8,416㎡
GumiCo (경북 구미시)	'10. 10	EXCO 수탁	380억원	31,000㎡	4,492㎡
총계				1,070,171㎡	266,887㎡

② 전시발전법 제정 및 정부의 전시산업에 대한 확고한 지원

2008년 9월 「전시산업발전법」35) 제정으로 국내 전시산업이 정비될 수 있는 계기가 마련되었으며 정부의 국내 전시산업 발전을 위한 확고한 지원 의지가 확인되었다. 정부는 전시산업 육성을 위해 2011년, 「글로벌 TOP 전시회」5개, 유망전시회 40개, 합동전시회 4개 등 총 49개 국고지원 대상 국내전시회를 선정36)하여 총 40억원을 지원한 바 있다. 또한 정부는 2008년부터 매년 '해외바이어가 찾아오는 국내전시회 육성'에 공헌하고 질적 고도화에 기여한 우수자들에게 우수브랜드전시회 등 5개 부분37)에 걸쳐「대한민국전시산업대상」을 수상하고 있다.

③ 한국전시산업진흥회 및 전시 관련 단체 설립

2002년 「한국전시산업진흥회」가 출범한 이래 「한국전시장운영자협회」, 「한국전시주최자협회」, 「한국전시산업장치협회」 및 「한국전시서비스협회」 등 전시관련 협회들이 잇따라 설립되면서 회원들의 이익을 대변하고 한국 전시산업의 발전 방안을 모색하는 계기가 마련되었다. 이 밖에 「한국무역전시학회」에서는 매년 정기적으로 학술대회 및 국제학술심포지엄을 개최하고 있다.

- **한국전시산업진흥회**
  - 설립연도 : 2002년
  - 홈페이지 : http://www.akei.or.kr
  - 회원 : 전시장운영자, 공공기관, 조합 및 협회 등 단체, 전문전시주최자, 전시공사 및 서비스 업체 등 (49개사)38)
  - 주요사업 : 국내 및 해외전시회 지원, 해외 인턴 파견, 홍보 (저널 발간, 전시포름 및 Road Show 개최, 전시포탈 사이트 GEP 운용, 전시회 인증 및 통계 등

35) 전시산업발전법은 총칙, 전시산업 발전계획, 전시산업의 관리, 전시산업 기반의 조성, 전시산업 지원, 보칙 및 벌칙 등 7장 26조와 보칙으로 구성되어 있다.

36) 2011년 지식경제부는 국내기업의 수출 확대를 지원하고, 전시산업 육성을 위해 글로벌 TOP 전시회 5개, 유망전시회 40개, 합동전시회 4개 등 총 49개 국고지원 대상 국내전시회를 선정하였다. 글로벌 TOP 전시회는 전시면적이 3만m^2 이상이고, 해외바이어가 1,000명 이상 찾아오는 국제수준의 전시회로서 '서울국제식품산업대전', '국제 항공우주 및 방위산업전', '국제의료기기 및 병원설비전', '한국전자산업대전', '부산국제조선해양대전' 등 5개 전시회가 선정되었다. 유망전시회는 전시면적이 5천m^2 이상이고, 해외바이어가 50명 이상인 성장가능성이 높은 전시회로서 '국제그린에너지엑스포', '경향하우징페어', '서울모터쇼', '월드 IT' 등 40개 전시회이다. 합동전시회는 유사한 전시회의 자율적 통합과 전시회의 대형화를 유도하기 위해 도입된 인센티브 제도로서 '한국전자산업대전', '월드 IT쇼', '서울국제식품산업대전', '중소기업우수상품박람회' 등 4개 전시회이다.

37) 「대한민국전시산업대상」의 5개 부문은 <우수브랜드전시회>, <전시어드벤쳐>, <친환경전시디자인>, <선진전시서비스>, <전시산업 및 발전기여> 등이다.

38) 이하 각 단체별 회원사는 2012년 2월 기준

• **한국전시장운영자협회**

설립연도 : 2004년

– 회원 : 전시장운영자 (10개사)

– 주요사업 : 회원사간 교류 협력사업, 한국전시컨벤션산업 발전 포름 개최, 해외공동 홍보 사업, 외국전시장과 협력사업

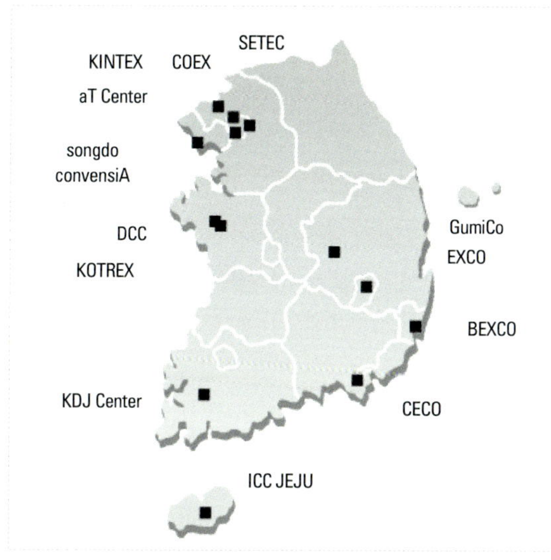

[지역별 우리나라 전시장 현황]

• **한국전시주최자협회**

– 설립연도 : 2004년

– 홈페이지 : http://www.keoa.org

– 회원 : 전시주최자 (68개사)

– 주요사업 : 무역전시산업 발전방안 연구를 위한 활동, 국내외 전시 주최자의 교류 협력, 한국전시회 홍보사업, 전시관련 자료발간 사업, 한국전시회일정 디렉토리 제작 및 배포, 국책전시회 주관, 전시주최자 교육 및 연수, 기타 전시회 공동주최/위임 및 대행사업, 국내무역전시 홍보/마케팅, 기타

[한국전시주최자협회 주요업무]
www.keoa.org

□ **한국전시산업디렉토리 발간【격년】**

- 2년마다 국내에서 개최되는 모든 전시회 일정을 수록한 디렉토리를 제작하여 해외 바이어, 코트라 무역관, 협회 및 조합에 배포
- 자료 등록은 전시산업발전법 제7조에 의해 동록된 국내 모든 전시주최자라면 누구든지 가능

□ **한국전시산업전 (KOREA EHXIBITION EXPO) 개최【매년】**

- 전시기간 : 통상 12월 <2012년에는 12월 12일 ~ 13일>
- 장 소 : COEX
- 홈페이지 : http://expoexpo.or.kr
- 대상 기관 및 업체 : 전시인테리어시공업체, 전시주최업체/전시장, 전시 서비스 제공업체, 해외전시/에이전트/국내지사, 전시관련산업, 정부기관/지자체/국제기구/교육기관, 홍보 및 GIFT관련사, 이벤트사

□ **대한민국 전시산업대상 선정 및 포상【매년】**

- 포상구분 : 우수브랜드전시회, 전시어드벤쳐, 친환경전시디자인, 선진전시서비스, 전시산업 발전기여 등 5개 부문
- 신청자격
  - 전시산업 발전을 위하여 헌신적으로 노력한 개인·단체
  - 기술적·경제적 파급효과가 큰 전시마케팅 신기술 및 신제품, 우수서비스 개발운영자

□ **전시주최자 사업자 등록【수시】**

- 지식경제부의『전시사업자등록관리현황 일체정비』점검 지침에 의거 전시산업발전법 제 7조, 시행령 5조에 의해 등록필수 전시사업자 등록현황을 조사하여 신규등록증 발부

- **한국전시산업장치협회**
  - 설립연도 : 2002년
  - 홈페이지 : http://www.keda.in
  - 회원 : 전시공사업체 (150개사)
  - 주요사업 : 회원의 권익보호를 위한 활동 및 이익대변, 전시장치 진흥과 관련된 사업, 전시장치 관련 지도연구 및 조사, 정부에서 의뢰하는 사업, 선진 해외디자인 지식습득 및 연구개발, 기타

- **한국전시서비스협회**
  - 설립연도 : 2008년
  - 홈페이지 : http://www.kespa.org
  - 회원 : 전시관련 물류, 인력, 렌탈, IT, 시설 및 기타 업체 (135개사)
  - 주요사업 : 선진기술 조사 연구, 교육훈련 및 지도, 전시서비스업에 관한 일반사회의 인식 제고를 위한 사업, 유관기관 및 산업체와의 교류 및 협력사업, 회원사간 분쟁 조정 및 자정 노력, 회원사간 친선 도모 및 정보교류, 정부 및 공공기관 위탁사업 등

④ 전시통계 및 평가관리 시스템 구축

국내전시회 전체에 대한 평가관리 시스템과 전시산업 관련 통계 관리 시스템39)이 구축되었으며 2004년 부터 국가공인기관의 인증제도를 도입하여 공신력 있는 전시회로 대내외 홍보가 가능하게 되었다.

⑤ 전시정보 관련 전문 웹사이트 운영

코트라와 한국전시산업진흥회가 운영하는 글로벌 전시포탈 사이트인 GEP (www.gep.or.kr)은 세계 수준의 국내외 전시회 관련 전문 웹사이트라 해도 과언이 아니다. 해외전시는 코트라가, 국내전시는 한국전시산업진흥회에서 관리한다. 해외전시, 국내전시, 나의 전시정보, 고객지원 등 4개의 상위 메뉴가 있고 각 상위 메뉴별로 4-7개의 하위 메뉴로 구성된다. 코트라가 진행 중인 전시사업의 공지와 홍보 그리고 국내외 전시회 및 전시산업 전반에 대한 정보를 얻을 수 있다.

---

39) 한국전시산업진흥회는 2006년부터 1년 주기로 전시 통계 조사를 실시하고 있다. 특히 2009년 부터는 기존 전시회 조사에 국한되었던 통계를 전시사업자 전체로 확대하여 전시 산업의 현황을 구체적으로 살펴볼 수 있도록 했다. 2010년에는 국내 12개 전시장에서 개최된 전시회를 대상으로 전시장별 집계된 전시회 대상 세부현황 (전시면적, 참가업체 수, 참관객 수, 상담액 및 계약액, 부스임차비, 컨퍼런스 동시개최 여부, 전시회 수입 및 지출 등)을 조사하였으며 전시시설사업자의 경우, 전시장 현황 (전시시설, 회의시설, 향후 확장 계획 등), 매출액, 종업원 수 등을, 전시주최사업자의 경우, 기본정보, 운영현황 (해외협력 현황, 주최 및 주관전시회, 종업원 수, 매출액 등)을 전시장치 사업자의 경우, 기본정보, 운영현황 (종업원 수, 매출액, 전시장 별 지정협력업체 현황 등)을 그리고 전시용역사업자는 기본정보 및 운영현황 (종업원 수, 매출액, 전시장 별 지정협력업체 현황 등)을 조사하여 자료로 발간하고 있다.

[GEP의 초기화면]

특히 GEP에는 코트라 해외무역관이 수집하고 추천한 4,500여개의 해외전시회 정보가 수록되어 있으며 국내전시회의 경우, 모집 중인 전시회, 계획 중인 전시회, 코트라 주최 전시회, 일반전시회, 전시장별 전시회, 주최기관별 전시회, 품목별 전시회, 인증전시회 별로 검색이 가능하다.

⑥ 활발한 전시 전문 인력 양성

아직 역사는 미천하지만 서울을 포함하여 전국적으로 몇몇 대학에 전시관련 학과가 설치 운영되고 있으며 코트라[40]와 무역협회[41] 등에서도 전시회 관련 많은 강좌가 개설되어 활발하게 전시 전문 인력을 양성하고 있다. 특히, 한국전시산업진흥회와 서울과학기술대학교는 2012년 상반기 『전시전문인력양성센터』를 개소한 이후 전시최고위과정, 전시전문가융합과정, 전시전문가입문과정 등 다양한 전시전문교육과정을 개설하고 있다. 또한 2002년부터 한국전시산업진흥회, COEX, 한국전시주최자협회는 공동으로 전시전문기획사 자격증 (CEM) 과정을 운영하고 있다. 이외 전시 컨벤션학과가 학부 또는 대학원 과정으로 개설되어 있는 대학은 경희대, 한림대, 한남대, 계명대, 영산대, 상지대 및 제주관광대학교 등 이다. 그러나 다수 대학들이 전시 분야 보다는 컨벤션 분야에 치중하고 있으며 일부 대학들은 관광학과 내에 전공 선택과정으로 전시 관련 강좌를 개설하고 있다. 또한 커리큘럼도 부족하고 전시 실무 경험을 갖고 있는 교수진의 보완도 요구된다.

---

40) <해외전시마케팅과정>이라는 2일짜리 단기 과정이 수시로 개설된다.

41) <중소기업을 위한 전시회 활용기법> 2일짜리 단기 과정이 개설되어 있다.

〈주요대학 전시관련 학과 설치 내역〉

대학명	학과명	학과 소개42)
경희대	컨벤션경영학과 <학부 과정>	고부가가치를 창출하는 국제회의, 전시 및 이벤트 분야에서 핵심적 역할을 수행할 인재를 양성하기 위하여 컨벤션에 관한 전문적인 지식을 학습하며, 체계적인 현장실습을 통하여 컨벤션 유치 및 운영실무 능력을 배양시키고 국내는 물론 전 세계 컨벤션 분야의 영향력 증대를 위하여 리더십 교육을 실시
한림대	전시이벤트경영학과 <대학원 과정>	컨벤션전시분야 한국 최초의 석사과정으로 컨벤션과 전시회의 기획과 운영에 필요한 마케팅, 재무활동, 인력운영, 외국어, 외국문화이해 등 다양한 사례연구를 통한 교육 실시
한남대	컨벤션경영학과 <학부 과정>	컨벤션 산업은 관광·레저산업, 호텔·유흥·식음료산업, 교통·통신 등 관련 산업까지를 포함하는 종합산업이자 지식과 정보의 생산과 유통을 촉진하는 지식기반산업의 핵심 산업임. 이에 창의·봉사적이며, 외국문화와 외국어 커뮤니케이션에 능통한 컨벤션 전문인을 양성 배출
계명대	호텔관광학과 <학부 과정>	3학년 전공 선택 과정으로 <컨벤션 및 전시기획론>이 개설되어 있으며 이 강의는 컨벤션, 전시, 미팅산업에 대한 일반적인 개요와 이 분야에서 커리어를 쌓을 수 있는 기회 제공에 주안점을 두고 있음. 또한 성공적인 미팅과 컨벤션을 운영하기 위해 필수불가결한 옵션들을 찾아보는데 강의의 중점을 둠.
영산대	관광컨벤션학과 <학부 과정>	관광컨벤션학과는 부산광역시의 4대 핵심전략산업인 컨벤션 산업, 21세기 관광 한국사회의 유명업종으로 불리는 전시산업 분야의 기획전문가를 육성하고자 전시, 컨벤션과 관련된 이론과 실무를 교육하여 졸업과 동시에 산업현장에 투입될 수 있는 인재 양성을 학과의 목표로 삼고 있음. 또한 고급컨벤션이론 및 실무, 국제전시디자인론, 서비스경영전략 등이 포함된 고급이론과정과 실무중심의 교육과정, 활발한 기업과의 네트워크 구축을 토대로 한층 강화된 현장실습과정, 취업동아리를 위한 아낌없는 지원과 책임지도, 세계적인 컨텐츠 프로듀서인 기타모토 교수 초빙 등 학과의 교육내용과 교육방향은 우수기업과 대기업 취업이 잘되는 학과를 목표로 함.
상지대	관광학부 호텔컨벤션학전공 <학부 과정>	미래 전략산업인 관광산업의 근간이 되기도 하는 호텔 산업 및 국제회의 산업을 이끌어갈 창의적이고 실천적인 역량을 갖춘 전문인 양성을 목적으로 함. 본 전공에서는 호텔산업 및 국제회의 산업에 관한 전 분야의 이론을 학습하고 실무를 체득케 하며 외국어 과목에 비중을 두어 국제화 시대에 적응할 수 있는 어학 능력을 배양시킴.
제주관광 대학교	관광특성화분야 항공컨벤션경영과 <학부 과정>	<전시행사경영론>이 개설되어 있으며 이 강의를 통해 전시 시장의 이해에 바탕을 두고 전시업자 그리고 전시주관자 관점에서 성공적 행사 진행을 위한 제반업무를 이해함.

42) 각 대학(원) 홈페이지 학과 소개 인용

4. 국내전시회 문제점

2000년대 들어 지자체들이 중심이 되어 경쟁적으로 전시장을 건립하고 최근에는 기존 전시장을 확충하는 등 전시 인프라는 세계적인 수준으로 발전하고 있으며 국내에서 개최되는 전시회 수도 매년 증가하고 있다. 또한 2011년 기준, 국내전시회 중 인증전시회가 85개 전시회에 이르는 등 양적, 질적으로 꾸준히 발전하고 있으나 아직도 전시선진국들과 비교할 때 상당수 전시회가 대형화, 국제화, 전문화 측면에서 국제수준에 이르지 못하고 있다.

① 규모의 영세성

국내전시회의 가장 큰 문제점으로는 영세한 전시업체들의 난립을 들 수 있다. 이러한 현상은 중복전시회 개최, 과당경쟁, 소규모 전시회 난립, 내수시장 위주의 전시회로 이어지고 있다. 국내 전시회는 참가업체 수 및 관람객 수에서 지금보다 그 규모를 훨씬 더 확대해야 한다. 실제 코트라 해외무역관에서 유치한 바이어들이 국내 전시회를 다녀 온 후 규모가 작아 실망했다며 다시는 참관하지 않겠다고 불만을 토로한 바이어들도 다수 있었다.

〈최근 4개년 대형 국내전시회 개최 현황 (조사 응답 전시회 기준)〉

구 분		2008년	2009년	2010년	2011년
전시면적	총 전시면적 3만㎡ 이상 전시회	9개 (3.4%)	10개 (2.4%)	20개 (5.2%)	17개 (4.2%)
	순 전시면적 2만㎡ 이상 전시회	2개 (0.8%)	1개 (0.3%)	36개[43] (9.1%)	6개 (1.5%)
참가업체	참가업체 500개사 이상 전시회	8개 (3.0%)	11개 (3.1%)	9개 (2.3%)	18개 (4.5%)
	해외참가업체 150개 이상 전시회	9개[44] (3.4%)	12개 (3.3%)	4개 (1.0%)	20개 (5.0%)
관람객	관람객 10만명 이상 전시회	9개 (3.4%)	12개 (3.4%)	10개 (2.5%)	22개 (5.4%)
	해외관람객 5천명 이상 전시회	7개[45] (2.7%)	9개 (2.5%)	2개 (0.5%)	8개 (2.0%)

한국전시산업진흥회 조사에 의하면 2011년, 국내에서 개최된 403개 전시회 (무응답 제외) 중 총 면적 3만㎡이상 되는 전시회는 17개 전시회 (4.2%)에 불과하며 참가업체가 500개사 이상인

43) 국내 참가업체 1만㎡ 이상과 해외 참가업체 2천㎡ 이상인 전시회

44) 해외참가업체 200개 이상인 전시회

45) 해외참관객수 3,000명 이상인 전시회

전시회는 18개 (4.5%), 해외참가업체가 150개사 이상인 전시회는 20개 (5.0%), 관람객이 10만명 이상인 전시회는 22개 (5.4%) 특히, 해외관람객이 5,000명 이상인 전시회는 8개 (2.0%)에 불과하여 국제수준의 전시회와는 아직도 많은 격차를 보이고 있다. 이와 같이 전체 응답 전시회 중 일정 규모 이상의 대형전시회 비중은 큰 변화 없이 5% 이하를 유지하고 있어 짧은 시간 내 대형화를 유도하기는 쉽지 않을 것으로 전망된다.

② 국내 위주의 전시회

아직도 국내에서 개최되는 다수 전시회가 국내 시장을 주로 겨냥하고 있다. 그 결과 해외참가업체는 물론이고 해외관람객 수도 매우 미미한 실정이다. 최근 국제 인증을 받은 전시회가 다수 생겨나고 있으나 아직도 세계적으로 브랜드 파워가 있는 전시회는 드문 편이다. 2011년도 응답 전시회 중 46.4%인 187개 전시회에는 해외참가업체 수가 전무하였으며 평균 해외참가업체 수가 25개사인 것을 보면 국내전시회가 얼마나 국제화에 뒤떨어져 있는지를 알 수 있다. 해외관람객 역시 국내전시회당 평균 600명에도 미치지 못하고 있다.

〈최근 4개년 해외 참가업체 수 현황〉

구 분	0	1개사 이상	30개사 이상	50개사 이상	100개사 이상	150개사 이상	무응답	합계
2008년	50 미만 169개 (64.0%), 50 이상 24개 (9.1%), 100 이상 12개 (2.3%), 200 이상 9개 (3.4%)						50개 (18.9%)	264개 (100%)
2009년	170개 (47.2%)	100개 (27.8%)	27개 (7.5%)	27개 (7.5%)	3개 (0.8%)	12개 (3.3%)	21개 (5.9%)	360개 (100%)
2010년	85개 (21.5%)	94개 (23.8%)	23개 (5.8%)	20개 (5.1%)	8개 (2.0%)	4개 (1.0%)	161 (40.8%)	395 (100%)
2011년	187개 (46.4%)	135개 (33.5%)	26개 (6.4%)	25개 (6.2%)	10개 (2.5%)	20개 (5.0%)	-	403개 (100%)

〈최근 4개년 해외 참관객 수 현황〉

구 분	100명 미만	100명 이상	500명 이상	1,000명 이상	5,000명 이상	무응답	합계
2008년	21개 (8.0%)	25개 (9.5%)	124개 (46.9%)	31개 (11.7%)	13[46)] (5.0%)	177개 (49.2%)	360개 (100%)
2009년	43개 (11.9%)	67개 (18.6%)	29개 (8.1%)	35개 (9.7%)	9개 (2.5%)	177개 (49.2%)	360개 (100%)
2010년	35개 (8.9%)	65개 (16.5%)	26개 (6.6%)	22개 (5.6%)	2개 (0.5%)	245개 (61.9%)	395개 (100%)
2011년	63개 (15.6%)	91개 (22.6%)	35개 (8.7%)	35개 (8.7%)	8개 (2.0%)	171개 (42.4%)	403개 (100%)

③ 전문성 결여 전시회

전시회의 테마에 부합되는 참가업체 모집, 참가업체들이 원하는 관람객 유치, 세미나 및 학술대회 등 컨퍼런스 개최, 홈페이지 개설, 국내외 홍보, 전시기간 중 참가업체와 관람객을 위한 간행물 발간, 원활한 전시회 운영, 고객 (참가업체 및 관람객)이 만족할 수 있는 수준의 서비스 제공 등 전시회 개최에 필수적인 내용이 제외되거나 무시되고 철저한 사전 계획과 전략 부재로 고객이 만족하지 못하는 전시회가 상당수 존재하고 있다. 또한 전문전시회로 육성되지 못하고 해당 전시분야와 관련 없는 업체의 참가를 허용한다든지 직매를 허용함으로써 전시회의 품격에 손상을 주는 경우도 많이 있다.

〈최근 3개년 컨퍼런스 동시 개최 전시회 현황〉

구분	미개최	5건 미만	5건 이상	10건 이상	20건 이상	30건 이상	합계
2009년	187개 (51.9%)	91개 (25.3%)	35개 (9.7%)	29개 (8.1%)	7개 (1.9%)	11개 (3.1%)	360개 (100%)
2010년	282개 (71.4%)	49개 (12.4%)	31개 (7.8%)	19개 (4.8%)	6개 (1.5%)	8개 (2.1%)	395개 (100%)
2011년	229개 (56.8%)	86개 (21.3%)	40개 (9.9%)	28개 (7.0%)	11개 (2.8%)	9개 (2.2%)	403개 (100%)

④ 유사 전시회 남발

소규모 유사 전시회가 난립되어 있는 것도 문제다. 조금 잘 된다 싶은 전시회가 있으면 다른 전시주최자들도 유사 전시회를 만들어 참가업체와 참관객들을 분산시켜 국내전시회의 대형화와 국제화 추진에 장애요인이 되고 있다. 이는 결국 과당경쟁으로 이어져 전시주최자들 모두에게 피해로 돌아가게 된다. 우리나라에서 유사 중복전시회가 발생하는 가장 큰 원인은 전시장 증가로 전시장 가동률 및 전시장 임대수익 확보를 위해 유사 전시회가 경쟁적으로 유치되고 있으며 지방자치단체의 홍보성 유사전시회의 중복 개최도 한 몫하고 있기 때문이다. 특히 결혼, 실버, 골프, 식품, 미용전시회 등 기본적인 참가업체 및 참관객 확보로 일정 수준의 수익이 가능한 생활밀접형 Public 전시회에서 유사 중복전시회의 난립 현상이 가장 두드러지게 나타나고 있다.[47] 유사 전시회 보다는 지역 특성에 맞는 전시회, 창의적인 전시회가 절실히 요구된다.

46) 3000명 이상임.

47) 무역거래기반 조성 5개년 계획 -해외 바이어가 찾아오는 전시회 육성 방안 (2009.11) P61

〈유사전시회 개최 현황〉

(단위 : 회)

분야	2008년	2009년	2010년	2011년
골프박람회	8	10	7	7
결혼박람회	30	27	46	32
유(육)아박람회	39	40	38	58
식품박람회	27	35	30	46
미용박람회	12	13	14	10

⑤ 장기 연속 개최 전시회 미천

장기적으로 개최되지 못하고 몇 회 개최되다 소멸되는 전시회, 심지어 1-2회 개최되고 중단되는 전시회는 결코 성공적인 전시회로 육성할 수가 없다. 현재 국내전시회 중 10회 연속 개최 전시회는 전체 전시회의 1/3에 지나지 않는다. 이와 같은 원인은 대부분의 전시회가 철저한 시장조사와 성장 가능성을 검토하지 않고 개최되고 있기 때문이다. 장기적인 안목으로 참가업체나 참관객이 개최 시기와 장소를 인지하고 적극 참여할 수 있도록 연속 개최될 수 있는 전시회로 육성해야 한다.

⑥ 전시회 주최자의 영세성

아직까지는 우리나라 전문 전시주최사의 자금력, 기획력, 마케팅 능력 및 국제 네트워킹 등이 취약한 편이다. 전문 전시주최사가 단독 혹은 공동으로 개최하는 전시회는 연간 100여 회로 전체 전시회에서 차지하는 비중은 20% 대에 머물고 있다. 더구나 업종별 조합이나 협회는 연간 1-2회 정도의 전시회를 통해 단체 운영에 필요한 예산을 확보하고 있으나 일부 대형 단체를 제외하고는 전시 전문성도 크게 미흡한 실정이다.

개별 전시주최자의 평균 주최 전시회 수는 2010년 조사에서 5건 미만이 77.2%로 가장 많았으며, 주관 전시회 역시 5건 미만의 전시회를 개최하는 전시주최자가 81.0%로 나타났다. 또한 전시주최자의 종업원 수가 30명 미만인 사업자가 조사대상 총 79개사 중 54개사 (68.4%)였고 평균 매출액은 18억 1300만원이었다. 대부분의 전시주최자들은 해외 네트워 미비로 외국 참가업체 및 바이어 유치에는 한계를 보이고 있으며 협회나 조합 등 단체 주최자들은 대부분 회원사 위주로 전시회 참가업체들을 유치하고 있다. 또한 같은 해 조사에서 전시장치업체는 114개사였으며 평균 종업원 수는 16명이고 평균 매출액은 14억 9300만원으로 대부분 영세한 편이다. 전시용역 사업자 역시 소규모로 운영되고 있다.

⑦ 전시 장치의 낙후성

최근 들어 많이 개선되었다고는 하지만 아직도 적은 비용으로 전시회를 개최하려다 보니 전시 부스가 다양하지 않고 세련되지도 않으며 천편일률적인 저가 조립식 부스가 대부분이다. 시대의 흐름에 맞는 세련되고 고급스러운 부스와 분위기 연출이 아쉽다.

[단순한 조립식 부스]

[세련된 개방형 부스]

⑧ 전시 부대 인프라 미흡

전시장 주변에 해외 바이어 및 참관객 편의를 위한 호텔 및 부대 인프라가 부족하다. 특히, 지방 소재 전시장의 경우 해외 바이어들을 위한 비즈니스 호텔이 거의 없으며 전시장까지의 편리한 대중교통, 쇼핑센터, 외국인이 이용 가능한 식당, 위락시설 및 볼거리 등이 미흡하다. 반면 미국[48] (특히 라스베가스), 홍콩, 마카오 등의 경우 전시장과 호텔, 부대시설의 편리성으로 전시컨벤션과 관광산업이 상호 연계되어 발전하고 있다.

[전시장 부근에 러브호텔은 많아도 해외바이어들을 위한 비즈니스 호텔은 미흡하다. 일본에는 저렴하고 깨끗한 비즈니스 호텔이 많이 있다]

48) 미국에서도 전시산업의 중심축이 과거 뉴욕, 시카고 등 동부에서 라스베가스를 중심으로 한 서부로 이동하고 있다. 그 이유는 뉴욕 (맨하탄)의 경우, 더 이상의 전시장 확충이 불가능하며 교통 혼잡, 비싼 호텔비 등으로 비즈니스맨들의 전시회 참관 기피 현상이 심화되고 있기 때문이다. 반면, 라스베가스에는 풍부한 볼거리가 있고 가족들과 여가를 즐기면서 전시회를 참관할 수 있을 뿐 아니라 저렴한 체재비 덕분에 비즈니스맨들의 선호 지역으로 바뀌고 있다.

5. 국내전시회 발전을 위한 3대 필수요소

국내전시회를 현재보다 한 단계 업그레이드 시키기 위해서는 전시주최자, 전시장운영자, 전시장치 및 서비스업체 들이 먼저 자율적으로 전시산업을 정비하고 국내전시회의 발전을 위해 반드시 필요한 전문화, 대형화, 국제화를 위해 노력해야 한다.

① 전문화

국내 주최자별로 세분화된 전시회를 전략적인 제휴를 통해 각 전시회의 전문성은 유지하면서 공동운영으로 비용을 절감하는 전략이다. 전시주최자들은 전시회별 참가업체를 각자 유치하되 전문화를 통해 주최자간 공동으로 홍보 및 관람객, 바이어 유치활동을 할 수 있고 다양한 부대행사를 개최할 수 있다. 또한 전시회 공동운영으로 인력 및 경비를 절감할 수 있는 효과를 얻을 수 있다. 그러나 주최자간 이해득실 관계로 인하여 항구적인 공동 개최 여부가 불투명하다는 단점도 있다.

② 대형화

동종의 유사한 전시회를 통·폐합함으로써 발전을 저해하는 불필요한 경쟁요인을 제거하며, 전시 참가업체들의 경제적 부담을 줄이고 집중적인 마케팅 활동을 할 수 있도록 하는 전략이다. 대형화를 통해 주최자는 전시회의 대외 브랜드 이미지를 제고할 수 있고 참가업체 및 참관객 증대에 기여할 수 있다. 그러나 주최자간 통·폐합에 대한 거부감으로 인해 추진이 어려울 수 있고 통·폐합 후에도 이익, 손실 분배에 대한 조정의 어려움이 예상될 수 있다.

③ 국제화

해외 유명 전시 주최자의 국내 유치 및 합작 또는 전략적 제휴를 통해 전시회의 대형화와 국제화를 동시 추구하여 해외 선진 전시 기법을 배울 수 있는 전략이다. 이와 같은 전략을 통해 외국 참가업체 및 바이어 유치가 확대되고 선진 전시기법 및 자본이 도입 될 수 있으며 세계 전시산업 트랜드에 접속이 용이해 질 수 있는 장점이 있다. 그러나 해외 전시 주최자의 단기이익 추구로 인하여 장기적인 합작 계획 수립에 차질이 올 수도 있고 국내 전시 산업이 국제자본으로 예속화 될 우려도 있다. 그럼에도 불구하고 최근 다수 국내전시주최자들이 해외 유명 전시주최자들과 전략적 제휴를 통해 전시회 국제화에 큰 성과를 올리고 있다. 코트라와 영국 AllWorld간의 「서울국제식품산업대전」, 부산 BEXCO와 독일 Messe Frankfurt간 「부산국제 철도·물류산업전」, 한국무역협회와 Reed Exhibition, Japan간의「 한국조선기자재 산업전」이 대표적인 예이다.

6. 국내전시회 육성방안

국내전시회 육성 전략 하에 정부와 지자체는 전시 관련 기업들이 유망전시회를 개발 육성하며 자체 역량을 배양할 수 있도록 제도적, 재정적 지원을 아끼지 말아야 한다. 또한 전시 관련 단체와 주최자들도 세계 경제에서 차지하고 있는 우리나라 위상에 걸맞는 전시산업 육성을 위해 장기적이고 거시적인 안목으로 전시산업을 발전시켜 나가야 한다.

① 유사 전시회 통폐합

현재와 같이 난립된 유사전시회로는 전시회 선진국으로 진입할 수 없다. 기존 전시주최자들의 첨예한 이해관계로 통폐합이 쉽지 않겠지만 통폐합 전시회에 대해서는 정부 지원을 강화하고 전시업계에서도 자율적으로 통폐합에 적극 나서야 한다. 이를 위해 정부에서도 합동·통합전시회에 대해 소정의 심사를 거쳐 별도의 보조금을 지급하고 있다.

〈2011년 통합전시회로 국고지원을 받은 전시회 리스트〉

전시회명	신청기관명	전시장명	시기	비고
한국전자 산업대전	전자정보통신 산업진흥회	KINTEX	10.11~14	한국전자전, 국제반도체대전, 국제정보디스플레이전
월드 IT 쇼	전자신문사	COEX	5.11~14	IT Korea, KIECO, EXPO COMM, DMB엑스포, 임베디드 전시회, FTTH·U-City 등 7개
서울국제 식품산업전	COEX	COEX	11.9~12	국제식품박람회, 국제조리기계 및 단체급식우수기자재전, 서울 국제 쌀박람회 및 발효식품전, 프리미엄농수산축산물전, 호텔/레스토랑산업전, 식품포장전 등 6개
중소기업우수 상품박람회	중소기업지원 센터협의회	KINTEX	10.25~27	중소기업우수제품박람회, 경기우수상품박람회

유사 전시회 통폐합은 3단계에 걸쳐 순차적으로 실시하는 것이 바람직하다. 우선 1단계로 유사 전시회들을 기존 개최되는 각 전시장에서 동시에 개최하여 해외바이어들이 일정 기간 한국에 체류하면서 여러 전시회를 참관 할 수 있도록 기회를 제공한다. 2단계로는 전시장 한 곳에서 동시에 독자적으로 개최한다. 기존 여러 전시장에서 분산 개최되었던 유사 전시회들을 한 곳에서 개최하게 되면 더 이상 개최되지 않는 전시장 운영자들의 불만을 초래할 수 있다. 따라서 이를 해소하기 위해 종전 개최되었던 전시장들을 해마다 순회하며 개최하는 방안도 생각할 수 있다. 마지막 3단계로는 한 곳에서 독자적으로 개최되던 전시회를 모두 병합하여 공동주최로 개최함으로써 궁극적으로 난립 전시회를 하나의 대형 전시회로 육성해나가는 것이다.

실례로 2011년, KINTEX 제2 전시장 개장 기념으로 종전까지 각기 다른 시기에 개최되었던 자본재 6개 전시회 (한국기계전, 금속산업대전, 서울국제공구전, 국제플라스틱고무산업전, 국제인쇄산업대전, 서울국제종합전기기기전)를 통합하여 한국 최대 규모로 「제 1회 한국산업대전」이 개최되었으며 코트라는 같은 장소에서 연계 수출상담회를 개최하였다. 그 결과 이전 전시회보다 약 3배 증가한 54억 6,000만 달러 계약 및 상담 실적을 거두었으며 2,400여명의 바이어와 10만 3,000여명의 관람객이 방문하여 당초 예상을 뛰어 넘는 소기의 성과를 거두었다.

〈한국산업대전 개요〉

통합 전시회명	한국산업대전
동시 개최 전시회	• 제 18회 한국기계전 (KINTEX 제2전시장, 1,2,3,4홀) – 주최 : 한국기계산업진흥회 • 제 13회 금속산업대전 (KINTEX 제1전시장, 1홀) – 주최 : 한국전람 • 제 18회 서울국제공구전 (KINTEX 제1전시장, 2홀) – 주최 : 한국공구공업협동조합 • 서울국제종합전기기기전 (KINTEX 제1전시장, 3홀) – 주최 : 한국전람 • 제21회 국제플라스틱고무산업전 (KINTEX 제1전시장, 4홀) – 주최 : 한국이앤엑스 • 제 18회 국제인쇄산업대전 (KINTES 제5전시장, 5홀) – 주최 : 한국이앤엑스
기간	2011년 9월 28일 - 10월 1일
규모	전시 38개국 1,660개사, 참관인원 : 103,000명
연계 수출상담회	• 주최 : KOTRA • 일시 : 2011.9.29 09:30-17:30 • 장소 : KINTEX 제2전시장 다목적홀 • 내용 : 신흥시장 유력 기계바이어 등 70개사 초청

② 지역 특성에 맞는 전시회 개발

국내 전시장별로 비교우위에 있는 지역 특성에 맞는 전시회를 개발하여 중앙 정부 및 해당 지자체, 협회나 조합 등 관련 단체로부터 집중 지원을 받는다. 정부에서도 5대 광역경제권 및 2대 특별광역경제권 개발전략과 연계한 전시회를 집중 육성, 발굴 및 지원하여 지방전시장 자립도 제고를 추진하고 있다.

〈광역경제권 추진 전략 및 선도산업〉

구분		추진전략	선도산업
5대 광역 경제권	수도권	선진 일류국가를 선도하는 글로벌 비즈니스 허브	금융, 비즈니스, 물류 등 지식서비스
	충청권	과학기술과 첨단산업의 중심, 대한민국 실리콘 밸리	의약 바이오, 반도체, 디스플레이
	호남권	21세기 문화예술과 친환경 녹색성장의 창조지역	신재생에너지, 光소재
	대경권	전통문화와 첨단 지식산업의 신성장 지대	에너지, 이동통신
	동남권	환태평양시대의 기간산업 및 물류 중심지	수송기계, 융합 부품·소재
2대 특별 광역 경제권	강원권	환동해권 관광휴양 및 웰빙산업의 프론티어	의료·관광
	제주권	아시아 최고 수준의 국제자유도시	물산업, 관광 레저

현재에도 지역별 전략산업과 특징 및 장점을 살려 다수 전시회가 개최되고 있으나 지역특성에 맞는 더 많은 전시회를 개발하여 다양한 지역관광 프로그램과 연계 운영토록 해야 한다.

〈지역별 전략산업 특장점과 관련전시회〉

지역	전략산업	특징 및 장점	관련전시회
부산	항만물류, 영상 · IT	남동임해공업지대 중심지역 환 · 태평양권 해양물류 담당	• 마린 위크 • 국제 철도전
대구	기계부품, 섬유, 메카트로닉스	메카트로닉스, 나노기술 육성을 통한 산업기술중심도시	• 국제부품소재산업전 • 소방방제안전엑스포
인천	물류, 자동차산업 기계금속산업	인천공항과 인천항이 위치한 국제적 경제자유구역도시	• 인천정보산업전시회
광주	광산업, 환경산업 문화컨텐츠	광산업 클러스터 조성도시 국립아시아문화중심도시	• 광산업전시회 • 문화창의산업전
대전	정보통신, 바이오 메카트로닉스 사업	대덕연구개발특구지역 고주파부품산업지원센터건립지	• WTA대전하이테크페어
울산	자동차, 정밀화학 조선해양	현대자동차 및 미포조선 자동차 부품혁신센터 조성	• 울산산업박람회 & 과학기술제전
경기	정보통신, 생명 문화컨텐츠	IT-LCD 클로스터 조성 세계적 지식기반클러스터 육성	• 경기국제보트쇼 • 경기국제관광박람회
경남	지식기반기계 로봇, 지능형 홈	지능형홈산업, 로봇산업육성 남해안시대 발전전략지역	• 경남국제로봇대전 • 유비쿼터스제조 IT전
전남	생물식품, 생물농업 신소재	친환경 · 레저관광 신재생에너지 녹색성장 선도산업 지역	• 전남국제생물산업전 • 전남국제농업박람회
전북	자동차부품 · 기계 생물 · 생명	미래형 친환경 자동차 및 기계부품 소재분야 개발 지역	• 군산자동차엑스포 • 전주발효식품엑스포
충청	의약바이오 New IT	과학기술과 첨단산업의 중심 대한민국 실리콘밸리	• 오성국제바이오엑스포
강원	의료융합, 의료관광	전략 의료 · 바이오 단지 조성지역	• 강원의료기기전시회
제주	관광, 건강 · 뷰티 친환경 농업생명	동북아 관광 · 휴양 중심 도시 인간-환경-지식의 국제자유도시	• 국제관광산업전

③ 창의적인 전시회 개발

기존의 잘되는 전시회를 모방할 것이 아니라 산업과 사회가 복잡해지고 소비자들의 요구가 다양해짐에 따라 새로 요구되는 분야의 전시회를 적극 개발한다. 최근 지구온난화 및 환경오염, 에너지 고갈 현상이 심화됨에 따라 환경 및 에너지 관련 분야 전시회를 비롯하여 방송 및 음향 전시회, 디자인 · 캐릭터 전시회 등이 각광 받는 전시회로 부상하고 있듯이 시장 수요에 부응하는 전시회를 집중 개발한다.

④ 해외참가업체와 참관객 유치 강화

국내 시장만을 겨냥할 것이 아니라 해외 홍보 및 광고, 해외전시주최자와의 전략적 제휴, 코트라를 통한 유치 지원, 능력 있는 해외 에이전트 활용을 통해 보다 많은 해외참가업체와 참관객을 유치한다. 특히 한국 경제 위상에 걸맞게 전 세계에서 해외 유력 바이어가 찾아오는 국제적 수준의 대표 전시회를 육성한다.

⑤ 전시전문 인력 양성

국내외 전시관련 교육기관에 인력을 보내 전문적인 교육을 받도록 하고 해외유명 전시회를 참관하므로써 선진 전시 노하우를 벤치 마킹한다. 현행 국내 일부 대학교와 대학원에 설치되어 있는 전시컨벤션학과에 보다 실무적인 전시관련 강좌를 개설토록 하며 아울러 전시컨벤션학을 전공하고 있는 학생들이 졸업 전, 전문전시주최사, 전시장 또는 전시관련 조합과 단체에서 인턴 활동을 통해 보다 많은 실무를 경험할 수 있도록 기회를 제공한다.

⑥ 해외 전시주최자와 전략적 제휴 강화

해외 전시주최자와 상호 홍보 부스 교환, 개최시기 조정, 상호 공동 광고 및 홍보, 관련 정보 공유, 더 나아가 공동전시회 주최 등 전략적 제휴를 강화한다. 특히, 중국, 일본, 홍콩 등 극동아시아 지역의 전시주최자와 연계하여 상호 win-win 할 수 있는 협조 체제를 구축한다. 우리나라의 지정학적 위치상 미주나 구주, 중동 바이어들이 한국에서 개최되는 전시회만 보고 한국을 방문하기란 쉽지 않다. 따라서 중국, 일본 또는 홍콩 등 인근국 들에서 개최되고 있는 기존 전시회 주최자와 협의하여 일정을 전후로 조정하는 것도 해외 참관객 유치를 위해 바람직하다고 할 수 있다.

한국전시산업진흥회가 2010년 국내 전시주최자들을 대상으로 해외 전시주최자와의 협력 여부를 조사한 결과 11.9% 정도가 협력 (합작투자, 프랜차이즈, 경영서비스 계약, 업무제휴, 기타) 중이었으며 이중 업무 제휴 (상호간의 공동 이익을 위한 업무협약 MOU 등을 체결하는 방식) 형태가 76.4% 이상을 차지하였다.

⑦ 해외 전시회 인증 획득

해외 유명 전시회 인증을 획득함으로써 전시회의 규모와 품격을 업그레이드한다. 2010년 10월 말 현재 UFI 인증을 획득한 국내전시회는 총 28개이다.

〈국내 UFI 인증 전시회 현황 (2010.10.24 현재)〉

회사명	인증 전시회수	전시회명
aT Center	1	- 푸드 코리아
BEXCO	3	- 부산국제수산무역EXPO - 부산국제철도 및 물류산업전** - 부산국제용접, 절단 및 레이저설비산업전
COEX	6	- 국제자동화종합전 - 한국국제사인디자인전 - 서울국제사진영상기자재전 - 서울국제빵과자전 - 서울국제 판촉물 및 생활용품전
EXCO	1	- 대한민국그린에너지엑스포
EXPOnU	1	- LED EXPO & FPD Korea*
케이훼어스	1	- 국제조선 및 해양장비전
KDJ Center	4	- 국제문화창의산업전 - 광주국제실버박람회 - 광주국제식품산업전 - SWEET
산업마케팅연구원	1	- 부산국제기계대전
KINTEX	2	- LED EXPO & FPD Korea* - 시니어 & 장애인 엑스포
한국이앤엑스	4	- 국제의료기기 병원설비 전시회 - 국제인쇄산업전시회 - 국제방송음향조명기기전시회 - 국제플라스틱 고무산업전시회
한국무역협회	2	- 국제보석시계전시회 - 서울국제스포츠레저산업전
KOTRA	1	- 서울국제식품전
메쎄프랑크푸르트	1	- 부산국제철도 및 물류산업전**
합계		28

주) LED EXPO & FPD Korea*와 부산국제철도 및 물류산업전**은 이중 계산

⑧ 국내 전시관련 기관을 통한 국내전시산업 홍보

국내전시회 해외 로드쇼 개최, 전시 관련 국제회의 참가 및 개최, 해외 전시전문기관과의 교류 등을 통해 국내전시산업의 발전상을 홍보하고 전시선진국의 새로운 전시기법 및 정보를 발굴하여 국내 전시 관련기업에 전파한다.

한국전시산업진흥회는 매년 국내전시회 홍보를 위해 해외로드쇼 행사를 개최하고 있는데 이 행사에는 해외 개최지역의 현지 전시주최기관, 전시유관기관, 업종별 단체, 개별기업, 에이전트,

언론사 등이 초청되며 국내전시회 주최기관과의 1:1 개별상담이 진행된다. 이 밖에 설명회 개최를 통해 국내 전시산업 및 전시회를 홍보하며 브로슈어, DVD 등을 통한 상담회장 내 전시회별 홍보 활동도 병행 실시하고 있다.

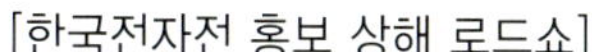

[한국전자전 홍보 상해 로드쇼]

[한국전시산업진흥회 라스베가스 로드쇼]

구분	개최국가	개최도시	개최시기
2007년	미국	LA	9월
2008년	중국	베이징/광저우	11월
2009년	중국	베이징/상하이	9월
2010년	일본	도쿄	3월

한국전시주최자협회에서도 매년 「한국전시산업디렉토리」를 국·영문으로 발간하여 해외바이어, 출품업체, 무역진흥 관련기관 및 전시장에 배포하고 「한국전시산업전」도 개최하고 있다.

⑨ 전시사업자 국제경쟁력 제고

전시장운영자의 경쟁력 제고를 위해 우수 전시회 개최를 위한 여건을 개선하고 전시장내 IT 및 화상전시시스템 등 전시장 IT 기반을 강화하며 해외 주요 전시장간 MOU 체결로 선진 전시경영 노하우를 습득할 수 있도록 한다. 전시주최자의 경우, 해외 유명 전시주최자와의 제휴 및 전시회 공동 개최를 통해 국내 민간 전시주최자의 역량을 기른다. 또한 전시장치 및 서비스업자의 전문성을 강화하고 전문 인력 확보를 통해 국제경쟁력을 키운다. 이와 함께 선진 공사 기법 및 디자인 개발을 위해 R&D를 지원하고 전시장치 전문 교육을 확대 실시한다.

Taking events to the next level

Reed Exhibitions has a wide range of strategic alliances with exhibition organisers and publishers in both established and emerging markets. However, we're always on the lookout to develop further relationships.

Such alliances offer both partners significant opportunity to replicate successful show brands in new global markets, as well as provide value-added content to enhance and grow existing events to take them to the next level of success.

Examples of these alliances include:

- **Reed Exhibitions Alcantara Machado** is a joint venture with Alcantara Machado in Brazil, forming Latin America's leading event organiser.
- **Reed Huabo** is a joint venture between Reed Exhibitions China and Shenzhen Sinoexpo to extend China's market-leading series of gift fairs.

Interested in an alliance?

For a confidential discussion about a potential alliance with Reed Exhibitions, please contact John Kellagher

[세계적 전시주최자인 Reed Exhibition에서도 외국 전시주최자와 제휴를 희망하고 있다. www.reedexpo.com]

⑩ 전시 관련 편의 시설 확충

전시회 참관객을 위해 다양한 호텔, 식당, 쇼핑센터, 레저시설 및 볼거리 등 각종 편의 시설을 확충한다. 예를 들어 미국 전시산업의 중심축이 종전 뉴욕에서 현재는 LA, 라스베가스 등 서부로 이동하고 있는데 그 주 요인은 미 서부가 뉴욕 등 동부에 비해 저렴한 호텔, 다양한 볼거리와 레저시설 (특히 라스베가스)이 훨씬 우수하고 항공 교통 등 접근성이 편리하기 때문이다.

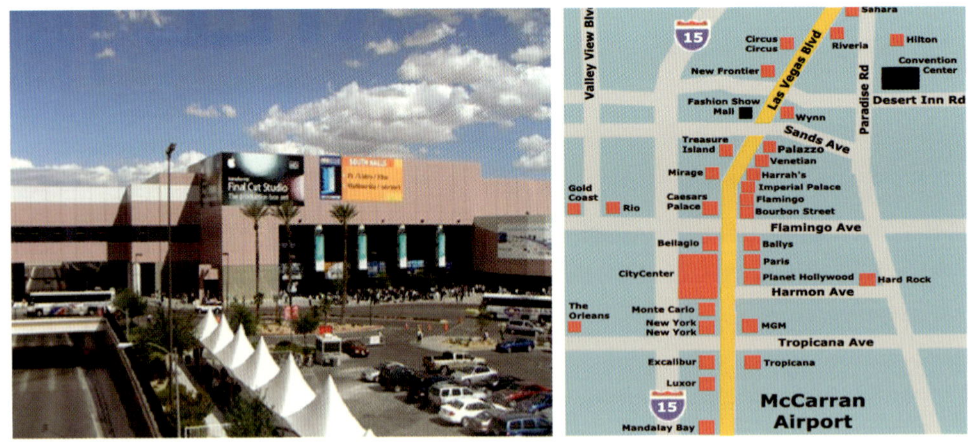

[라스베가스는 많은 호텔과 다양한 소핑센터 및 볼거리로 미국 전시회의 메카로 부상하고 있다.
라스베가스 컨벤션센터 (왼쪽) 전시장 부근 호텔들 (오른쪽)]

라스베가스에서 전시회가 많이 개최되는 이유

① 숙박시설

라스베가스는 세계 최고의 숙박시설을 보유하고 있음. (총 148,000여개의 객실)

② 컨벤션 서비스

라스베가스는 레저산업 종사자가 25만 명에 이르며 이들은 세계 최고의 서비스를 제공함. 또한 매년 약 19,000건의 회의 및 각종 행사 주최가 가능하며 10명에서 10만 명을 수용할 수 있는 다양한 공간이 제공됨.

③ 참여율의 증가

라스베가스의 생동감 있는 환경은 더 많은 사람들을 끌어들이고 있음.

평균적으로 전시회나 컨벤션이 라스베가스에서 개최되면 참여율이 13%가량 늘어나는 것으로 나타남. 또한 조사에 따르면 라스베가스에서 회의 또는 전시회가 열리면 방문객의 참여시간이 늘어나는 것으로 나타남.

④ 컨벤션센터

라스베가스는 넓은 공간을 제공함. 라스베가스에는 넓이 1천 5십만sq. ft.에 이르는 전시공간이 있으며, 세계에서 가장 큰 10개의 컨벤션센터 중 3곳이 이곳에 위치함.

<Mandalay Bay Convention Center (1백 7십만 square-foot), Sands Expos and Convention Center (1백 8십만 square-foot), Las Vegas Convention Center (2백 2십만 square-foot)>

⑤ 다양한 항공편

라스베가스 McCarran 국제공항[49]은 매일 900여 항공편이 운행되고 미국 내 130개 도시와 연결되어 있음. 라스베가스는 시간과 비용 면에서 가장 유리한 환경을 제공함.

⑥ 편리한 장소

McCarran 국제공항은 접근성이 뛰어남.

라스베가스 Boulevard에서 1마일, 라스베가스 컨벤션센터에서 3.5마일 거리에 위치해 있음. 15만개의 호텔 객실이 공항에서 15분 거리에 소재하고 있음.

⑦ 쾌적한 날씨

연중 쾌적한 날씨가 지속됨. 연중 320일 맑은 날이 계속되며, 연간 강수량은 5인치 미만에 그침. 따뜻하고 건조한 날씨는 연중 열리는 회의에 가장 좋은 기상 조건을 제공함.

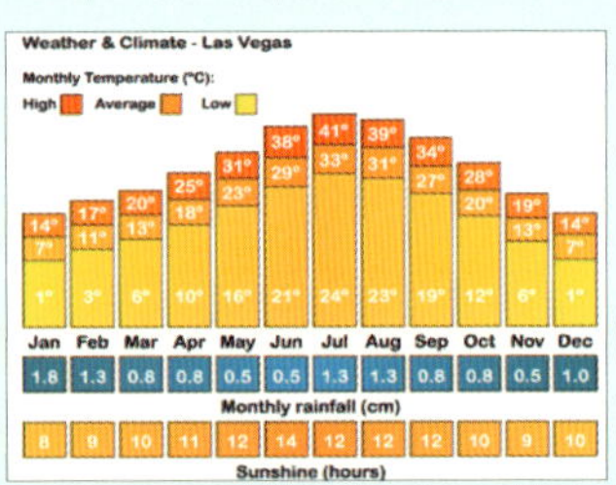

⑧ 대중교통

라스베가스의 호텔들의 뛰어난 접근성으로 대부분의 경우 사람들은 걸어서 모든 곳을 다닐 수 있음. 하지만 대중교통수단이 필요한 경우 버스, 택시, 셔틀차량, 미국 최초의 자동 모노레일 등 다양한 방법이 있음.

⑨ 다양한 레스토랑

마음껏 먹을 수 있는 뷔페에서부터 최고급 레스토랑까지 세계적으로 다양한 요리를 제공하는 도시는 많지 않음. 많은 유명 셰프들이 라스베가스에서 레스토랑을 운영하고 있고, 방문객들은 어디서나 훌륭한 요리를 기대할 수 있음. 라스베가스에서는 세계의 모든 요리가 가능함.

⑩ Las Vegas Convention and Visitors Authority (LVCVA)

LVCVA는 라스베가스에서 최고로 권위 있는 관광객 지원 기관임. 친절한 라스베가스 전문가들은 다음과 같은 분야에서 서비스를 제공하고 있음.

<LVCVA의 제공 서비스>

· Lead distribution
· Attendance promotion
· Site inspection arrangements
· Familiarization tours
· Facility and contact information
· LVCVA housing assistance
· Local supplier coordination
· Promotion assistance
· Press releases/press kits
· Visitor brochures, guides and maps
· Calender of events and shows
· Convention/trade show planning services
· Registration staffing
· Destination research

이외 라스베가스 부근에는 그랜드 캐년과 같은 명승지, 다양한 볼거리 및 쇼핑센터가 있으며 레크레이션, 쇼, 카지노 등을 저렴한 가격으로 즐길 수 있다.

49) 라스베가스 McCarran 국제공항은 미국에서 6번째로 큰 공항이며 연간 승객수는 5천만명에 육박한다.

7. 국내전시산업 전망

가. 유사전시회 증가

전시장 신설과 기존 전시장 확장으로 전시장 확보가 종전 보다 훨씬 용이해짐에 따라 전시회 개최수가 크게 늘어날 것이고 특히 개최 성과가 좋은 기존 전시회를 모방한 유사전시회가 크게 증가할 것으로 전망된다. 그러나 유사전시회의 난립은 우리나라 전시회 발전의 커다란 저해 요인이 될 것으로 보인다.

나. 전시회 M&A 가속화

국내 전시주최자간 전시회 M&A가 더욱 활발해 질 것으로 전망된다. 최근 전시업계는 그 건수가 많지는 않지만 무역전시회 주최자의 일반전시회 인수, 전시회 통합 후 지분 분할 등의 방법으로 전시회 성장을 도모해 오고 있다. 더구나 정부에서도 유사 전시회의 통폐합을 적극 권장하고 이에 따른 다양한 인센티브를 제공하고 있어 앞으로 M&A는 더욱 가속화될 것으로 보인다.

다. 해외전시주최자 국내진출 본격화

Reed Exhibitions, 프랑크푸르트멧세 등 해외 유명전시주최자들의 국내 전시산업 진출이 더욱 활발해질 전망이다. 최근 우리나라에서는 현대적인 대형 전시장 건립 등 전시산업 인프라가 국제적인 수준으로 업그레이드 되고 있으며 세계적인 경기 불안 속에서도 한국의 전시산업은 꾸준히 발전해오고 있다. 더구나 우리나라는 인구 5천만 명과 1인당 국민소득 2만 달러를 넘어서면서 세계에서 무시할 수 없는 중요한 시장으로 바뀌고 있다. 이러한 한국의 미래 가능성을 관심 있게 지켜보던 해외전시주최자들은 한국에서의 직접 전시회 개최, 국내 전시주최자들의 인수 또는 전략적 제휴를 통한 공동 개최 등 다양한 방법으로 국내 전시산업 시장에 본격적으로 뛰어들 것으로 전망된다.

라. 유사전시회간 경쟁 격화

현재 우리나라에서 개최되는 육아/교육, 식품, 혼수 분야에 유사전시회가 너무 많이 난립되어 있다. 그동안 경쟁력 확보를 위해 전시회간 합동개최, 전시회명 변경, 언론사 및 정부기관에서 이루어진 새로운 주최기관과의 공동개최 등 다양한 방법이 시도되고 있지만 아직 시장이 명확히 정리되지 못하고 있다. 따라서 앞으로 전시회간 합종연횡이 계속되는 과정에서 유사전시회간 경쟁은 더욱 격화될 것으로 전망된다.

마. 전시장간의 경쟁 심화

얼마 전까지만 해도 고질적인 전시 공간 부족이 한국 전시산업 발전의 저해 요인으로 작용하였으나 최근 여러 기존 전시장이 전시장을 확장하였고 또 일부 전시장들도 확장을 추진하고 있어 전시장 공급 과잉이 우려 된다. 이에 따라 전시장 가동률을 높이기 위해 전시장간 고객 유치 경쟁이 더욱 심화될 전망이다. 따라서 전시장은 더 이상 전시회만을 위한 공간이 아닌 예술이나 연예 공연, 엔터테인먼트 등 다양한 용도로 활용될 것이다.

바. 전시회 전문가 배출 확대

다수 대학교와 대학원에 전시관련 학과가 설치되고 한국전시산업진흥회에서도 전시전문기획사 과정 (CEM)이 개설됨에 따라 체계적으로 전시 이론과 실무를 습득한 전시 전문가 배출이 본격화 될 것이고 이들이 전시산업계로 유입되면 한국 전시산업 발전의 든든한 버팀목이 될 것으로 보인다.

사. 전시회 국제화를 위한 코트라, 해외 전문 유치 기획사의 역할 증대

국내전시회 개최 수 증대와 함께 국제화를 위해 더 많은 해외 참가업체와 해외 바이어 유치의 중요성이 더욱 강조될 것이다. 이에 따라 코트라나 해외 전문 유치 기획사에 대한 국내 전시주최자들의 지원 요구가 더욱 확대될 것으로 보인다.

아. 전시회 인증제 강조

전시산업의 질적 성장을 위해 참가업체, 참관객 수에 대한 인증 데이터를 이용, 객관적 평가를 통한 전시회 인증제의 중요성이 더욱 확대될 것이다.

Chapter 2
전시회 기획 전략 및 절차

제 2 장 전시회 기획 전략 및 절차

1. 전시회 기획 전략

신규 전시회를 개최할 때 아무런 전략이나 절차 없이 즉흥적으로 기획하면 개최도 못하고 중간에 취소되거나 몇 년 못가서 중단되는 경우도 많이 있다. 철저한 사전 전략과 검토 그리고 분석이 중요한 이유가 여기에 있다. 더구나 신규 전시회는 단시간에 개최할 수 없다.

① 목적 및 목표 수립

신규 전시회를 개발하기 위해서는 그 전시회를 개최하는 목적과 비전이 가장 먼저 설정되어야 한다. 특히 장기적으로 그 전시회가 어떤 역할을 하고 이를 위해 어떻게 발전시킬 것인지 밑그림이 그려져야 하며 이와 함께 어느 시장, 누구를 타겟으로 개최할 것인지 대상 목표도 함께 수립되어야 한다. 특정 산업분야 또는 전문품목을 전시하는 전문전시회인지 다양한 산업분야를 보여주는 종합전시회인지를 정하고 순수 국내시장만을 겨냥한 전시회인지 해외시장까지 포함하는 전시회인지 그리고 일반 대중을 대상으로 홍보 목적의 전시회인지 실제 상거래를 목적으로 개최하는 전시회인지를 결정해야 한다.

목표 수립

1) 전시회 성격

- 전문전시회
- 종합전시회

2) 전시회가 겨냥하는 시장

- 국내시장
- 국내 및 해외시장

3) 참관객 대상

- 홍보전시회 → 일반 대중
- 상거래 전시회 → 전문수입상, 전문구매자, 일반소비자
- 홍보 & 상거래 전시회 → 일반 대중, 전문수입상, 전문구매자

② 개발 방법

목표가 수립되었다면 어떤 품목 (서비스)을 대상으로 하는 전시회인가를 정해야 한다. 전시 산업이 어느 정도 정착된 시점에서 새로운 전시회를 개발한다는 것은 쉬운 일이 아니다. 따라서 전시회와 관련된 모든 이해 관련자 (해당 산업 산·학·연 관계자, 주최자,[1] 주관자,[2] 후원[3] 및 협찬사,[4] 참가업체, 참관자 등)의 주요 의견을 바탕으로 개발되어야 한다. 단기는 물론이고 중장기적으로 성장 가능성이 있는 전시회를 개발해야 하는데 기존 개최되는 전시회를 참고할 수는 있겠으나 그 전시회를 그대로 따라서 개최한다면 그것은 신규가 아닌 유사 전시회의 복제에 불과하다. 기존 전시회의 모방이 아닌 신규 전시회를 개발하는 방법에는 두 가지가 있다.

첫째, 기존에 없는 전혀 새로운 분야의 전시회[5]를 개발하는 방법이다.기존 국내에서 개최되고 있는 전시회를 면밀히 분석하여 아직 우리나라에서 개최되고 있지 않은 전시 분야가 무엇인지를 파악한다. 우리나라에서 개최되고 있는 전시정보는 Gep (www.gep.or.kr)을 통해 파악할 수 있다. 아울러 전시 선진국이라고 할 수 있는 독일, 미국, 홍콩, 싱가포르 등 유명 전시주최자 홈페이지나 AUMA (www.auma.de)[6]와 같은 전시전문 사이트를 방문하여 우리나라에서는 아직 개최되고 있지 않지만 이들 국가에서 성황리에 개최되고 있는 전시회가 어떤 것이 있는지 파악하는 것도 신규 전시회 개발에 많은 도움이 될 것이다.

---

1) 주최 : 사전적 의미로는 행사나 모임을 주장하고 기획하여 연다는 뜻이다. 행사를 개최하고자 발의한 비교적 규모가 큰 기관이나 단체를 의미한다.

2) 주관 : 사전적 의미로는 어떤 일을 책임지고 맡아서 관리한다는 뜻이다. 행사의 세부적인 내용을 수행해가는 기관이나 단체를 의미한다.

3) 후원 : 그 행사에 필요한 인적 물적 지원 등을 도와주는 기관이나 단체를 말하고 있으나 공적기관에서는 이름 (기관명)만 빌려주는 경우가 많다.

4) 협찬 : 행사에 필요한 비용이나 물품을 지원해주는 기관이나 단체를 의미한다.

5) 새로운 분야의 전시회라 하더라도 현행법에 저촉이 되거나 국민 정서상 받아들이기 힘든 분야는 제외 한다.

6) 독일이 운영하고 있는 전시전문사이트이다. 99개 산업군별로 세계 각국에서 개최되는 전시회를 검색할 수 있다.

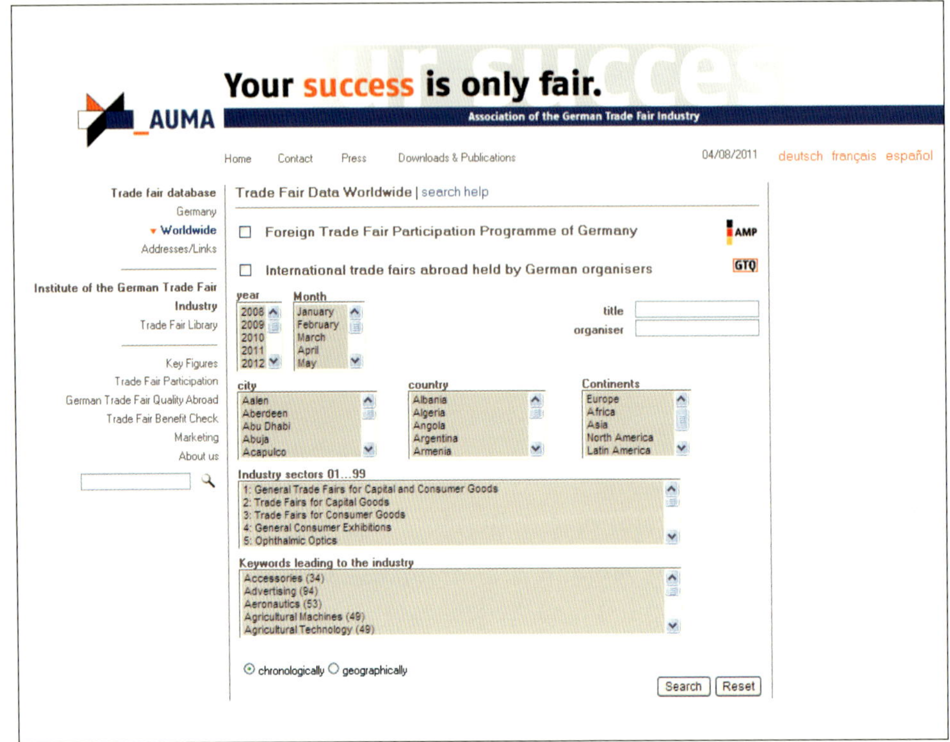

[AUMA 전시회 검색 사이트]

둘째, 기존 개최 전시회를 세분하거나 통합된 전시회로 개발하는 방법이다. 기존 개최되고 있는 전시회 중 가능성이 높은 분야만을 선별하여 세분된 전문전시회로 개최하거나 이와 반대로 분산 개최되고 있는 분야를 하나로 통합하여 광범위하게 개최한다. 세분화 시키는 것은 보다 전문화된 전시회로 육성할 수 있는 방안이지만 잘못하면 전시회가 난립되거나 참가업체나 참관객이 제한될 수 있다는 단점이 있다. 한편 통합전시회는 전시회 규모를 대형화 할 수 있지만 무분별한 통합은 전문전시회가 아닌 종합전시회로 전락할 가능성도 있다.

〈신규전시회 개발 예〉

새로운 전시회 또는 개최 횟수가 적은 전시회
• 장례용품 전시회 • 제약 전시회 • 골동품 및 애장품 전시회 • 은퇴 이후 설계 전시회 • 미용, 이발, 목욕용품 전시회 • Medical Tour 박람회 (의료관광 박람회) • 해외부동산 박람회 • 중고자동차전시회 • 전국 맛집 전시회 • 독신자를 위한 전시회 • 전국 대학 의상학과 졸업전시회
세분 전문전시회
• 국제 Noodle전 ▸ 기존 식품전에서 국수, 라면 분야만 세분화한 전시회 • 성인병 의약품 및 의료기기전 ▸ 기존 제약 및 의료기기전에서 성인병 분야만 세분화한 전시회 • IT, 가전제품, 음향기기, 조명, 보안장비, 디스플레이전 ▸ 기존 종합전자전에서 각 분야별로 세분화한 전시회
확대 전문전시회
• 식품종합전시회 ▸ 식품전, 식품기기전, 식품안전전, 식품포장기자재전 등 식품에 관한 모든 분야를 통합하여 식품 관련 종합 전시회로 확대 개최 • 산업대전 ▸ 일반기계, 금속산업, 공구전, 전기기기전, 플라스틱/고무산업전, 인쇄산업전을 통합하여 개최

③ 전략 수립 시 고려사항

신규전시회를 개발하기 위해서는 무엇보다도 산업과 시장의 흐름을 먼저 파악하여야 한다. 현재보다는 미래에 수요가 창출될 것으로 예상되는 분야, 빠른 기술 개발이 뒤따를 것으로 예상되는 분야, 소득 향상과 소비자의 욕구 변화에 따라 수요가 확대 될 것으로 예상되는 분야, 국내시장 뿐 아니라 해외시장에서도 수요 확대가 기대되는 분야, 우리나라가 외국에 비해 경쟁력을 갖추고 있는 분야를 우선적으로 고려한다. 이를 위해 전시회 기획자는 정치, 경제, 사회, 기술, 법적 요인뿐 아니라 자연 환경까지도 지속적으로 분석함으로써 전시회 미래의 변화를 읽어야 한다. 이러한 분석들을 기초로 하여 시장 기회 분석[7]에 더 세밀히 다가갈 수 있다. 또한 신규전시회 개발에는 홍보비용이 매우 많이 든다. 처음 개최하는 전시회이기 때문에 참가업체들은 개최 성과에 대해 확신을 못하는 경우가 많다. 따라서 전시회 개발 사유와 목적 그리고 기존 개최되고

7) 시장 기회 분석이란 전시회의 해당 시장을 어떻게 공략할 것인가에 대한 판단을 위한 것이다. 그러므로 전시회 기획자는 해당 시장에 대한 통계 자료 분석이나 시장 추이를 끊임없이 파악하고 참가 기업의 소비자에 대한 태도나 인식까지 파악해야 한다.

있는 전시회와의 차별성을 부각시키고 예상되는 성과 등을 집중 홍보하여야 한다.

인지도가 떨어지는 신규전시회를 개최하기 위해서는 초기 비용이 많이 든다. 그러나 아무리 좋은 신규전시회라 하더라도 수익 모델이 될 수 없다면 아무런 소용이 없다. 전시주최자의 재정능력에 따라 다르겠지만 해당 전시회가 몇 차례 개최된 후에야 수익이 발생될 수 있는지 정확한 시뮬레이션이 필요하다. 참가업체 유치 면에서 참가가능성이 있는 국내외 업체가 얼마나 될지, 부대행사로 무엇을 개최할 것인지, 참관객 유치 가능성은 어떠할지도 검토되어야 할 사항이다. 이와 함께 개최 시기와 장소 선정 역시 고려되어야 할 중요한 사항이다.

또한 최근에는 단독개최 전시회보다 조합, 협회 등 업종별 단체, 언론기관, 중앙정부나 지자체, 공공기관 등이 상호간 공동개최를 통해 위험 부담을 분산시키고 비교 우위 분야별 분업을 통해 개최 성과를 고양시키고 있다. 해외 참가업체와 바이어 유치를 위해 해외 전문 전시주최자와 전략적 제휴를 체결하는 경우도 있다. 따라서 공동주최자별 비교 우위를 고려하여 공동개최하는 방안도 검토한다.

〈공동주최자별 비교 우위〉

공동주최자	비교 우위
전문전시업체	• 전시회 개최 Know-how 보유
전시장 운영자	• 최적 시점에 전시장 확보
조합, 협회 등 단체	• 회원사를 통한 참가업체 유치 • 해당 산업에 대한 풍부한 정보
언론기관	• 전시회 홍보 및 참가업체 모집
중앙정부, 지자체	• 예산 지원 가능 • 조합 및 단체를 통해 참가업체 유치 요청 가능
공공기관 (KOTRA)	• 해외 참가업체 및 바이어 유치
학교	• 산학 연계 가능
해외 전시주최자	• 해외 참가업체 및 바이어 유치 • 선진 전시 Know-how 전수 가능

2. 전시회 기획 절차

가. 사전 조사

① 시장 분석

전시회 개발에서 가장 중요한 첫 단계는 시장 분석이다. 전시품목에 대한 시장동향, 수요 및 공급동향, 유통구조, 우리나라 수출입 동향, 경쟁국 동향, 향후 전망 등 철저한 시장 분석이 선행되어야 한다. 특히, 전시회는 장기적으로 연속 개최되어야 하므로 현재 수요 보다는 미래 수요가 더욱 중요하다. 기술의 발달, 소득 증가에 따른 소비자들의 욕구 변화, 후발개도국들의 추격 가능성, 신 성장 산업으로 부상할 수 있는 가능성, 국가 우선 육성 산업으로의 선정여부, 지역 특성 및 선도 산업과의 연계 가능성 등을 고려하여 전시회를 선정하여야 한다. 또한 한국전시산업진흥회를 통해 현재 국내에서 개최되고 있는 전시회들을 참고하여 유사 전시회 유무 또는 개최 시기와 장소도 파악한다.

② 참가 가능 업체 파악

개발하려는 전시회 품목이 아무리 장래성이 있다 하더라도 국내 관련 기업이 많지 않다면 참가업체 유치가 매우 어려울 것이다. 해당 전시품 관련 국내업체가 얼마나 있는지 그리고 전시회 개최 시 참가 유치 가능성은 얼마나 되는지 파악되어야 한다. 참가 대상 업체 명단은 관련 조합, 상공회의소, 중소기업협동조합중앙회, 중소기업진흥공단, 무역협회와 같은 경제단체를 통해 파악할 수 있다. 또한 유사 전시회 참가업체 디렉토리를 수집하여 활용할 수도 있다. 외국기업들 명단은 각국 Yellow Page나 전문잡지 또는 해외에서 개최되는 유사 전시회 참가업체 디렉토리를 입수하거나 코트라 무역관을 통해 파악해도 된다.

참가 예상업체들의 소재지 분석도 중요하다. 전국에 산재해 있는지 수도권 또는 특정 지역에 집중되어 있는지와 이들 업체들이 내수나 수출 위주의 기업들인지 국내외 시장에 공히 공급하고 있는지, 각 기업들의 규모, 주로 활용하는 마케팅 방안은 무엇인지도 조사한다. 이와 함께 참가 예상업체들의 조합, 협회 등 단체 구성 여부와 전체 해당 산업에서 이들 단체에 가입한 기업들의 비중 및 해당 단체의 결속력 등도 파악한다. 참가유치 규모가 산출되면 임차 전시 면적을 확정한다.

[각국 Yellow Page를 통해 참가업체들을 물색할 수 도 있다]

③ 참관객 파악

해당 전시회 타겟 참관객이 누구인지를 먼저 파악하고 전문 도매상, 각 해당 기업의 자재부 임직원, 일반 대중 (연령, 직업, 소득, 주거지역 등), 해외 바이어 등이 얼마나 될지 추정하여야 한다. 이때 참고할 수 있는 가장 중요한 자료는 기존에 개최되고 있는 가장 유사한 분야의 전시회 참관객 현황이다.

〈전시회별 타겟 참관객〉

전시회 분류	타겟 참관객
결혼박람회	• 예비신부 또는 예비신부를 딸로 둔 부모
유학박람회, 과학박람회	• 학생, 학부모
창업박람회, 프랜차이즈전	• 취업준비생, 실직자, 은퇴자
임신출산육아박람회	• 젊은 엄마 또는 아빠
식품박람회	• 일반인
골프박람회	• 중산층 이상 일반인
건강박람회	• 중장년층 및 노년층
캐릭터박람회, 애완동물전	• 젊은층
자동차부품전	• 해당 산업종사자

④ 참가업체 및 참관객 대상 전시 수요 파악

참가업체와 참관대상자가 조사되었다면 이들을 대상으로 전시 수요를 파악하는 것이다. 여론 조사 대행사에 전시 수요 파악을 의뢰할 수도 있고 전시기획자가 협회나 조합의 도움을 받아 사전 파악할 수도 있다. 전시회의 개최 목적과 특징, 개최 시기 및 장소, 전시품목, 부대행사, 참가비, 홍보 계획 등을 사전에 제시하여 참가업체와 참관자의 수요가 얼마나 있는지 파악한다.

⑤ 국내외 경쟁 전시회 분석

우리나라에도 연간 400-500건의 전시회가 개최되고 있기 때문에 기존에 없는 전혀 새로운 전시회를 개발하기란 매우 어렵다. 기존 전시회에 비해 보다 세분되거나 통합된 전시회 개발이 대종을 이루는 상황에서 국내외 경쟁 전시회 분석은 꼭 필요하다. 유사전시회가 연간 언제 어디에서 몇 건이나 어떤 규모로 개최되고 있는지 각 전시회별 특징과 장단점, 참가비용, 참가성과 등을 벤치마킹함으로써 불필요한 위험 요소를 제거하고 차별화를 기할 수 있도록 한다.

특히 해외전시회의 경우, 일본, 중국, 홍콩 및 싱가포르 등 아시아 인근국에서 개최되는 전시회에 대한 면밀한 검토가 있어야 한다. 이들 국가에서 개최되고 있는 분야별 전시회 중 참고가 될 만한 유망 전시회는 다음과 같다.

◉ **인근국 (일본, 중국, 홍콩, 싱가포르) 주요 유사전시회 개최 현황** (2012년 기준)

[1] 스포츠 · 레저

1 일본

• 도쿄

전시회명	기간	장소	홈페이지
제46회 동경 골프용품 박람회 2012	2.17~2.19	Tokyo Big Sight	www.japangolffair.com
제20회 동경 머린 다이빙 페어 2012	4.1~4.3	Tokyo Sunshine City Culture Center	www.marinediving.com

• 오사카

전시회명	기간	장소	홈페이지
낚시 박람회 오사카 2012	2.4~2.5	INTEX OSAKA	www.fishing.or.jp
제27회 오사카 국제 보트 박람회	3.2~3.4	INTEX OSAKA	www.marine-jbia.or.jp/bs-2005/index_bs-2005.html
오사카 국제 선물 박람회 봄 2012	3.28~3.29	My Dome OSAKA	www.giftshow.co.jp
오사카 국제 선물 박람회 가을 2012	9.27~9.28	My Dome OSAKA	www.giftshow.co.jp
사이클 모드 인터내셔널 2012	11.10~11.11	INTEX OSAKA	www.cyclemode.net

2 중국

• 상하이

전시회명	기간	장소	홈페이지
상해 차이나소싱페어: 가정용품전	1.12~1.14	SNIEC	www.globalsources.com
상해 차이나 소싱 페어: 언더웨어 & 스윔웨어	1.12~1.14	SNIEC	www.globalsources.com
상해 차이나소싱페어: 소비재 박람회	1.13~1.15	SNIEC	www.globalsources.com
중국 상하이 국제 보트쇼 2012	4.19~4.22	Shanghai World Expo Exhibition & Convention Center	www.boatshowchina.com
제106회 중국 문화용품 교역회	5.31~6.2	Shanghai New International Expo Center	www.shcnlm.com
중국 국제 신발 및 복장전시회	9.4~9.6	SNIEC	www.ciff.aplf.com

• 베이징

전시회명	기간	장소	홈페이지
2012 제22회 중국 베이징 국제 낚시용품 무역 전람회	2.6~2.8	NCIEC	www.chinafish.cn
2012 중국 베이징 아시아 국제브랜드 스포츠용품 및 패션 박람회	2.22~2.25	CNCC	www.ispochina.com.cn
2012 중국 베이징 국제 골프 박람회	3.16~3.18	CNCC	www.chinagolfshow.com
중국(북경)국제스포츠용품쇼	5.1~5.31	NCIEC	
2012년 제30회 중국 국제 체육용품 박람회	5.17~5.20	NCIEC	www.sportshow.com.cn

• 광저우

전시회명	기간	장소	홈페이지
2012 세계당구전시회	3.9~3.11	CECF Complex	www.gbechina.com

③ 홍콩

전시회명	기간	장소	홈페이지
홍콩 차이나소싱페어: 선물 및 가정용품전 (춘계)	4.20~4.23	Asia World - Expo	www.globalsources.com
홍콩 차이나 소싱 페어: 언더웨어 & 스윔웨어 (춘계)	4.27~4.30	Asia World - Expo	www.globalsources.com
홍콩 차이나소싱페어: 선물 및 가정용품전 (추계)	10.20~10.23	Asia World - Expo	www.globalsources.com
2012 홍콩스포츠용품전	10월 날짜 미정	Asia World - Expo	www.mmiasia.com
홍콩 차이나 소싱 페어: 가먼트 & 텍스타일 (추계)	10.27~10.30	Asia World - Expo	www.globalsources.com
홍콩 차이나 소싱 페어: 언더웨어 & 스윔웨어 (추계)	10.27~10.30	Asia World - Expo	www.globalsources.com

④ 싱가포르

전시회명	기간	장소	홈페이지
2012 싱가포르 다이빙 리조트 여행 엑스포	4.6~4.8	Singapore Expo	www.divingandresort travelexpo.com
싱가포르 다이버 박람회	4.13~4.15	Singapore Marina Bay Sands	www.asiandiver.com
아시아 스포츠용품 박람회	4.13~4.15	Singapore Marina Bay Sands	www.surfexpo.com
싱가포르 보트박람회 2012	5.12~5.15	Singapore Marina Bay Sands	www.tmx.com.sg

[2] 기계류

① 일본

• 도쿄

전시회명	기간	장소	홈페이지
기계요소기술전 2012	6.20~6.22	Tokyo Big Sight	www.jma.or.jp/tf
제30회 모터 기술전 2012	7.11~7.13	Tokyo Big Sight	www.jma.or.jp/tf
제21회 치바 모션 엔지니어링 박람회	7.11~7.13	Tokyo Big Sight	www.jma.or.jp/tf
TECHNO-FRONTIER 제3회 환경 발전 기술전	7.11~7.13	Tokyo Big Sight	www.jma.or.jp/tf
차세대 로봇 제조기술전 2012	7.13~7.15	Tokyo Big Sight	www.robotechexpo.jp
2012 표면기술 종합전	7.13~7.15	Tokyo Big Sight	www.micromachine.jp

• 오사카

전시회명	기간	장소	홈페이지
외식산업 페어 2012	9.11~9.12	INTEX OSAKA	www.fair.or.jp/food2/
푸드 테크 2012 (국제식품산업기술전2012오사카)	9.12~9.14	INTEX OSAKA	www.fair.or.jp/food2012/
2012 제 1회 식품제조물류 솔루션전	9.12~9.14	INTEX OSAKA	www.fair.or.jp/food2012/
국제 어패럴머신쇼 2012	9.19~9.22	INTEX OSAKA	www.jasma.or.jp
제15회 칸사이 설계·제조 솔루션 전	10.3~10.5	INTEX OSAKA	www.dms-kansai.jp/english/
제15회 칸사이 기계요소 기술전2012	10.3~10.5	INTEX OSAKA	www.mtech-kansai.jp/english/
분체공업전 오사카 2012	10.17~10.19	INTEX OSAKA	www.iijnet.or.jp/APPIE/

2 중국

• 상하이

전시회명	기간	장소	홈페이지
국제 플라스틱 및 고무 산업 박람회	4.18~4.21	SNIEC	www.AdsaleCPRJ.com
중국 상하이 국제 보트쇼 2012	4.19~4.22	Shanghai World Expo Exhitition & Convention Center	www.boatshowchina.com
제11회 상해국제동력설비 및 발전기세트 전시회	4.26~4.28	SNIEC	www.powerchinashow.com
상해 국제 태양광 전시회	5.5~5.7	SNIEC	www.sneia.org
상하이 국제포장 및 식품가공기술전람회	5.9~5.11	SNIEC	www.packtech-foodtech.com.cn
아시아 국제 섬유기계 전시회	6.12~6.16	SNIEC	www.itmaasia.com
멤스차이나 2012	6.16~6.18	Shanghai Everbright Convention & Exhibition Center	www.memschina.cn
세계 제약기계,포장설비 및 재료 중국전	6.26~6.28	SNIEC	www.p-mec.cn
중국베어링산업기술전 2012	9.20~9.23	Shanghai World Expo Exhitition & Convention Center	www.bearingfair.cn
제9회 중국국제 산업용 방직품 및 부직포 전시회	10.22~10.24	SNIEC	www.cinte.com.cn
중국 국제 공업박람회	11.6~11.10	SNIEC	www.ciif-expo.com
2012 상해 건축, 건설기계 전시회	11.27~11.30	SNIEC	www.bauma-china.com
상하이 건설기계 및 기자재 전시회	11.27~11.30	SNIEC	www.mmi-shanghai.com

• 베이징

전시회명	기간	장소	홈페이지
2012 중국 베이징 국제 웨딩 및 사진 기기 박람회	3.18~3.21	CNCC	www.donghongchang@cwtc.com
2012 제12회 중국 베이징 국제 석유 및 석유화학 기술 장비 전람회	3.19~3.21	NCIEC	www.cippe.com.cn
2012 중국 국제 물기술 전시회	3.28~3.30	베이징 국립 컨벤션센터	www.expo-china.com/pages/exhi/201109/47110/index.shtml
2012 제12회 중국 베이징 국제 난방장치, 통풍기, 에어컨 상품및기술박람회	4.2~4.4	CIEC	www.cihe-hvac.com
2012 인포컴 아시아	4.11~4.13	CNCC	www.infocomm.org
2012 중국 베이징 국제 광고 선물 & 판촉품 전시회(4NShow 중 일부)	4.17~4.19	CIEC	www.4nshow.com
2012 중국 국제 아시아 No.1 철도 수송 전람회	4.26~4.28	CNCC	www.crtschina.com/cn
2012 제12회 중국 국제 변압기 전시회	9.19~9.21	CIEC	www.qifachina.com
2012 중국 국제 석탄 전람회	10.10~10.12	Beijing National Agricultural Exhibition Center	www.web.coal-china.org.cn
2012 제15회 중국 국제 필름 및 수처리 기술 설비 전시회	10.11~10.13	CIEC	www.wmc.membranes.com.cn
2012 제1회 베이징 국제 진공 전람회	11.6~11.8	CNCC	www.zkive.com

• 광저우

전시회명	기간	장소	홈페이지
중국 광저우 신발피혁 전시회 및 공업 기계 설비 전시회	5.30~6.1	CECF (Pazhou) Complex	www.shoesleather-guangzhou.com/home.html
제 9회 중국 국제 중소기업 박람회	9.22~9.25	CECF (Pazhou) Complex	www.smefair.org.cn/cn/

3 홍콩

전시회명	기간	장소	홈페이지
2012 홍콩 자재, 생산&기술 박람회	3.28~3.30	HKCEC	www.aplf.com
2012 홍콩 건축자동화기기 전시회	6.6~6.8	HKCEC	www.asianbt.com
2012 홍콩 추계 전자박람회	10.13~10.16	HKCEC	www.hkelectronicsfairae.com

4 싱가포르

전시회명	기간	장소	홈페이지
싱가포르 아시아 태평양 해양 박람회 2012	3.14~3.16	Singapore Marina Bay Sands	www.apmaritime.com
스마트 그리드 컨퍼런스 & 전시회	3.26~3.29	Raffles City Convention Centre	www.terrapinn.com
2012 아시아-퍼시픽 EMC (전자파 적합성) 심포지움 & 전시회	4.1~4.3	Singapore Marina Bay Sands	www.apemc2012.org
싱가포르 요트쇼	4.8~4.10	ONE°15 Marina Club	www.singaporeyachtshow.com
2012 싱가포르 제빵제과 박람회	4.17~4.20	Singapore Expo	www.foodnhotelasia.com/bakery-and-pastr
2012 싱가포르 반도체 박람회	4.24~4.26	Suntec International Exhibition and Convention Center	www.semiconsingapore.org
해상 무역, 오프쇼어 박람회	4.25~4.27	Suntec International Exhibition and Convention Center	www.seatrade-asia.com
싱가포르 제약 산업 기술 박람회	6.1~6.2	Suntec International Exhibition and Convention Center	www.reedexpo.com.sg
싱가포르 PC 쇼 2012	6.9~6.12	Suntec International Exhibition and Convention Center	www.thepcshow.com.sg
JEC 아시아 복합소재 전시회	6.26~6.28	Suntec International Exhibition and Convention Center	www.jeccomposties.com

[3] 전기·전자

1 일본

- 도쿄

전시회명	기간	장소	홈페이지
제13회 동경 프린트 보드 박람회 2012	1.18~1.20	Tokyo Big Sight	www.reedexpo.co.jp/pwb
제13회 동경 반도체 팩키징 기술전 2012	1.18~1.20	Tokyo Big Sight	www.icp-expo.jp
제4회 국제자동차에렉트로닉스기술전	1.18~1.20	Tokyo Big Sight	www.reedexpo.co.jp
제41회 인터넵콘 재팬	1.18~1.20	Tokyo Big Sight	www.reedexpo.co.jp/inj
제29회 동경 에렉트로테스트 재팬	1.18~1.20	Tokyo Big Sight	www.reedexpo.co.jp/et

전시회명	기간	장소	홈페이지
동경 국제 나노테크 종합전/기술회의2012	2.15~2.17	Tokyo Big Sight	www.ics-inc.co.jp/nanotech/
동경 국제 나노바이오 엑스포2012	2.15~2.17	Tokyo Big Sight	www.nanobioexpo.jp
프린테이블 에렉트로닉스 2012	2.15~2.17	Tokyo Big Sight	www.printable-electronics.com
제5회 국제 태양전지 전시회	2.29~3.2	Tokyo Big Sight	www.pvexpo.jp
국제2차전지전 배터리 재팬2012	2.29~3.2	Tokyo Big Sight	www.batteryjapan.jp
동경 IC 카드 월드 박람회 2012	3.6~3.9	Tokyo Big Sight	www.iccard.jp
2011 동경 플랫패널 디스플레이 제조기술전	4.11~4.13	Tokyo Big Sight	www.ftj.jp
제4회 그린 IT 엑스포	5.9~5.11	Tokyo Big Sight	www.grix-expo.jp
제30회 모터 기술전 2012	7.11~7.13	Tokyo Big Sight	www.jma.or.jp/tf
제21회 치바 모션 엔지니어링 박람회	7.11~7.13	Tokyo Big Sight	www.jma.or.jp/tf
제21회 보드 컴퓨터 박람회 2012	7.11~7.13	Tokyo Big Sight	www.jma.or.jp/TF/top
제27회 전원 시스템 전시회 2012	7.11~7.13	Tokyo Big Sight	www.jma.or.jp/tf
TECHNO-FRONTIER 제3회 환경 발전 기술전	7.11~7.13	Tokyo Big Sight	www.jma.or.jp/tf
테크노 프론티어 2012 제14회 열설계/대책기술전	7.11~7.13	Tokyo International Exhibition Center	www.jma.or.jp/TF/top
제23회 마이크로 머신전/ MEMS전 2012	7.13~7.15	Tokyo Big Sight	www.micromachine.jp
제14회 동경 자동 인식 종합전 2012	9.12~9.14	Tokyo Big Sight	www.autoid-expo.com/tokyo/

• 오사카

전시회명	기간	장소	홈페이지
2012 제1회 오사카 절전조명기구 특별전	9.12~9.14	INTEX OSAKA	www.fair.or.jp/food2012/

2 중국

• 상하이

전시회명	기간	장소	홈페이지
중국국제전자회로전시회	3.13~3.15	SNIEC	www.ying-zhan.com
상하이 반도체 전시회	3.20~3.22	SNIEC	www.semi.org
Munich 전자전시회	3.20~3.22	SNIEC	www.e-p-china.com.cn
플렛패널디스플레이 차이나	3.20~3.22	SNIEC	www.semi.org
2012 상해 가전 박람회	3.20~3.23	SNIEC	www.appliance-expo.com
중국 상해 전자부품 및 생산장비전	4.25~4.27	Shanghai World Expo Exhitition & Convention Center	www.reedexpo.com
상해국제 신광원과 신 에너지 조명 전시회	4.25~4.27	Shanghai World Expo Exhitition & Convention Center	www.reedexpo.com
상해 국제 태양광 전시회	5.5~5.7	SNIEC	www.sneia.org
중국 국제 전력.전공설비 및 기술 박람회	5.9~5.11	SNIEC	www.china-epower.com
전자제품 및 액세서리	6.26~6.28	SNIEC	www.chinasources.com
2011 중국(상하이) 국제 광전자 박람회	7.18~7.20	Shanghai Everbright Convention & Exhibition Center	www.csioe.com.cn
상하이 국제 핸드폰 산업 박람회 및 세미나	7.18~7.20	SNIEC	www.mobileexpo.cn
상해국제모형전	8.28~8.30	Shanghai World Expo Exhitition & Convention Center	www.shmodelexpo.com.cn
중국 전자전	10.30~11.1	SNIEC	www.icef.com.cn
중국 국제 공업박람회	11.6~11.10	SNIEC	www.ciif-expo.com

• 베이징

전시회명	기간	장소	홈페이지
2012 제20회 중국 베이징 국제 방송 TV 정보 네트워크 전시회	3.21~3.23	CIEC	www.ccbn.cn
2012 제12회 중국 베이징 국제 난방장치, 통풍기,에어컨 상품및기술박람회	4.2~4.4	CIEC	www.cihe-hvac.com
2012 인포컴 아시아	4.11~4.13	CNCC	www.infocomm.org
2012 중국 베이징 국제 광고 선물 & 판촉품 전시회(4NShow 중 일부)	4.17~4.19	CIEC	www.4nshow.com
2012 제15회 중국 베이징 국제 카메라, 촬영기자재 및 기술박람회	4.20~4.23	CNCC	www.ccoea.org.cn
2012 제10회 중국 국제 코팅, 전기도금 및 표면처리 전시회	6.15~6.17	CIEC	www.bsf-expo.com/ Exhibition.asp?EID=3
2012 제10회 북경 국제 전자 설비,부품 및 전자 계측기 전시회	8.8~8.10	CIEC	www.bjcead.com
2012 제10회 베이징 국제 단자 커넥터, 케이블 산업 전시회	8.8~8.10	CIEC	www.bjcead.com
2012 제7회 중국 베이징 국제 태양에너지 상품 및 저장공정 전시회	8.29~8.31	CIEC	www.chsolarpv.com
2012 제12회 중국 국제 전력실비 및 기술 진림회	8.29~8.31	CIEC	www.epchina010.com

• 광저우

전시회명	기간	장소	홈페이지
중국 광저우 국제 음향, 조명 박람회	2.29~3.3	CECF (Pazhou) Complex	www.soundlight.cn
중국 집성회로 혁신 응용 전시회	6.28~6.29	Shenzhen Convention & Exhibition Center	www.chinaicexpo.com
2012광동 국제 가전제품 부품 구매 박람회	7.18~7.20	CECF (Pazhou) Complex	www.buexpo.com
2012 광저우 박람회	8.26~8.28	CECF (Pazhou) Complex	www.gzfair.com.cn
아시아 FPD 산업 전시회	9.15~9.18	Guangzhou Jinhan Exhibition Center	www.asiafpd.com

3 홍콩

전시회명	기간	장소	홈페이지
2012 홍콩 춘계 차이나 소싱페어 전자 및 부품 전시회	4.12~4.15	Asia World - Expo	www.chinasourcingfair.com
2012 홍콩 춘계 전자박람회	4.13~4.16	Hong Kong Convention and Exhibition Centre (HKCEC)	www.hktdc.com/ hkelectronicsfairse
2012 홍콩 전기설비 & 에너지 효율 박람회	6.6~6.8	HKCEC	www.hkesallworld.com
2012 홍콩 전자 부품 전시회	10.13~10.16	HKCEC	www.electronicasia.com
InfoComm Asia	기간미정	HKCEC	www.infocomm-asia.com

④ 싱가포르

전시회명	기간	장소	홈페이지
싱가포르 아시아 태평양 해양 박람회 2012	3.14~3.16	Singapore Marina Bay Sands	www.apmaritime.com
스마트 그리드 컨퍼런스 & 전시회	3.26~3.29	Raffles City Convention Centre	www.terrapinn.com
싱가포르 국제 LED/OLED 기술전 2012	3.28~3.30	Suntec International Exhibition and Convention Center	www.exporum.com
2012 아시아-퍼시픽 EMC (전자파 적합성) 심포지움 & 전시회	4.1~4.3	Singapore Marina Bay Sands	www.apemc2012.org
2012 싱가포르 반도체 박람회	4.24~4.26	Suntec International Exhibition and Convention Center	www.semiconsingapore.org
전자기기 박람회	9.1~9.4	Suntec International Exhibition and Convention Center	www.exhibitsinc.com.sg
2012 싱가포르 글로벌 트로닉스	9.13~9.15	Singapore Marina Bay Sands	www.reedexpo.com.sg
사이텍스 2012	11월 기간 미정	Singapore Expo	www.singaporeexpo.com.sg

[4] 식품 · 음료

① 일본

• 도쿄

전시회명	기간	장소	홈페이지
제46회 동경 수퍼마켓 박람회 2012	2.1~2.3	Tokyo Big Sight	www.smts.jp
제4회 의료간호분야의식품전시회&회의	2.21~2.22	Tokyo Big Sight	www.medicarefoods.com
제12회 동경 국제 주방 설비기기 박람회 2012	2.21~2.24	Tokyo Big Sight	www.jma.or.jp/hcj/
제28회 동경 프랜차이즈 쇼 2012	3.6~3.9	Tokyo Big Sight	www.fcshoe.jp/
제15회 FABEX 2012	4.6~4.8	Tokyo Big Sight	www.fabex.jp/
일본 대형 유통점 전문 전시회	6.20~6.22	Tokyo International Exhibition Center	www.jma.or.jp/pb/en/app_dl.html
웨딩 산업페어전2012	7.25~7.26	Tokyo Big Sight	www.bridalnews.co.jp/br/fair/index.html
제5회 주점 산업전	8.15~8.18	Tokyo International Exhibition Center	www.foodexpo.jp/
제4회 음식전 개업 지원전	8.17~8.19	Tokyo Big Sight	www.foodexpo.jp/

• 오사카

전시회명	기간	장소	홈페이지
제5회 칸사이 라면 산업전 2012	6.13~6.15	INTEX OSAKA	www.k-foodexpo.com/k-ramen/
푸드 테크 2012 (국제식품산업기술전2012오사카)	9.12~9.14	INTEX OSAKA	www.fair.or.jp/food2012/
2012 제 1회 식품제조물류 솔루션전	9.12~9.14	INTEX OSAKA	www.fair.or.jp/food2012/

2 중국

• 상하이

전시회명	기간	장소	홈페이지
중국 국제 식품 첨가물 전시회	3.28~3.30	Shanghai World Expo Exhitition & Convention Center	www.chinafoodadditives.com
상하이 국제포장 및 식품가공기술전람회	5.9~5.11	SNIEC	www.packtech-foodtech.com.cn
중국 상해 식품 박람회(SIAL China)	5.9~5.11	SNIEC	www.sialchina.com
상하이 제과, 제빵 박람회	5.10~5.12	SNIEC	www.cnbakery.com
중국(상해)국제 차업 박람회(CSTE)	5.18~5.21	INTEX Shanghai	www.tea-shexpo.com
상하이 국제 유기 식품 박람회	5.24~5.26	INTEX Shanghai	www.biofach-china.com
2012 아시아 식품조미료, 첨가물, 건강원료 전시회	6.26~6.28	SNIEC	www.fia-china.com
상하이 국제 가공, 포장 및 인쇄기술 박람회	7.18~7.20	SNIEC	www.Chinaallworld.com
중국국제스낵식품, 기술전시회	9.20~9.22	INTEX Shanghai	www.chinamie.com
제13회중국상하이국제식품가공 및 포장기계전시회	9.25~9.27	INTEX Shanghai	www.interfood.com.cn
제16기중국국제식품, 음료, 호텔부품 전람회	11.14~11.16	SNIEC	www.chinaallworld.com

• 베이징

전시회명	기간	장소	홈페이지
2012 제10회 중국 북경 국제 식품가공 및 포장기계 전시회	4.7~4.9	CIEC	www.cifie-expo.com/en/news/newsE001asp.asp
2012 제9회 중국 베이징 국제 베이커리 전시회	4.7~4.9	CIEC	www.baking-expo.com
2012 제13회 중국 베이징 (춘계) 국제 음료수 설비 전시회	4.11~4.13	북경 국제농업 전람중심(신관)	www.cibpdwe.com
2012 베이징 국제 커피 전람회	6.14~6.16	CWTC	www.hotelchinaexpo.com/coffee
2012 중국 국제 축산기술 박람회	9.23~9.25	NCIEC	www.vivchina.nl/en/bezoeker.aspx
2012년 중국 국제 육류 공업 전람회	10.11~10.13	Beijing Exhibition Center	www.cimie.com/index.do

• 광저우

전시회명	기간	장소	홈페이지
제16회 중국 베이커리 박람회(2012.05.18~05.20)	5.18~5.18	CECF (Pazhou) Complex	www.baking-china.org
2012 제 3회 중국광저우 식품공업 박람회	8.24~8.26	CECF (Pazhou) Complex	www.foodexpo.cc
International Nutrition&Health Food and Organic Products Exhibition	9.21~9.23	Guangzhou Jinhan Exhibition Center	www.gzspz.com
제 9회 중국 국제 중소기업 박람회	9.22~9.25	CECF (Pazhou) Complex	www.smefair.org.cn/cn/
제 9 회 중국(광저우) 국제 명주 박람회	11.14~11.16	CECF (Pazhou) Complex	www.faircanton.com
중국 녹색식품 2012광저우 전시회	12.1~12.3	CECF (Pazhou) Complex	www.cgfexpo.org

③ 홍콩

전시회명	기간	장소	홈페이지
2012 홍콩 유아용품 전시회	1.9~1.12	HKCEC	www.hktdc.com/fair/hkbabyfair
2012 홍콩 비넥스포 아시아	5.29~5.31	HKCEC	www.vinexpo.com
홍콩 식품 박람회	8.16~8.20	HKCEC	www.hktdc.com/fair/hkfood expo-en/HKTDC-Food-Expo.html
2012 홍콩 천연제품 박람회	8.23~8.25	HKCEC	www.naturalproductsasia.com
홍콩비타푸드아시아	9.5~9.7	Asia World - Expo	www.vitafoodsasia.com
2012 홍콩 레스토랑 및 바 전시회	9.11~9.13	HKCEC	www.restaurantandbarhk.com
홍콩 국제 과일, 야채 박람회	9.27~9.30	HKCEC	www.fruitlogistica.com
2012 홍콩 와인 및 주류 국제 박람회	11.8~11.10	HKCEC	www.hktdc.com/globalnetwork

④ 싱가포르

전시회명	기간	장소	홈페이지
2012 싱가포르 식품 및 호텔 박람회	4.17~4.20	Singapore Expo	www.sesallworld.com
싱가포르 와인 박람회 2012	4.17~4.20	Singapore Expo	www.foodhotelasia.com
2012 싱가포르 제빵제과 박람회	4.17~4.20	Singapore Expo	www.foodnhotelasia.com/ bakery-and-pastr
싱가포르 프랜차이즈 박람회	11.1~11.3	Singapore Marina Bay Sands	www.bizlink.com.sg

[5] 건설·건축·빌딩

1 일본

• 도쿄

전시회명	기간	장소	홈페이지
동경 건축 건재전 2012	3.6~3.9	Tokyo Big Sight	www.ac-materials.jp
건축 유지 관리 기술전 2012	9.28~9.30	Tokyo Big Sight	www.jma.or.jp/jhbs/build/01.html
일본건축박람회2012	11.14~11.16	Tokyo Big Sight	www.jma.or.jp/jhbs

• 오사카

전시회명	기간	장소	홈페이지
2012 제3회 오사카 미래형 식물산업 시스템전	9.12~9.14	INTEX OSAKA	www.fair.or.jp/food2010/content/special.html

2 중국

• 상하이

전시회명	기간	장소	홈페이지
도모텍스 아시아	3.27~3.29	SNIEC	www.vnuexhibitionsasia.com
중국 국제건축도자기 및 욕실전문 전람회	4.9~4.12	SNIEC	www.ceramics-china.com.cn/
중국 국제 건축 장식 박람회	4.9~4.12	SNIEC	www.expobuild.com
중국 국제 건축도료박람회	4.9~4.12	SNIEC	www.expocoat.cn/
중국 국제문창, 벽 및 구조 전시회	4.9~4.12	SNIEC	www.expobuild.com/ebc/Show/Introduction_Door/tabid/2860/language/zh-CN/Default.aspx
중국 국제장식목제품, 마루 및 생산설비전시회	4.9~4.12	SNIEC	www.expobuild.com/AbouttheFair/Introduction_wood/tabid/2859/language/zh-CN/Default.aspx
제17회 상하이 국제 건축 박람회	5.23~5.26	Shanghai World Expo Exhitition & Convention Center	www.aereco.ie/ibctf-–-shangha
중국 상해 국제건축자재 및 실내장식박람회	8.15~8.17	SNIEC	www.expojc.com/www.homdex.net
상하이 국제 문, 창문, 벽 전람회	9.4~9.6	SNIEC	www.cifesh.com
중국(상하이)국제 도어 박람회	9.19~9.21	SNIEC	www.doorexpo.cn

전시회명	기간	장소	홈페이지
제19회 중국(상하이) 국제건축장식 및 재료 박람회	9.26~9.28	SNIEC	www.ciec-expo.com
2012 상해 건축, 건설기계 전시회	11.27~11.30	SNIEC	www.bauma-china.cn
상하이 건설기계 및 기자재 전시회	11.27~11.30	SNIEC	www.mmi-shanghai.com
중국 국제 도료공업 전람회	11.27~11.30	SNIEC	www.chinacoat.net

• 베이징

전시회명	기간	장소	홈페이지
2012 중국 베이징 국제건축 석자재제품 및 설비 박람회	2.29~3.3	NCIEC	www.build-decor.com
2012 제12회 중국인조사암석, GRC, 유리섬유강화 플라스틱 및 정원경관 전람회	2.29~3.3	CIEC	www.build-décor.com
2012 제11회 중국 베이징 국제 벽지, 퀼트 전람회	2.29~3.3	NCIEC	www.build-décor.com
2012 제13회 중국 베이징 국제 도어 커튼월 공업 및 천정재료 전람회	2.29~3.3	NCIEC	www.build-décor.com
2012 제12회 중국 베이징 국제 찬장, 벽장, 칸막이, 목재업 전람회	2.29~3.3	NCIEC	www.build-décor.com
2012 제9회 중국 베이징 국제 지붕시스템, 벽체재료 및 별장건자재 전람회	2.29~3.3	NCIEC	www.build-décor.com
2012 중국 베이징 건축장식유리 및 문, 창문, 커튼월 박람회	2.29~3.3	NCIEC	www.build-décor.com
2012 제19회 중국 베이징 국제 도어 산업 및 건축장식오금 전람회	2.29~3.3	NCIEC	www.build-décor.com
2012 제11회 중국 베이징 국제 바닥장식 및 카펫 박람회	2.29~3.3	CIEC	www.build-décor.com
2012 중국 베이징 국제 건축타일 및 주방/욕실 설비 전시회	2.29~3.3	NCIEC	www.build-décor.com
2012 제19회 중국 국제건축장식 및 재료 박람회	2.29~3.3	NCIEC	www.build-décor.com
제5회 중국 베이징 국제 건축재료 기술설비 전람회	5.10~5.12	CIEC	www.wallexpochina.com
2012 중국 국제 우수 건축자재 전람회	7.11~7.13	CNCC	www.construmatchina.cn
2012 제17회 베이징 국제 건축, 건자재 및 도시건설 전람회	9.1~9.4	CIEC	www.baidu.com
2012 제9회 중국 국제 주택 산업 박람회	10.1~10.31	Beijing Exhibition Center	
2012 제17회 중국국제 건축 도어, 창문, 커튼월, 유리 기술과 설비 전시회	11.21~11.23	CNCC	www.c-us-ld.cn

• 광저우

전시회명	기간	장소	홈페이지
제10회 중국(광저우) 국제 호텔 설비 및 용품 전람회	6.28~6.30	CECF (Pazhou) Complex	www.hosfair.com
2012 광저우 박람회	8.26~8.28	CECF (Pazhou) Complex	www.gzfair.com.cn
제12회 광저우 국제 목재, 인조판, 나무문, 목지판, 장식지, 목각 및 기계 전시회	9.25~9.27	CECF (Pazhou) Complex	www.gzstruggle.cn

3 홍콩

전시회명	기간	장소	홈페이지
2012 홍콩 건축자동화기기 전시회	6.6~6.8	Hong Kong Convention & Exhibition Centre	www.asianbt.com

4 싱가포르

전시회명	기간	장소	홈페이지
JEC 아시아 복합소재 전시회	6.26~6.28	Suntec International Exhibition and Convention Center	www.jeccomposties.com
2012 아시아 Hospital Build 전시회	7.19~7.21	Singapore Marina Bay Sands	www.iirx.com.sg
싱가포르 건축 박람회	9.12~9.14	Suntec International Exhibition and Convention Center	www.reedexpo.com.sg/
도심 지하 공간 박람회	11.7~11.9	Singapore Marina Bay Sands	www.acuus2012.com

[6] 환경·에너지·생태

1 일본

• 도쿄

전시회명	기간	장소	홈페이지
제36회 지구환경과 에너지 조화전 2012	2.1~2.3	Tokyo Big Sight	www.eccj.or.jp
동경 국제 나노바이오 엑스포2012	2.15~2.17	Tokyo Big Sight	www.nanobioexpo.jp
2012 제11회 국제 나노테크 종합전/기술회의	2.15~2.17	Tokyo Big Sight	www.nanotechexpo.jp
Inter Aqua 2012 국제 물 솔류션 종합전	2.15~2.17	Tokyo Big Sight	www.interaqua.jp
제8회 국제 수소 연료전지박람회	2.29~3.2	Tokyo Big Sight	www.fcexpo.jp
제5회 국제 태양전지 전시회	2.29~3.2	Tokyo Big Sight	www.pvexpo.jp
2012 동경 뉴 환경전	5.22~5.25	Tokyo Big Sight	www.nippo.co.jp
TECHNO-FRONTIER 제3회 환경 발전 기술전	7.11~7.13	Tokyo Big Sight	www.jma.or.jp/tf
테크노 프론티어 2012 제14회 열설계/대책기술전	7.11~7.13	Tokyo Big Sight	www.jma.or.jp/tf
제14회 열대책 기술전	7.11~7.22	Tokyo Big Sight	www.jma.or.jp/tf
시설 원예·식물 공장전 2012	7.20~7.22	Tokyo Big Sight	www.gpec.jp

• 오사카

전시회명	기간	장소	홈페이지
중소기업 종합전 2012 in Kansai	5.24~5.26	INTEX OSAKA	www.smrj.go.jp
네키스포 칸사이 2012 (오사카 뉴 환경전)	9.5~9.7	INTEX OSAKA	www.nippo.co.jp/eng/
2012 제3회 오사카 미래형 식물산업 시스템전	9.12~9.14	INTEX OSAKA	www.fair.or.jp/food2010/content/special.html
2012 제1회 오사카 절전조명기구 특별전	9.12~9.14	INTEX OSAKA	www.fair.or.jp/food2012/

2 중국

• 상하이

전시회명	기간	장소	홈페이지
중국국제 환경보호,에네르기 및 자원종합 이용 박람회	3.6~3.8	SNIEC	www.ifat-china.com
중국(국제)환경보호 박람회	3.7~3.9	SNIEC	www.chinaenvironment.org/en.htm
아시아나 태양에너지공업전시회	3.21~3.23	Shanghai World Expo Exhitition & Convention Center	www.asiasolarexpo.com
중국국제 차양기술 및 건축에너지 절약 전시회	3.27~3.29	SNIEC	www.vnuexhibitionsasia.com
중국국제환경보호, 폐기물 및 수처리박람회	5.5~5.7	SNIEC	www.eptee.com
중국 국제 전력, 전공설비 및 기술 박람회	5.9~5.11	SNIEC	www.china-epower.com
제 6회 국제 태양에너지 광복 대회(상하이) 전시회	5.16~5.18	SNIEC	www.snec.org.cn
상하이 국제 해상 풍력발전기 및 관련사업 전시회(일자미정)	6.15~6.17	SNIEC	www.offshorewindchina.com
중국 상하이 국제 석유화학기술 설비 전시회	8.22~8.24	SNIEC	www.sh.cippe.com.cn
상하이 분석 화학 박람회	10.16~10.18	SNIEC	www.mmi-shanghai.com
아시아 국제 동력전달 및 제어기술 박람회	10.29~11.1	SNIEC	www.ptc-asia.com
중국 국제 공업박람회	11.6~11.10	SNIEC	www.ciif-expo.com
상하이 에너지 박람회	11.6~11.10	SNIEC	www.es.ciif-expo.com
신에너지 자동차 전시회	11.6~11.10	SNIEC	www.neas.ciif-expo.com

• 베이징

전시회명	기간	장소	홈페이지
2012 중국 국제 풍력 설비 전시회 및 컨퍼런스	2.23~2.25	CIEC	www.windpowerasia.com
2012 제17회 베이징 국제 건축, 건자재 및 도시건설 전람회	9.1~9.4	CIEC	www.baidu.com
2012 제15회 중국 국제 필름 및 수처리 기술 설비 전시회	10.11~10.13	CIEC	www.wmc.membranes.com.cn
2012 중국 국제 신에너지 자동차 전시회	10.11~10.13	NCIEC	www.cicev.com

- 광저우

전시회명	기간	장소	홈페이지
제 8회 광저우 국제 에어컨 냉각, 전열, 온수 및 열에너지 과학기술 박람회	8.11~8.13	CECF (Pazhou) Complex	www.zhongsou.net
제 4회 광저우 국제 태양에너지 광기전성 전시회	8.22~8.24	CECF (Pazhou) Complex	www.gzxny.com
2012 광저우 박람회	8.26~8.28	CECF (Pazhou) Complex	www.gzfair.com.cn
제3회 국제 저탄소상품 및 기술 박람회	9	Guangzhou Jinhan Exhibition Center	www.lowcarbonfair.com
제 7회 광저우 환경보호산업, 에너지 절약과 신에너지 기술 박람회	11.1~11.3	CECF (Pazhou) Complex	www.huanbaozhan.com.cn

③ 홍콩

전시회명	기간	장소	홈페이지
2012 홍콩 춘계 차이나 소싱페어 태양열 및 에너지 절약용품 전시회	4.12~4.15	Asia World - Expo	www.chinasourcingfair.com
2012 홍콩 전기설비 & 에너지 효율 박람회	6.6~6.8	HKCEC	www.hkesallworld.com
2012 홍콩 천연제품 박람회	8.23~8.25	HKCEC	www.naturalproductsasia.com

④ 싱가포르

전시회명	기간	장소	홈페이지
2012 아시아-퍼시픽 EMC (전자파 적합성) 심포지움 & 전시회	4.1~4.3	Singapore Marina Bay Sands	www.apemc2012.org
싱가포르 정수 처리전	7.1~7.5	Singapore Marina Bay Sands	www.siww.com.sg
싱가포르 폐기물 처리 및 환경 기술 박람회	7.2~7.5	Singapore Marina Bay Sands	www.wastemetasia.sg
싱가포르 냉난방, 환기, 에어콘 및 냉장 박람회 2012	9.5~9.7	Singapore Marina Bay Sands	www.iirx.com.sg
싱가포르 냉난방, 환기, 에어콘 및 냉장 박람회 2012	9.12~9.14	Suntec International Exhibition and Convention Center	www.seaallworld.com
싱가포르 가스 및 오일 산업 박람회	11.27~11.30	Singapore Marina Bay Sands	www.sesallworld.com
천연가스 & 석유화학 기술 박람회	11.27~11.30	Suntec International Exhibition and Convention Center	www.sesallworld.com
2012 싱가포르 환경전	12.22~12.25	Suntec International Exhibition and Convention Center	www.seaallworld.com

[7] 정보·통신

1 일본

• 도쿄

전시회명	기간	장소	홈페이지
제13회 동경 국제 전자 부품 전시회 2012	1.18~1.20	Tokyo Big Sight	www.reedexpo.co.jp/ed
동경무선기기전시회	5.30~6.1	Tokyo Big Sight	www.ric.co.jp/expo/wj/

2 중국

• 상하이

전시회명	기간	장소	홈페이지
상하이 국제 핸드폰 산업 박람회 및 세미나	7.18~7.20	SNIEC	www.mobileexpo.cn
중국 국제 공업박람회	11.6~11.10	SNIEC	www.ciif-expo.com
정보 및 통신기술 응용 전시회	11.6~11.10	SNIEC	www.icts.ciif-expo.com

• 베이징

전시회명	기간	장소	홈페이지
2012 제20회 중국 베이징 국제 방송 TV 정보 네트워크 전시회	3.21~3.23	CIEC	www.ccbn.cn
2012 인포컴 아시아	4.11~4.13	CNCC	www.infocomm.org
2012 제15회 중국 베이징 국제 카메라, 촬영기자재 및 기술박람회	4.20~4.23	CNCC	www.ccoea.org.cn
2012 제21회 베이징 국제 영상, 영화, TV설비 전람회	8.22~8.25	CIEC	www.birtv.com
2012 중국 국제 정보통신 전시회	9.18~9.22	CIEC	www.ptexpo.com.cn

• 광저우

전시회명	기간	장소	홈페이지
2012 광저우 국제 전선 케이블 설비 원료 전시회	7.18~7.20	CECF (Pazhou) Complex	www.buexpo.com/main.html

③ 홍콩

전시회명	기간	장소	홈페이지
2012 홍콩 추계 전자박람회	10.13~10.16	Hong Kong Convention and Exhibition Centre (HKCEC)	www.hkelectronicsfairae.com
인포컴아시아	11월. 기간미정		www.infocomm-asia.com

④ 싱가포르

전시회명	기간	장소	홈페이지
미디어 엑스포 2012	5.4~5.6	Singapore Expo	www.mediaexhibits.com
에드테크 싱가포르	6.16~6.17	Suntec International Exhibition and Convention Center	www.dmgevents.com
2012 싱가포르 방송장비 박람회	6.21~6.24	Suntec International Exhibition and Convention Center	www.broadcast-asia.com

[8] 디자인·그래픽

① 일본

• 도쿄

전시회명	기간	장소	홈페이지
제73회 동경 국제 선물용품박람회 2012	2.8~2.10	Tokyo Big Sight	www.giftshow.co.jp
제3회 디자인 동경 - 동경 디자인 잡화 페어	7.4~7.6	Tokyo Big Sight	www.designtokyo.jp
국제 오피스 가구 EXPO 2012	7.4~7.6	Tokyo Big Sight	www.ofj-expo.jp
웨딩 산업페어전2012	7.25~7.26	Tokyo Big Sight	www.bridalnews.co.jp/br/fair/index.html
제54회 동경 사인 앤드 디스플레이 전시회 2012	9.13~9.15	Tokyo Big Sight	www.tokobi.or.jp/sds2010
제74회 동경 국제 선물용품박람회 2012	9.13~9.15	Tokyo Big Sight	www.giftshow.co.jp

• 오사카

전시회명	기간	장소	홈페이지
리빙&디자인	9.26~9.29	INTEX OSAKA	www.fair.or.jp/living

2 중국

- 상하이

전시회명	기간	장소	홈페이지
상하이국제자동차제조기술 및 설비,자재 박람회	8.22~8.24	SNIEC	www.chinamie.com
중국국제 신발 및 복장전시회	9.4~9.6	SNIEC	www.ciff.aplf.com
중국 브랜드 라이센스 전시회	10.11~10.13	SNIEC	www.oleena.net

- 베이징

전시회명	기간	장소	홈페이지
2012 제11회 중국 베이징 국제 바닥장식 및 카펫 박람회	2.29~3.3	CIEC	www.build-decor.com
2012 중국 베이징 국제 골프 박람회	3.16~3.18	CNCC	www.chinagolfshow.com

3 홍콩

전시회명	기간	장소	홈페이지
홍콩 모드 란제리	3.29~3.30	HKCEC	www.hongkong-mode-lingerie.com/asp/accueil.asp
유통 아시아 엑스포	6.12~6.14	HKCEC	www.retailasiaexpo.com

4 싱가포르

전시회명	기간	장소	홈페이지
디지털 사이니지 월드 아시아 2012	4.25~4.27	Suntec International Exhibition and Convention Center	www.terrapinn.com
미디어 엑스포 2012	5.4~5.6	Singapore Expo	www.mediaexhibits.com
싱가포르 PC 쇼 2012	6.9~6.12	Suntec International Exhibition and Convention Center	www.thepcshow.com.sg
에드테크 싱가포르	6.16~6.17	Suntec International Exhibition and Convention Center	www.dmgevents.com

[9] 미용

1 일본

• 도쿄

전시회명	기간	장소	홈페이지
제73회 동경 국제 선물용품박람회 2012	2.8~2.10	Tokyo Big Sight	www.giftshow.co.jp
동경한국상품전시상담회	4.18~4.19	Tokyo International Forum	
동경국제화장품미용박람회	5.14~5.16	Tokyo Big Sight	www.beautyworldjapan.com
베이비 & 키즈 엑스포 2012	7.4~7.6	Tokyo Big Sight	www.reedexpo.co.jp
제74회 동경 국제 선물용품박람회 2012	9.13~9.15	Tokyo Big Sight	www.giftshow.co.jp
동경 다이어트 & 뷰티 박람회 2012	9.26~9.28	Tokyo Big Sight	www.dietandbeauty.jp

• 오사카

전시회명	기간	장소	홈페이지
뷰티 월드 재팬 웨스트2012	10.15~10.17	INTEX OSAKA	www.beautyworldjapan.com/english/osaka/

2 중국

• 상하이

전시회명	기간	장소	홈페이지
상해 차이나 소싱 페어: 패션 악세사리	1.12~1.14	SNIEC	www.globalsources.com
상해 차이나소싱페어 : 소비재 박람회	1.13~1.15	SNIEC	www.globalsources.com
중국 개인용품/홈케어 원재료/포장전	2.27~2.29	The expotheme pavillion of Shanghai	www.pchi-china.com
중국상하이미용박람회	5.4~5.6	SNIEC	www.chinabeautyexpo.com

3 홍콩

전시회명	기간	장소	홈페이지
2012 홍콩 미용 피트니스 전시회	6.8~6.10	Hong Kong Convention & Exhibition Centre	www.hka.com.hk
홍콩 차이나소싱페어: 선물 및 가정용품전	10.20~10.23	Asia World - Expo	www.globalsources.com
홍콩미용용품박람회 2012	11.12~11.14	HKCEC	www.cosmoasia.com
2012 홍콩 미용 박람회	11.14~11.16	HKCEC	www.cosmoprof-asia.com

4 싱가포르

전시회명	기간	장소	홈페이지
싱가포르 에스테틱 박람회	9.13~9.15	Singapore Marina Bay Sands	www.aestheticsasia.com

⑥ 외부 지원 가능성

전시주최자가 모든 분야에 걸쳐 전시회를 단독으로 개최하는 것 보다는 정부[8], 지자체 및 외부 기관이나 기업의 도움을 받는 것이 더 바람직하다. 즉 후원, 협찬, 재정적 지원이 가능한 기관이나 단체, 지자체, 기업이 있는지, 있다면 그 가능성이 얼마나 되고 어떤 분야에서 지원을 받을 수 있을지를 조사한다.

⑦ 개최 전시장 조사

우리나라도 이제 수도권은 물론이고 지방에도 국제 규모의 전시장이 여러 개 있지만 전시회가 많이 개최되는 봄, 가을에는 전시장 확보가 쉽지 않다. 따라서 목적하고 있는 전시회의 개최 장소로써 계획하고 있는 개최 시기에 어느 전시장의 확보가 가능한지 사전 조사가 필수적이다. 전시회는 한번 개최되면 다른 곳으로 옮기기가 용이하지 않기 때문에 첫 회부터 가장 적합한 전시장을 선정한다.

⑧ 연속 개최 가능성 조사

과거에 개최된 적이 있는 전시회인지 그리고 개최되었다가 중단된 전시회라면 그 사유가 무엇인지를 파악해야 한다. 국내에서 개최되는 전시회중 10회를 넘기는 전시회는 전체 전시회의 1/3 정도에 지나지 않는다. 절반 이상이 2-3회를 넘기지 못하고 중단되고 있는 것으로 나타났다. 따라서 지속개최가 가능한지를 사전에 검토하는 것은 너무도 중요하다.

⑨ 공동개최 가능성 조사

종전에는 단독개최 전시회가 많았으나 시간이 갈수록 공동개최가 전체 국내전시회중 절반에 육박하고 있다. 공동개최는 주최자별로 비교 우위를 십분 활용하여 위험을 분산시킬 수 있다. 조합 및 단체, 전문전시주최자, 지자체, 언론사 등과의 공동주최 가능성 타진도 잊지 말아야 할 검토 사항이다. 더 나아가 외국 참가업체와 참관객 유치를 위해 외국 전시 관련 기업 및 단체와의

8) 지식경제부 이외에 중소기업청에서도 <중소기업 구매상담회 지원사업>을 통해 중소기업 관련 조합과 비영리 단체가 국내에서 전시회를 개최할 경우, 소요되는 경비 일부 (전시장임차료, 부스설치비, 홍보비)를 지원하고 있다. <자세한 정보는 중소기업유통센터 (전화 : 02-6678-9342)를 접촉하면 된다.>

전략적 제휴도 권장할 만하다.

⑩ 국민 정서에 맞는 전시회

아무리 신규로 개발된 전시회라 하더라도 일반 국민들의 정서에 맞지 않는 전시회는 성장할 수 없다. 따라서 일반적으로 받아들여질 수 있는 전시회인지를 파악해야 한다. 예를 들어, 미국 및 유럽에서 별 저항감 없이 개최되고 있는 性 관련 용품 전시회는 우리나라 국민 정서상 아직 도입이 이른 분야라 할 수 있다.

[2006년 사회 물의를 빚으며 파행으로 끝난 한국 최초 성교육박람회]

나. 사업계획 수립

사전 조사를 통해 신규 전시회 분야와 타겟이 결정되었다면 구체적인 사업계획 수립에 들어간다. 사업계획은 전시회 기본계획, 참가업체 유치계획, 참관객 유치계획, 전시장 운영계획, 평가관리로 구분하여 수립한다.

① 전시회 기본계획

전시회명, 전시품목, 기간, 장소, 전시장 구성, 규모, 후원, 예산 계획, 전시회 개최를 위한 인원 및 조직 등 기본계획을 수립한다. 특히, 전시회명은 한국어와 영어로 작명하되 기존 전시회와 겹치지 않도록 유의한다. 아울러 영어 약어로도 표기가 가능하도록 모음과 자음을 적절히 활용하고 로고도 디자인하고 참가규정도 만든다.

② 참가업체 유치계획

총 참가업체 수, 분야별 타겟 참가업체 수, 개최 준비 기간별 업체 유치 목표 등을 설정 한 후, 참가업체별 DB 개발 계획, DB 조사항목 (통상 기본정보, 제품구성, 매출액, 시장점유율, 시장별 주력 품목 및 매출액, 주요 마케팅 활동 등) 설정 계획, 참가업체 모집을 위한 유치 방안 및 각 방안별 활동 개시 시점에 따른 계획을 수립한다.

③ 참관객 유치계획

총 참관객 수, 핵심 타겟 시장의 참관객 유형, 타겟별 참관객 수, 시기별 목표 참관객 수, 사전 등록 참관객 수 등 목표를 설정한다. 이어 참관객 DB 개발 계획을 수립한다. 참관객 DB는 코트라, 무역협회, 조합 및 국내외 유관기관 (특히, 이들 단체의 회원사)을 통해 확보하거나 해외 에이전트를 통해 조사한다. 이외 관련 유사 전시회 및 행사에 등록하여 참관객 리스트를 확보하기도 하고 참가업체 접촉 시 참가업체로부터도 제공 받을 수도 있다. 참가업체 모집 때와 같이 DB 조사항목 (통상 참관객 인적사항 즉 이름, 성별, 회원여부, 연락처, 회사명, 부서, 직함, 회사유형, 품목 및 업종을 기본정보로 포함하고 관심 있는 상품 및 영역, 구매계획 및 구매 예상액, 구매 시기, 과거 참관여부, 해당 전시에 대해 알게 된 경로, 주로 접하는 매체 및 정보원 등) 설정 계획, 참관객 모집을 위한 방안 및 각 방안별 활동 개시 시점에 따른 계획을 수립한다.

④ 전시장 운영계획

서비스 공급업체 분야별 선정 및 관리 계획, 전시장 도면 및 조성 계획, 부대행사, 인쇄물 및 제작물 계획, 등록 및 데이터 관리 계획, 바이어 및 참관객 숙박, 수송, 관광 계획과 보험, 특허, 통관, 소방, 경찰 등 법적 행위에 따른 세부 계획을 수립한다. 또한 전시장 운영을 위한 사전준비, 운송, 장치공사, 부대시설 공사, 전시품 반입, 전시, 전시품 반출 및 철거 계획, 사무국 운영 계획도 빠뜨려서는 안 된다.

⑤ 평가관리

전시회 종료 후 참가결과 보고서 작성, 언론 보도, 수지 정산과 함께 참가업체 및 참관객 유치, 전시회 및 예산 운영에 따른 성과 분석과 평가를 통해 차기 전시회를 준비할 수 있도록 평가관리 방안에 대한 계획을 수립한다.

⑥ 사업계획서 작성

최종적인 사업계획서는 전시회 개요, 개최실적 (기존 전시회인 경우) 및 성과 목표, 전시회 경쟁력, 마케팅 계획, 예산 계획 및 참고사항을 포함하되 세부 내용은 다음과 같다.

〈사업계획서 포함 사항 예시〉

주요 목차	주요 내용
전시회 개요	• 일반개요 전시회명 (국문, 영문, 약칭), 전시기간, 전시장소, 전시면적, 전시품목, 주최기관, 주관기관, 후원기관, 부대행사 등 • 전시회 개최배경 및 목적 국내외 해당산업의 동향, 전시회 개최 필요성, 전시회 개최 목적 등 • 전시회 소개 및 특징 전시품의 특징, 참가업체 및 참관객 특징, 전시회 위상 및 인지도
개최실적[9] 및 성과목표	• 전시회 개최 연혁 및 실적 전시면적, 참가업체 수 (국내, 해외), 참관객 및 바이어수 (국내, 해외) 등 • 개최 전시회 성과목표 전시면적, 참가업체 수 (국내, 해외), 참관객 및 바이어수 (국내, 해외) 등
전시회 경쟁력	• 참가업체 및 바이어가 해당 전시회에 참가해야 하는 이유 • 전시회를 통해 주최자가 참가자에게 제공하는 핵심 가치, 혜택 등 • 국내외 경쟁 전시회와의 비교 평가 (차별화된 특성)
마케팅계획	• 참가업체 및 바이어 유치 계획 (국내, 해외) • 국내외 홍보계획 • 중장기 사업계획 및 비전
예산계획	• 수입, 지출계획 • 수익 극대화 방안
성과분석	• 성과분석 및 사후 관리 방안

9) 신규 개발 전시회라면 개최실적은 생략한다.

Chapter 3

전시회 개최 세부 계획

제 3 장
전시회 개최 세부 계획

1. 인력 구성 및 업무분장

전시회 개최 세부 계획을 수립하고 실제 전시회를 개최하는 것도 결국 사람이 하는 일이다. 따라서 능력과 경험 있는 인력을 적절하게 투입하는 것이 중요하다. 아울러 담당자별 업무분장을 확실히 하여 전시회 준비에 차질이 없도록 해야 한다. 투입 인력은 어떤 전시회를 어떤 규모로 개최하느냐에 따라 다소 차이가 있겠지만 전시회를 총괄 계획하고 관리하는 팀장급 인력이 필요하며 실무자와 이를 지원하는 보조 인력이 투입되어야 한다. 그러나 이러한 모든 인력이 전시회 기획 초기부터 필요한 것은 아니고 진행 시점에 따라 점차적으로 투입 인력을 늘려나가는 것이 바람직하다.

가. 기획 단계

어떤 전시회를 어디에서 그리고 언제, 어떤 규모로 어떻게 개최할 것인가를 결정하는 전략 수립 단계이다. 아울러 전시회 개최를 위한 수입과 지출을 예측하고 후원기관도 염두에 두어야 한다.

통상 기획 단계에서는 가장 기본적인 전략을 수립해야 하는 시점이므로 팀장과 팀원 2명, 그리고 업무보조 인력 1명 정도면 적정하다. 신규 전시회를 개발하여 개최하기 위해서는 반드시 경험과 경력이 있는 인력을 투입하여야 한다. 가능한 팀장급은 경력 5년 이상, 팀원은 경력 2-3년 이상인 자를 투입하는 것이 바람직하다. 가능하면 기획하려는 전시회와 유사한 전시회를 개최해 본 경험이 있는 직원, 또는 해당 전시품 관련 조합, 협회 등 단체 근무 경험이 있는 직원을 특채하는 것도 좋은 방법이다.

이 경우, 전시주최자의 사정에 따라 팀장이 총괄업무를 수행하면서 예산과 홍보업무를 겸할 수 있다면 팀원을 1명으로 줄여 운영할 수도 있다.

〈전시회 기획 단계 인력 구성〉

직책	담당 업무	비고
팀장	• 전시회 전략 수립 및 기획 총괄 - 개최 전시회 분야, 성격, 타겟, 시기, 장소, 방법 등 결정 • 전시회 준비 진행상황 점검	해당 분야 경력 최소 5년 이상자
팀원 I	• 예산 계획 (수입, 지출) • 전시회 개최 준비 일정 관리 및 조정 • 협력 및 후원기관 선정 • 홍보 방안 계획 • 부대행사 계획	해당 분야 경력 최소 3년 이상자
팀원 II	• 전시장 확보 및 조성 방안 • 참가업체 및 참관객 모집 계획	해당 분야 경력 최소 2년 이상자
보조인력	• 팀원 업무 보조	

나. 준비 단계 (1)

이 단계는 전시회 개최 기본 계획이 수립된 시점부터 참가업체 모집이 완료되는 시점까지로 전시회 개최 기간 중 가장 중요한 단계이다. 이 단계에서는 참가업체 모집에 가장 많은 인력을 투입해야 한다. 따라서 참가업체 모집을 위해 대상 업체 리스트를 확보하고 라디오나 TV를 통한 미디어 광고, 지하철, 버스 등 교통수단을 통한 홍보와 우편 홍보 및 텔레마케터를 활용한 업체 모집에 역점을 두어야 한다. 아울러 전시장 부스 배치를 담당할 인력이 투입되어야 한다.

특히, 팀장은 후원기관을 선정하여 협조를 요청하고 관계 부처, 지자체, 코트라, 한국전시산업진흥회 및 관련 협회, 단체를 접촉하여 전시회 개최와 관련 지원 방안을 협의 확정한다. 또한 팀장은 전시회 준비가 일정대로 진행되고 있는지 수시 점검해야 한다.

그리고 업체모집 실무를 수행하는 팀원은 텔레마케터를 고용, 철저한 교육을 통해 업체 모집 방법을 설명하고 지속적인 설득과 권유로 한 업체라도 더 참가할 수 있도록 유도해야 한다. 따라서 텔레마케터들이 전시회 참가를 권유할 수 있도록 해당 분야 잠재 고객 명단을 최대한 수집하여 이들에게 제공하여야 한다. 이와 함께 전시회를 홍보할 홈페이지를 구축해야 하는데 전문인력이 없는 경우에는 전문기관에 외주를 주는 것이 좋다.

〈준비 단계 (I) 인력 구성〉

직책	담당 업무
팀장	• 전시회 진행 총괄 감독 • 대외업무 - 후원기관, 지자체 및 정부기관 접촉 및 교섭
팀원 I	• 예산 계획 (수입, 지출) • 홍보물 제작 및 광고 • 홈페이지 제작 의뢰 및 관리 • 전시회 관련 News Letter 제작 • 참가업체 디렉토리 제작 - 참가업체 디렉토리 수록 광고 유치 포함 • 참관객 (해외바이어 포함) 모집 활동 • 부대행사 준비
팀원 II	• 참가업체 모집 총괄 - 대상업체 리스트 확보 - 텔레마케터 관리 • 전시장 부스 배정 • 장치업체, Utility업체, 외주용역업체 선정 및 관리
보조인력 I	• 참가비 징수 • 참가업체 개별 요청사항 접수 및 처리 계획 회신
보조인력 II	• 우편 및 이메일을 통한 참가업체 모집 • 팀원 II 업무보조
보조인력 III	• 팀원 I 업무보조 • 홍보물 제작 및 홈페이지 관리 보조 • 참가업체 디렉토리 제작 보조 • 참가예정업체에 대한 각종 공지사항 전달 - News Letter 발행 보조 및 발송 • 부대행사 준비 보조
텔레마케터 (5인)	• 텔레마케팅

다. 전시회 준비 단계 (2)

이 단계는 참가업체 모집이 완료되는 시점부터 전시회 개막 전까지 단계이다. 본격적인 전시장 조성, 부대행사 준비, 참관객 (바이어 포함) 유치 등이 시작된다. 전시회 기간 중 많은 참관객들이 방문할 수 있도록 홍보에 최대한 인력을 투입해야 한다. 아울러 참가업체들을 대상으로 사전 설명회를 개최한다. 특히 이 시점에서는 참가신청업체의 개별 요청 및 문의가 쇄도하는 시점이므로 참가업체들의 불만을 사지 않도록 철저한 지원과 준비가 필요하다. 전시회 참가업체 중 참가비 미납업체가 있다면 전시회 개막전까지 완납할 수 있도록 철저히 관리하여야 한다.

〈준비 단계 (2) 인력 구성〉

직책	담당 업무
팀장	• 전시회 진행 총괄 감독 • 대외업무 - 개막행사 참석 VIP 초청
팀원 I	• 예산 계획 (수입, 지출) • 전시회 개최 홍보 • 홈페이지 관리 • 보도자료 작성 • 전시회 관련 News Letter 제작 • 참관객 (해외바이어 포함) 모집 활동 • 참가업체, 참관객 대상 설문지 작성
팀원 II	• 참가비 미납 신청업체에 대해 완납 독촉 • 전시장 부스 확정 • 전시장 내부, 외부 및 진입로 장치 결정 • 장치업체, Utility업체, 외주용역업체 관리 • 참가업체 사전 설명회 개최
팀원 III	• 부대행사 전담 • 개막식 행사 • 보험 가입 • 전시장 보세구역 설정
보조인력 I	• 참가비 완납 • 참가업체 개별 요청사항 접수 및 처리 계획 회신
보조인력 II	• 주요 참관객들에게 초청장 발송 • 대외 홍보물 발송
보조인력 III	• 홍보물 제작 보조 • 홈페이지 관리 보조 • 참가업체 디렉토리 제작 보조 • 참가예정업체에 대한 각종 공지사항 전달 - News Letter 발행 보조 및 발송 • 부대행사 준비 보조
보조인력 VI	• 참가업체 제공 서비스 준비 - 주차장 무료사용권, 참가기념품 • 리셉션 개최 준비 • 개막행사 준비 보조
텔레마케터 (3인)	• 참가비 미납업체에 대한 완납 독촉

라. 전시회 개최 기간 중

전시회 개최 기간 중에는 전시장내 별도의 주최자 사무실을 설치 운영한다. 그리고 이 기간 중 외부 용역 회사들 (장치, 청소, 경비, 참관객 등록, 각종 Utility, 비품 렌탈, 이벤트사)이 제대로 제 역할을 수행하고 있는지 확인하고 참가업체들의 현장 요청사항을 적극 지원 또는 조치하는

데 인력을 집중 배치한다. 이와 함께 개막행사, 부대행사 등이 차질 없이 진행될 수 있도록 별도 인력을 배치한다.

〈전시회 기간 중 인력 구성〉

직책	담당 업무
팀장	• 전시회 진행 총괄 감독
팀원 I	• 예산 계획 (수입, 지출) • 대외홍보 (언론 보도 포함) • 참가업체, 참관객 대상 설문지 수거 총괄
팀원 II	• 외부 용역업체 관리 • 참가업체 요청사항 지원 총괄 • 참관객 등록 총괄
팀원 III	• 개막식 및 부대행사 진행 • 도우미 총괄
보조인력 (4인)	• 참가업체 요청사항 지원 • 설문지 수거 • 전시품 반출증 발부 보조 • 부대행사 지원

마. 전시회 종료 후

전시회가 종료되면 결산과 함께 전시회 참가업체들에게 감사편지를 보내면서 차년도 개최 정보를 제공하여야 한다. 아울러 전시회 참가업체 및 참관객들로 부터 수거된 설문지를 분석하여 차년도 전시회 개최 시 반영하고 또한 전시회 개최 참여 인력들이 모두 모인 가운데 차년도 전시회 개최를 위해 개선해야 할 사항 등을 협의하여 기록으로 남긴다.

〈전시회 종료 후 인력 구성〉

직책	담당 업무
팀장	• 전시회 진행 총괄 감독
팀원 I	• 예산 결산
팀원 II	• 개최 결과 보고서 작성
팀원 III	• 설문지 분석 • 차년도 개최 전시회 홍보 • 참가업체에 대한 감사 서신
보조인력 (4인)	• 자료 정리 • 설문지 분석 보조 • 개최 결과 보고서 작성 지원

2. 시기 및 장소 선정

가. 시기

우리나라에서의 전시회는 통상 4월부터 6월, 9월부터 11월 사이에 가장 많이 개최된다. 동절기나 하절기[1]는 피하는 것이 좋다. 따라서 성수기에 전시회를 개최하려면 최대한 빨리 전시장을 예약해야 한다. 개최 시기와 관계없는 품목도 있으나 일부 품목은 특정 시점에 전시회를 개최하는 것이 바람직 할 수도 있다. 특히, 패션상품[2]의 경우는 가장 유리한 시점을 정해 개최한다.

〈우리나라 월별 전시회 개최 횟수〉

(단위 : 회)

구분	1월	2월	3월	4월	5월	6월	7월	8월	9월	10월	11월	12월	합계
2008	12	18	26	30	43	34	19	22	40	79	62	24	409
2009	9	19	27	47	42	42	22	25	49	49	55	36	422
2010	23	11	45	38	38	48	32	17	51	60	68	48	479
2011	21	21	43	50	51	59	32	28	53	81	77	36	552

전시회 개최 시기를 정할 때 기존 국내 유사전시회 기간과 겹치지 않는 것이 좋다. 내수용 전시회가 아닌 국제 전시회라면 중국, 홍콩, 대만, 싱가포르 및 일본 등에서 개최되는 기존 유명 유사 전시회 앞뒤로 개최하는 것이 해외바이어들을 유치하는 데 유리하다. 그리고 일단 개최 시기를 정하였으면 매년 그 기간을 지키는 것이 좋다. 적어도 차기 전시회는 최초 전시회 시기와 1주일 이상 차이가 나지 말아야 한다.

나. 장소

가능한 서울을 중심으로 수도권에서 개최하는 것이 유리하겠으나 이들 지역에서는 전시장 확보도 쉽지 않고 특히 다수 기존 유사 전시회가 많이 개최되고 있기 때문에 치열한 경쟁이 불가피하다. 최근 들어 지방에서도 국제 규모의 전시장이 확충되고 있으므로 전시장 확보가 상대적으로 용이하고 경쟁도 덜 치열한 지방에서 개최하는 방안도 고려할 수 있다. 또한 개최하고자 하는 전시회의 관련 품목 산업이 발달되어 있는 지역 소재 전시장은 참가업체 유치에 유리할 수도 있다. 그러나 결혼박람회 또는 유학박람회와 같이 참관객들이 전국에 산재해 있는 경우에는 전시 주최자가 매년 또는 일년에 수차례씩 수도권뿐 아니라 지방 전시장을 순회하면서 개최하기도 한다. 또한 일부 지자체에서는 지역 산업 활성화를 위해 지역 내 진시장에서의 개최를 적극 지원

1) 학생을 대상으로 개최되는 전시회라면 여름, 겨울 방학 중 개최되는 것이 더 바람직할 수도 있다.

2) 미국 뉴욕에서는 해마다 1-2월에 집중적으로 섬유전이 개최된다.

하고 있다. 현재 우리나라에는 총 13개 전시컨벤션센터가 있으며 전체 전시면적은 2012년 5월, BEXCO 전시장 확충 공사가 완료되면서 266,887㎡로 늘어나게 되었다.

<우리나라 주요 전시장>

① aT Center : http://www.atcenter.co.kr <2002년 건립>

- 서울특별시 서초구 강남대로 27 (舊양재동 232)
- 전화 : 02-6300 1912
- 팩스 : 02-6300 1616

전시홀	규모 (단위 : ㎡)
제 1 전시장	3,638
제 2 전시장	3,784
합계	7,422

회의시설			주차시설 (단위 : 대)
총면적 (단위 : ㎡)	회의실 수	수용인원	
2,410	6	400	524

② BEXCO : http://www.bexco.co.kr
<2001년 건립, 2012년 확장>

- 부산광역시 해운대구 APEC로 55번지
- 전화 : 051-740 7300
- 팩스 : 051-740 7320/70

전시홀			규모 (단위 : ㎡)
1전시장	1		8,836
	2a		4,418
	2b		4,418
	3a		4,418
	3b		4,418
소계			26,508
2전시장	1층	4A	1,584
		4B	1,824
		4C	1,488
		4D	1,824
		4E	1,488
		4F	1,728
		계	9,936

전시홀			규모 (단위 : ㎡)
	2층	5A	2,016
		5B	1,776
		5C	1,920
		5D	2,160
		5E	2,064
		계	9,936
소계			19,872
합계			46,380

회의시설			주차시설 (단위 : 대)
총면적 (단위 : ㎡)	회의실 수	수용인원	
3,389	27	3,240	3,222

* 4,002석 규모의 계단식 실내회의장인 『오디토리움』 별도

③ CECO : http://www.ceco.co.kr <2005년 건립>

<창원컨벤션센터>

- 경남 창원시 대원동 123
- 전화 : 055-212 1000, 1114
- 팩스 : 055-212 1200

전시홀	규모 (단위 : ㎡)
전시장 I	3,913.5
전시장 II	3,913.5
합계	7,827

회의시설			주차시설 (단위 : 대)
총면적 (단위 : ㎡)	회의실 수	수용인원	
2,784	12	2,000	728

④ COEX : http://coex.co.kr <1988년 건립>

- 서울특별시 강남구 삼성동 159
- 전화 : 02-6000 0114
- 팩스 : 02-6000 1333

전시홀	규모 (단위 : ㎡)
Hall A	10,368
Hall B	8,010
Hall C	10,348
Hall D	7,281
합계	36,007

회의시설			주차시설 (단위 : 대)
총면적 (단위 : ㎡)	회의실 수	수용인원	
11,536	54	1,800	2,730

⑤ DCC : http://dcckorea.or.kr <2008년 건립>

<대전컨벤션센터>

- 대전광역시 유성구 도룡동 4-19
- 전화 : 042-821 0114
- 팩스 : 042-821 0119

전시홀	규모 (단위 : ㎡)
109	248
110	248
111	1,030
112	994
합계	2,520

회의시설			주차시설 (단위 : 대)
총면적 (단위 : ㎡)	회의실 수	수용인원	
4,862	20	2,000	400

⑥ EXCO : http://www.excodaegu.co.kr
<2001년 건립, 2011년 확장>

- 대구광역시 북구 산격2동 1676
- 전화 : 053-601 5000
- 팩스 : 053-601 5029

전시홀	규모 (단위 : ㎡)
Hall 1	5,171
Hall 2	4,834
Hall 3	4,410
Hall 4	3,872
Hall 5	3,872
합계	22,159

회의시설			주차시설 (단위 : 대)
총면적 (단위 : ㎡)	회의실 수	수용인원	
7,351	35	1,300	1,477

⑦ ICC JEJU : http://www.iccjeju.co.kr <2003년 건립>

<제주국제컨벤션센터>

- 제주특별자치도 서귀포시 중문동 224
- 전화 : 064-735 1000
- 팩스 : 064-735 1099

전시홀	규모 (단위 : ㎡)
이벤트홀	2,395
합계	2,395

회의시설			주차시설 (단위 : 대)
총면적 (단위 : ㎡)	회의실 수	수용인원	
7,822	30	4,300	359

⑧ KDJ CENTER : http://www.kdjcenter.or.kr <2005년 건립>

<김대중컨벤션센터>

- 광주광역시 서구 상무누리로 30
- 전화 : 062-611 2000
- 팩스 : 062-611 2009

전시홀	규모 (단위 : ㎡)
제1전시장	3,024
제2전시장	3,024
제3전시장	3,024
합계	9,072

회의시설			주차시설 (단위 : 대)
총면적 (단위 : ㎡)	회의실 수	수용인원	
2,229	11	1,200	1,681

⑨ KINTEX : http://www.kintex.com
<2005년 건립, 2011년 확장>

- 경기도 고양시 일산서구 대화동 2600번지
- 전화 : 031-810 8114
- 팩스 : 031-810 8083

전시홀		규모 (단위 : ㎡)
1전시장	전시1홀	10,611
	전시2홀	10,733
	전시3홀	10,733
	전시4홀	10,733
	전시5홀	10,611
소계		53,541
2전시장	전시6홀	5,618
	전시7홀	11,290
	전시8홀	11,290
	전시9홀	13,238
	전시10홀	13,072
소계		54,508
합계		108,049

회의시설			주차시설 (단위 : 대)
총면적 (단위 : ㎡)	회의실 수	수용인원	
13,303	37	2,000	4,557

⑩ KOTREX : http://www.kotrex.com <1995년 건립>

<대전무역전시관>

- 대전광역시 유성구 도룡동 4-19
- 전화 : 042-821 0114
- 팩스 : 042-821 0119

전시홀	규모 (단위 : ㎡)
옥내전시장	4,200
합계	4,200

회의시설			주차시설 (단위 : 대)
총면적 (단위 : ㎡)	회의실 수	수용인원	
-	-	-	500

⑪ SETEC : http://www.setec.or.kr <1999년 건립>

- 서울특별시 강남구 남부순환로 3104번지
- 전화 : 02-2222 3811
- 팩스 : 02-2222 3820

전시홀	규모 (단위 : ㎡)
제1전시실	3,130
제2전시실	1,684
제3전시실	3,134
합계	7,948

회의시설			주차시설 (단위 : 대)
총면적 (단위 : ㎡)	회의실 수	수용인원	
839	4	300	600

⑫ Songdo ConvensiA : http://www.songdoconvensia.com <2008년 건립>

<인천송도컨벤시아>

- 인천광역시 연수구 송금동 6-1
- 전화 : 032-210 1114
- 팩스 : 032-210 1005

전시홀	규모 (단위 : ㎡)
제1전시장	4,208
제2전시장	4,208
합계	8,416

회의시설			주차시설 (단위 : 대)
총면적 (단위 : ㎡)	회의실 수	수용인원	
4,020	26	2,100	600

⑬ GumiCo : http://www.gumico.com <2010년 건립>

<구미코>

- 경상북도 구미시 국가4산업단지 첨단기업1로 49
- 전화 : 054-477 8000
- 팩스 : 054-477 8299

전시홀		규모 (단위 : ㎡)
전시장		3,402
준전시장	홍보관 1	369
	홍보관 2	375
	홍보관 3	346
합계		4,492

이외 63빌딩, 대형 호텔, 체육관에서도 소규모 전시회를 개최할 수 있다.

3. 참가 규정

본격적인 참가업체 유치 활동 전에 참가 규정을 정한다. 기존 유사 전시회의 참가 규정을 참고하되 가능하면 변호사를 통해 법률적으로 문제가 없는지 감수를 받아 두는 것이 바람직하다. 참가 규정을 정해두는 목적은 전시회 개최 진행 과정 중 또는 종료 후, 참가업체와의 분쟁에 대비하여 참가비 납부조건, 전시면적 배정, 전시회 참가 취소 및 위약금, 전시품 반입·반출, 분쟁 해결 등을 명확히 해두기 위함이다. 참가 규정은 해당 전시회 소개 홈페이지에 게재하고 참가업체 모집 홍보물에도 삽입시켜 사전 공지한다. 참가 규정은 한국어뿐 아니라 영어와 중국어 및 일어 등 제 2외국어로도 작성한다.

〈예시 : 2012 서울국제식품산업대전의 한글 참가규정〉

【제1조】 용어의 정의

1. "전시자"라 함은 본 전시회 참가를 위하여 온라인 신청과 함께 계약금을 납부한 회사, 지자체, 협회 및 단체 등을 말한다.
2. "전시회"라 함은 「2012 서울국제식품산업대전(SEOUL FOOD 2012)」을 말한다.
3. "주최자"라 함은 「서울특별시 서초구 헌릉로 13번지에 소재하고 있는 대한무역투자진흥공사(KOTRA)」를 말한다.

【제2조】 참가신청

1. 전시회 참가신청을 하고자 하는 전시자는 홈페이지(seoulfood.or.kr)를 통한 온라인 신청을 원칙으로 한다. 온라인으로 신청할 수 없는 경우 참가신청서 양식에 의거하여 작성하며, 반드시 서명 날인하여 주최자에게 제출한다.
2. 전시자는 온라인 신청 후 참가비(부스 임차료, 기술지원 사용료)를 납부하여야 하며, 참가비 납부가 확인 되었을 경우 참가 및 계약이 성립된 것으로 본다. 단, 전시장 면적이 소진된 경우 또는 전시품을 판매할 목적으로 참가하는 경우는 주최자가 참가신청 접수를 거부할 수 있다.

【제3조】 참가비 납부조건

1. 전시자는 참가신청 후 2주 이내에 부스 임차료의 50%를 계약금으로 납부하여야 하며, 신청 마감기한 내 기술지원 사용료를 포함한 잔금 50%를 납부하여야 한다. 기술지원 신청이 마감기한 이후에 확정된 경우 기술지원 사용료는 개최 2주전까지 100% 완납하여야 한다.
2. 신청 마감기한(2012년 2월 29일) 이후 참가신청 시에는 개최 1개월 전(2012년 4월 10일)까지 100% 완납하여야 한다. 기한 내 납부하지 않을 경우 주최자는 참가신청을 해지할 수 있으며, 일부 납부한 참가비는 반환하지 않는다.

【제4조】 전시면적 배정

1. 주최자는 부스임차료 납부 순서에 따라 전시품목, 참가실적(2000~2011), 신청규모 등 합리적 자료를 기준으로 전시자의 부스위치를 배정하고, 전시자는 이에 이의를 제기할 수 없다.
2. 주최자는 전시회 장치기간 이전에 특별한 사정이 있는 경우 전시자가 선택한 전시부스 위치 및 면적을 전시자와 협의 후 변경하여 배정 할 수 있으며 전시자는 불가항력적인 경우를 제외하고는 주최자의 요청에 최대한 협조하여야 한다.
3. 전시자는 주최자의 서면 동의 없이 배정받은 전시 면적의 일부 또는 전부를 타인에게 양도, 전매 또는 상호간에 교환할 수 없다.

【제5조】 전시홀 관리

1. 전시자는 참가신청서에 명시한 전시품을 전시하고 상주요원을 배치하여 자사 부스 관리에 만전을 기하여야 한다.
2. 전시자가 참가신청서에 명시한 전시품과 상이한 물품을 전시하거나 전시회 성격에 부합되지 않는 물품을 전시할 경우 또는 직매행위를 하는 경우 주최자는 즉시 중지, 철거 또는 반출을 명할 수 있다. 이 경우 참가비는 반환되지 아니하며, 전시자는 이에 따른 배상을 청구할 수 없다.
3. 주최자는 필요한 경우 특정인의 전시장 출입을 제한할 수 있다.
4. 전시자는 전시홀의 바닥, 천장, 기둥, 벽면 등에 페인트칠, 접착제 등으로 원상 변경을 할 수 없으며, 전시장의 손상에 대해서는 주최자의 원상복구 요청 등에 따라 적절한 손해 배상을 해야 한다.
5. 주최자는 질서 유지와 안전관리, 사회적 물의를 일으킬 수 있는 행위의 예방 등을 위하여 전시품목, 전시행위 등을 선택적으로 배제 또는 제한 할 수 있다.

【제6조】 전시자의 참가취소 및 위약금

1. 전시자가 계약한 전시면적 전부 또는 일부 사용을 취소할 경우 전시자는 즉시 주최자에게 서면으로 취소사유를 통보하여야 한다.
2. 본조 1항의 취소통보가 2012년 2월 29일까지 접수된 경우에 한해 주최자는 전시자로부터 받은 부스 임차료를 전액 환불한다. 그렇지 아니하고 동 취소통보가 2012년 3월 31일까지 접수된 경우 기 납부한 부스 임차료 중 50%만을 환불하며 동 취소통보가 2012년 3월 31일 이후에 접수된 경우에는 일체 환불하지 아니한다.

2-1 마감기한 이후 부스 임차료를 납부하고 취소 통보할 경우 제6조 2항의 규정에 따른다.

2-2 기술지원 사용료는 취소일자와 상관없이 전액 환불한다.

3. 환불금액에 대해서는 이자를 지급하지 아니하며, 환불하지 않은 참가비는 차기 개최되는 전시회의 참가경비로 일체 이월되지 않는다.
4. 전시자가 참가신청 후 부스 임차료를 2012년 2월 29일까지 완납하지 아니한 경우 주최자는 일방적으로 참가를 취소할 수 있다.
5. 전시자가 부스 임차료를 기한 내에 납부하지 아니하고 취소할 경우 주최자는 전시자에게 위약금을 청구할 수 있다.

5-1 2012년 3월 31일 이후 취소 통보할 경우 부스 임차료의 50%를 위약금으로 납부한다.
5-2 2012년 4월 20일 이후 취소 통보할 경우 부스 임차료의 70%를 위약금으로 납부한다.
6. 모든 위약금은 부가세가 포함되지 않은 금액이며, 세금계산서도 발행하지 않는다.

【제7조】 전시회의 취소 또는 변경

주최자가 전시회 개최를 취소하는 경우 이미 납입된 부스 임차료 전액을 전시자에게 반환한다. 다만, 불가항력 및 기타 주최자의 귀책사유가 아닌 특별한 사정으로 전시회가 취소 또는 개최일이 변경되거나 축소되는 경우에는 이를 반환하지 않는다. 이 경우 전시자는 주최자에게 보상을 청구할 수 없다.

【제8조】 장치 및 전시품 진열

전시자는 지정 기간 내에 배정된 전시 면적 내에 장치를 진행하고, 참가 신청서 상에 명시된 전시품에 대해 반입, 진열을 완료하여야 한다.

【제9조】 전시품 및 장치물 반출

전시자는 지정 기간 내에 모든 전시품 및 장치물을 반출하여야 하며, 반출을 지연할 경우, 주최측이 부담하게 될 제반비용을 즉시 주최자에게 납입하여야 한다.

【제10조】 전시장 경비, 위험부담 및 보험

1. 주최자는 전시자 및 방문객을 위하여 적절한 경비 조치를 취한다.
2. 전시자는 전시기간 및 장치, 철거 기간 중 발생되는 배당 면적내의 장치물 및 전시품에 대한 훼손 및 도난에 대하여 전적인 책임을 진다.
3. 전시자가 고의 또는 과실로 화재, 도난, 파손 기타 사고를 발생하게 하여 주최자 또는 타인에게 손해를 입힌 때에는 전시자가 전적인 배상책임을 지며, 전시품 등에 대한 보험 가입 역시 전시자의 책임으로 한다.

【제11조】 방화규칙

1. 장치물 및 전시장 내의 모든 자재는 소방 법규에 따라 불연처리가 되어야 한다.
2. 주최자는 필요에 따라 전시자에게 화재방지와 관련한 시정을 요구할 수 있다.

【제12조】 보충규정

1. 주최자는 필요한 경우, 참가규정에 명시되지 않은 보충규정을 제정할 수 있다.
2. 보충되는 규정은 참가규정의 일부가 되며, 전시자는 이를 준수하여야 한다.
3. 전시자는 주최자의 참가규정과 킨텍스(KINTEX)의 제규정을 준수하여야 한다.

【제13조】 분쟁해결

본 참가규정의 해석에 관한 주최자와 전시자 간에 발생되는 쌍방의 권리, 의무에 관한 분쟁은 대한상사중재원의 중재 판정에 따르며, 그 판정에 대하여는 법원에 제소할 수 없다.

〈예시 : 2012 서울국제식품산업대전의 영문 참가규정〉

1. TERMS OF REFERENCE

A. In these terms and regulations for participation, the term "exhibitor" shall include all employees, servants and agents of any individual company, partner firms or organization which have applied for space for the purpose of exhibition.

B. The term "exhibition" shall mean SEOUL FOOD 2012.

C. The term "Organizers" shall mean KOTRA [Korea Trade-Investment Promotion Agency].

2. APPLICATION FOR PARTICIPATION

A. All applications for participation shall be registered online at www.seoulfood.or.kr to KOTRA.

B. The contract shall be established when the exhibitor registers online and pays the Organizers participation fee of the space only, walk on stand or premium stand and utility services charges. The Organizers, however, reserve the right to refuse the acceptance of an application in the event sufficient space is not available, even after payment, and payment shall be returned within 30 days of registration.

C. Exhibitors wishing to make alterations to registration forms or utility services should contact the Organizers immediately. Failure to do so will any consequences thereof are the sole responsibility of the exhibitor.

3. ALLOCATION OF EXHIBIT SPACE

A. All final decisions on allocation of booths will be made solely by the Organizers in order of registration, payment, nationality, exhibit, size of the space applied for or in the manner the Organizers deem fit.

B. The Organizers shall reserve the right to change the location and/or the size of the space allocated to the exhibitor at any time prior to the commencement of the set up of the exhibition, should exceptional circumstances demand, and the exhibitor shall have no claim for compensation as a result of the changes.

C. Under no circumstances may the exhibitor resell, transfer rights to, or enter into a mutual agreement to change assigned booth(s) with another party, without the prior approval of the Organizers.

4. USE OF EXHIBIT SPACE

A. Exhibitors are bound to exhibit the pre-registered products and to staff the exhibits with competent personnel during the entire period of the exhibition.

B. All exhibits must follow the application form, and be related to the theme of the exhibition. Direct sales off the stand are strictly prohibited. If the exhibitor violates the above-mentioned rules, the Organizers can stop the exhibitor's activity, remove his/her exhibits or order the dismantling of his/her booth. In this case, the participation fee shall not be refunded and the exhibitor shall hold no claim to compensation.

C. The Organisers reserve the right to refuse admittance to the exhibition to any person.

D. Exhibitors are not allowed to sublet space allotted to them to a third party, either wholly or in part, without the prior written consent of the Organizers.

E. Modifications including decorations such as painting of floors, ceilings and/or pillars will not be permitted, and exhibitors doing so shall be held liable to compensate the Organizers for consequent damages to the exhibition hall.

5. TERMS OF PAYMENT

A. A 50% deposit of the participation fee and/or relevant stand charges must be paid at the time of application by the exhibitor. The balance shall be paid no later than January 31, 2012.

B. The participation fee must be paid by the due date, otherwise the Organizers reserve the right to cancel the contract. In such a case, prior payment of participation fees will not be refunded.

6. CANCELLATION OF EXHIBITION SPACE

In the event of the Organizers agreeing to any request for release from the Contract, the Exhibitor will be liable for all or part of the cost stated in the Contract overleaf on the following scale:

Cancellation 271 days or more before the show 15% of cost

Cancellation between 270 and 181 days before the show 40% of cost

Cancellation between 180 and 121 days before the show 60% of cost

Cancellation between 120 and 61 days before the show 80% of cost

Cancellation 60 days or less before the show

FULL COST

This scale of charges will apply only from the date the Organizers receive written notice by letter or fax. In addition to this scale, the Exhibitor will be liable for any specific cost incurred on his behalf by the Organizers.

These terms cannot be varied under any circumstances.

7. FAILURE TO EXHIBIT

Any organization which, having signed a contract for exhibition space, fails to exhibit whether or not for any reason of the Exhibitor's own choosing and has not been released from the contract by the Organizers shall be liable for the full amount stated in the contract plus any additional costs incurred by the Organizers as a result of such failure to exhibit.

8. CONSTRUCTION AND DECORATION OF STAND AND DISPLAY

All exhibitors must complete construction and/or decoration, and move-in and display of exhibits by the date and time stipulated by the Organizers.

9. MOVEMENT OF EXHIBITS AND STAND FITTINGS

Exhibitors shall remove all exhibits and stand fittings from the exhibition hall within the period stipulated by the Organizers and indemnify the Organizers against any costs incurred by reason of delay or damage to the exhibition hall.

10. EXHIBITOR'S INSURANCE

Exhibitors shall make sure that they are fully covered by insurance including, but not restricted to, all risks on their property, exhibits or articles of any kind, public liability and comprehensive protection against any loss or damage caused by any circumstance whatsoever whether by reason of fire, water, theft, accident or any other cause. The Exhibitor shall insure against, indemnify and hold the Organizers harmless in respect of all costs, claims, demands and expenses to which the Organizers may in any way be subject as a result of any loss or injury arising to any person (including members of the public or the Organizers' staff, agents or contractors) or property howsoever caused as a result of any act or default of the Exhibitor, his servants, agents or contractors or invitees. If the Organizers so demand the Exhibitor shall provide proof to the Organizers that the Exhibitor has adequate insurance cover.

Exhibitors must ensure that their temporary staff and the staff of their servants, agents or contractors are insured against claims for workman's compensation.

The period for which such insurance shall be maintained shall run from the time the Exhibitor or any of his servants, agents or contractors first enters the exhibition grounds, and to continue until he has vacated the exhibition grounds and all his exhibits and property have been removed.

11. FIRE REGULATIONS

A. Materials used in stand and display construction must be properly fire-proofed in accordance with the regulations of Korea.
B. The Organizers have the right, should circumstances necessitate, to make changes in the exhibitor's stand in the interest of fire control.

12. LIMITATION OF LIABILITY

The Organizers, their servants or agents shall not be liable for the safety of the Exhibitors, their servants, agents, contractors or invitees during the exhibition nor for any exhibits, articles or other property of whatever kind brought into the exhibition by the Exhibitors, their servants, agents, contractors or invitees or members of the public.

The Organizers shall not in any event be held responsible for any restrictions or conditions which prevent the construction, erection, completion, alteration or dismantling of stands or the entry, sitting or removal of exhibits, or for the failure of any services or amenities provided by the hall landlords or other third parties.
The Exhibitor agrees to defend and hold harmless the Organizers from all liabilities, claims, or expense for any trade mark, copyright, or patent infringement arising out of the operation or promotion of its exhibit.

13. FORCE MAJEURE

The Organizers shall not be liable to the Exhibitor by reason of any cancellation or part-time opening of the exhibition, either as a whole or in part, for any non-performance of their obligations under this contract or for any amendments or alterations to all or any of the Rules and Regulations of the Exhibition in each case to the extent that such occurrence is due to any circumstances not within their control.

14. SUPPLEMENTARY CLAUSES

A. Whenever necessary, the Organizers shall have the right to issue supplementary regulations, in addition to those in the terms and regulations, for participation in SEOUL FOOD 2011 to ensure smooth management of the exhibition.
B. Any additional written regulation or instructions shall form part of the terms and regulations for participation in SEOUL FOOD 2012 and be binding on all exhibitors.
C. The exhibitor shall also observe stipulated regulations for management of exhibition halls of KINTEX, Korea.

15. ARBITRATION OF DISPUTES

Any dispute, difference, or question which may arise at any time hereafter between the Organizers and the exhibitor related to interpretation of terms and regulations for participation, or rights and liabilities of the parties hereto, shall be settled by arbitration in accordance with the Commercial Arbitration Rules of the Korean Commercial Arbitration Board in Seoul, Korea. Awarding of the above arbitration shall be final and binding upon both parties.

4. 참가업체 및 참관객 모집

가. 참가업체 모집

전시회 개최와 관련 3대 주체는 참가업체, 참관객 그리고 주최자이다. 얼마나 많은 그리고 경쟁력이 있는 참가업체들을 유치하느냐가 전시회 성공의 열쇠이다. 참가업체가 빈약한 전시회에 참관객들이 몰릴 리가 없다. 다시 말해 참가업체 모집은 바로 참관객 유치와 직결된다. 참가업체 유치를 위해서는 해당 전시회가 어떤 성격을 띠고 있는지 그리고 참가할 경우, 어떤 성과가 예상되는지에 대한 확신을 주어야 한다. 이를 위해 참가업체 모집 계획을 면밀히 세우고 홍보에도 주력해야 한다.

(1) 국내

① 전시회 관련 업체 명단 확보

우선, 해당 전시회에 이떤 기업들을 참여시킬 것인지 그 타겟을 정해야 한다. 타겟이 정해졌으면 국내 참가업체의 경우, 최대한 관련 업종에 속해 있는 업체 리스트를 확보하여야 한다. 기존 유사 전시회 참가업체 명단, 관련 조합이나 협회 회원 명부 또는 관련 잡지나 전문지에 광고를 게재했던 업체, 코트라, 중소기업진흥공단, 중소기업중앙회, 대한상의 및 한국무역협회 회원사 명단 입수도 반드시 필요하다. 기존 유사 전시회 참가업체 명단은 해당 전시회 디렉토리나 홈페이지에서 구할 수 있다. 관련 업체 명단이 확보되었으면 이를 D/B화하여 별도 관리한다.

② 홍보물 제작

기획하고 있는 전시회 정보가 일목요연하게 수록되어 있는 브로슈어를 제작한다. 브로슈어에는 전시회 개요 및 신청 관련 정보와 함께 전시회의 성격과 참가 시 예상 성과, 주최 측 지원내용 등이 포함되어야 한다. 아울러 자체 전문가가 없다면 외주를 통해 홈페이지도 개설하여야 한다.

③ 홍보물 발송

참가 대상 업체들에 대해 브로슈어 등 인쇄 홍보물을 배포한다. 그러나 실제 배포를 했다 하더라도 확보된 국내업체 연락처가 바뀌거나 폐업, 전업, 이전한 업체들이 많이 있기 때문에 반송되는 경우가 매우 많다. 통상 발송 후 반송률이 20% 정도만 되어도 그 명단은 양호한 편이라고 평가할 수 있다. 반송된 건에 대해서는 명단에서 삭제하거나 새로운 주소지를 파악하여 업데이팅하여야 한다. 그러나 이러한 반송률을 최소화하기 위해 우편물을 발송하기 전, 번거롭더라도 일일이 전화를 통해 주소지를 확인한 후 발송하는 것이 바람직하다.

우편을 이용해 홍보물을 발송할 때에는 수신란에 단순히 주소와 함께 기업체명만 기재하는 것 보다는 사장, 대표자 또는 간부 직원의 직책과 함께 이름을 기재하여 발송하게 되면 전시회 참가 결정권자에게까지 전달될 가능성이 높아진다. 기업체 이름만 적어 보내면, 불필요한 우편물로 분류되어 폐기되는 경우가 많다. 홍보물 봉투에 일일이 주소, 회사명 및 받는 사람 이름을 직접 기재하거나 레벨을 붙일 경우, 많은 시간과 인력이 투입되고 지저분하기 때문에 어떤 규격의 봉투든 필요한 크기대로 원하는 문구와 그림을 디자인해서 출력할 수 있는 프로그램[3]을 활용하기도 한다.

[레벨을 붙인 봉투와 자동 프로그램으로 출력한 봉투]

최근 이메일을 활용하여 홍보물을 발송하는 경우가 있는데 편리하고 비용도 적게 들지만 대부분 스팸메일로 처리되기 때문에 이를 통한 유치율은 극히 저조한 편이다. 또한 팩스 송부의 경우, 관심이 없는 업체로부터 항의가 들어올 수 있으므로 일단 전화로 관심 유무를 파악한 후, 관심업체에 한해 팩스로 홍보물을 송부하는 것이 바람직하다. 그리고 팩스나 이메일 수신을 거부하는 업체에 대해서는 별도 관리하여 재송부하는 일이 없도록 한다.

3) 대표적인 프로그램으로 EF100-POST가 있다. (관련 홈페이지 ecw100.com)

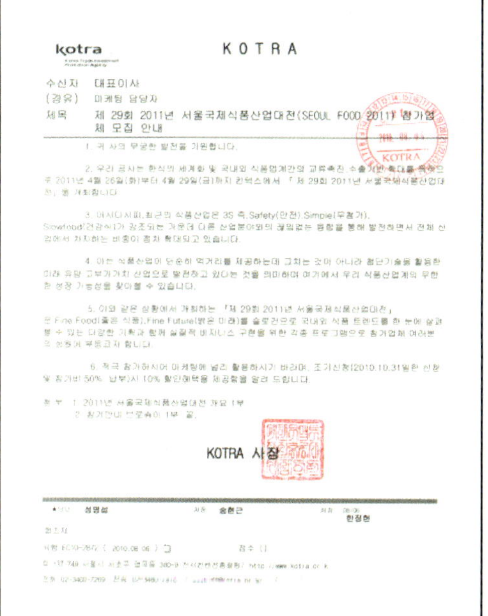

kotra

KOTRA

수신자 대표이사
(경유) 마케팅 담당자
제목 제 29회 2011년 서울국제식품산업대전(SEOUL FOOD 2011) 참가업체 모집 안내

1. 귀 사의 무궁한 발전을 기원합니다.

2. 우리 공사는 한식의 세계화 및 국내외 식품업계간의 교류촉진, 수출기반 확대를 위하여 오는 2011년 4월 26일(화)부터 4월 29일(금)까지 킨텍스에서 「제 29회 2011년 서울국제식품산업대전」을 개최합니다.

3. 아시다시피, 최근의 식품산업은 3S 즉, Safety(안전), Simple(무첨가), Slowfood(건강식)가 강조되는 가운데 다른 산업분야와의 끊임없는 융합을 통해 발전하면서 전체 산업에서 차지하는 비중이 점차 확대되고 있습니다.

4. 이는 식품산업이 단순히 먹거리를 제공하는데 그치는 것이 아니라 첨단기술을 활용한 미래 유망 고부가가치 산업으로 발전하고 있다는 것을 의미하며 여기에서 우리 식품산업계의 무한한 성장 가능성을 찾아볼 수 있습니다.

5. 이와 같은 상황에서 개최하는 「제 29회 2011년 서울국제식품산업대전」은 Fine Food(좋은 식품), Fine Future(밝은 미래)를 슬로건으로 국내외 식품 트렌드를 한 눈에 살펴볼 수 있는 다양한 기획과 함께 실질적 비지니스 구현을 위한 각종 프로그램으로 참가업체 여러분의 성원에 부응코자 합니다.

6. 적극 참가하시어 마케팅에 널리 활용하시기 바라며, 조기신청(2010.10.31일한 신청 및 참가비 50% 납부)시 10% 할인혜택을 제공함을 알려 드립니다.

첨부 1. 2011년 서울국제식품산업대전 개요 1부
2. 참가안내 브로슈어 1부. 끝.

KOTRA 사장

2011 서울국제식품산업대전 개요

1. 사업 개요

□ 명칭 : 2011 서울국제식품산업대전 (SEOUL FOOD 2011)

○ 서울국제식품산업대전 통합명칭 아래 2개 전문전으로 개최
- 식품 분야 : 서울국제식품전(Seoul Food & Hotel)
- 기기/안전/포장 분야 : 서울국제식품기술전(Seoul FoodTech)

□ 개최목적

○ 국내 식품업계의 해외수출지원
- 국내 식품업계의 신기술 및 신제품 개발유도
- 국내 식품산업의 현대화 및 수출기반 강화
○ 국내외 식품업계의 교류촉진 및 협력강화

□ 개최기간 : 2011. 4. 26(화) ~ 29(금)

□ 장소 및 규모 : 킨텍스(1~5홀), 53,541㎡

□ 주최 : KOTRA

※ 공동주최 : 한국식품공업협회, Allworld Exhibitions

□ 사업목표

○ 수출상담/계약액 : 1,500억원/ 500억원
○ 참가규모 : 1,200개사 2,200개 부스
○ 해외바이어 유치 : 3,000명
○ 참관객 유치 : 45,000명(식품업계 종사자 33,000명)

□ 특기사항

○ 글로벌 유통 및 식품업체 해외바이어 100개사 초청 '수출상담회' 개최
○ UFI(국제박람회연맹) 인증 국제전시회
○ 2010년 지식경제부 선정 Global Top 8 전시회
○ 아시아 4대 식품전문전시회

2. 전시회 구성

2011 서울국제식품산업대전 (SEOUL FOOD 2011)					
구분	서울국제식품기술전 (SEOUL FOODTECH)			서울국제식품전 (SEOUL FOOD & HOTEL)	
	기기관 (FOODMAC)	안전관 (FOODSAFETY)	포장관 (FOODPACK)	국내관	국제관
주최	KOTRA			KOTRA 한국식품공업협회	KOTRA Allworld
전시품목	식품가공기기 주방·요식기기 주방가전·용품 제과·제빵기기 식품운송장비 식품관련 IT	식품위생기기 검사·분석기기 식품보존기술 안전매뉴얼	포장기계·부품 포장가공기기 포장용기재료 포장디자인	농수축산물·가공식품, 식품소재 및 첨가물, 제과·제빵, 주류·음료, 커피·차류, 건강기능 및 유기농식품, 전통식품, 프랜차이즈, 케이터링서비스	
위치	Hall 1	Hall 2	Hall 2	Hall 3,4	Hall 5
면적	14,184㎡	3,600㎡	3,600㎡	21,546㎡	10,611㎡

3. 참가안내

□ 참가비(부가세 포함)

부스형태	독립식 부스(전시면적만)	조립식 부스(전시면적+기본장치)
부스임차비	2,200,000원/1부스(9㎡)	2,640,000원/1부스(9㎡)

- 독립식 부스는 4개 부스 이상 신청 가능
- 단, 4개 부스 미만 신청 시 주최자와 사전협의
- 참가비 납부처 : 우리은행 189-05-003690(예금주:대한무역투자진흥공사)

□ 참가비 할인

구분	기준	할인율	할인액(부가세 포함)
조기할인	2010. 10. 31까지 신청 후 부스임차비 50% 납부	10%	220,000원/1부스
규모할인	4~9개 부스/1개사	5%	110,000원/1부스
	10~19개 부스/1개사	10%	220,000원/1부스
	20개 부스 이상/1개사	15%	330,000원/1부스
특별할인	최근 5년('06~'10)	10%	220,000원/1부스
	전년도 참가 후 연속참가시	5%	110,000원/1부스

- 할인적용 : 독립식 부스 임차비 기준, 별도 적용

□ 참가신청 : www.seoulfood.or.kr(홈페이지를 통한 온라인 신청)

□ 마감기한 : 2011년 1월 31일한(단, 면적소진 시 조기마감)

□ 부스배정

○ 전시회별, 품목군별, 부스규모별로 구분 후 입금순으로 임의배정 원칙
○ 4개 부스 이상 신청업체는 희망위치 협의가능

□ 참가문의

○ 문의처 : KOTRA 전시컨벤션총괄팀
- 전화 : 02-3460-7266/7269(식품전), 02-3460-7265/7267(기술전)
- 팩스 : 02-3460-7916/7918 끝.

[서울국제식품산업대전 참가업체 모집을 위한 안내문]

④ 언론을 통한 홍보

비교적 비용이 많이 들지만 기획하고 있는 전시회를 간편하게 불특정다수에게 홍보할 수 있는 방법이다. 신문 광고의 경우, 일반 일간지, 경제지, 무가지, 조합이나 단체에서 발행하는 신문 등 여러 매체가 있는데 참가업체 모집을 위한 신문 광고라면 조합이나 단체에서 발행하는 신문이 가장 효과적이다. 일반 일간지의 경우, 신문에 따라 다소 차이가 나겠지만 광고료가 매우 비싸다. 언론사들이 운영하는 인터넷 신문에 광고를 내는 것도 바람직하다. 인터넷 초기 화면에 위치한 배너 광고가 가장 효과적이나 배너 광고 역시 인터넷 페이지와 위치에 따라 광고료 차이가 크다.

최근에는 라디오 및 텔레비전을 통한 광고도 자주 활용하고 있으나 방송시간이 너무 짧아 많은 정보를 제공하기는 불가능하다. 라디오 광고의 경우 통상 20초 동안 해당 전시회의 개요와 특징을 함축하여 광고문을 작성하여야 하며 시간대가 매우 중요하다. 출·퇴근 시 뉴스 시간 전후가 가장 인기 있는 시간대이다. 특히 텔레비전의 경우, 영상물을 제작하여야 하므로 광고에 들어가는 비용은 라디오에 비해 훨씬 크다. 라디오나 텔레비전을 통한 광고는 투입 예산에 비해 참가업체 모집에는 별 도움이 되지 않는 것이 일반적인 견해이다. 주로 참관객 유치를 위해 활용한다.

⑤ 인터넷을 통한 유치

인터넷이 널리 보급되면서 최근에는 인터넷을 통해 참가업체를 모집하고 신청도 받는다.

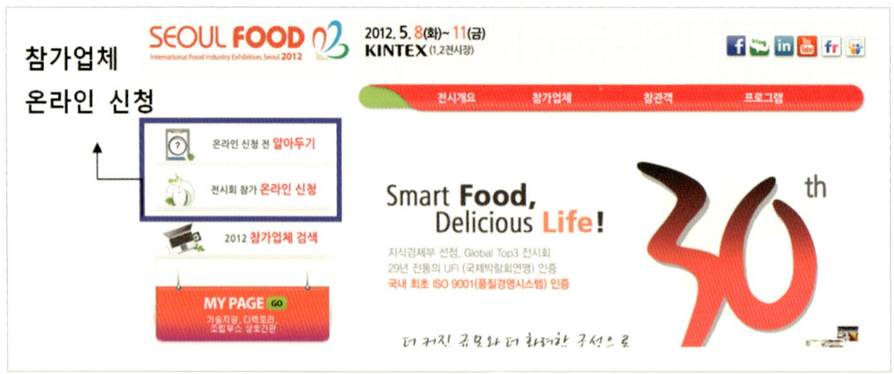

[2012 서울국제식품산업대전 온라인 참가신청]

참가신청 희망 기업들이 손쉽게 온라인으로 신청할 수 있도록 신청 절차를 쉽게 설명한 안내문을 홈페이지에 등재한다.

온라인 신청 전 알아두기

이 페이지를 프린트하기

하나! B2B 전문 전시회

SEOUL FOOD 전시회는 식품산업전문전시회로 지난 29년 동안 상담 위주의 비즈니스 장으로써 그 역할을 수행하고 있고,이를 위해 일반 참관객의 전시회 출입 또한 철저히 분리 운영되고 있습니다. 아울러, 전시회 참가업체 분들께서도 해외 전시 참가하는 마음으로, 전시장 현장에서 전시품 판매 행위는 삼가하여 주시고, 부스 내 방문하는 참관객 응대에 최선의 준비를 다하여 소기의 목적을 달성하시기 바랍니다.

두울! 참가규정 반드시 확인 참가규정 보기

전시회 참가 신청 시 참가규정에 동의하는 부분이 있습니다. 대부분의 참가업체 분들께서 형식적인 동의 후 신청하는 경우가 있는데, 참가규정에는 참가비에 대한 환불, 위약금, 부스배정에 대한 내용이 포함되어 있으니 반드시 확인 후 불이익을 받는 일이 없으시길 바랍니다.

세엣! 전시회 전 · 중 · 후 일정 꼼꼼히 확인 추진일정 보기

SEOUL FOOD는 국내 최대, 아시아 4대 규모의 식품산업전문전시회로 식품관련 타 전시회와는 그 성격을 달리하고 있습니다. 전시회는 정해진 시간 내에 이루어지는 제한적인 성격 상 주최측에서 공지하는 전체 일정을 항시 확인 하시고, 전시회 일정에 따라 모든 프로그램 및 전시품 구성 계획을 세우시기 바랍니다.

네엣! 전시회 및 전시 품목군 정확히 표기 전시회 품목 보기

내년 30주년을 맞이하는 SEOUL FOOD 2012는 킨텍스 제2전시장 확장으로, 다양한 신규 전시회 및 전시품목을 구성하였습니다. 이에 참가업체 분들께서는 바이어 및 참관객들을 위해 정확한 전시 품목군을 신청 시 꼼꼼히 기재하여 주시기 바랍니다.

다섯! 주최측 제공 프로그램 적극 활용하기

전시회 기간 중 참가업체 분들의 보다 다양한 비즈니스 기회를 드리고자 저희 주최측에서는 국내외 바이어 상담회, 상품 디자인 컨설팅, 식품관련 세미나, 홈페이지 및 SNS를 통한 업체 홍보 등 다양한 프로그램을 구성하고 있습니다. 전시장 부스 내 상품 홍보와 더불어, 전시회 전 각종 공지 사항으로 전달되는 프로그램에 적극 참여하여 성공적인 비즈니스가 되길 바랍니다.

여섯! 전시회 기본 추진 일정

저희 SEOUL FOOD는 참가업체분들을 위한 다양한 서비스 제공을 위해, 참가신청에서 각종 서류 등록까지 모두 온라인으로 진행하고 있습니다. 다소 불편하시더라고, 정해진 기한 내에 필수 등록 부분에 대해서는 마무리하여 주시기 바랍니다.

01 참가규정 동의 > 02 전시회 선택 > 03 ID/PW 입력 후 신청 > 04 주최측 인보이스 발송

05 참가비 납입 > 06 Mypage를 통한 각종 서류 등록 > 07 부스 배정 > 08 전시회 오픈

자 모두 확인하셨으면, 전시 참가 온라인 신청

[2012 서울국제식품산업대전 온라인 참가신청 방법 안내]

⑥ 텔레마케팅

참가업체 유치에서 가장 효과가 큰 수단이 텔레마케팅이다. 이를 위해 사전 텔레마케터에 대한 철저한 교육이 필수적이다. 전화를 받은 상대방이 기분 상하지 않게 짧은 시간에 전시회 정보를 제공하고 관심을 갖도록 유도해야 한다. 전화 통화로 모든 정보를 제공할 것이 아니라 간단히 전시회 개요를 소개한 후, 홍보 인쇄물을 별도 우편으로 보내주는 것이 바람직하다.

우편물이 발송될 시간을 감안해서 다시 해당업체를 유선 접촉하여 참가 가능성을 타진한다. 그리고 업체 접촉 결과에 대해서는 업체별로 반드시 기록해두어야 한다. 그 기록에 따라 참가 가능성이 높은 업체는 집중적으로 권유하고 참가 가능성이 어느 정도 있는 업체는 시간 여유를 갖고 관리한다. 도저히 유치가 불가능할 것으로 판단되는 기업은 더 이상 접촉할 필요가 없다.

⑦ 직접 기업방문 유치

기획하고 있는 전시회와 관련된 품목 생산 기업들이 집중되어 있는 공단이나 지역을 주최자가 직접 방문하여 유치하는 방안이다. 물론 사전 약속을 하고 방문하는 것을 잊지 말아야 한다.

⑧ 기타

전시회 주최자는 참가업체 신청 현황을 매일 상황판을 만들어 목표 대비 진도율을 체크해 나간다. 조기 참가를 유도하기 위해 할인제도를 도입하고 부스 배정 시 우대하는 등 특혜를 주는 것도 바람직하다. 특히, 전시회 참가업체들은 부스 배정에 매우 민감하므로 인터넷을 통해 전시장 도면을 제공하여 조기 신청업체가 직접 자기 부스 위치를 선정할 수 있도록 하는 방안도 있다.

참가신청이 저조하다고 해서 전시회에 임박하여 참가비를 일정 기준 없이 할인해준다던가 기획하고 있는 전시회와 관련 없는 품목을 출품하려는 업체를 참가시킨다면 결국 그 전시회의 품격을 떨어뜨리고 다음번 개최 시 참가업체 모집에 큰 어려움을 야기하게 되므로 주의해야 한다.

(2) 해외

해외 참가업체 모집은 국내 업체 모집에 비해 훨씬 어렵고 또 충분한 시간적 여유를 두고 실행해야 한다. 또한 기획하고 있는 전시회가 충분한 인지도를 얻기 전까지 해외 참가업체 유치를 위해 전시회 기간 중 일정 부분 체재비를 지원해주는 방안도 생각해 볼 수 있다.

① 에이전트 활용

전문적으로 외국 참가업체의 전시회 유치를 대행해 주는 신뢰할 만한 실력 있는 에이전트를 활용한다. 통상 참가업체 유치 유무 또는 유치 업체 수에 관계없이 고정비용을 지불하고 실제 유치한 업체 수에 따라 참가비의 일정 비율을 에이전트에게 지불한다. 에이전트 발굴을 위해 코트라 해외시장조사대행제도를 활용할 수도 있다.

② 기존 유명 해외전시회에 홍보 부스 설치

기존 유명 해외전시회에 홍보 부스를 설치하여 그 전시회 참가업체나 참관객을 대상으로 유치 홍보 활동을 전개 한다. 이 경우, 직접 참가비를 부담하여 홍보 부스를 운영할 수도 있고 해당 해외전시회 주최자와 상호 홍보 부스를 무료 교환할 수도 있다.

③ 해외 유명 전문지 광고 실시

기획하고 있는 전시회 품목과 관련된 해외 유명 전문지 (잡지)에 개최 광고를 게재하는 방법이다. 코트라 해외무역관을 통해 적합 전문지와 광고요율 등 정보를 얻을 수 있다.

④ 코트라 활용

코트라와 업무협약을 통해 해외업체 유치를 의뢰할 수 있는데 이 경우, 실제 유치 시 해당 코트라 무역관에 대해 일정 비용을 지불한다. 그러나 그 비용은 해외 에이전트의 경우에 비해 훨씬 저렴하다.

⑤ 국내 또는 인근국 유사 전시회 참가업체 명단 확보

우리나라에서 개최되는 유사 전시회뿐 아니라 중국, 홍콩, 대만, 일본 등 우리나라 인근 국가에서 개최되는 유사 전시회 참가업체 명단을 확보하여 이들을 대상으로 유치 활동을 직접 전개한다.

⑥ 해외기업의 국내 에이전트, 지사 등을 통해 참가 권유

해외기업의 국내 에이전트나 지사를 접촉하여 유치 활동을 한다. 가장 적은 비용으로 유치할 수 있는 효율적인 방법이다.

(3) 참가업체 인센티브

참가업체의 조기신청과 재 참가, 그리고 대규모 참가를 유도하기 위해 다양한 할인제를 적용하는 것이 바람직하다. 할인제는 회원 우대 할인, 조기할인, 규모할인 및 특별할인이 있다.

- 회원사에게는 일정 할인 인센티브를 제공하는 경우가 많다.
- 조기 참가업체들에게는 신청 일정에 따라 차별적으로 할인율을 적용한다. (예: 1차 마감 → 10% 할인, 2차 마감 → 5% 할인, 3차 마감 → 정상 참가비) 이외 조기 참가업체들에게는

동일 품목군내에서 부스 배정 우선권을 부여하기도 한다.

- 또 다른 인센티브는 규모에 따른 차등 할인율 적용이다. (예 : 6 부스 이상 신청업체 → 10% 할인, 10 부스 이상 신청업체 → 15% 할인)
- 재참가업체에게도 할인율을 적용한다. 이 경우 일정 회수 이상 참가한 업체들에게는 일률적으로 일정 비율을 할인해 주는 방법 (예: 3회 이상 참가업체 → 10% 할인)과 재참가 회수에 따라 차등 할인율을 적용하는 방법이 있다. (예: 3-4회 참가업체 → 5% 할인, 5회 이상 참가업체 → 10% 할인)

일정 회수 이상 재참가업체 명단은 해당 전시회 홈페이지에 등재해둔다.

<2012 서울국제식품산업대전 참가비 특전 (2012.5.8-11)>

- 정상가

독립부스 (2,200,000원/부스 → VAT 포함)
조립부스 (2,640,000원/부스 → VAT 포함)

조기할인	규모할인			특별할인 (특별할인은 중복 불가)	
2011.10.31한 신청 및 참가비 50% 납부시 할인 가능	4-9부스	10-19부스	20부스 이상	2011년도 이어 연속참가	최근 5년간 3회이상 참가 (2007-2011)
10% (220,000원/부스)	5% (110,000원/부스)	10% (220,000원/부스)	15% (330,000원/부스)	5% (110,000원/부스)	10% (220,000원/부스)

* 할인은 각각 (조기/규모/특전) 적용되며, 독립/조립 부스에 관계없이 독립부스 기준으로 할인율이 적용

이 경우 조기 참가업체, 재참가업체 및 대규모 참가업체들을 위한 할인율을 중복 적용할 것인지 한가지만 적용할 것인지는 주최자가 결정한다. 이외 참가업체 인지도에 따라 참가비 할인을 해줄 수 있으며 협회, 단체, 지자체, 학교 참가를 유도하기 위해 특별 할인제나 무상 부스 제공도 검토할 수 있다. 특히 외국기업의 참가를 유도하기 위해 일정 규모 이상의 국가관으로 참가 시 추가 무료 부스를 제공하기도 하고 일정 기간 호텔 숙박과 교통편의 (셔틀버스)를 제공하기도 한다.

나. 참관객 모집

(1) 국내외 모집 방안

얼마나 많은 그리고 구매력이 있는 참관객들을 유치하느냐는 참가업체 모집과 함께 전시회의 성패를 가르는 중요한 요인이다. 참관객 모집 계획을 세우기 전에 기획하고 있는 전시회가 비즈니스맨들을 위한 전문전시회인지 일반인들에게 홍보를 위한 전시회인지를 정해야 한다. 순수 비즈니스맨들만을 위한 전문전시회라면 굳이 일반인들이 참관하도록 애쓸 필요가 없다. 이 경우, 전문전시회 참가업체들은 일반인 – 특히 어린이, 학생이나 가정주부 – 의 참관을 꺼리는 경우도 있다. 일반인들의 혼란스런 참관으로 상담 분위기를 해칠 수도 있기 때문이다. 그러나 비즈니스와 함께 일반인들에게 자사 홍보를 목적으로 참가하는 전시회라면 가능한 한 많은 일반인들을 유치하도록 노력해야 한다. 경우에 따라서는 비즈니스맨만 입장을 허용하는 시간과 일반인들의 입장을 허용하는 시간으로 구분해서 운영할 수도 있다.

① 소합, 단체 회원시에게 홍보물 발송

전시회 관련 조합이나 협회 등 단체 회원사에게 초청장을 발송하여 모집할 수 있는데 초청장을 휴대한 입장객에게 무료 또는 입장료를 할인 해주면 더 큰 효과가 있다. 또한 대학교의 전시품 관련 전공학생들을 대상으로 참관 유치를 원한다면 해당 학과가 설치되어 있는 대학교에 협조 공문과 함께 홍보물을 배포한다.

② 신문이나 방송을 통한 홍보

일간지, 경제지, 무가지 또는 관련 조합이나 협회 등에서 발행하는 간행물에 광고를 게재하거나 라디오, TV 등을 통해 홍보하는 방법이다. 최근에는 지하철 및 열차 내에서 방송하는 프로그램을 통해 홍보하기도 한다.

③ 육교 간판 광고

유동 인구가 많은 지역에 설치되어 있는 육교 간판 광고도 많이 이용할 수 있는 방법인데 원하는 지역의 육교를 확보하기 위해 관할 구청에 신속히 신청하여 허가를 받아야 한다. 간판 광고 제작과 함께 이를 대행해주는 대행사를 이용하면 된다.

④ 전광판 광고

이 역시 유동 인구가 밀집하는 지역의 건물 옥상에 설치되어 있는 대형 전광판을 이용한 홍보 방안이다. 홍보를 위한 영상물 제작을 외주업체에 의뢰하되 화면 내 동영상이 너무 빠르게 진행되면 혼란스러워 홍보 효과가 떨어질 수도 있다는 점에 유의해야 한다.

⑤ 인터넷 홈페이지를 이용한 홍보

해당 전시회 홈페이지에 사전 참관 신청을 할 수 있는 프로그램을 마련하여 인터넷을 통한 사전 신청 시 입장료 무료 또는 할인 혜택을 주는 방법이다.

⑥ 지하철, 버스, 극장을 이용한 홍보

지하철이나 버스 등 대중교통을 활용한 홍보 방안으로 차량 내부에 전시회 참관 관련 광고 포스터를 게재하는 방법이다. 특히 일반인을 대상으로 하는 전시회라면 대중들이 많이 모이는 극장 영상 광고를 활용할 수도 있다.

⑦ 해외 바이어 홍보

해외 참가업체 유치 시와 마찬가지로 코트라에 참관 바이어 유치를 의뢰하거나 해외전문지 광고 게재, 유사 해외전시회 홍보관 운영, 해외업체의 국내 에이전트나 지사를 접촉하여 바이어를 유치한다. 코트라에 바이어 유치를 의뢰할 경우에는 참관 바이어에 대해 등급별로 항공임, 숙박비 등을 차등 지원하는 것이 바이어 유치에 많은 도움이 된다. 이와 함께 코트라가 국내기업들을 모집하여 단체로 참가하는 유사 해외전시회의 코트라 홍보관에 홍보물 비치를 의뢰할 수도 있다.

⑧ 호텔을 이용한 홍보

해외 바이어들이 많이 투숙하는 호텔에 홍보물을 비치하는 방안인데 경우에 따라 홍보물 비치를 허락하지 않거나 허락하더라도 호텔 측에서 비치료를 요구할 수도 있다.

(2) 참관객 인센티브

보다 많은 참관객 유도를 위해 인터넷을 통한 사전 등록자에 대한 입장료 할인 및 무료 입장 기회 부여, 단체 참관객을 위한 입장료 할인제 또는 일반인들을 대상으로 개최되는 전시회라면 청소년 및 연로자 할인제 등을 적용할 수 있다. 또한 많은 참관객 유도를 위해 입장객들을 대상으로 행운권 추첨도 생각해 볼 수 있다. 아울러 시내 주요 지점 (또는 전시장 인근 지하철역)과 전시장까지 셔틀버스를 운영하여 참관객들이 편리하게 전시장을 찾을 수 있도록 교통편의를 제공한다. 보다 많은 외국인 참관객 유치를 위해 코트라, 해외에이전트가 유치한 바이어들에게는 통상 2박 또는 3박 정도의 숙박비를 제공하고 동시에 유력바이어들에게는 국내교통 (국내선 항공 포함) 또는 해외 항공임까지 일부 또는 전액 지원하며 바이어들을 위해 환영리셉션을 개최하기도 한다.

<국내전시회의 해외참가업체 및 참관바이어에 대한 인센티브 사례>

• 참가업체

- 조기신청 할인 : '00년 00월 00일 신청업체에 한해 부스비 10% 할인
- 전년도 참가업체 : 5% 할인
- 규모에 따른 차등 할인 : 6부스 이상 10%, 10부스 이상 15%
  * 상기사항 중복 적용 가능, 단 최대 30%까지 할인 적용 원칙
- 무료 추가부스 제공 : 국가관 (3개사 이상) 참가 시 업체당 1부스 추가제공
- 호텔 숙박 : 최대 3박 지원 (1개사당 1 Room 기준)
- 교통편의 : 투숙호텔 ↔ 전시장 셔틀 버스 운행
- 기타 할인 및 무상 제공
  • 참가업체 인지도, 참가규모 등에 따라 필요시 추가 부스비 할인 및 무상 부스 제공 가능 [무료 조립부스 제공 시 부스 장치비(약 20만원/부스)는 참가사 부담]
  • 단, 주최자와 협의가 필요하므로 사전 통보 요망

• 참관바이어

- 호텔 숙박 : 최대 2박 지원 (1개사 당 1 Room 기준)
- 교통편의 : 투숙호텔 ↔ 전시장 셔틀 버스 운행
- 기타 : 전시장내 통역 지원

(3) 참관 안내

참관객이 전시회를 참관하는 방법에는 통상 세 가지 방법이 있다. 첫째, 온라인 사전등록이다. 현장에서 별도의 등록절차가 없어 혼잡을 피할 수 있으므로 가급적 온라인 사전등록을 권유한다. 이를 위해 사전등록 참관객에게는 무료 입장의 혜택을 부여한다. 참관객은 전시장 방문 전, 온라인 사전등록을 마치고 전시장 입구의 「출입증 발급대」를 방문하여 본인 확인을 거쳐 출입증을 수령한 후, 전시장에 무료 입장한다. 둘째, 초청장을 소지한 방문객은 현장 등록대에서 등록 카드를 작성한 후, 「출입증 발급대」에서 출입증을 발급받아 전시회를 참관한다. 셋째, 초청장을 미소지한 일반 관람객은 전시장 로비 매표소에서 먼저 입장권을 구입한 후, 등록대에서 등록카드를 작성하고 「출입증 발급대」에서 출입증을 받아 전시장에 입장한다.

(4) 비즈니스데이 (Business Day), 비즈니스아워 (Business Hour) 운영

일부 전시회 특히 전문전시회의 경우, 참가업체나 바이어들이 수출입 상담, 정보 교환 시 실질적인 비즈니스 성과를 올릴 수 있도록 전시회 기간 중 특정일 또는 하루 중 특정시간 동안에는

바이어 및 관련 업체 종사자만 전시장을 참관할 수 있도록 하고 일반인의 참관을 금하는 Business Day 또는 Business Hour 제도를 운영하기도 한다. 이와 같이 바이어나 업계 종사자만 입장이 허용되는 기간 및 시간대를 다음 전시회에서도 계속 적용할 것인가는 전시회 종료 후 참가기업들의 의견을 수렴하여 정하는 것이 좋다. 반면 일반인들의 입장이 허용되는 기간을 Public Day (Hour)라고 한다.

5. 부스 배정

참가업체들은 부스 위치에 매우 민감하다. 참가업체들은 참관객들이 많이 지나다니는 주 통로에 위치하는 코너 부스를 가장 선호한다. 부당하게 원하지 않는 위치로 부스를 배정 받았다며 불만을 제기하는 경우도 많다. 따라서 사전에 확실히 부스 배정 원칙을 고지하여야 한다. 통상 부스 배정 시 우선 순위로 전시관별, 국가별, 품목군별, 참가규모별 그리고 마지막으로 참가신청 순으로 우선 순위를 둔다.

[2012년 서울식품산업대전 부스 배정 원칙]

또는 이와 같은 원칙 하에서 3개 이하 부스 참가업체에 대해서는 주최자가 임의 배정하고 4개 이상 부스는 참가업체와 협의를 통해 배정하기도 한다. 아울러 여러 번 참가한 업체에 대해서는 1부스로 참가하더라도 코너 부스 제공 등 배려를 해주기도 한다. 전시장 분위기를 업그레이드 시키기 위해 대규모 독립식 부스는 보통 전시장 주 통로 주위에 집중 배정한다. 또한 바이어들과 일반 참관객들을 위해 전시장 곳곳에 바이어라운지, 비즈니스센터 및 휴게실 등을 배치한다.

[2012 서울국제식품산업대전 부스 배치도]

6. 전시장 조성

가. 전시장

실제 전시회에 참가하는 업체들이 부스를 설치하여 상품을 전시하고 상담을 하는 공간이다. 기존 실내 전시장을 활용할 수도 있고 필요에 따라 옥외에 임시전시장을 추가 설치하여 운영할 수도 있다.

[참가기업들이 가장 선호하는 중앙 통로에는 가장 큰 규모로 참가하는 기업에게 배정 한다]

전시장내 부스는 독립부스 (Space Only)와 조립부스 (Walk on Stand)로 구분된다. 독립부스란 주최자가 부스 단위로 전시용 면적만을 제공하며 참가업체가 할당된 전시면적에 자체적으로 전시구조물을 시공, 전시하는 부스를 의미한다. 통상 독립부스의 경우, 기본 전시면적은 가로 3m × 세로 3m (9㎡, 조립 1부스 기준)로 최소 2 부스 이상 신청토록 한다. 독립부스 신청업체는 전시에 필요한 모든 부대시설 (전기, 압축공기, 급배수, 가스, 인터넷, 전화)를 업체 스스로 준비하여야 하며 주최자가 전시 면적 외 별도로 제공하는 품목은 없다. 또한 독립부스의 전시구조물 시공이나 부대시설은 해당 전시장에 등록된 지정용역업체를 이용해야 하며 만일 등록업체가 아닌 참가업체가 직접 자체 시공할 시에는 자체시공사유서, 전시부스 설치(변경) 신청서, 작업신고서, 평면도 및 입면도 각 1부를 주최자에게 미리 제출해야 한다. 전시주최자 입장에서 독립부스는 조립부스에 비해 참가비가 저렴하여 수입 면에서 불리할 수 있으나 전시회의 격을 높이기 위해서는 독립부스로 참가하는 업체가 많아야 한다.

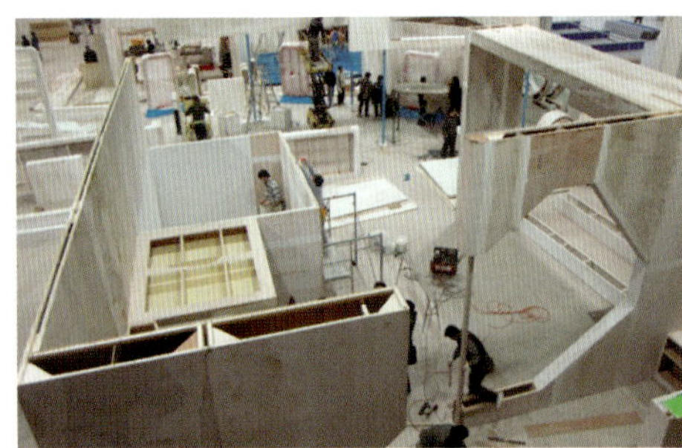

[독립식 부스는 전시참가업체가 면적만 임차하고 부스 디자인과 설치는 직접 책임진다]

[다양한 형태의 세련된 독립식 부스 (서울국제식품산업대전)]

반면, 조립부스는 주최자가 전시장 면적 및 기본 장치를 제공하는 부스를 말하며, 참가업체는 별도의 시공 없이 전시회에 참가할 수 있다. 조립부스는 최소 1개 부스 이상이며 규모에 제한을 두지 않는다. 조립 부스에서 주최자가 제공하는 기본 장치는 통상 조명 (부스당 형광등 1개, 스포트라이트 4개), 바닥 (파이텍스로 시공 → 부스 바닥 색상과 전시장 통로 바닥 색상은 서로 상이), 안내데스크 (업체당 의자 1개 포함 1조), 상담테이블 및 의자 등이며 기본적인 콘센트 및 전기도 제공한다. 종전 조립부스는 가격이 싼 자재를 사용하고 일률적인 단순 폐쇄 형태로 부스를 설치하였으나 최근에는 조립부스라 하더라도 개방형으로 세련되고 고급스런 자재를 사용하여 전시장 분위기를 업그레이드 시키는 사례도 많다.

〈주최자 제공 기본 장치 내역 (예)〉

• 조명	부스당 형광등 1개, 스포트라이트 4개 설치
• 바닥	파이텍스로 시공 (부스 바닥색상 : 회색, 전시장 통로 바닥색상 : 붉은색)
• 안내데스크	업체당 1조 (의자 1개 포함)
• 상담 테이블/의자	부스 규모별 차등
• 전기	부스당 1KW 세공

〈주최자 제공 규모별 차등 비품 내역 (예)〉

신청부스	1부스	2부스	3부스	4부스	5부스 이상
• 상담테이블	1	1	2	2	3
• 안내데스크	1	1	1	1	1
• 의자	3	5	7	9	10
• 전기 (KW)	1	2	3	4	5
• 콘센트	1	1	1	1	1

[가장 단순한 조립식 부스 예]

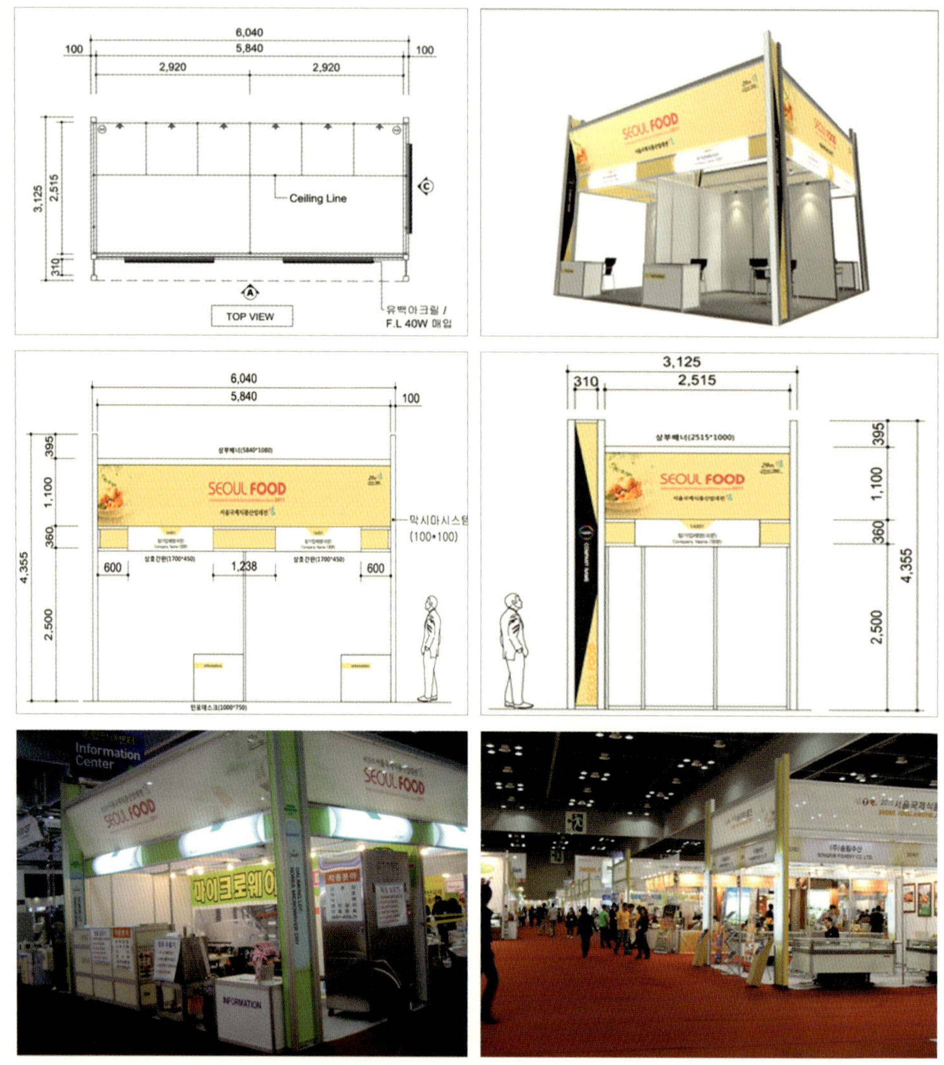

[서울국제식품산업대전 조립식 부스]

전시품에 따라 부스의 고급화와 화려함이 특별히 요구되기도 한다. 시계, 보석, 의류 및 섬유, 주방용품, 욕실용품, 조명기기, 가구류 등 주로 생활용품은 고급 조명과 함께 진열대 및 진열장도 화려해야 상품이 돋보인다. 특히, 시계와 보석전시회에는 가장 많은 부스 설치비를 투입한다. 그러나 기계류, 자동차 부품과 같은 하드웨어 전시품은 보통 생활용품에 비해 부스 설치에 많은 비용을 투입하지 않는다.

[바젤시계박람회와 한국국제건설기계전 부스]

실내전시장의 경우, 국내관과 국제관으로 구분하고 국내관은 다시 전시품을 대분류하여 전시품별로 섹터를 정해 부스를 설치한다. 같은 섹터에서는 조기 참가 신청한 업체들에게 부스 배정권을 부여하는 것이 바람직하다. 또한 관람객들의 편의를 위해 자신들이 찾는 전시품과 전시업체를 쉽게 찾아 볼 수 있도록 부스를 배치하여야 한다. 가능한 한 전시장 주 통로 주위에 독립식 부스를 집중 배치하고 조립식 부스는 주 통로 좌우로 설치하는 것이 좋다. 전시장 면적이 충분하다면 조립식 부스 경우, 코너 있는 부스 – 즉 두면 이상이 틔여있는 부스 – 를 최대한 많이 설치하는 것이 좋다. 거의 대부분 참가업체들은 코너 부스를 선호하기 때문이다. 조립식 부스의 크기는 1개 부스당 통상 3m × 3m로 배정하나 최근에는 3m × 4m로 배정하는 경우도 많다. 부스 통로는 많은 관람객들이 모여든다는 점을 감안하여 충분히 넓게 잡아야 한다.

<부스 유형>

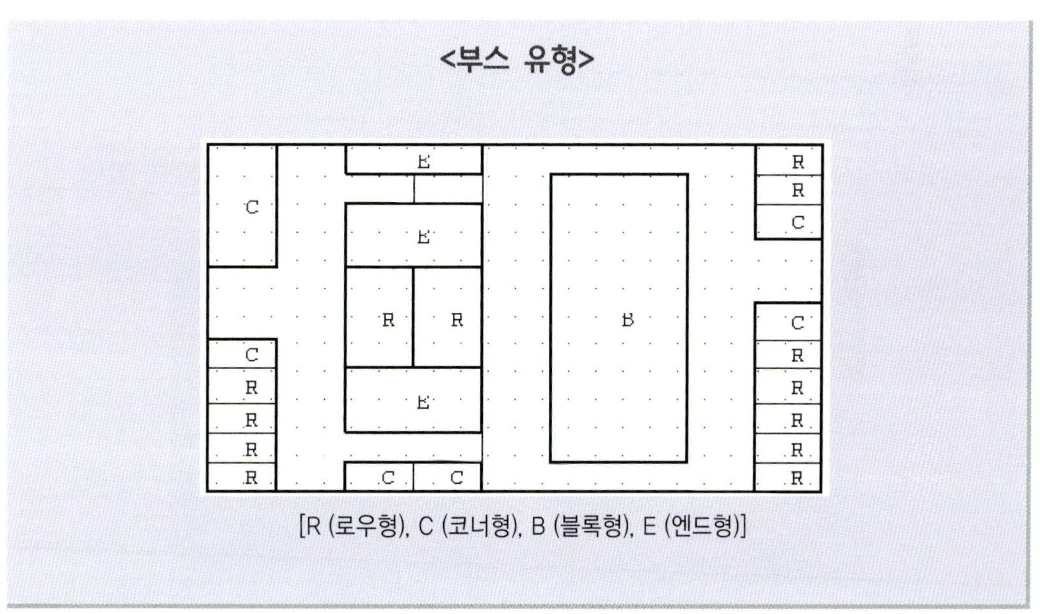

[R (로우형), C (코너형), B (블록형), E (엔드형)]

- 로우형 부스(Row Booth) = 복도 쪽을 향해 일렬로 향해 있으며 복도 쪽으로 오직 1면만이 접해있는 전시부스를 가리킨다.
- 코너형 부스(Corner Booth) = 코너에 위치한 부스로서 로우형 부스와는 달리 복도 쪽에 두면이 접해 있어 로우형보다 보다 많은 수의 내방객들을 접촉할 수 있다는 장점이 있다.
- 엔드형 부스(Peninsula Booth) = 3면이 복도에 접하는 데 로우형, 코너형 보다 훨씬 많은 수의 내방객들을 접촉할 수 있는 장점이 있다. 효과적으로 활용한다면 상당한 효과가 있다.
- 블록형 부스(Island Booth) = 불록형 부스는 주위 4면이 모두 복도와 접해있는데다 타업체의 어떤 전시부스와도 떨어져 있는 관계로 내방객들의 주의를 가장 끌기 쉽다. 블록형 부스는 홍보에 가장 효과적이다. 그러나 블록형 부스는 디자인과 장식에 상당한 주의를 기울여야 하며 전시부스임차 및 부스조립에 많은 비용이 든다는 단점이 있다.
- 실외형 부스 = 부피가 대단히 크거나 건설장비 등과 같이 실제 작업현장과 유사한 환경 하에서 실제 작동되는 모습을 보여줄 필요가 있을 때 옥외를 전시장소로 택하는 경우가 있다. 일단 옥외를 전시장소로 택했다면 상담이 이루어지는 장소에 대해서는 태양광선과 비를 피할 수 있도록 별도의 시설을 설치해야 한다.

조립식 부스는 안내데스크 1개, 상담 테이블 1개, 의자 4개, 전시대 1-2개와 조명을 기본으로 제공하고 추가 비품이나 조명, 인터넷, 전화선 등은 별도 비용을 부과하여 제공 또는 설치해 준다. 최근에는 조립식 부스라 하더라도 종전과 같은 밀폐형 보다는 개방형 부스를 설치하는 것이 세계적인 추세이다. 비용이 더 들겠지만 전시 부스 바닥을 통로 보다 높게 설치하면 부스 외관이 더 고급스러워 보일 수 있다.

참관객들이 쉽게 전시장 구분을 알아볼 수 있도록 실내전시장 천장에는 다수의 배너를 설치하는 것이 좋으며 조명, 실내 공기, 실내 온도 등도 신경 써서 쾌적한 전시장 분위기를 조성해야 한다. 아울러 전시장 곳곳에 안내 데스크를 설치하여 참관객들의 안내를 도와야 한다.

[전시장내 천정 배너]

실내전시장에는 관람객들이 휴식을 취할 수 있도록 충분한 휴식 공간과 별도의 비즈니스 센터를 설치해야 한다. 관람객 휴식 공간에는 테이블과 의자 그리고 휴지통과 생수를 비치하고 비즈니스 센터 역시, 충분한 상담 테이블과 의자 그리고 인터넷이 연결된 PC, 복사기, 팩스기를 비치하며 통역 및 안내원을 상주시키는 것이 좋다. 아울러 전시장 곳곳에 Help Desk를 설치하여 참가업체들이 도움을 요청할 때 즉각 지원해줄 수 있도록 해야 한다.

[전시장내 비즈니스센터와 라운지]

실내전시장은 밀폐된 공간에 수많은 사람들이 몰려드는 곳이므로 전시회 기간 중 쓰레기가 쌓이지 않도록 곳곳에 대형 휴지통을 설치하고 자주 청소를 해야 한다. 전시장 바닥은 통상 카펫(파이텍스)을 까는데 한번도 사용되지 않은 카펫을 깔 수도 있지만 지저분한 자국이 없다면 재생 카펫을 사용해도 무관하다. 그러나 최근에는 환경 보호와 전시회 주최자들의 경비 절감을 위해 별도의 카펫을 깔지 않고도 전시 부스 설치가 가능토록 한 전시장도 있다.

[카펫 (파이텍스)로 시공된 전시장과 파이텍스 없이 전시회 개최가 가능한 전시장]

신설 전시회에 대한 프로모션을 위해 참가 신청을 하지 않은 기업들의 카타로그나 홍보물을 비치해두는 단체 홍보관이나 전시품 관련 각종 인쇄물 (신문, 잡지, 책자 및 인쇄 홍보물) 비치대를 설치하여 참관객들이 자유롭게 열람하고 갖고 갈수 있도록 운영하는 것도 바람직하다. 이때 단체 홍보관이나 비치대을 관리해주는 안내원을 배치하여 주변이 어지럽혀지지 않도록 정리를 한다. 전시장 운영자가 허용한다면 전시장 내부에 카페테리아를 설치하여 참관객들이 이용할 수 있도록 한다.

[전시회 관련 각종 인쇄물 비치대]

[전시장내 카페테리아]

옥외전시장은 실내전시장에 비해 덜 답답하고 통풍도 잘되지만 우천 시를 대비하여야 하고 너무 춥거나 더우면 관람객들이 잘 오지 않는 경우도 있다. 에어돔과 같은 임시 전시장은 화재에 유의하여야 하고 특히, 여름에는 무척 덥기 때문에 에어컨 시설을 설치해야 하나 가능한 여름철에는 에어돔 사용을 피하는 것이 좋다.

[야외전시장 및 에어돔 전시장]

나. 전시장 로비

전시장 로비에는 전시회 기본 정보를 소개하는 안내판과 부스 배치도를 설치한다. 부스 배치도는 품목별, 참가업체명별로 구분하여 설치함으로써 참관객들이 쉽게 찾아갈 수 있도록 한다. 해외 참관객들을 위해 영문 안내판과 배치도도 필요하다. 참가업체명별 한글 배치도나 영문 배치도는 알파벳 순으로 제작한다. 특히, 부대행사가 있는 경우, 행사명과 장소를 안내하는 입간판을 주요 지점에 설치해둔다.

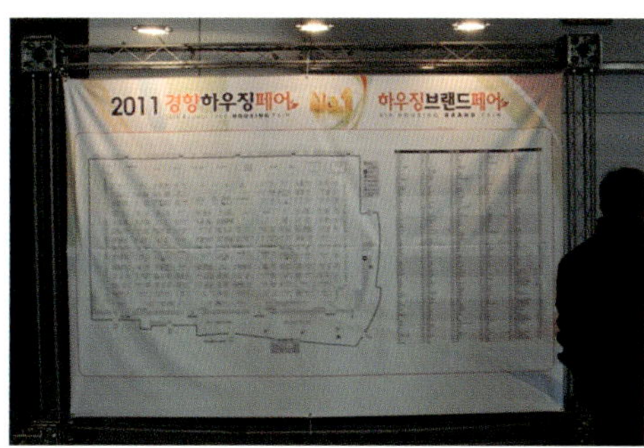

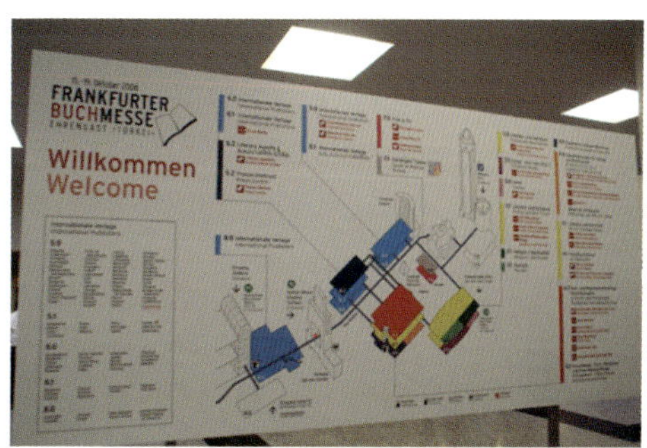

[참가업체 명단 및 부스 배치도]

참관객 접수대는 내국인과 외국인으로 구분하여 운영하되 인터넷을 통해 사전 예약을 한 참관객들은 별도 접수대를 이용하도록 한다. 접수대에는 충분한 안내원과 접수 인력을 배치하고 특히, 한꺼번에 많은 참관객들이 몰려들 것을 예상하여 줄을 설 수 있도록 임시 가드를 설치한다. 간혹 전시회에서 등록데스크 스탭들의 미숙으로 인해 등록에 많은 시간이 걸려 참관객들의 불평을 사는 경우가 있다. 또한 참관객들의 등록 편의를 위해 등록대와 필기도구를 준비한다.

[전시장 등록데스크에서는 신속하고 질서 있는 등록서비스가 이루어져야 한다]

[등록신청서 작성 데스크에는 등록신청서와 필기구를 비치한다]

참가업체 디렉토리는 참관객들에게 무료로 배포할 수도 있고 유료 판매할 수도 있다. 유료 전시회라면 입장권 발매대도 설치한다.

[종합안내센터 및 디렉토리 판매처]

전시장 입구에는 등록을 기다리는 참관객들이 신속하게 등록 할 수 있도록 인원을 배치하고 방문자수를 카운트 할 수 있도록 한다. 전시장 로비에는 안내 데스크를 설치하여 참관객들의 질의에 답변하고 안내한다. 또한 신종 플루 등 전염병이 유행하는 시기에는 전시장 입구에 손 소독 장비를 설치해 둔다.

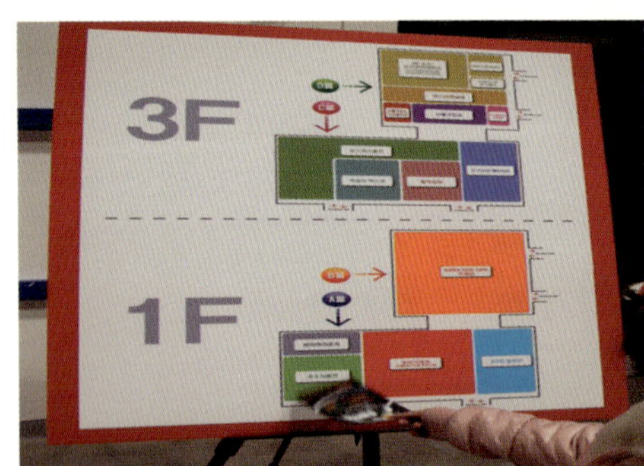

[신종플루 감염 예방을 위해 전시장내 설치된 손 소독기와 안내판]

[전시장내 안내 배너]

다. 전시장 외벽 및 외부

전시장 외벽에는 대형 배너를 설치하고 전시장 외부에는 홍보탑을 세운다. 전시장 부근 길가에는 전시회를 홍보하는 깃발이나 배너를 설치한다. 특히, 전시장 부근 육교에는 전시회 홍보 간판을 설치하는 것이 바람직하다.

[서울국제식품산업대전 전시장 외벽 배너]

라. 부대행사장

주로 세미나 등 부대행사가 있는 경우, 행사를 알리는 홍보 입간판을 충분히 세우고 부대행사장 밖에는 접수대를 설치하며 여기서 자료를 배포한다. 부대행사장에는 충분한 의자와 책상, 필기도구, 생수 등을 준비하고 연사가 요구하는 경우에는 인터넷, 컴퓨터, 프로젝트 및 스크린, 연설대, 마이크 등을 설치한다.

마. 기타

겨울철에는 참관객들이 두터운 외투를 맡길 수 있도록 cloak room을 설치한다. 또한 참가업체들이 쉽게 찾아갈 수 있도록 전시장내에 별도의 주최자 사무실을 운영한다. 주최자 사무실에는 충분한 인원을 배치하여 참가업체의 요청사항을 즉시 해결할 수 있도록 한다.

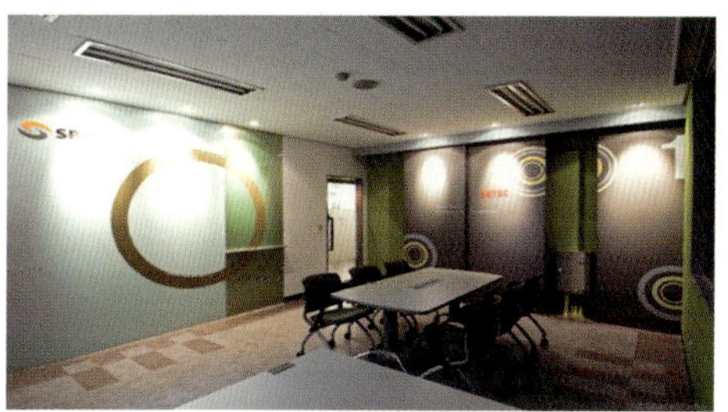

[전시장내 주최자 사무실]

바. 시설물 및 배너 제작

전시회 개최를 위한 장치장식물로는 기본부스, 휴게 공간, 비즈니스센터, 로비안내데스크, 디렉토리판매처, 등록카드작성대, 전자명함등록부스, 브리핑 현황판, 부스배치도, 임시주차장 싸인, 출입구 현판 등을 준비한다. 전시회에서는 다수의 배너가 준비되어야 하는데 도로 가로등 배너, 주차장 가로등 배너, 캐노피 배너, 전시장 외벽 배너, 로비 천정 및 기둥 배너, 실내 천정 초대형 배너, 알파벳 배너, See you nest year 출구 배너를 제작한다.

〈2011 서울국제식품산업대전 장치 구조물 리스트〉

품명	규격(m)	단위	수량	비품
국내관 기본부스	3x3x4(H)	Booth	800	매쉬배너, 라이팅박스, 상호간판, 조명(형광등 1, 스폿라이트4), 콘세트1, 부스안내대1, 의자3, 휴지통1
국제관 기본부스	3x3x2.5(H)	Booth	170	상호간판, 조명(스포트라이트2), 콘센트1, 선반2, 안내탁자1, 상담탁자1, 의자3, 휴지통1
국제관 프리미엄형 부스	6x3x2.5(H)	Booth	10	상호간판, 조명(스포트라이트5), 콘센트2, 로고부착구조물, 선반3, 상담탁자1, 의자3, 휴지통1, 고정식 안내탁자1, 전시대2, Lockable Cupboard2
해외 바이어 상담회 상담부스		Booth	100	배너 및 국기, 상담용 사각탁자1, 의자4, 휴지통1
해외 바이어 상담회 안내부스	3x3x3.5(H)	조	1	
휴게 공간	6x12	조	3	
종합 안내 센터	12x16	조	2	
바이어 라운지	9x16	조	1	
로비 종합 안내데스크	6x3x3.5(H)	조	3	
등록카드 작성대	4.65x1.1x2.5(H)	조	4	
브리핑용 현황판	5x1x2.5(H)	조	1	
부스배치 안내판	3x1x2.5(H)	조	5	
전자명함등록부스	9x2x2.5(H)	조	4	
디렉토리 판매처	3x3x3.5(H)	조	2	
셔틀버스 안내 데스크	3x3x3.5(H)	조	1	
고객 지원 센터	6x3x4.5(H)	조	2	
한식투어프로그램 안내 데스크	3x3x3.5(H)	조	1	
전시장 내 위치안내 구조물	2x2x6(H)	조	6	
통로바닥 부스번호 표기 시트	1x1	개	50	
출입구 유도 폼보드 안내 싸인	1.8x0.5(H)	개	30	
전시장 서문입구 현판	30x1.5(H)	개	1	
전시장 남문입구 현판	40x1.5(H)	개	1	
임시주차장 안내 사인 (4각)	1x2.5(H)	조	6	
홀 표기 안내 사인 (4각)	1x2.5(H)	조	6	
손소독기 협찬사 안내판		조	5	

〈2011 서울국제식품산업대전 배너 리스트〉

<table>
<tr><th colspan="2">품명</th><th>규격</th><th>단위</th><th>수량</th></tr>
<tr><td colspan="2">도로 가로등 배너</td><td>0.7x2.1</td><td>개</td><td>590</td></tr>
<tr><td colspan="2">주차장 가로등 배너</td><td>0.6x2</td><td>개</td><td>72</td></tr>
<tr><td colspan="2">캐노피 배너</td><td>0.5x2.3</td><td>개</td><td>24</td></tr>
<tr><td colspan="2">전시장 외벽 배너</td><td>10x12(2개)/10x10(2개)/12x16(2개)</td><td>개</td><td>6</td></tr>
<tr><td colspan="2">행사안내 X-배너</td><td>0.6x1.8(H)</td><td>개</td><td>20</td></tr>
<tr><td colspan="2">옥내외 유도 안내사인 및 포스터</td><td>A1 규격</td><td>장</td><td>30</td></tr>
<tr><td rowspan="3">로비 홀 배너</td><td>천정배너</td><td>0.8x2.2</td><td>개</td><td>17</td></tr>
<tr><td>기둥배너</td><td>0.6x2</td><td>개</td><td>14</td></tr>
<tr><td>5층 로비 천정 배너</td><td>9x7</td><td>개</td><td>2</td></tr>
<tr><td rowspan="5">실내천정배너</td><td>전시명 표기 천정V배너</td><td>7x8</td><td>조(ea)</td><td>10(20)</td></tr>
<tr><td>소형배너</td><td>2.5x6</td><td>개</td><td>50</td></tr>
<tr><td>대형배너</td><td>40x10</td><td>개</td><td>3</td></tr>
<tr><td>출구배너
(See You Next Year)</td><td>5.5x10.5</td><td>개</td><td>3</td></tr>
<tr><td>알파벳 소형배너</td><td>2.5x6</td><td>개</td><td>30</td></tr>
</table>

[2011 서울국제식품산업대전 내·외부 배너]

[기본부스 (국내관)]

휴게공간

[기본부스 (국제관)]

비즈니스 센터

바이어 라운지

고객지원센터 (국내관)

고객지원센터 (국제관)

로비종합 안내데스크

등록카드 작성대

전자명함등록부스

디렉토리 판매부스

셔틀버스 안내데스크

브리핑용 현황판

전시장 서문입구 현판

전시장 남문입구 현판

임시주차장 및 홀표기 사인

주차장 가로등 배너 / 캐노피 배너 / 전시장 외벽 배너 1 / 전시장 외벽 배너 2

[서울국제식품산업대전 각종 시설물]

[서울국제식품산업대전 각종 배너]

7. 부대행사

최근 전시회는 단순히 상품이나 서비스에 대한 전시뿐 아니라 개막식 (리셉션 포함), 구매상담회, 특별전시회, 이벤트, 기획행사, 학술행사 및 세미나 등 다양한 부대행사도 같이 개최하고 있다. 이중 가장 흔한 부대행사가 학술행사와 세미나이다.

가. 개막식

별도의 개막식을 개최하는 전시회도 있고 개막식이 없는 전시회도 있다. 개막식은 통상 주최자 인사, 초청인사 축사에 이어 전시회 개요 설명, 테이프 커팅과 전시장 시찰로 이어진다. 경우에 따라 개막식 참석인사 및 주요 바이어들을 위해 리셉션 (오/만찬)을 갖기도 한다.

(1) 개막식 행사 참석 인사 초청

개막식 참석 인사를 선정하여 최소 2주전까지 정중하게 작성된 초청장을 발송한 후, 참석 여부를 확인한다. 이와 함께 개막식에서 축사를 해줄 참석인사를 선정하여 축사를 의뢰한다. 개막식 초청 인사는 테이프 커팅 라인을 감안하여 15명을 넘기지 않는 것이 좋다. 현장에 도착한 초청 인사 안내를 위해 행사장에 타고 올 차량번호, 차종 (색상 포함)과 운전기사의 휴대폰 번호를 알아둔다. 개막식 초청 인사의 참석 여부를 개막식 전날 최종 확인하는 것도 잊지 말아야 한다.

(2) 영접

전시장 진입로에 스탭을 배치하여 VIP 차량 도착 여부를 전시장 입구에서 대기하고 있는 스탭에게 무선전화기로 미리 알려준다. VIP 응접 전시장 입구에 도우미를 배치하고 참석 인사가 도착하면 전시장내 VIP룸으로 안내한다. 안내를 마친 도우미는 다시 전시장 입구로 돌아와 다음 도착 참석 인사 안내를 위해 대기한다. VIP룸에도 별도 도우미를 배치하여 참석 인사들이 담소를 나누는 동안 간단한 다과를 제공하도록 하고 개막식 참석 인사들에게 코사지[4]를 상의 왼쪽 상단 포켓에 꽂아준다.

[VIP 도착 전, 입구에 안내 도우미를 배치하여 대기실까지 안내한다]

(3) 개막식 행사장 안내

참관객들의 시선을 끌기 위해 개막식 식전 행사로 가수 공연을 갖기도 한다. 개막 예정시간 5분 전에 개막식 인사들을 행사장으로 안내한다. 행사장에는 참석 인사들이 앉을 좌석을 준비하며 좌석에는 참석 인사 이름을 표시해 둔다. 행사장에 대기하고 있는 도우미들은 참석 인사들의

4) 귀빈 앞가슴에 다는 꽃

좌석을 확인 한 후 제자리에 착석할 수 있도록 도와준다. 개막 행사가 길지 않으면 좌석을 별도 설치하지 않아도 된다. 행사장 주변에는 인파들로 혼잡하지 않도록 경계선을 미리 설치해 둔다.

[개막식 행사장 주변에 경계선을 설치한다]

[도우미가 행사장으로 귀빈을 안내한다]

[식전 행사]

(4) 주최자 인사 및 참석인사 축사

사회자는 개막식 진행순서를 안내하고 주최자 인사 및 참석인사 축사로 이어진다. 축사 발표 시간은 5분 이내로 한다. 또한 주최자 인사 및 참석인사 축사는 4건을 넘기지 않도록 한다. 너무 많은 인사가 축사를 하는 것은 개막식을 지루하게 만들 수도 있다. 취재진으로 인한 혼잡을 피하기 위해 개막식 행사장 주변에 포토 라인을 설치하기도 한다.

[개막 인사 및 취재진]

(5) 전시회 개요 설명

전시회 주최 측에서 실무 책임자가 참석인사들을 대상으로 전시장 입구에 설치되어 있는 브리핑 현황판을 이용하여 전시회 개요를 설명한다. 이때 참석 인사들은 브리핑 현황판 주위에 서서 설명을 들을 수도 있고 의자에 앉은 채로 행사장 좌우에 설치된 대형 프로젝션을 보면서 설명을 들을 수도 있다.

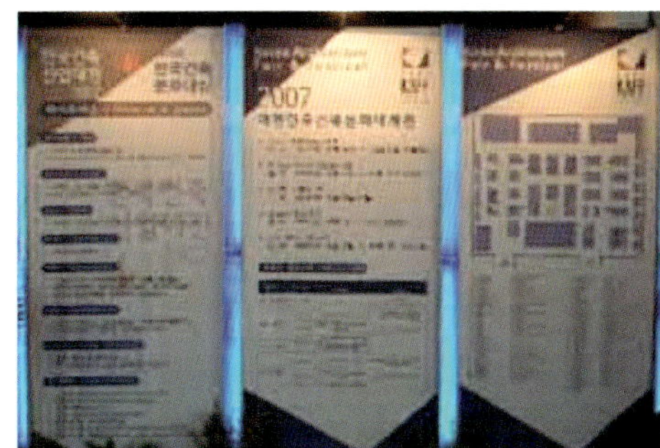

[진시회 현황판 및 브리핑]

(6) 테이프 커팅

테이프 커팅은 참석자의 지위에 따라 가장 고위급 인사가 정 중앙에 위치하고 좌우로 번갈아가며 위치를 정한다. 테이프나 바닥에 참석자 이름표를 부착하여 각자 자신의 위치에 가서 설 수 있도록 한다. 현장에서 혼란을 방지하기 위해 개막식 전, 참석인사들에게 미리 테이프 커팅 위치를 알려주어도 좋다. 도우미들은 백색장갑과 가위를 준비한다. 사회자의 구령에 따라 테이프 커팅을 완료하면 도우미들은 백색장갑, 가위, 절단된 테이프 등을 회수한다.

[한국기계산업대전 개막행사]

(7) 전시장 시찰

전시회 주최 측 실무책임자가 개막식 참석인사들을 전시장으로 안내한다. 사전에 전시장의 핵심되는 부스 위주로 참석인사 안내 동선을 확정한 후, 시나리오에 따라 예행 연습을 충분히 한다. 동선은 너무 길거나 짧아서도 안 되며 전시장 시찰에 소요되는 시간은 15-20분 정도가 가장 적당하다. 부스 방문 시 참가업체와 대화를 유도하는 것도 바람직하다. 안내를 맡은 실무책임자는 무선마이크를 사용한다.

[국제의료기기병원설비전과 한국기계전 참석인사 전시장 시찰]

부스명	전시품목
한식재단	우리요리 및 문화 체험관(25부스)
한국전통음식연구소	전국 8도 명주(12부스)
지역특구상품 명품관	지역별 특산물(23부스)
칠레관	계육 및 와인 등(10부스)
멕시코관	육류 및 주류 등(18부스)
호주관	육류 및 주류 등(23부스)
프랑스관	농산식품 및 주류 등(20부스)
인도네시아관	건과 및 향신료 등(6부스)
스페인관	올리브 오일, 육류 등(20부스)
미국관	감자, 가금류, 유제품 등(60부스)
아그로수퍼관	육류(10부스)

[2011 서울국제식품산업대전 VIP 전시장 동선]

(8) 리셉션

전시장 안내가 종료되면 도우미가 참석 귀빈들을 리셉션장으로 안내한다. 리셉션장에는 대형 전시회 배너를 설치하며 포디움과 마이크 준비, 테이블 세팅 등이 되어 있어야 한다. 리셉션 때도 주최 측에서 간단한 환영사를 한 후, 건배 제의와 함께 본격적인 식사를 시작한다. 개막 리셉션과는 별도로 해외바이어들을 위해 전시회 개막일에 별도 환영 만찬 행사를 갖기도 한다. 통상 오픈 뷔페로 대접하며 식전 또는 식후 민속 또는 문화 공연을 갖기도 한다. 해외 바이어나 참가업체 환영 오·만찬 시에는 종교와 국가에 따라 먹지 않거나 마시지 않는 음식이 있음을 감안하여 준비한다. 특히, 이슬람권에서 온 바이어들은 일체의 알코올이 들어있는 주류는 물론이고 돼지고기도 먹지 않으며 이슬람 율법에 따라 도축되지 않은 소고기도 먹지 않는다. 그러나 생선 및 채소는 특별히 문제가 되지 않는다.

[바이어 및 VIP 환영 리셉션 및 만찬]

리셉션 종료 후에는 참석인사들에게 간단한 기념품을 증정하는 것이 좋으며 주최 측은 이들 인사들이 행사장을 완전히 떠날 때까지 안내한다.

[개막행사 참석 VIP를 위해 주최자가 마련한 기념품 예]

나. 구매상담회

전시회 참가업체 규모가 작은 경우, 참관바이어들이 전시회 참가업체 이외 다른 국내기업들과 상담을 할 수 있도록 전시장 일부에 별도 공간을 마련하여 구매상담회를 병행 개최하기도 한다. 이를 위해 참관바이어들이 구매를 원하는 상품 중 전시회에 참가하지 않은 공급업체들과의 상담을 주선해준다. 이 경우 가장 중요한 것은 바이어들이 찾는 품목과 국내 공급업체의 품목이 일치해야 한다는 점이다. 일부 전시회에서는 홈페이지를 통해 사전 상담신청을 받기도 한다.

바이어와 국내 공급업체는 상담신청 시스템 메뉴얼에 따라 각자의 프로필을 작성하고 홈페이지를 통해 이를 직접 조회한 후, 상담신청을 한다. 관리자는 바이어와 국내업체간의 상담 신청 내역을 인터넷을 통해 조회하고 1:1 주선과 상담 시간을 배정하게 된다. 따라서 주최자는 해외바이어들과 국내 공급업체들을 위해 홈페이지에 쉽게 이해할 수 있는 상담신청 시스템 메뉴얼을 등재하여야 한다. 또한 주최자는 상담장 내 각 바이어별 상담데스크와 통역원을 준비한다. 아울러 상담장 입구에는 행사 참가 국내업체명과 바이어 및 시간대별 상담 일정을 알 수 있도록 상황판을 비치한다. 또한 참가업체와 바이어를 위해 음료대를 설치하며 충분한 안내원을 배치하여 사전 정해진 시간표대로 상담이 이루어질 수 있도록 유도한다. 이런 행사는 지자체에서 주최하거나 후원하는 전시회에서 지자체 관내 전시회 비참가업체들을 위해 실시하는 경우가 많다.

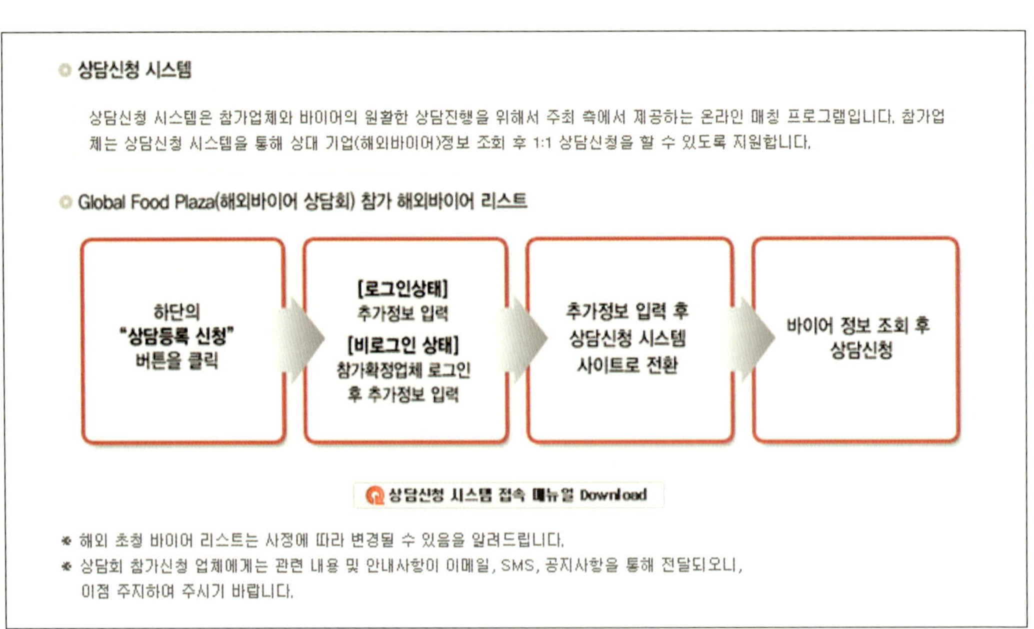

[서울국제식품산업대전 홈페이지를 통한 상담신청 안내]

[전시회와 별도로 구매상담회를 개최하기도 한다]

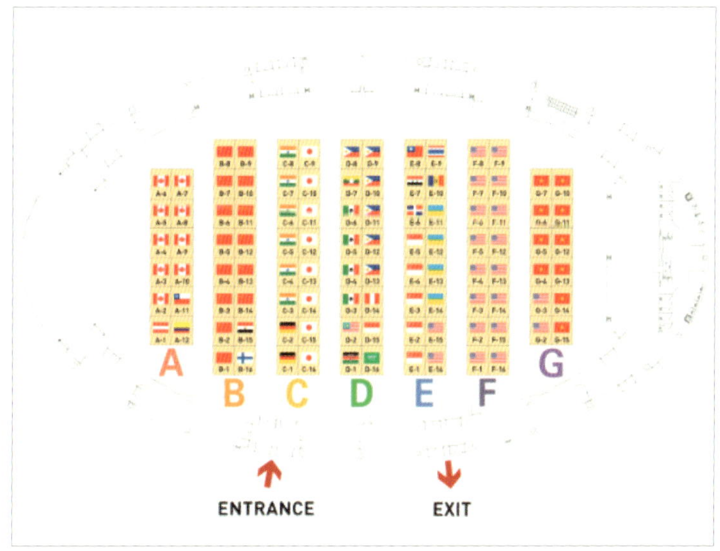

[GLOBAL FOOD PLAZA 2011 상담회장 배치도 (KINTEX 그랜드볼룸 3층)]

일차 상담을 마친 후, 다음 상담 시작까지 충분한 시간 여유가 있는 구매상담회 참가바이어들에게는 전시장을 돌아보거나 이미 상담을 완료한 국내기업의 사무실, 공장을 방문하여 추가 상담을 하고 다음 상담 시간 이전에 상담회장으로 돌아올 수 있도록 안내해준다.

다. 특별전시회 (테마관)

전시장내 별도의 테마관을 설치하여 참관객들에게 볼거리를 제공하고 전시회의 특성을 부각시킨다. 이와 같은 테마관은 통상 홍보관이나 지역특구 명품관으로 운영되는 경우가 많다.

[이러닝국제박람회장내의 교육과학기술부와 지식경제부 테마관]

[서울국제식품산업대전의 한식홍보관]

[지역홍보관]

라. 이벤트

전시회 참관객을 위해 각종 공연, 패션쇼, 현장 체험, 컨설팅, 티칭 (교습), 전문가 상담, 행운권 추첨, 경연대회, 유명 인사 사인회 등 다양한 볼거리와 행사를 제공한다.

[서울국제식품산업대전 바리스타클래식과 한국골프종합전 골프 레슨]

[서울국제식품산업대전의 유과 만들기 체험와 대구 패션페어 패션쇼]

〈2010, 2011 서울국제식품산업대전 부대행사〉

2010년	2011년
• 특별전시	• 특별전시
① 한식홍보관 - 한과 아트, 한식 세계화 관련 홍보물, 한과 만들기 체험 등  	① 한식 세계화 홍보관 - 국내외 유명 쉐프들이 참여하는 한식 푸드쇼, 한식의 우수성 홍보 
② 친환경전기주방협의회 특별관 - 친환경주방기기 전시를 주제로 한 특별전시  	② Global Style Hansik! (전국 8도 명주 홍보관) - 전통주 우수성을 알리는 프로그램 

2010년

③ 아시아무역진흥포럼(ATPF)특별관
- 아시아 역내 무역활성화를 위한 국별 무역진흥 기관 협의체 특별관

④ Global Style Hansik!
- 해외 현지화되어 개발된 음식 약 120종 전시 및 시식 코너 운영

⑤ 「착한도시락」 by Save the Children Korea
- 국내 빈곤아동 급식비 또는 급식비 보조 영양제 지원 캠페인 및 이벤트

2011년

③ 세계 식품 동향 홍보관
- 전 세계 식품 동향 전달 각종 홍보물 전시

④ 지역특구상품 명품관
- 전국지역특구 중 명품 식품 소개

• 이벤트

① 비밥 코리아 퍼포먼스
- 비빔밥을 소재로 한 창착 퍼포먼스

2010년	2011년

2010년

• 특별행사

① 비밥 코리아 공연
- 비빔밥 소재로 한 창작 퍼포먼스

② 제3회 바리스타 클래식
- 한국 바리스타 참피온 최종결승전

③ 바이어 상담회
- 사전 및 현장상담 신청 상담회

2011년

② 제 4회 바리스타 클래식
- 한국 바리스타 챔피언 최종 결승전

• 기획행사

① 한식투어프로그램

② 사회공헌 프로그램
- 사회공헌 프로그램 홍보 및 체험 행사

③ 상품 디자인 컨설팅
- 참가업체 및 참관객 대상 식품 상품 디자인 무료 컨설팅 서비스를 위해 현업 디자이너 초청

마. 학술행사 및 세미나

(1) 주제 선정

전시회와 연관된 흥미 있는 주제를 선정하되 참석 대상자들을 누구로 할 것인지도 염두에 두어야 한다. 일반 대중을 대상으로 하는 세미나라면 어렵지 않고 상식적인 주제를 선정하는 것이 좋고 비즈니스맨을 대상으로 하는 세미나라면 산업동향, 디자인 및 패션 동향과 전망, 유통구조, 해외시장동향, 정부지원정책 등을 주제로 선정한다. 연구원, 교수 및 학생 등 학구적인 분야에 종사하는 직업군을 대상으로 한다면 최근 기술, 연구동향, 연구실적 등을 주제로 선정한다. 또한 세미나 개최를 유료로 할지 무료로 할지도 정한다.

(2) 연사 선정

주제가 선정되었으면 선정된 주제에 대해 많은 지식과 경험을 갖고 있는 연사를 선정해야 한다. 대학교수, 연구원, 기업체 임직원, 해외 시장 개척 경험이 많은 코트라 임직원, 단체/협회 인사, 공무원 등도 훌륭한 연사가 될 수 있다. 더 나가 해외 전문가를 초빙할 수도 있다. 주제 및 연사 선정은 최소한 전시회 개최 2달 전에는 확정한 후, 설명회 자료도 미리 입수한다. 초빙 시 강연료에 대해서도 사전 설명을 한다. 무료 강연 시에는 연사를 위해 간단한 선물을 준비하는 것이 바람직하다. 외국인 전문가를 초청할 경우에는 이보다 훨씬 더 많은 시간 여유를 갖고 추진하여야 하며 통상 항공임 (지명도가 높은 연사는 비즈니스석 이상으로 초청), 체재비 및 연사료를 초청자 측에서 부담한다.

(3) 행사 확정

연사와 주제가 선정되었으면 부대행사 일정과 장소를 확정한다. 세미나는 동시다발로 개최할 수도 있고 시간당 1개 세미나씩 개최할 수도 있으나 1개 세미나당 2시간을 넘기지 않는 것이 좋다. 전시회가 개최되는 전시장내 회의실을 확보한다. 동시에 개최되는 세미나라면 여러 개의 회의실을 임차하여야 한다. 회의실 면적은 예상 참석인원수를 감안하여 결정한다.

〈2010년 서울국제식품산업대전 세미나 일정〉

일정	행사명	시간 / 장소	주최/후원
5.12 (수)	제2회 HACCP 기술세미나	13:00-17:00 205	한국보건산업진흥원
	아그로수퍼 미디어 인터뷰	10:00-12:00 206-A	아그로수퍼
	베트남 농산물 산업현황 및 한국과의 비즈니스 활성화 방안	16:00-20:30 212/3	베트남 농림부
5.13 (목)	국가식품클러스터 추진지원단 투자설명회	11:00-13:00 204	한국식품공업협회
	뉴질랜드 대사관 리셉션	17:15-19:15 204	AllWorld Exhibition
	터키 올리브오일 세미나 및 테이스팅	10:30-12:30 205-4	AllWorld Exhibition
	2010 서울국제식품산업대전 참가업체 지원기관 실무자 간담회	11:00-13:00 206-B	코트라 전시컨벤션총괄팀
	한국 전통식품의 선진화 및 세계화 방안	14:00-17:30 207	중앙대산학협력단/ 한국경제신문
	한식 세계화 심포지엄 - 한식 세계화 및 산업화 전략	13:00-16:50 208	한국식품영양과학회
	커피 국제 심포지엄 - 커피의 건강 가능성	12:30-17:20 209	한국산업식품공학회 /(주)동서식품
	녹색성장 세미나 - 저탄소 녹색성장을 위한 식품산업의 대응방안	08:30-13:30 210	한국산업식품공학회
	Sodium Reduction에 대한 Global Solution 소개 미국 유명 Flavor House 수석연구팀장 초빙 발표	14:00-16:00 211-A	CJ 제일제당
	Probiotics의 새로운 선택 기준과 면역 개선을 비롯한 임상결과	14:00-15:00 211-B	(주)네오크레마
	한국 커피산업의 어제와 오늘 그리고 내일	13:00-17:00 305	(주)서울꼬뮨 (월간커피앤티)
5.14 (금)	터키 올리브오일 세미나 및 테이스팅	11:00-13:30 205-A	AllWorld Exhibition
	와인 세미나	14:00-16:00 206-A	KEM/한국와인협회
	진보하는 일본의 곤약가공기술과 시장현황	14:00-15:00 206-B	바이오델타코리아
	녹색식품표시제의 발전방안	12:30-17:40 208	한국식품위생안정성 학회
	기후변화에 따른 식품안전 방안	13:00-17:00 209	한국식품관련학회연합/ 식약청
	카페인이 인체에 미치는 영향과 효능 국내 커피산업 활성화와 대중화 전략	13:00-17:00 211	(주)서울꼬뮨 (월간커피앤티)
	식품안전의 날 기념식 행사 및 세미나	13:00-18:00 212/3 10:30-11:30 그랜드볼룸 A	식품의약품안전청
5.15 (토)	공정무역 유기농 커피가 가지는 의미에 따른 시장성 및 그 미래에 대한 강의	10:30-12:00 207	공정무역 아름다운커피

〈2011년 서울국제식품산업대전 세미나 일정〉

일정	시간	장소	주최/주관	주제
4.26 (화)	13:30-17:30	210	주최 : 한국식품공업협회 주관 : 한국식량안보연구재단	식품산업과 식량안보
	15:00-16:00	206-A	해나생활건강(주)	제품소개 및 대리점 개설 조건
4.27 (수)	13:00-17:00	305	주최 : 한국식품공업협회	식품기업과 유통업체간의 동반 성장 전략 방안
	13:00-17:40	306	주관 : 에코시안	식품업종의 기후변화 대응전략
	13:30-17:00	307	주최 : 한국식품공업협회 주관 : 한국영양학회	식품산업발전을 위한 영양 전략
	11:00-13:00	212	(주)동은소재	서호주 루핀 - 떠오르는 슈퍼푸드
	13:30-15:00	210-A	에어프로덕츠	에어프로덕트 Freshline(R) 질소 급속 냉동 장비 및 기술
	13:30-14:30	208	(주)비케이바이오	전통발효 미생물의 생리활성 소재 탐색연구
	15:00-16:00	208	(주)비케이바이오	씨트러스 폴리페놀의 지방분해 효과
	14:30-16:30	205-B	주최 : 중화인민공화국농업부 농업무역추진센터 강소성농업위원회 강소성연운강시농업위원회	제13회 중국 강소성 농업 국제 박람회 및 강소성 연운강시 수출 농산품 설명회
	09:00-17:00	209-A	한국커피연합회	바리스타가 추천하는 홈메이드 커피 10선
	14:00-16:00	206	한국와인협회	와인세미나 및 테이스팅
4.28 (목)	13:00-17:00	208	주최 : 한국식품공업협회 주관 : 한국식품영양과학회	전통식품의 고부가가치화 발전 전략
	13:00-16:30	211	주최 : 한국식품공업협회 주관 : 한국식품저장유통학회	친환경 유기농산물의 생산, 유통 및 가공산업화 방안
4.29 (금)	09:00-17:00	그랜드볼룸A	한식재단	비밥코리아 퍼포먼스
	09:00-12:00	208-A	ITW PP&F Korea	Lubrication for Food and Clean Industry

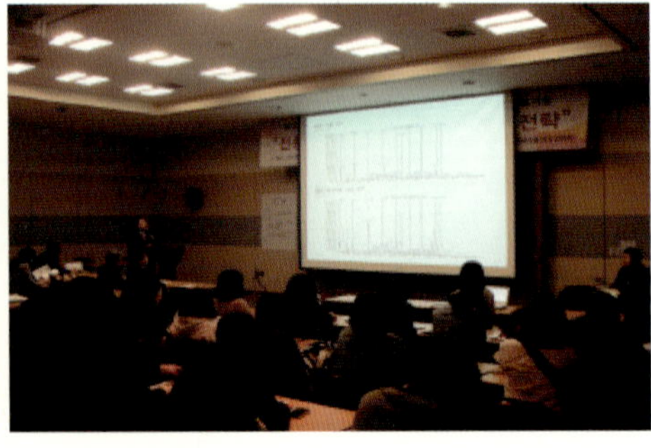

[2011 서울국제식품산업대전 세미나]

(4) 발표자료 제작

전시회 공식 홈페이지 및 디렉토리에 부대행사 일정, 연사 및 발표 주제에 관한 사항을 수록하고 개최 2주일 전까지 연사들로부터 발표 자료를 ppt 형식으로 받아 참석자들에게 배포할 자료를 제작한다. 아울러 세미나 참석자들을 대상으로 세미나 종료 후, 설문 조사[5]를 수거하는 것이 다음번 행사 준비를 위해 바람직하다.

(5) 회의실 조성

가능하면 전시회 부대행사로 개최되는 세미나는 전시장내 별도 회의실에서 개최하는 것이 바람직하나 참석 인원이 많지 않고 예산 절감을 위해 전시장내 여유 공간에서 개최하는 경우도 있다. 그러나 이 경우라 하더라도 소음이 많은 곳을 피하고 가능한 간이 칸막이를 하는 것이 좋다. 그렇지 않으면 전시장내 소음으로 혼란스러워 행사 진행에 지장을 줄 수 있다.

[별도 회의실을 이용한 세미나장과 전시장 내 설치된 임시 세미나장]

세미나가 개최되기 전날, 중앙 상단에 세미나 주제, 일자, 장소를 표시한 배너를 설치하고 연사용 포듐, 마이크, 노트북, 스크린을 준비한다. 이밖에 예상 참석자의 수에 맞추어 테이블, 의자, 음료수, 간단한 필기도구도 준비한다. 회의실 입구에는 등록대를 설치하고 명함 수집함, 방문자 기록장부, 배포할 세미나 자료도 미리 갖다 놓는다. 커피 브레이크가 있는 경우 복도에 간단한 다과를 준비한다. 또한 세미나 개최 전, 참석자들을 위해 전시장내 주요 지점에 안내 입간판 설치하는 것도 잊어서는 안 된다. 외국인 연사를 초빙하는 경우, 순차통역을 할 것인지, 동시통역을 할 것인지를 결정하고 특히 동시통역의 경우, 한국어 통역을 청취할 수 있도록 관련 장비(예: 이어폰)도 준비한다.

---

5) 설문에는 주제의 적합성, 연사에 대한 강의 평가, 배정 시간의 적절성, 발표 자료, 차기 세미나에서 희망하는 주제 및 초빙 연사, 불편 및 개선사항 등을 수록한다.

(6) 인원 배치

각 세미나 장에는 충분한 인원 (도우미)을 배치하는 것이 좋다. 이들 인원은 세미나 참석자 접수, 자료배포, 세미나 진행 (연사 소개 등), 설문 취합 등의 업무를 수행한다. 특히 외국인 연사 초빙 시에는 우수한 통역 요원을 배치하여야 한다.

[전시회 부대행사 세미나]

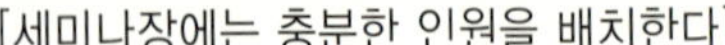

[세미나장에는 충분한 인원을 배치한다]

[주요 지점에 세미나 안내판을 설치한다]

(7) 설문 분석

각 세미나 종료 후, 참석자들로부터 세미나 내용, 연사 선정, 자료 준비 등에 대한 의견을 취합한 후, 차기 세미나 행사시 반영한다.

8. 인쇄물 제작

전시회 개최를 위해서는 여러 인쇄물을 제작하여야 한다. 첫 회 전시회인 경우, 전시회 로고도 제작한다. 참가업체 모집용 브로슈어 및 참관객 홍보용 브로슈어 (각각 국문, 영문, 일어, 중국어 등), 국·영문 포스터, 참가업체 메뉴얼, 참가업체 디렉토리, 참가업체 및 바이어 초청장, 개막식 및 리셉션 VIP 초청장, 쇼 가이드, 차기 전시회 홍보용 전단지 및 포스터, 설문지 및 상담실적서, 감사장 및 개최 결과보고서 등이 기본적으로 필요한 인쇄물이다.

〈2010년 서울국제식품산업대전 제작 인쇄물〉

인쇄물	매수	사양 규격	비고
포스터	국문 : 500매 영문 : 100매	옵셋 4도 단면코팅	
브로슈어	국문 : 20,000부 영문 : 1,000부	6면 4도 옵셋	
참가업체 및 바이어 초청장	280,000매 (국영문 혼용)	양면 250g 4도 유광 코팅	봉투 : 50,000매
VIP 초청장 (개막식, 리셉션)	국문 : 100매 영문 : 100매	스타라이트지 250g 금박인쇄, 오시 접지	봉투 : 200매
참가업체 디렉토리	3,000부	1도 옵셋, 16절	
쇼가이드	국문 : 50,000부 영문 : 10,000부	국판	
감사장	700매	2단 접지	봉투 : 700매
설문지, 상담실적서	국문설문지 : 800부 영문설문지 : 500부 상담실적서 : 4,000부	미모조 80g	
참가업체 메뉴얼	800부	미모조 80g	
2011 포스터	100매	아트 180g, 4도 원색	
2011 팜플렛	1,000매	아트 150g, 양면 8도	
2010 전시회 결과보고서	1,200부	B5, 4도 옵셋	
2010 전시회 DVD	700장	-	

발행 수량은 전시회 개최 규모에 따라 상이하며 브로슈어와 포스터는 디자인이 매우 중요하므로 자체 제작보다는 전문회사에 의뢰하는 것이 좋다. 특히, 전시회 참가업체 모집용 브로슈어는 천편일률적인 접이식 보다는 하드 페이퍼 케이스에 낱장씩 끼우는 스타일이 더 세련되어 보일 수도 있다. 모든 홍보물에는 전시회 로고를 인쇄한다.

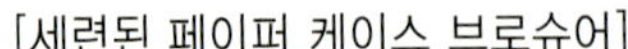

[세련된 페이퍼 케이스 브로슈어]

[서울국제식품산업대전 홍보물]

가. 참가업체 모집용 인쇄물

참가업체 모집을 위해 전시회 홍보 인쇄물을 제작하여야 한다. 참가업체 모집용 홍보 인쇄물은 국내용 전시회가 아니라면 반드시 영문 홍보물 뿐만 아니라 일어판, 중국어판 홍보물을 별도로 만들거나 한개 인쇄 홍보물에 3개국 언어로 작성한다. 그러나 예산이 더 투입되더라도 언어별로 별도 제작하는 것이 좋다. 홍보 인쇄물의 제한된 지면에 너무 많은 정보를 수록하지 않는다. 가능한 인쇄물 디자인은 전문업체에 의뢰하는 것이 바람직하다. 첫 페이지는 단순하면서도 impact를 줄 수 있도록 전시회명, 기간 및 장소 그리고 슬로건을 수록하되 산뜻하게 제작한다.

나머지 페이지는 전시회 개요 (명칭, 기간, 장소, 전시품, 전시회 특징, 주최자 및 연락처, 참가비, 특전, 기타 정보 등)와 함께 신청서와 「용어 및 참가규정 (Terms & Conditions for Exhibition)」 등을 별도 용지로 제작한다. 기존에 개최되고 있는 전시회라면 직전 전시회 성과, 우리나라 시장 정보 등도 수록한다. 특히, 「용어 및 참가규정」을 통해 전시회 참가업체와 주최자간 발생할 수 있는 분쟁을 미연에 방지하고 분쟁 발생 시 처리 방안을 명확히 제시하여야 하며 전시참가업체가 전시회 참가 시 준수해야 할 사항도 반드시 사전 고지하여야 한다. 따라서 전시회 참가신청업체는 전시주최자가 제시한 참가 규정을 준수한다는 조건하에서 신청을 접수받게 된다. 「용어 및 참가규정」은 통상 용어의 정의, 참가신청, 전시면적 배정, 전시물 관리, 참가비 납입 조건, 전시자의 참가취소 및 위약금, 전시회의 취소 또는 변경, 장치 및 전시품 진열, 전시품 및 장치물 반출, 전시장 경비/위험부담 및 보험, 방화규칙, 보충 규정과 분쟁 해결 등을 포함한다.

[서울국제식품산업대전 참가업체 모집을 위한 브로슈어 (한글판)]

[서울국제식품산업대전 참가업체 모집을 위한 브로슈어 (영문판)]

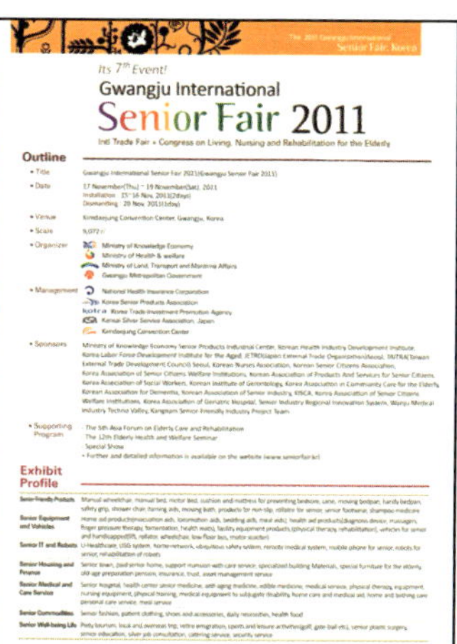

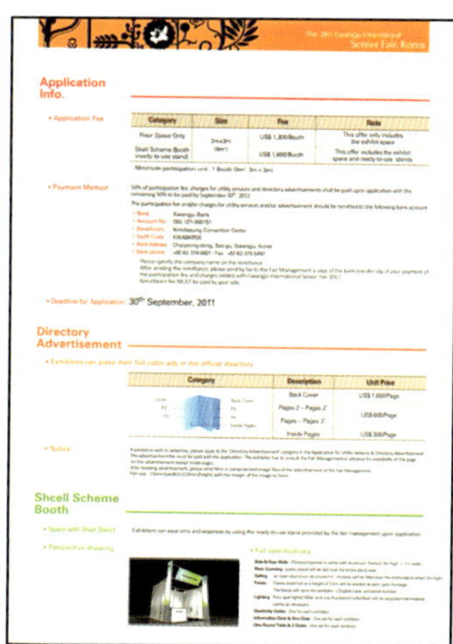

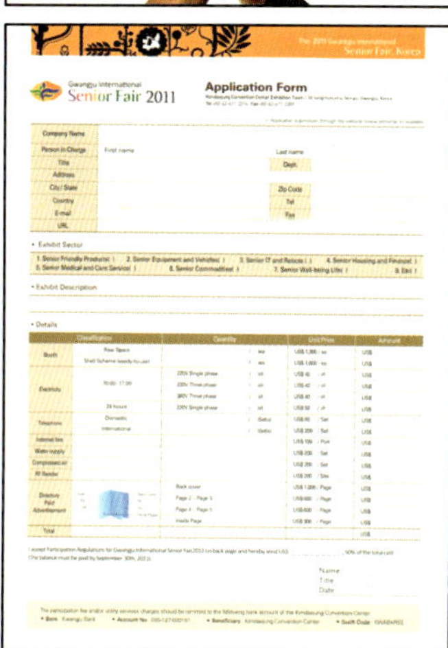

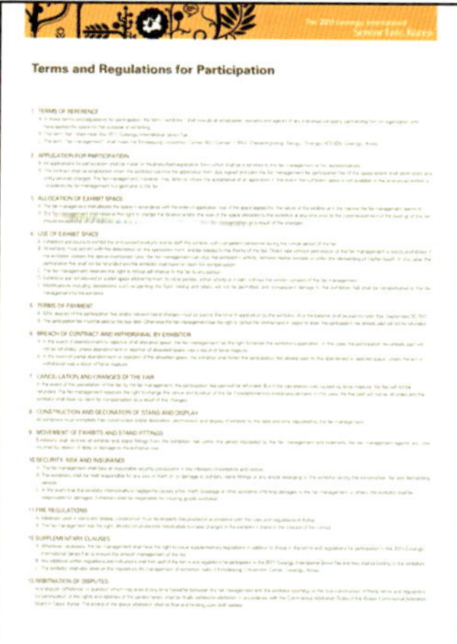

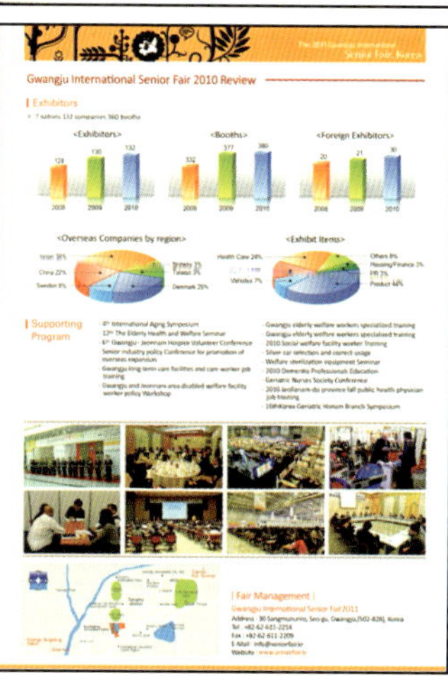

[2011 광주 국제 실버 박람회 영문 브로슈어]

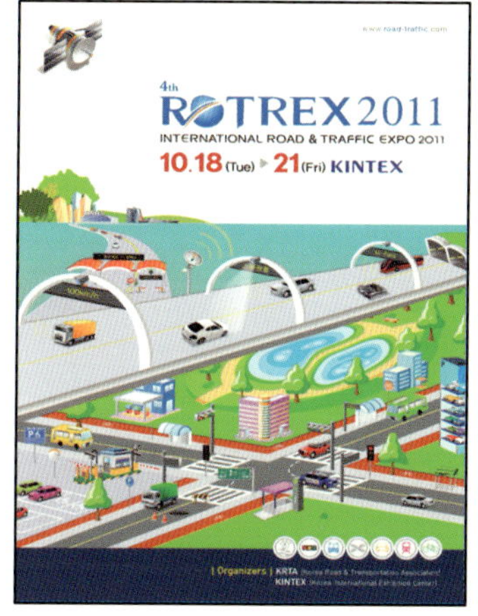

[2011 국제 도로교통 박람회 영문 브로슈어]

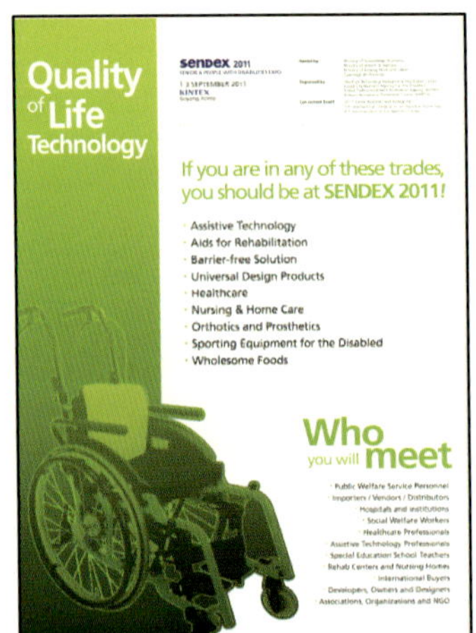

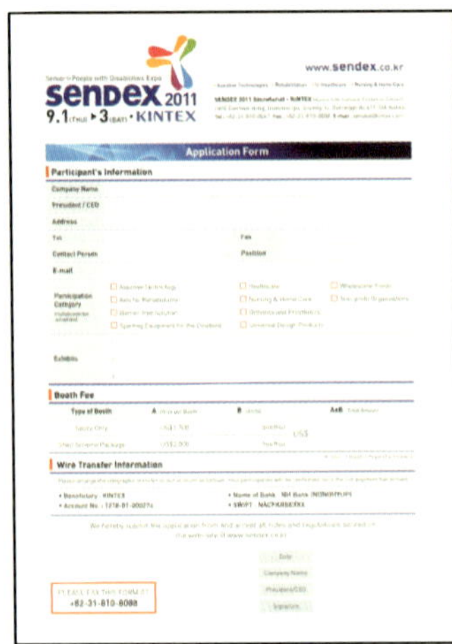

[시니어-장애인 엑스포 영문 브로슈어]

최근에는 예산 절감을 위해서 인쇄물 형태의 홍보물과 함께 pdf 파일로도 홍보물을 제작하여 E-mail로 발송하기도 한다.

나. 홍보용 포스터

종전에 비해 최근에는 전시회 홍보용 포스터 제작이 많이 줄어들었으나 여전히 다수 전시회에서 제작되고 있다. 홍보용 포스터 제작은 전문 디자이너에게 의뢰하는 것이 바람직하다. 금년 행사용 뿐 아니라 차년도 행사용 포스터도 함께 제작한다.

다. 참가업체 메뉴얼

참가업체들을 위해 전시회 참가에 따른 자세한 메뉴얼을 제작하여 배포한다. 통상 전시회 개최 2개월 전, 참가업체 사전 설명회를 개최할 때 배포하면서 안내를 하지만 업체들 중에는 설명회에 참석치 않는 경우도 있으므로 쉽고 자세한 메뉴얼을 제작하여 불참업체에게도 배포함으로써 전시회 참가 준비에 차질이 없도록 한다. 인쇄물 제작과 함께 메뉴얼 내용을 공식 홈페이지에도 등재하여 다운로드 받을 수 있도록 한다.

[서울국제식품산업대전 참가업체 메뉴얼 (한글판, 영문판)]

참가업체 메뉴얼에 수록되어야 할 내용은 다음과 같다.

Ⅰ. 일반사항

1. 전시회 개요
2. 고객지원센터/Help Desk
3. Communication Square
4. 주최자 사무실
5. 각종자료 배포처
6. 전시회 현장 주요 일정
7. 공식 협력업체
8. 참가비 및 기술지원비 등 납부
9. 디렉토리 원고 게재
10. 참가업체 설명회
11. 지적재산권

Ⅱ. 전시품 운송과 관리

1. 선적 및 노무, 포장, 운송
2. 전시장 보세 설영
3. 전시품 통관
4. 선적 서류의 작성
5. 전시품의 반입 및 관리
6. 중량 전시품

7. 중량 전시품 운반지원을 위한 지게차 제공
8. 위험물 반입
9. 전시장 구조물에 대한 고정작업
10. 전시품의 성질
11. 전시품의 작동
12. 전시품의 정비와 보수
13. 전시품 공상자 보관
14. 음식물 시식
15. 전시품 현장판매

Ⅲ. 스탠드 장치

1. 조립부스(국내관)
2. 독립부스

Ⅳ. 전기, 전화/인터넷, 급.배수/압축공기, 가스, 카페트

1. 전기
2. 전화/인터넷
3. 급·배수 및 압축공기
4. 가스
5. 카페트 및 파이텍스 시공

Ⅴ. 철거

1. 철거기간
2. 전시장치물 철거
3. 전시품 반출절차
4. 철거, 전시품 반출시 도난 사고 주의
5. 철거업체

Ⅵ. 일반적 용역

1. 통역 및 비서용역
2. 가구 및 비품임대
3. 식당시설
4. 안내방송

Ⅶ. 보안과 보험

1. 일반보안
2. 화재경보 및 예방

3. 보험
4. 원상복구

Ⅷ. 전시장 출입

1. Business Day
2. 관람객의 전시장 출입
3. 전시자의 전시장 출입
4. 용역업체의 전시장 출입

Ⅸ. 전시회 디렉토리

1. 디렉토리 제작
2. 디렉토리 내용
3. 디렉토리 등록방법
4. 디렉토리 배포
5. 디렉토리 유료광고

Ⅹ. 신청 및 행정서식

1. 신청양식
2. 제출처

서식 #1 위험물 반입 허가신청서
서식 #2 전시품 반출 신청서
서식 #3 디렉토리 유료광고 게재신청서

Ⅺ. 주차, 교통, 숙박 안내

1. 참가업체대상 무료 주차 서비스
2. 주차권 구입 안내
3. KINTEX 전시장 위치 및 교통편 안내
4. 숙박안내

부록

- 선적 및 노무, 포장, 운송업체
- 전기장치 업체
- 급배수/압축공기 업체
- 경비/보안 업체
- 지게차 업체
- 가구비품 업체
- Rigging/트러스 업체
- 전시장치업체
- 가스장치 업체
- 카펫/파이텍스 업체
- 철거 업체
- 구조검토 업체
- 냉동/냉장 쇼케이스 임대 업체

라. 참가업체 디렉토리

참가업체 디렉토리는 전시회 참관 바이어 및 관련 업계에 참가업체 정보를 종합해서 제공하는 서비스이다. 주로 책자로 제작되는 디렉토리에는 주최자 대표 인사말, 전시장 도면, 전시회 소개 및 행사 개요, 참가업체 명단이 수록된다. 참가업체 명단은 국내 및 해외참가업체별로 구분하되 국내업체의 경우, 한글 알파벳 순 (기역, 니은, 디귿 순)으로 수록하고 이와 별도로 영문 알파벳 순으로 색인목록을 둔다. 간혹, 주요 전시품별로 참가업체 색인목을 만드는 경우도 있다.

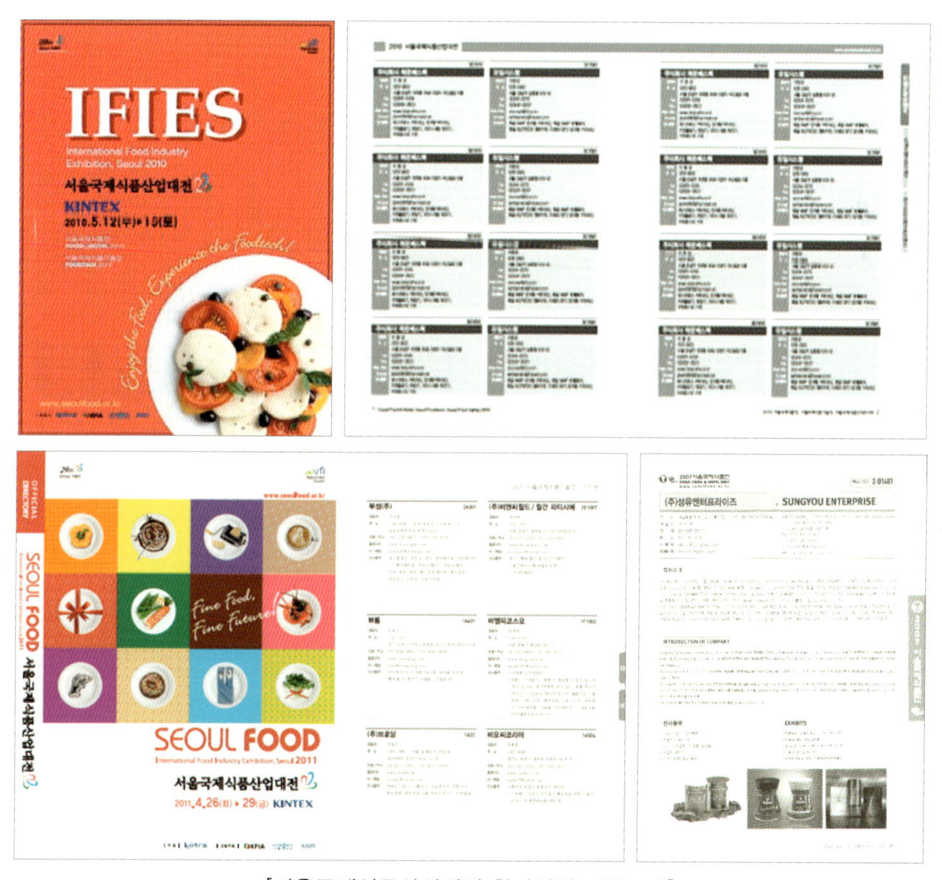

[서울국제식품산업대전 참가업체 디렉토리]

수록 명단에는 해당 참가업체 부스번호와 함께 각각 국문과 영문으로 참가업체명, 주소, 대표자, 전화, 팩스, 이메일, 홈페이지를 표시하고 간단한 업체소개와 전시품목을 수록한다. 이와 함께 대표적인 전시품목 사진을 포함시키기도 한다. 디렉토리 수록 정보 수집을 위해 참가업체들이 홈페이지에서 다운로드 받을 수 있도록 양식을 제공한다. 색인목록에는 영문 알파벳 순으로 참가업체명과 부스번호 그리고 해당업체 정보가 수록된 디렉토리 페이지를 표시한다. 이와 함께 디렉토리에는 전시주최자 홍보 광고와 참가업체나 전시관련 서비스업체들의 광고가 수록되기도 한다. 이 경우, 광고신청업체에게 광고문을 4도 분해 필름으로 제작해서 제출토록 한다.

마. 초청장, 설문지, 상담실적서, 전시회 등록신청서

참가업체 및 바이어 초청장과 VIP 초청장은 국·영문으로 제작한다. 봉투도 충분히 제작하는 것이 바람직하다. 참관객 전시회 등록신청서, 설문지와 상담실적서도 국·영문으로 별도 제작한다. 그 외 각종 양식을 제작하여 인쇄하거나 홈페이지에서 다운로드 받을 수 있도록 한다.

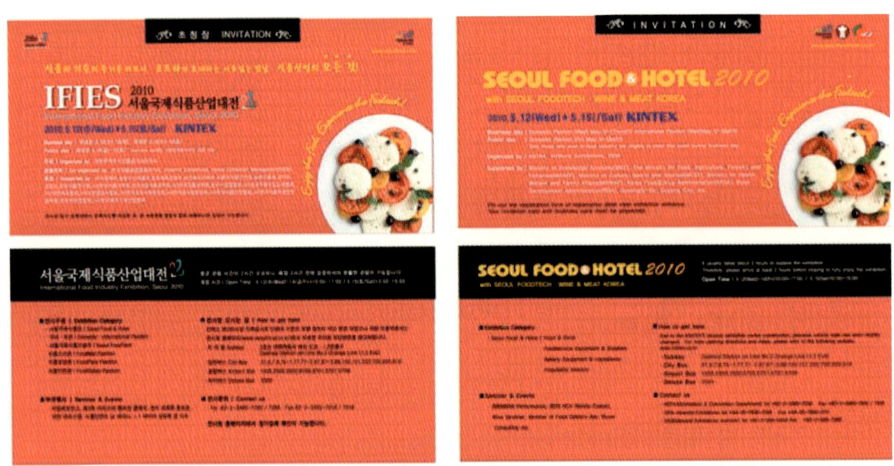

[서울국제식품산업대전 초청장]

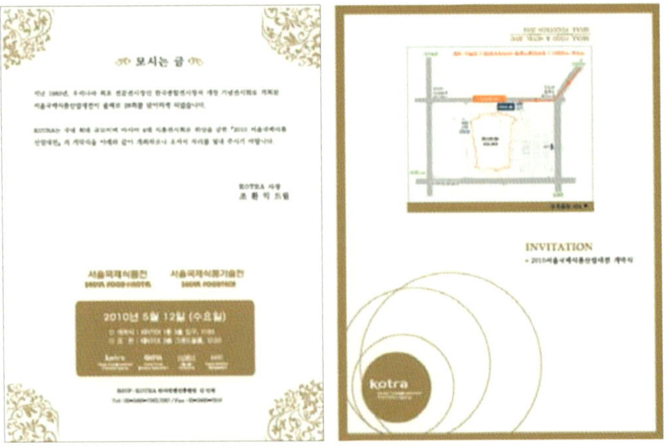

[서울국제식품산업대전 VIP 초청장 (개막식, 리셉션)]

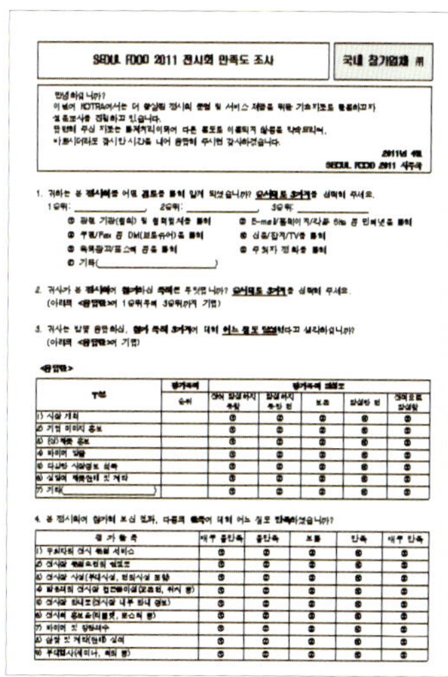

SEOUL FOOD 2011 전시회 만족도 조사 | 국내 참가업체 용

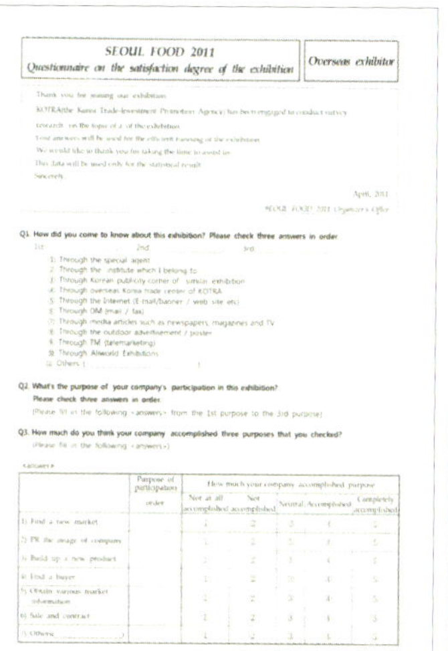

SEOUL FOOD 2011
Questionnaire on the satisfaction degree of the exhibition | Overseas exhibitor

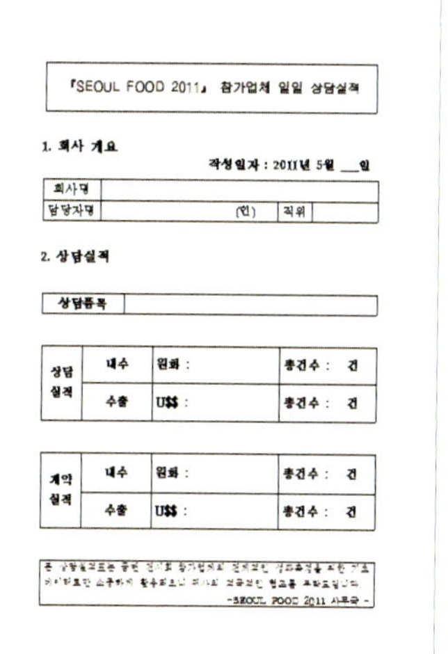

「SEOUL FOOD 2011」 참가업체 일일 상담실적

1. 회사 개요

작성일자 : 2011년 5월 __일

회사명			
담당자명	(인)	직위	

2. 상담실적

상담품목	

상담 실적	내수	원화 :	총건수 : 건
	수출	U$$:	총건수 : 건

계약 실적	내수	원화 :	총건수 : 건
	수출	U$$:	총건수 : 건

-SEOUL FOOD 2011 사무국 -

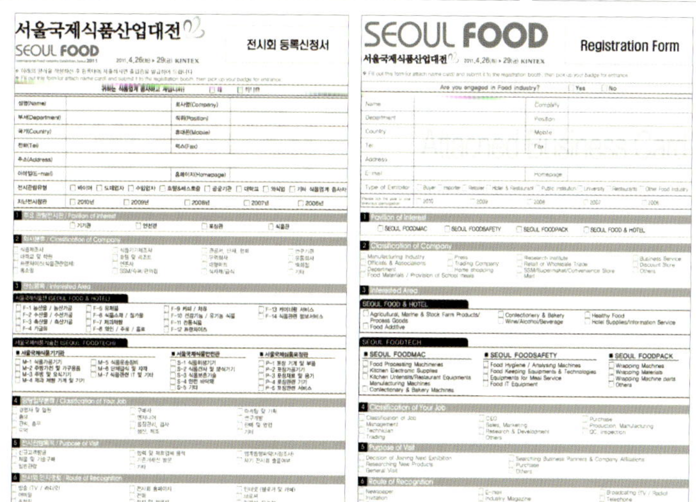

서울국제식품산업대전 SEOUL FOOD 2011. 4. 26 ~ 29 KINTEX 전시회 등록신청서

SEOUL FOOD 서울국제식품산업대전 2011. 4. 26 ~ 29 KINTEX Registration Form

[서울국제식품산업대전 설문조사, 상담실적집계표, 전시회등록신청서]

| 양식 1 | 참가신청서

kotra
Korea Trade-Investment
Promotion Agency

참 가 신 청 서

◇ 참가업체 정보

업 체 명	국 문			
	영 문			
대 표 자	국 문			
	영 문			
주 소	국 문	(우 : -)		
	영 문			
담 당 자			휴 대 폰	
전 화			팩 스	
홈 페 이 지			E-mail	
과거참가유무	□ 신 규 □ 2011 □ 2010 □ 2009 □ 2008 □ 2007			
전 시 관	□ 식품관 □ 식품기기관 □ 식품포장관 □ 식품안전관			
전 시 품 목				

◇ 부스신청내역 단위 : 원

구 분	신청부스 수	단 가	부 스 비	비 고
독립식부스	개 부스	2,200,000 / 1부스	원	
조립식부스	개 부스	2,640,000 / 1부스	원	

※ 1 부스의 크기 : 9㎡(3m × 3m) ※ 전시품 중량 허용한도 : 1㎡(1m × 1m) 당 5톤

※ 참가비 특전(할인내역) : 조기할인, 규모할인, 특별할인

전시회 참가를 수락하고 부스참가비용 총액의 50% 원(VAT 포함)과 아래 첨부서류를 팩스(02-3460-7916/7918)로 제출, 신청합니다.

201 년 월 일

대표자 (서명)

납 부 처	문 의 처
은행명 : 우리은행 양재동지점 계좌번호 : 189-05-003690 예금주 : 대한무역투자진흥공사(KOTRA)	**KOTRA 전시컨벤션총괄팀** [식품전] 02-3460-7256, 7266 [식품기기관] 02-3460-7265 [식품포장관, 안전관] 02-3460-7261 팩스 : 02-3460-7916/7918 E-mail : info@seoulfood.or.kr Homepage : www.seoulfood.or.kr

※ 제출서류 : 참가신청서, 사업자등록증 사본, 입금증(참가비 50%) 사본(추후 제출 가능)

| 양식 2 | 참가신청확인서

참 가 신 청 확 인 서

참 가 업 체 명 :

대　　표　　자 :

주　　　　　소 :

담　　당　　자 :

출 품 품 목 :

과거 참가년도 :

신 청 내 역 :

입 금 내 역 :

상기 업체는 우리 공사가 2012. 5. 8 - 5. 11 / 4일간 KINTEX에서 개최할 예정인

Seoul Food 2012(서울국제식품산업대전) 내에

OOOOOOOOO 참가신청업체임을 확인 함.

KOTRA

전시컨벤션총괄팀

201 .　 .

kotra

직인생략

| 양식 3 | 참가취소 사유서

참가취소 사유서

작 성 일 자 :

수 신 : [SEOUL FOOD 2012] 코트라 전시컨벤션총괄팀 (팩스: 02-3460-7916,7918)

회 사 명 :

담 당 자 :

전 화 :

팩 스 :

제 목 : SEOUL FOOD 2012 참가신청 취소 건

신청취소 사유

참가비 입금내역

상기의 사유로 본 업체는 2012년 5월 8일부터 5월 11일까지 킨텍스에서 개최되는 SEOUL FOOD 2012 참가신청을 취소합니다.

담당자 서명

양식 4 | 전시부스 설치 (변경) 신청서

[별지 제 4호 서식]

담 당	팀 장

전시부스 설치(변경)신청서

▶ 행 사 명 : SEOUL FOOD 2012　　▶ 행 사 기 간 : 2012. 5. 8~11

▶ 변경사유(변경시) : 　　▶ 사 용 전 시 장 :

▶ 공 사 업 체 :

- 전기 : 　　- 파이텍스 :

KINTEX 전시장 · 회의실 유영규정(요령)을 준수하며 별첨과 같이
전시부스를 설치(변경)하고자 신청하오니 승인하여 주시기 바랍니다.

*** 별첨 1) 전시부스 배치 평면도 원본 1부**
2) 전시부스(독립부스)별 평면도 및 입면도 원본 각 1부
3) 전시부스별 작업신고서 1부(별지 제 7호 서식)

201 년 월 일

▶ 신청인 주 소 :

회사명 : 　　대표자 : (서명)

담당자 : (서명)　　H. P. :

KINTEX 귀중

전시부스 설치(변경)승인서

▶ 행 사 명 : SEOUL FOOD 2012　　▶ 행사전시장 :

▶ 신 청 자 명 : 　　H. P. :

귀사의 전시부스 설치(변경)을 승인함.

201 년 월 일

마케팅팀 : (서명)

| 양식 5 | 디렉토리 유료광고신청서

SEOUL FOOD 2012
(서울국제식품산업대전)

디렉토리 유료광고 게재신청서

회 사 명 ______________ 일 자 ______________

담 당 자 ______________ (서명) 전 화 번 호 ______________

가. 광고신청 내역(부가세 포함)

(신청부분에 ○)

구분	칼라4도
	국내업체
표지 4면	1,320,000 ( )
표지 2면 및 대면	880,000 ( )
표지 3면 및 3대면	880,000 ( )
내지	660,000 ( )

※ 납입조건 : 게재신청 시 100%, 국내는 부가세 포함기준

나. 세부사항

1) 원고크기 : 가로 194mm × 263mm(추후 변경 가능하니 사무국에 확인 바람)
2) 원고형태 : 디자인 작업된 AI File

다. 주의사항

1) 기한 내 파일을 제출치 않을 경우 광고게재가 불가능 합니다.
2) 상기 조건으로 신청치 않은 것으로 인한 추가비용은 전시자가 부담해야 합니다.

| 양식 6 | 자체 시공 사유서

담 당	팀 장

자체 시공 사유서

▶ 업 체 명 : ______________ ▶ 부스번호 : ______________

▶ 행 사 명 : ______________

▶ 작업내용 : ______________ ▶ 작업기간 : ______________

* 별첨자료 : 전시부스 (설치)변경신청서, 작업신고서

201 년 월 일

▶ 신청인 주 소 : ______________

회사명 : ______________ 대표자 : ______________ (서명)

담당자 : ______________ (서명) H. P. : ______________

OOO전시장 귀중

| 양식 7 | 전시장 시간외 사용신청서

SEOUL FOOD 2012
(서울국제식품산업대전)

전시장 시간외 사용신청서

회 사 명 ______________________ **부 스 No.** ______________________

담 당 자 ______________________ (서명) **전 화 번 호** ______________________

일자	시작시간	마침시간	사용시간	사유

※ 전시장 시간내 사용시간은 매일 09:00 ~ 21:00 입니다.

귀 공사의 전시회 운영규정을 준수하고,
위와 같이 전시장 시간외 사용을 신청하오니 승인하여 주시기 바랍니다.

201 년 월 일

대한무역투자진흥공사장 귀하

| 양식 8 | 작업신고서

[별지 제 7호 서식]

담 당	팀 장

작 업 신 고 서

▶ 행 사 명 : SEOUL FOOD 2012 ▶ 부 스 번 호 :

▶ 작 업 내 용 : ▶ 작 업 기 간 :

▶ 시 공 업 체 :

◇ 작 업 원 명 단 ◇

순번	성 명	직 종	주민등록번호	연락처(전화)
1			-	
2			-	
3			-	
4			-	
5			-	

* "란" 부족 시 별지사용

*** 별첨 : 전시부스 평면도 및 입면도 원본 각 1부(독립부스에 한함).**
전기 장치 → 간선배치도 원본, 현장대리인계, 공사면허증(자격증) 각 1부.
카펫/파이텍스 업체 → 방염필증 첨부.

KINTEX 전시장 · 회의실 운영규정(요령)을 준수하며 상기와 같이 작업을 신고합니다.

201 년 월 일

▶신청인 주 소 :

회사명 : 대표자 : (서명)

담당자 : (서명) H. P. :

KINTEX 귀중

| 양식 9 | 위험물 반입신고서

kotra
Korea Trade-Investment Promotion Agency

SEOUL FOOD 2012
International Food Industry Exhibition, Seoul 2012

SEOUL FOOD 2012
(서울국제식품산업대전)

위험물 반입 허가 신청서

회 사 명 ______________________ 일 자 ______________________

담 당 자 ______________________ (서명) 전 화 번 호 ______________________

순번	품명	단위	수량	용기 및 포장상태	반입 후 보관방법

* '란' 부족 시 별지 사용
* 부스 내 소화기 반드시 비치

KINTEX 전문전시장 운영규정을 준수하며 상기 위험물 등을 반입하고자 신청하오니 허가하여 주시기 바랍니다.

| 양식 10 | 계약업체신고서

kotra
Korea Trade-Investment
Promotion Agency

SEOUL FOOD 2012
(서울국제식품산업대전)

<u>계 약 업 체 신 고 서</u>

회 사 명 ______________________ **일 자** ______________________

담 당 자 ______________________ (서명) **전 화 번 호** ______________________

---

1. 전시품 운송업체(외국물품을 보세로 반입하는 참가업체만 기재 요망)

회 사 명 ______________________ 일 자 ______________________

담 당 자 ______________________ (서명) 전 화 번 호 ______________________

- -

2. 스탠드 설치공사업체(독립부스 신청업체만 기재요망)

회 사 명 ______________________ 일 자 ______________________

담 당 자 ______________________ (서명) 전 화 번 호 ______________________

- -

3. 전기설치공사 업체

회 사 명 ______________________ 일 자 ______________________

담 당 자 ______________________ (서명) 전 화 번 호 ______________________

| 양식 11 | 회의실 임대 신청서

SEOUL FOOD 2012 회의실 (무료)임대 신청

일 자 : 2012. 5. 8(화) ~ 5. 11(금) 4일간
시 간 : 오전 09 : 00 ~ 오후 16 : 00(협의가능)
장 소 : 킨텍스 회의실
선 정 대 상 : SEOUL FOOD 2012 참가업체 및 후원기관
배 정 기 준 : 신청순 배정
신 청 방 법 : 아래 양식을 작성하여 E-mail로 신청 / 2012. 2. 28까지 제출
이 메 일 : info@seoulfood.or.kr
문 의 : 02-3460-7261 (Fax : 02-3460-7916/7918)

회의실 임대 신청서 양식

<table>
<tr><td rowspan="2">회 사 명</td><td>(국 문)</td><td></td><td>담당자</td><td></td></tr>
<tr><td>(영 문)</td><td></td><td>전 화</td><td></td></tr>
<tr><td>행사형식</td><td colspan="4"></td></tr>
<tr><td rowspan="2">행 사 명</td><td>(국 문)</td><td></td><td>팩 스</td><td></td></tr>
<tr><td>(영 문)</td><td></td><td>예상규모</td><td>명</td></tr>
<tr><td rowspan="12">일정/내용</td><td rowspan="6">국 문</td><td>일 시</td><td colspan="2">내 용</td></tr>
<tr><td>2012. 5. / 00:00 ~ 00:00</td><td colspan="2"></td></tr>
<tr><td></td><td colspan="2"></td></tr>
<tr><td></td><td colspan="2"></td></tr>
<tr><td></td><td colspan="2"></td></tr>
<tr><td></td><td colspan="2"></td></tr>
<tr><td rowspan="6">영 문</td><td>Time</td><td colspan="2">Contents</td></tr>
<tr><td>2012. 5. / 00:00 ~ 00:00</td><td colspan="2"></td></tr>
<tr><td></td><td colspan="2"></td></tr>
<tr><td></td><td colspan="2"></td></tr>
<tr><td></td><td colspan="2"></td></tr>
<tr><td></td><td colspan="2"></td></tr>
</table>

※ 회의실에 필요한 모든 기자재는 직접 임대(문의 : 킨텍스 홀매니저 고민지 Tel. 031-995-8133)

다음과 같은 내용으로 회의실 임대를 신청하니 반영하여 주시기 바랍니다.

201 년 월 일

담당자명 ________________ (서명)

| 양식 12 | 전시회 대금지급 지연 사유서

전시회 대금지급 지연 사유서

작 성 일 자 :

수 신 : [SEOUL FOOD 2012] 코트라 전시컨벤션총괄팀 (팩스: 02-3460-7916,7918)

회 사 명 :

담 당 자 :

전 화 :

팩 스 :

제 목 : SEOUL FOOD 2012 대금지급 지연의 건

대금지급 지연 사유

참가비 입금내역

상기 사유로 본 업체는 2012년 5월 8일부터 5월 11일까지 킨텍스에서 개최되는 SEOUL FOOD 2012 참가비 입금일 연장을 요청합니다.

담당자 서명

| 양식 13 | 전시품 반출신고서

kotra
Korea Trade-Investment Promotion Agency

SEOUL FOOD 2012
International Food Industry Exhibition, Seoul 2012

SEOUL FOOD 2012
(서울국제식품산업대전)

전시품 반출 신청서

회 사 명 ______________________ 부 스 N o . ______________________

담 당 자 ______________________ (서명) 전화번호(H. P.) ______________________

순번	품 명	단위	수량	비 고
1				
2				
3				
4				
5				
6				
7				
8				
9				
10				
11				
12				
13				

* '란' 부족 시 별지 사용

KOTRA 확인 ______________________

| 양식 14 | 해외 광고 신고서

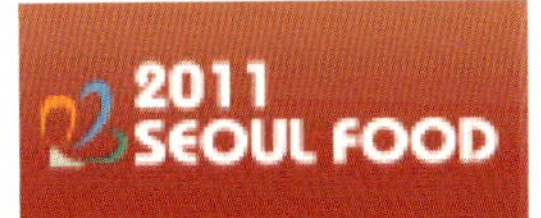

SEOUL FOOD 2011
www.seoulfood.or.kr

Advertising Application Form

The advertisements will be placed on the 2011 Exhibition Directory. You may use this for promoting your company. The Show Directory will be distributed to all exhibitors and a wide range of participants who visit SEOUL FOOD.

· Contents: Information on the participating company, name of the product, exhibition profile, seminar details etc.

· Details
Page scale : 190mm width X 256mm length
Color : Full Color
Submission Deadline: 28th Feb, 2011

· Rates

Contents	Fee	Option
Back Cover	USD 1,200	□
Front Cover Inside / Facing Inside	USD 800	□
Back Cover Inside / Facing Inside	USD 800	□
Inside Page	USD 600	□

· The effect of directory advertisement lasts longer than any other media since the directory is a resource that enables visitors to keep it for a long time and find information for contacting you anytime.

Company name: Booth No.

Contact person: Position:

Tel: Fax: Email:

Signature: Date:

KOTRA(Korea Trade-Investment Promotion Agency)
13, Heolleungno, Seocho-gu,Seoul,137-749, Korea
Tel: +82-2-3460-7258
E-mail) info@seoulfood.or.kr

| 양식 15 | 해외 참가기업용 위험물 반출입 신청서

SEOUL FOOD 2011
www.seoulfood.or.kr

Application for Carrying-in/out of Hazardous Materials

Exhibitor: Booth Number:

Address:

Tel: Fax:

Person in charge:

Signed: Date:

It is intended to bring in and out the following Hazardous Materials items:

	Description of Item	Unit of Measurement	Quantity	Container and Method of Packing	Custody after Bringing in
1					
2					
3					
4					

Continue on separate sheet if necessary

Date of Bringing in: Date of Bringing out:

Company name:

Signed: Date:

This form must be returned no later than Feb 28, 2011 via email.

KOTRA(Korea Trade-Investment Promotion Agency)
13, Heolleungno,Seocho-gu,Seoul,137-749, Korea
Tel: +82-2-3460-7258
E-mail) info@seoulfood.or.kr

kotra
Korea Trade-Investment
Promotion Agency

| 양식 16 | 해외 참가업체용 전시부스 설치 (변경) 신청서

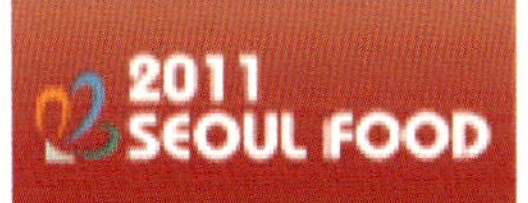

SEOUL FOOD 2011
www.seoulfood.or.kr

Application For Erection / Revision of Exhibition Stand

Approval is hereby requested for the erection of:

An exhibition stands to the design shown on the accompanying drawings.

An exhibition stand to the revised design shown on the accompany drawings.

The rejected design was submitted on

ENCLOSE 1 COPY OF PLAN AND DRAWING SHOWING THE STAND DESIGN

Exhibitor: ____________________

Address: ____________________

Tel: __________ Fax: __________

Person in charge: ____________________

Signed: __________ Date: __________

FOR KINTEX USE ONLY : PERMISSION GRANTED/REFUSED
APPROVAL OF ERECTION / REJECTION OF EXHIBITION STAND

Exhibitor: __________ Stand Number: __________

Organizer ____________________

The erection / revision of an Exhibition stand on the above site is approved in accordance with the plans submitted.

Signed: __________ Date: __________

KINTEX(Korea International Exhibition Center)
THIS APPROVAL MUST BE SHOWN ON DEMAND.
This form is to be returned no later than Feb 28, 2011 via email.

KOTRA(Korea Trade-Investment Promotion Agency)
13, Heolleungno, Seocho-gu,Seoul,137-749, Korea
Tel: +82-2-3460-7258
E-mail) info@seoulfood.or.kr

양식 17 | 해외 참가업체용 계약업체 신고서

SEOUL FOOD 2011
www.seoulfood.or.kr

Contractor Nomination

The Exhibitors which use undesignated company by KINTEX should submit this form to KOTRA.
If not, the contractor cannot undertake work in KINTEX.

1. The following company will **construct** our stand

Name of Contractor: ______________________

Tel: ______________ Fax: ______________

Person in charge: ______________________

2. The following company will undertake **electrical work** on our stand

Name of contractor: ______________________

Tel: ______________ Fax: ______________

Person in charge: ______________________

3. The following company will undertake **pytex** on our stand

Name of contractor: ______________________

Tel: ______________ Fax: ______________

Person in charge: ______________________

Exhibitor's Company Name: ______________________

Signed: ______________ Date : ______________

This form is applied to only foreign companies which will construct "Space Only type.

KOTRA(Korea Trade-Investment Promotion Agency)
13, Heolleungno, Seocho-gu,Seoul,137-749, Korea
Tel: +82-2-3460-7256
E-mail) info@seoulfood.or.kr

| 양식 18 | 해외 참가업체용 전시품 반출 신고서

2011 SEOUL FOOD

SEOUL FOOD 2011
www.seoulfood.or.kr

Report on Carrying-out of Goods

*Deadline: 29 April, 2011

*Confirmation: At the organizer's office (3, 5)

Organizer Confirm

Exhibitor: Booth No.

Tel: Fax:

◆List of Goods◆

No	Description	Unit	Quantity	Remark
1				
2				
3				
4				
5				

*Note: Please use additional paper if you need more space.

We hereby submit the report to carry out the exhibits as above for your approval, confirming that we will observe the rules and principles for operation of the exhibition halls and conference rooms of KINTEX

Date of Bringing out: **Company name:**

Person in charge: **Signed:**

Date:

kotra
Korea Trade-Investment Promotion Agency

| 양식 19 | 해외 참가업체 전시회 참가신청서

9. 홍보 및 Press Release

신규 전시회 일수록 광고 및 홍보는 매우 중요하다. 아직 인지도가 없기 때문에 전시회 개요와 특성을 알리는데 많은 시간과 인력, 자금을 투입하여야 한다. 여기에는 인쇄물 및 홈페이지 제작, 전시품 관련 전문 사이트와 제휴를 통한 배너 홍보, 참가업체 및 참관객 대상 메일/e-letter, 웹진 발송, 육교 광고판, 선전탑, 현수막, 길거리 LED 전광판, TV 및 라디오 광고, 신문 및 전문잡지 광고, 우편 광고, 대중교통 활용 광고, 유사 전시회 홍보 부스를 통한 광고 등 다양한 형태의 광고 및 홍보 수단을 활용한다.

가. 참관객 모집용 e-DM 및 인쇄물

참관객 유치를 위한 홍보 e-DM과 인쇄물도 별도로 제작하는 것이 좋다. 인쇄 홍보물은 가로 10Cm, 세로 20Cm 정도로 접이식 리플렛 형식으로 제작한다. 참가업체 모집용 홍보물과는 그 내용이 상이하여야 한다. 여기에는 전시회 개요 및 특성과 참가업체 (예상)규모 및 부대행사, 참관 요령 (전시장 입장료, 사전등록 및 특전 등) 등이 수록되어야 한다. 일반 대중을 대상으로 개최되는 전시회라면 행운권 추첨도 관객 모집에 도움이 될 수 있다. 외국 참관객 유치를 계획하고 있다면 영문 홍보물은 필수이고 가능하다면 일어와 중국어판 홍보물도 제작하는 것이 바람직하다. 특히, 외국 참관객 유치를 위한 홍보물에는 전시장 위치 및 찾아오는 법 이외 개최 전시장 소재 도시의 주요지점에서 전시장까지 택시 요금 정보를 포함하여 주변 호텔 정보도 수록하는 것이 좋다.

[인쇄물 형태의 접이식 홍보물]

[서울국제식품산업대전 홍보용 e-DM]

나. e-letter 및 웹진

참가 신청을 한 기업 또는 아직 신청은 안했으나 신청 가능성이 높은 기업들을 대상으로 최소 2주에 한번 정도 전시회 개최 준비 현황 및 향후 계획, 공지사항 등을 e-letter이나 웹진 형태로 정기 발송을 하여 참가 신청한 기업들에게는 개최 준비가 잘 되어가고 있다는 확신을 심어줌과 동시에 전시회 참가에 필요한 참가업체 준비 사항을 알려주어 참가에 차질 없도록 서비스 한다. 아울러 아직 신청을 하지 않은 기업들에게는 망설이지 말고 조속히 참가 신청하도록 유도한다.

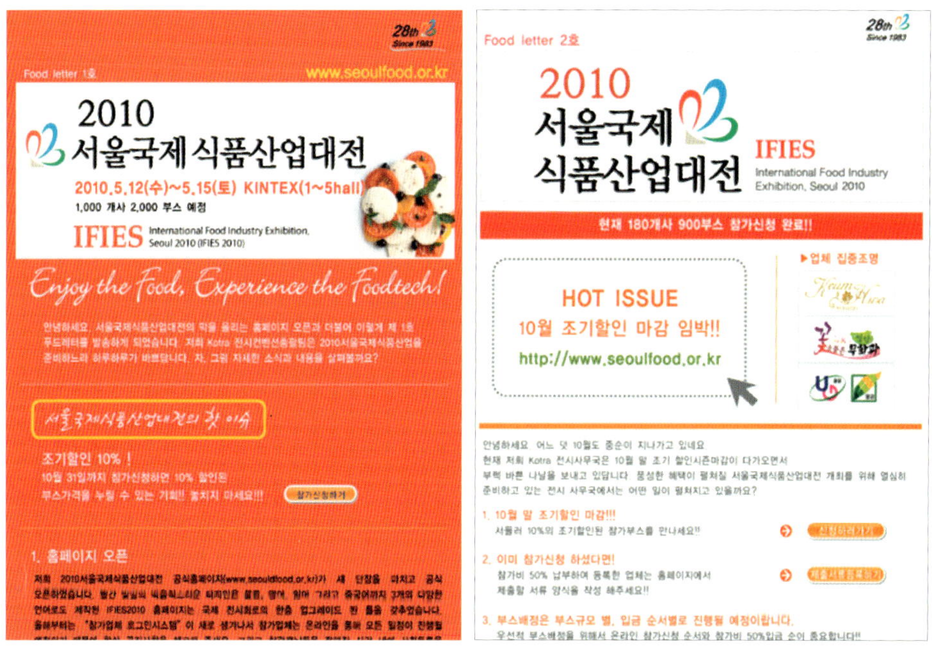

[서울국제식품산업대전 뉴스레터 : 참가업체 대상]

[서울국제식품산업대전 뉴스레터 : 참관객 대상]

다. 홈페이지 홍보

인터넷 시대를 맞이하여 전시회 홈페이지는 가장 중요한 홍보 수단 중 하나이다. 전시회 홈페이지는 보통 전문기업에게 외주를 주어 제작한다. 홈페이지는 전시회 기획이 완료되는 즉시 제작하며 진행상황에 따라 수시 업데이팅을 통해 새로운 정보를 제공하여야 한다. 개최 전시회가 국제전시회라면 당연히 영문 사이트는 기본으로 설치되어야 하며 일어판과 중문판 사이트도 별도 작성하는 것이 좋다. 홈페이지 메뉴로는 「전시개요」, 「참가업체 관련 사항」, 「참관객 관련 사항」, 「고객센터」, 「my page」 및 「Quick Service」 등 6개 기본 메뉴를 갖추고 있어야 한다.

상위메뉴	하위메뉴
전시개요	전시개요, 인사말, 전시회개요 및 연혁, 전시목록, 홍보계획, 지난전시결과, 문의 및 안내
참가업체	참가안내, 참가업체온라인신청, 참가규정, 지정용역업체리스트, Download, 해외바이어리스트, 국내외바이어상담회, 제품홍보마당
참관객	참관안내, 참관객온라인사전등록, 부대행사, 2011참가업체검색, Kintex전시장가기

[서울국제식품산업대전 홈페이지]

(1) 전시개요

전시개요는 CEO 인사말, 전시회 개요 및 연혁, 전시품목, 홍보계획, 지난 전시결과, 문의 및 안내 등 6개 하부 메뉴로 구성하는 것이 좋다. 특히 지난 전시회는 참가업체 및 참관객 내역이 통계적으로 분석되어야 하며 전시장 주요 사진을 첨부하는 것이 바람직하다.

(2) 참가업체 관련 사항

참가업체에게 제공되는 정보로서 참가안내, 참가업체 온라인 신청, 관련 규정, 지정용역업체리스트, 부스배치도, 각종자료 다운로드, 해외바이어리스트, 국내외 바이어 상담회, 제품홍보마당 등으로 구성되는데 사이트에서 가장 핵심이 되는 부분이다.

참가안내는 참가절차, 부스 및 참가비, 기술지원 서비스, 반입반출, 보세 및 통관, 전시회 추진일정 등을 수록하며 지정용역업체리스트에는 전시장치, 가구비품, 카펫·파이텍스, 운송통관, 경비, 철거, 전기시설, 가스, 급배수, 에어, Rigging/트러스, 구조검토, 등록, 배포, 광고, 통역 및 도우미 등 전시회 개최와 직간접적으로 관련되는 서비스 회사의 연락처와 홈페이지를 제시하여야 한다.

각종 다운로드는 전시회 참가와 관련된 각종 양식을 참가업체가 다운로드 받아 신청할 수 있도록 전시부스설치 (변경) 신청서, 디렉토리 유료광고 신청서, 자체시공사유서, 전시장 시간외 사용신청서, 작업신고서, 위험물반입신고서, 계약업체신고서, 회의실임대신청서, 참가신청서, 참가신청확인서, 참가취소사유서, 전시회대금지급지연사유서, 전시품반출신고서 등 소정양식을 제공한다. 또한 홍보물로 참가업체 메뉴얼, 전년도 개최결과보고서 및 전년도 디렉토리 등도 다운로드 받을 수 있도록 제작한다.

또한 해외바이어리스트는 전년에 참관했던 해외바이어들과 금일 현재까지 방문이 확정된 바이어들의 정보를 수록한다. 이외 전시회와 별도로 국내외바이어들과 구매상담회를 계획하고 있다면 상담회 참가 신청을 할 수 있도록 별도 홈페이지 프로그램을 제작한다. 아울러 참가업체들이 각자 회사명, 전시품목, 홈페이지 및 담당자 연락처 등 정보를 직접 등재할 수 있도록 참가업체 제품 홍보 마당을 개설한다.

<대표전시회 홈페이지 구성>

• 한국기계전

상위메뉴	하위메뉴
전시개요	전시소개, 전시개요, 전시분야, 전시회티, 개최결과, 전시사무국
참가신청	참가안내, 견적내기, 온라인참가신청, 부스도면, 공식협력업체, 양식다운로드, 참가규정
참관등록	참관안내, 참관객사전등록, 항공권할인
부대행사	개막식, 우수자본재개발유공자포상, 기계기술세미나, 수출상담회
해외전시안내	한국관개설 해외전시, 카탈로그전시, 참관단, 접수 및 문의처
전시장안내	위치안내, 교통안내, 숙박안내, 관광안내
KOMAF뉴스	공지사항, 전시회소식, 참가업체동정, 기계산업뉴스
미디어센터	동영상, 앨범, 뉴스레터

• 금속산업대전

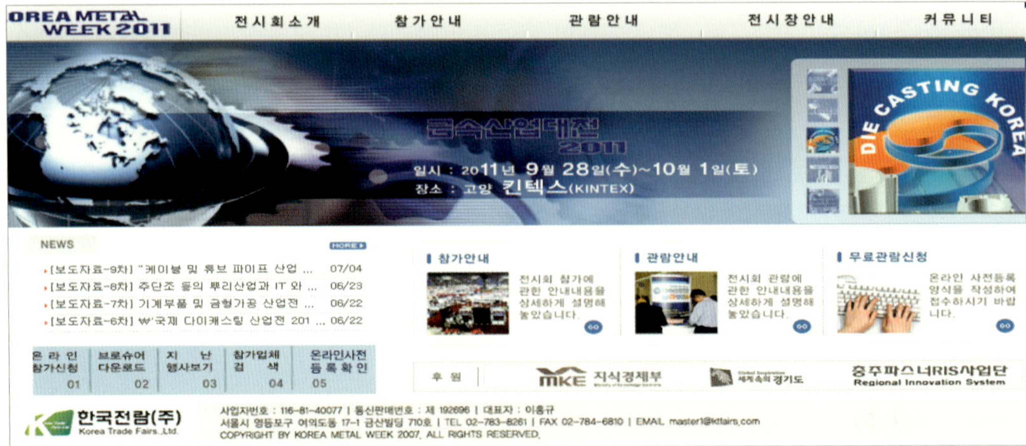

상위메뉴	하위메뉴
전시회소개	CEO인사말, 전시회개요, 전시품목, 회사소개, 사무국위치
참가안내	참가신청절차, 전시부스안내, 온라인참가신청, 브로슈어&참가신청서, 기타신청서다운로드
관람안내	입장절차안내, 온라인무료관람신청, 세미나, 이벤트 및 홍보, 참가업체보기, 온라인사전등록확인, 지난행사보기
전시장안내	전시장안내, KINTEX교통안내, 주차안내
커뮤니티	공지사항, 자주묻는질문, Q&A

• 서울국제공구전

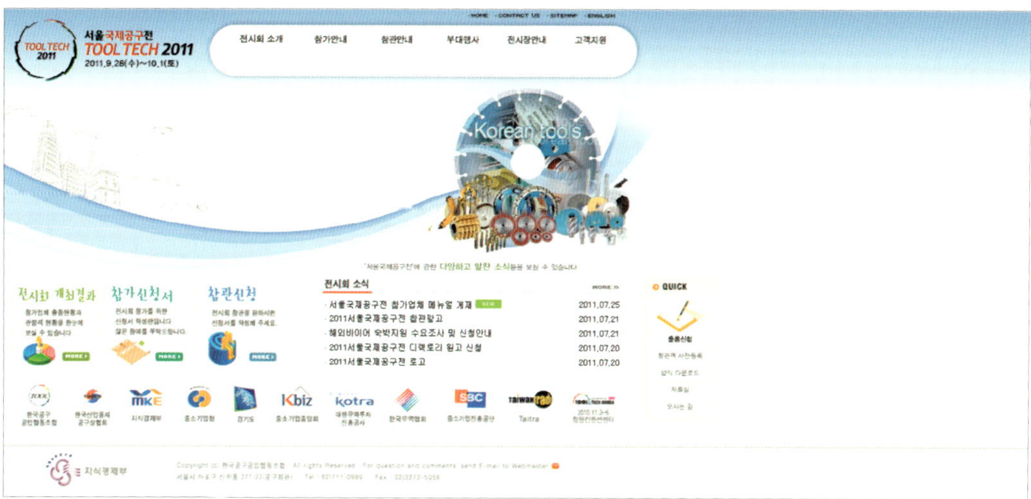

상위메뉴	하위메뉴
전시회소개	About Tooltech, 전시회개요, 출품품목, 부스배치도, 개최실적, 지난전시회이모저모, 연락처
참가안내	출품신청, 온라인신청, 부대시설이용, 부스장치, 전시품반출입, 향후추진일정, 신청서양식다운로드
참관안내	전시회내용, 출품업체소개, 참관등록
부대행사	부대행사
전시장안내	전시회위치, 교통, 호텔 및 편의시설, KINTEX
고객지원	자료실, 전시회소식

• 국제플라스틱고무산업전

상위메뉴	하위메뉴
참관안내	전시회개요, 전시정보, Hall Plan, 교통안내, 호텔안내, 사전등록, 참가업체보도자료, 상담예약, 사전등록조회
참가업체검색	출품업체별검색, 전시품별검색, 전시장도면검색, 2008출품업체별검색, 2008전시품별검색, 2008전시장도면검색
출품안내	출품신청방법, 출품양식, 전시장도면, 참가업체원고접수, 참관객데이터
커뮤니티	공지사항, 보도자료, 결과자료, 사진자료실, 1:1상담
한국이앤엑스	인사말, 회사연혁, 회사조직도, 주소 및 연락처
이용안내	사이트맵, 개인정보취급방침

• 서울국제종합전기기기전

상위메뉴	하위메뉴
전시회소개	특징, 전시회개요, 신청문의 및 접수처, 전시회연혁, 전년도전시회, 찾아오는길
참가안내	참가안내, 부스임차신청, 부대시설사용신청, 전시회광고, 참가비납부, 지정용역업체, 신청양식 다운로드, 참가업체
참관안내	참관안내, 사전등록, 참가업체조회
서비스안내	국제컨퍼런스, 개막식, 숙박안내, 통역안내, 발전유공자포상
미디어센터	공지사항, FAQ, 전시회뉴스, 바이어정보, e-Brochure
지난전시회	2005년도, 2006년도, 2007년도, 2008년도

(3) 참관객 관련 사항

이 항목에는 참관 안내 및 절차, 참관객 온라인 사전등록, 부대행사, 참가업체 검색, 해당전시장 찾아가기 등을 수록한다. 특히, 사전등록 내역을 참관객이 출력하여 전시장을 방문할 수 있도록 한다.

(4) 고객센터

고객센터는 참가업체와 참관객을 위한 공지사항, Q&A, 보도자료, site map 및 contact us로 구성한다. Q&A는 전담직원을 지정하여 문의가 접수된 후 적어도 48시간 내 답변을 해 줄 수 있도록 해야 한다.

(5) my page

참가업체나 참관객들이 자신만의 정보를 관리할 수 있도록 참가신청현황, 기술지원, 디렉토리 등록, 참가업체 상주자 출입증 신청 등을 항목으로 하는 my page를 개설 한다.

(6) Quick Service

참가업체나 참관객들이 가장 많이 방문하는 항목 중 참가업체 온라인 신청, 참관객 온라인 사전 등록, e-브로슈어, 각종자료 다운로드 항목은 쉽게 검색 및 신청할 수 있도록 Quick Service로 연결한다.

다. 바이럴 마케팅을 활용한 홍보

최근 인터넷과 SNS 발달에 따라 온라인 홍보가 널리 활용되고 있다. 특히, 누리꾼이 이메일이나 다른 전파 가능한 매체를 통해 자발적으로 어떤 기업이나 기업의 제품을 홍보하기 위해 널리 퍼뜨리는 마케팅 기업인 『바이럴 마케팅 (Viral Marketing)』이 확산되고 있다. 『바이럴 마케팅』은

『입소문 마케팅』이라고도 불리는데 적은 광고 비용으로 최대 효과를 볼 수 있다는 장점이 있다. 주로 많은 사람들이 가장 많이 볼 수 있는 지식인, 블로그, 카페 등을 이용하여 홍보를 한다. 따라서 전시주최자는 전시 품목 관련 슈퍼블로거들 중 품목군에 해당하는 전문블로거와 관련 업계 종사자의 방문률이 높은 카페, 커뮤니티를 선정하여 홍보성 컨텐츠를 작성, 제공한다.

서울국제식품산업대전은 2011년 처음으로 식품전문 블로거를 홍보 방법으로 활용하므로써 큰 효과를 거두었다. 우선 10명의 파워블로거 기자단으로 구성된 『맛기자』는 요리, 가사, 육아 분야에서 인정받은 식품전문 브로거로 구성하였으며 한식, 농축산물, 디저트, 유통사, 푸드 스타일 등 식품 및 요리와 관련된 10개의 카테고리로 구분, 1명의 블로거가 1개 분야씩을 맡아 전시회 개최 한달 여전부터 총 4회 포스팅을 하였다. 그 결과 전시회 종료 1주일 후까지 해당 블로그의 노출수[6]는 39,014회였고 도달수[7]는 31,990회로 집계되었다.

〈2011 서울국제식품산업대전 전문블로거〉

	닉네임	블로그 URL	구분	주제
1	머리쥐타	http://blog.naver.com/yja305	식품기술	주방가전/가구
2	햇살마미	http://blog.naver.com/aldudcldud		요식기기
3	다이앤	http://blog.naver.com/king940		푸드 스타일
4	윤여사	http://blog.naver.com/yoonjs3	식품	농축수산물
5	강여사	http://blog.naver.com/chungsun1		베이커리/디저트
6	라니라니	http://blog.naver.com/narawh		주류, 커피, 차, 음료
7	찬양맘윤영미	http://blog.naver.com/ysy1686		전통식품 (건강식품)
8	희재맘	http://blog.naver.com/smy2166	기타	외식업 (프랜차이즈)
9	미운곰팅	http://blog.naver.com/hhsg1304		호텔
10	재희재인맘	http://blog.naver.com/ya8462		유통사

이와 별도로 총 35명의 일반 파워블로거와 식품관련업계 종사자의 방문률이 높은 카페 및 커뮤니티 40개를 선정하여 홍보성 컨텐츠를 작성토록 하였다. 그 결과, 총 노출수는 16,499회, 도달수는 13,746회로 집계되었다.

6) 온라인상에서 블로그 내에 있는 맛기자단의 SEOUL FOOD 2011 기사 포스팅을 클릭한 횟수

7) 노출수에서 중복을 제외한 횟수

[2011 서울국제식품산업대전 『맛기자』의 기사 포스팅]

라. 휴대폰 문자 메시지를 활용한 홍보

참가업체, 지난 전시회 참관객 및 온라인 사전 등록자 등을 대상으로 휴대폰 문자 메시지를 활용하여 행사 공지사항을 홍보한다.

[서울국제식품산업대전 SMS를 통한 홍보]

마. 옥외 (선전탑, 육교 및 대교 현판, 현수막) 광고

육교 광고판과 선전탑도 전문적으로 제작 설치해 주는 옥외광고 전문대행 업체에 의뢰한다. 설치 업체가 관련 지자체의 사전 허가를 득한 후, 설치하는데 길목이 좋은 곳의 육교는 일찌감치 마감되는 경우가 많으므로 조기 신청하여야 한다. 광고판과 선전탑은 전시회 개최 1주일 전부터 전시회 종료일까지 설치한다. 선전탑은 통상 전시장 옥외에 설치한다. 전시회 기간 중 풍선기구 설치를 원하는 전시주최자도 있으나 화재 등 사고 위험 때문에 지자체에서 허락을 하지 않는다. 또한 현수막은 지정 부착대가 아니면 지자체에서 불법 옥외광고물로 간주하고 즉시 수거해간다.

[전시회 육교 광고판, 선전탑 및 현수막 광고]

바. LED 전광판

요즘은 서울 등 대도시 대형 건물 옥상에 LED 전광판이 많이 설치되어 있어 LED 전광판을 통한 광고도 불특정 다수인에게 좋은 홍보 수단이 되고 있다. LED를 통한 동영상 홍보물은 영상물 진행 속도가 너무 빠르거나 전달 내용이 너무 복잡하면 홍보 효과가 크게 떨어진다. 짧은 순간에 impact를 줄 수 있도록 최대한 요약하여 행인들이 순간적으로 인식할 수 있도록 영상물을 제작해야 하는데 이 역시 전문대행사에 의뢰하는 것이 좋다. 통상 동영상은 20초 광고물로 제작되며 24시간 노출한다. 당연 유동인구가 많은 교차로 부근의 LED 전광판을 이용해야 한다. 참가업체 모집 보다 참관객 유치용으로, 전문전시회 보다 일반전시회에서 많이 활용한다.

[유동인구가 많은 번화가에 설치된 LED 광고]

사. TV 및 라디오 광고

TV 및 라디오 광고는 홍보 효과가 매우 크나 비용이 많이 든다. 특히 TV 광고는 광고료가 너무 비싸 실제 TV 광고를 하는 전시주최자는 많지 않다. 라디오 광고는 20초를 기준으로 시간대에 따라 광고비 차이가 매우 크다. 20초 동안 광고 멘트를 최대한 축약하여 핵심 위주로 제작하며 전문 성우의 도움을 받아 녹음한다. 광고 멘트에는 전시회명, 기간, 장소, 전시품과 특성, 주최자 및 연락처를 포함시키되 전시회의 특징에 주안점을 두어 제작 한다. 통상 전시회 개최 1-2달 전부터 라디오 광고를 하는 것이 좋으며 광고비가 비싸더라도 출퇴근 시 뉴스 프로그램 전후로 광고를 하는 것이 효과가 크다.

[서울국제식품산업대전 라디오 광고 시나리오]

식품과 기술의 즐거운 하모니! 28년 전통의 서울국제식품산업대전이 5월 12일부터 15일까지 일산 킨텍스에서 코트라 주최로 개최됩니다. 원부자재부터 가공식품, 주방기기부터 위생 및 포장기계까지 40개국 2,000부스 규모! 식품산업의 모든 것을 한자리에서 만나보시기 바랍니다.

아. 신문 및 잡지 광고

신문도 메이저급 중앙지는 광고료가 매우 비싸다. 또한 중앙지도 발행부수와 신문의 지명도에 따라 광고료 차이가 크며 같은 신문, 같은 광고 규격[8]이라 하더라도 지면과 칼라냐 흑백이냐에 따라 광고료가 다르다. 참가업체 모집과 참관객 유치를 위한 광고로 나누어 게재하는 것이 좋다. 또한 최근에는 무가지에도 광고를 게재하는 전시주최자도 많이 생겨나고 있다. 참가업체 모집은 모집 착수 무렵에 광고를 게재하고 참관객 유치는 전시회 개막 1주일 전후에 게재하는 것이 좋다. 또한 전시품과 관련된 전문 잡지 광고 게재도 바람직하다. 이와 별도로 최근에는 인터넷 신문에 배너 광고를 게재하기도 하는데 가능한 비용이 들더라도 인터넷 신문 초기 화면 상단이나 좌우면에 광고를 게재하는 것이 바람직하고 배너 광고를 클릭하면 전시회 홈페이지와 바로 연결되도록 링크하는 것이 좋다.

8) 신문은 보통 37cm (가로), 15단 (세로)로 이루어져있다. 1단의 크기는 3.4cm이다. 따라서 4단 광고란 37cm × (3.4cm × 4단) 의 크기를 말한다. 광고 규격은 1면에 4단 밖에 없고 그 밖에는 5단, 8단, 10단, 전면광고 (15단 × 37cm), 양면 스프레드 (15단 × 76cm), 변형광고 (9단 × 21cm, 9단 × 27cm), 돌출광고 등이 있다. 신문 단가표는 매년 12월과 1월 사이에 나온다.

[신문 광고를 통한 전시회 홍보]

자. 대중교통 활용광고

지하철이나 버스 모서리형 포스터 광고를 활용하는 방안이다. 통상 전시회 개막 1달 전부터 이 광고를 실시한다. 최근에는 지하철이나 KTX에서 방송되는 열차 내 TV 광고를 활용하기도 한다. 또한 참관객들을 위해 셔틀버스를 운영하는 경우에도 버스 양측면에 홍보 배너를 설치한다.

[전시회 개최 관련 지하철과 버스 광고]

아울러 지하철이나 버스 차내 LCD 디스플레이를 통해 동영상으로 홍보하기도 한다.

[차내 LCD 디스플레이를 통한 전시회 홍보]

차. 해외 홍보

(1) 해외 홍보물 발송

해당 전시회 전시분야와 관련된 제조, 판매, 유통업체 및 바이어, 해외 관련 기관과 단체에 개최 안내서, 리플렛, 초청장을 DM과 E-mail을 통해 정기적으로 발송하고 아울러 코트라 해외무역관에도 홍보 자료를 보내 무역관내 바이어 상담실에 비치하거나 배포토록 한다. 또한 개최되는 전시회 주요 전시품목에 대한 국내 시장 규모와 전망에 관한 영문 자료를 무역관에 함께 송부하면 참가업체 유치에 많은 도움이 될 수 있다. 특히, 충분한 시간 여유를 갖고 코트라 무역관에 홍보물을 발송한다.

(2) 해외전시회 홍보부스 운영

세계적으로 유명한 유관 해외전시회에 홍보부스를 설치하여 참가업체와 참관객을 대상으로 국내전시회를 홍보한다. 이때 충분한 홍보물을 준비하여 비치하고 배포한다. 홍보 부스를 방문한 방문객의 명함을 반드시 수거토록 한다. 홍보 부스를 해당 해외전시회 주최 측과 상호 교환할 수도 있다.

[해외 유명 유관 전시회에 설치된 홍보부스]

(3) 종전 참관 바이어 대상 초청장 발송

전년도 전시회를 방문했던 해외참관객과 해외전시회 참가 시 홍보부스에 방문했던 해외바이어들을 대상으로 전시회 개최를 안내하는 초청장을 발송한다.

(4) 해외 주요 매체 광고

해외 유명 전문지 및 일간지 등 매체에 광고를 실시한다. 코트라 해외무역관을 통해 영향력 있는 매체와 광고에 따른 각종 정보를 수집할 수 있다.

[해외주요 매체를 통한 광고]

(5) 해외 에이전트, 해외 전시회 주최자 및 유관단체와 업무 제휴

전시회에 관한 전문적인 노하우와 많은 해외 에이전트를 보유하고 있는 전시마케팅회사와의 전략적 제휴[9]를 통해 해외 참가업체를 유치하도록 한다. 또한 해외 소재 전시회 주최자나 유관단체와의 업무 제휴를 통해 참가업체 및 참관객을 유치하기도 한다.

[세계적으로 유명한 전시마케팅 회사인 영국의 ALLWORLD사]

카. Press Release

전시회 개막 전과 개막 후, 언론을 상대로 보도 자료를 배포한다. 작은 전시회는 언론에서 잘 보도해주지 않지만 인지도가 있는 전시회나 특이한 전시회는 언론에서 다루어주기도 한다. 그러나 언론 보도는 어느 홍보 수단보다도 파급 효과가 크므로 평소 언론 기관과 친분을 유지한다. 언론 배포용 보도 자료에는 전시회 개요 (전시회명, 기간, 장소, 개최 규모, 부대행사 등), 특징 및 기대성과 등을 포함시킨다. (전시회 종료 후 보도 자료에는 참관객수 및 주요 예상 성과도 포함) 실제 언론에 보도된 자료는 잘 정리하여 차기 전시회 홍보시 이를 적극 활용한다.

---

9) 서울국제식품산업대전을 주관하고 있는 코트라는 2007년 영국의 올월드 (http://www.allworldexhibitions.com)과 전략적 제휴를 맺고 해외업체 유치에 많은 성과를 거두고 있다. 올월드는 '싱가폴 식품 호텔전'과 '상해 식품전' 등을 공동 주최하고 있는 전시마케팅회사로 34개국에 에이전트를 두고 해외 유명 식품업체들을 전시회에 유치하고 있다. 코트라와 올월드는 각각 유치 담당 대상국들을 구분하여 담당 국가들에서 각자 유치 활동을 하고 있다.

<2012년 서울국제식품산업전 보도자료>

30돌 맞은 서울푸드, 사상 최대규모로 개최

– 43개국 1,200개사 참가, 아시아 3대 식품전시회 부상 –
– 쉐프 토크콘서트, 바리스타 커피 대회 등 다양한 볼거리 제공 –

우리나라 최대 식품 전시회며 아시아 3대 식품전인「2012 서울국제식품산업대전(Seoul Food 2012, 이하 Seoul Food)」이 5월8일부터 5월11일까지 KOTRA(사장 오영호) 주최로 KINTEX에서 개최되었다.

이날 개막식에는 홍석우 지식경제부장관, 서규용 농림수산식품부장관, 오영호 KOTRA 사장 등 주최 측 주요 인사 외에 마렉 스비키 폴란드 농수산부 장관, 프란츠 피슬러 전 EU농림수산부 장관, 독일, 스페인, 프랑스, 콜롬비아 대사 등 100여명의 주한외교사절이 대거 참석하여 한국식품과 가공기술에 높은 관심을 보였으며, 각국의 식품을 한국에 수출하기 위한 홍보에 열을 올렸다.

올해로 30회째를 맞는 Seoul Food에는 43개국 1,200개사의 기업이 대거 참가하여 사상 최대 규모로 개최된다. 아울러 이번 Seoul Food는 농림수산식품부가 주최하는 대한민국식품대전(Korea Food Show)과 함께 개최됨으로써 전체 개최면적이 90,000㎡를 넘어서게 되어 명실공히 아시아 최대 식품전시회로 도약할 발판을 마련하였다.

KOTRA는 이번 Seoul Food 기간 중, 81개국 119개 해외 무역관을 통하여 3,000명이 넘는 바이어를 유치하였다. 5월9일에는 Global Food Plaza 수출상담회를 개최하며, 식품유통 및 식품기계분야의 대형 바이어들과 Seoul Food 참가기업 간에 1,500여건에 이르는 상담을 추진하여 3억불 이상의 수출상담 결과를 거둘 것으로 예상하고 있다.

올해 Seoul Food에서 가장 주목할 전시회는 서울국제조리학교&학원전(Seoul Int'l Culinary Academy 2012)이다. 프랑스의 르 꼬르동 블루(Le Cordon Bleu), 이탈리아의 일꾸오꼬 알마(ILCUOCO ALMA), 숙명 아카데미 등 국내외 유명 조리전문학교와 학원이 참가하여, 조리사 양성 프로그램에 대한 설명을 직접 들을 수 있는 국내 최초 전시회로서, 요리사의 꿈을 가진 청소년, 취업을 앞두고 있는 학생들에게 다양한 진로를 소개한다.

또한 푸드TV 주관으로 샘 킴, 최현석 등 유명 쉐프들과의 진솔한 이야기를 들을 수 있는 쉐프 토크 콘서트가 MC박수홍의 사회로 진행되며, 조리학교 및 학원들의 쿠킹콘서트, 주니어 요리대회,

국가대표 바리스타 선발대회 등 다채로운 이벤트가 열릴 예정이다. 한편 KOTRA는 식품산업 마케팅을 위한 SNS 활용방안, 소매유통 식품 PB 전망 및 발전방안 등 다양한 세미나를 개최하여 Seoul Food를 통해 식품업계 기업 및 참관객들에게 전시회의 즐거움과 유익한 정보를 선사하게 된다.

Seoul Food는 지난해 총 4만3천명의 참관객을 동원했으며, 올해 30주년을 맞아 KINTEX 제2 전시장까지 확대되어 국내외 약 6만 명의 참관객이 전시장을 찾을 것으로 기대된다. KOTRA는 올해도 서울국제식품산업대전 입장료 수입을 Save the children, 푸드뱅크에 기탁하여 결식아동, 독거노인들에 무상급식을 지원함으로써 음식을 통한 사회봉사 활동을 지속 이어갈 계획이다.

오영호 KOTRA 사장은 "국가를 알릴 수 있는 효과적인 방법은 첫 번째가 상품, 두 번째가 문화 그리고 마지막이 음식이라고 했다." 라고 밝히며, "올해로 30주년을 맞이하는 Seoul Food가 우리 식품산업의 과거와 현재를 돌아보고, 앞으로 다가올 미래 세계시장에서 우리의 식품 및 기술의 우수성을 알릴 수 있는 계기가 되기를 희망한다." 라고 강조했다. 끝.

10. 추진 일정

전시회는 기획부터 개최 및 종료까지 거의 1년이 걸리는 장기 프로그램이기 때문에 추진 일정을 수립하고 수시로 진행 상황을 체크하여야 한다. 전시회 기간과 장소가 확정된 후, 전시회 준비 착수에서부터 종료까지 추진 일정 예시를 보면 다음과 같다.

<예시 : 2012 서울국제식품산업대전 추진일정>

※ 참가업체 전시장 입출입 시간: 08:00~17:30 / 2012.5.8(화) ~ 10(목)
08:00~21:00 / 2012.5.11(금) ~ 철거 시 까지

전시기간 : 2012.5.8~5.11

기간		구분	진행사항	일시	비고
2011년	7월	2011 전시회 결과	- SEOUL FOOD 2011 결과보고서 발송	7월 중순	
	8월~10월	전시회참가신청/ 조기할인마감	- SEOULFOOD 2012 홈페이지 오픈 - 전시회 참가 온라인 신청 시작 - 2012 전시회 참여 여부 최종 결정 - 참여 결정 확정 시 예산 계획 수립 - 부스 임차료 조기할인10% 마감 (부스 임차료 50% 납부 업체에 한해 할인)	~10월 말까지	
2012년	1월	기관별 예산 지원	- 기관별(지자체, 기관, 협회 및 단체 등) 2012 전시회 신청 업체 참가비 지원 프로그램 수시 확인	소속 기관 홈페이지 및 직접 컨택을 통한 지원 여부 확인	

기간	구분	진행사항	일시	비고
	참가신청 1차 마감	- 전시회 온라인 신청 및 부스 임차료 완납 - 조기할인 기간 신청 업체 잔금 납부	1월 말	1차 부스배치 마감
2월	참가신청 2차 마감	- 추가 전시회 온라인 신청 마감 및 부스 임차료 완납	2월 말	2차 부스배치 마감
3월	각종 양식	- 디렉토리 신청 마감	3월 말	홈페이지내MyPage를통한 온라인신청
		- 기술지원온라인 신청 마감 (신청과 동시 비용 납부)	3월 말	
		- 참가업체 상주자 출입증 온라인 신청 마감	3월 말	
		- 참가업체상호간판 온라인 신청 마감 (조립부스한)	3월 말	
		- 각종 양식제출 마감	3월 말	독립부스 시안 제외
	대외 홍보	- 참가업체 대상 무료 초청장 발송	3월 중순	
		- 부스 배치최종 확정	3월 말	3차 부스배치 마감
		- 참가업체협력업체 대상 및 자사 바이어 리스트 구축 후 초청장 발송	3월 말	
		- 최종 전시품Line-up 확정	3월 말	
		자체 독립부스 시공업체 디자인 시안 제출	3월 말	
		- 참가업체 대상 사전설명회 개최 (참가업체 매뉴얼 배포)	3월 말	
4월	최종 업무 체크	- 독립부스 시공업체 시안에 기술지원 신청 사항 표기하여 제출	4월 중순	급배수, 압축공기, 인터넷
		- 참가업체 자체 업무 분담 매뉴얼 작성	4월 중순	
		- 전시회 최종사전 체크 사항 검토	4월 중순	
		- 전시품 및 각종 비품 운송 계획 최종 검토 (전시품 해외에서 통관시 2개월 전 진행 요망)	4월 중순	
		- 전시 비품 렌탈 및 인력 모집 완료	4월 중순	
		- 신청 양식 및 모든 점검 사안에 대한 수정/변경 최종 확인	4월 중순	
5월	장치공사	- 고객지원센터 설치 완료 (기술지원 및 각종 행정지원)	5월 5일(토)	2홀, 4홀, 7홀
		- 독립부스 장치	5.5(토)~7(월) / 09:00~21:00	
		- 독립부스 전시품 반입	5.6(일)~7(월) /12:00~	
		- 조립부스 참가업체 전시품 반입	5.7(월)/ 09:00~	
		- LNG 사용 전시품 반입	5. 5(토)까지	
		- 중량 전시품 반입 완료	5.7(월)/ 12:00까지	
		- 지게차 사용 마감	5. 7(월)/14:00까지	
		- 전기, 급배수, 압축공기, 인터넷, 전화 연결	5. 7(월)/ 14:00~21:00	
		- 업체별 임대 가구 및 집기류 세팅 완료	5.7(월)/ 18:00	
		- 등록시스템, 인포데스크, 디렉토리 판매처, 바이어라운지, 비지니스센터, 휴게소 설치 완료	5. 7(월)/21:00	
	화물 하역장	- 장치 기간 화물 하역장 게이트 1~8홀 모두 개방 (화물 하역장을 통해 전시장 내 차량 진입 가능 단, 화물차와 승합차 한)	5. 7(월) / 14:00까지 차량 진입 바닥 카페트 설치 위해 시간 엄수	반입시에만승합차 진입가능
		- 장치 기간 동안 화물차 2.5톤 이상 / 3시간 무료 2.5톤 이하, 승합차 1시간 무료	5.5(토)~7(월) / 09:00~21:00	미정
		- 전시회 마지막 날(11일), 17:40 출구 개방	5. 11(금) / 17:40	

기간	구분	진행사항	일시	비고
		- 철거 기간은 승용차 및 승합차의 진입 전면 금지(혼란 최소화)	5. 11(금)/ 17:40	화물차 등록 차량만 진입 가능
		- 지게차 무료 사용(2~3홀 하역장 및 7~8홀 하역장 사무실에서 신청서 작성 후 선착순으로 사용)	5. 5(토) ~ 6(일)/ 09:00~21:00 5. 7(월) / 09:00~14:00 5. 11(금) / 17:40~21:00 5. 12(토) / 09:00~17:00	
	주차	-	-	미정
	전시장 로비	- 등록시스템 6곳, 인포데스크 4곳, 디렉토리 배포 3곳, 매표소 4곳, 각 출입구 부스 배치 현환판 각 1조씩 배치		전시장 1~8홀
	회의실	- 참가 업체 중 전시 가간 동안 세미나 요청 시 선착순으로 회의실 무료 임대	킨텍스 2, 3층	
	바이어 라운지	- 전시장 내 1곳 설치(PC 2ea, 인터넷 라인 10ea, Print 1ea, 통역, 상담 테이블 세트 13ea, 무료 카페 운영)		
	비지니스센터	- 전시장 내 3곳 설치(PC10ea, 인터넷 라인 12ea, Fax 1ea,Print 1ea, 복사기 1ea, 통역, 정수기, 테이블 세트, 부스 현황판)		제1전시장, 2전시장
	휴게소	- 전시장 내 4곳 설치 (테이블 세트, 부스 현황판 제공)		
	고객 지원 센터	- 전시 기간 동안 전시장 내부 참가업체 및 참관객을 위한 모든 서비스를 제공하는 센터		2홀, 4홀, 7홀 입구 안쪽
	주최자 사무실	- 1주최자 사무실 : 등록업체/2주최자 사무실 : 배포물 배포처 3주최자 사무실 : 코트라 5주최자 사무실 : 국제관 Allworld 6주최자 사무실 : 코트라 7주최자 사무실 : 코트라 8주최자 사무실 : 코트라		미정
	주최측 서비스	- 2, 4, 7홀 주최자 사무실 옆 고객지원센터 설치 (현장 기술지원 신청)	5. 7(월) / 14:00까지	
		- 출입증, 디렉토리, 기념품, 쇼핑백, 주차권, 전시일정, 쇼가이드, 설문지 5. 6(일) ~ 7(월)		
		- 참가업체 출입증 현장 신청 / 2~3홀 로비, 7~8홀 로비		
		- 전시장 보안을 위한 보안 업체 전시기간 24시간 경비		
		- 대인대물 보험 가입		
		- 셔틀버스 운행(추후 홈페이지 공지)	5.8(화)~11(금)	
	개막식	- 전시장 3홀 앞	5.8(화)/11:00	미정
	철거	- 전시회 종료	5.11(금) 17:00	
		- 기술지원서비스 공급 중단 (전기, 급배수, 압축공기, 가스, 인터넷, 전화)	5. 11(금) / 17:40	
		- 전시품 반출	5. 11(금) / 17:40 5. 12(토) / 09:00~17:00	
6월	결과	- 결과보고서 제작 및 감사장 발송	6월 중	

참고로 국제전시주최자협회 (IAEE)에서 제시한 전시회 홍보 플랜은 다음과 같다.

〈무역전시회 홍보 플랜 샘플〉

시기	홍보 활동 내역
52 주전	• 전시회 종료 시 다음 전시회의 홍보 포스터 • 홈페이지 및 웹사이트에 다음 전시회 홍보 • 각종 중요 산업 관련 웹 사이트에 내년 행사 내용 소개
40 주전	• 각종 산업 전문 잡지/신문 등에 보도 기사 게재 • 각종 전시 관련 사이트 및 산업 관련 사이트에 배너 게재 등 홍보
24/30 주전	• 각종 언론 PR • 각종 중요 전문 잡지/신문 등에 광고 게재
21 주전	• 신규고객 확보를 위한 DM 발송 : 참관객 대상 • 참관객 대상 스폰서 기업을 통한 전시회 홍보 • 지난 참관객 대상 E-mail을 통한 초청장 발송
15 주전	• 2차 DM 발송 • 2차 eDM 발송 • 각종 미디어에 PR 활동
10 주전	• 최종 DM 발송 • 최종 eDM 발송 • 참가업체에게 무료 초청장 발송 - 참가업체를 통한 전시회 홍보
6 주전	• TM을 통한 홍보
4 주전	• 참가업체를 통한 전시회 홍보 • 각종 관련 매체에 광고
2/3 주전	• 이번 전시회의 특별한 소식을 담은 각종 보도자료 배포 • 온라인을 통한 각종 홍보
1 주전	• Media Day • Opening Day • Media reception (기자간담회), grand opening

출처 : CEM of IAEE

11. 설비 및 비품 임대 계약

가. 전시 장치

전시회에서 가장 중요한 전시 부스를 디자인하고 설치 및 철거하는 계약이다. 과거 다양한 전시 수주 경험, 시공 실적과 인력 및 장비 보유 현황, 자본금 등 재무 상태를 파악한 후, 세련된 디자인과 우수한 자재 등을 제공할 수 있는 복수 장치업체들을 대상으로 과업 설명회와 장치업체의 Presentation을 거쳐 선정한다. 전시주최자가 자체적으로 선정할 수도 있고 전시회나 디자인 관련 전문가를 초빙, 선정 위원회를 구성하여 선정할 수도 있다. 저가 위주의 시공사로 선정하면 전시 부스가 부실해질 우려가 있으므로 품질 (디자인과 자재)과 시공에 따른 견적을 동시에 고려하여야 한다. 통상 처음 개최된 전시회의 장치업체에게 계속 의뢰하는 경우가 많으므로 첫 전시회 때 장치업체를 잘 선정해야 한다.

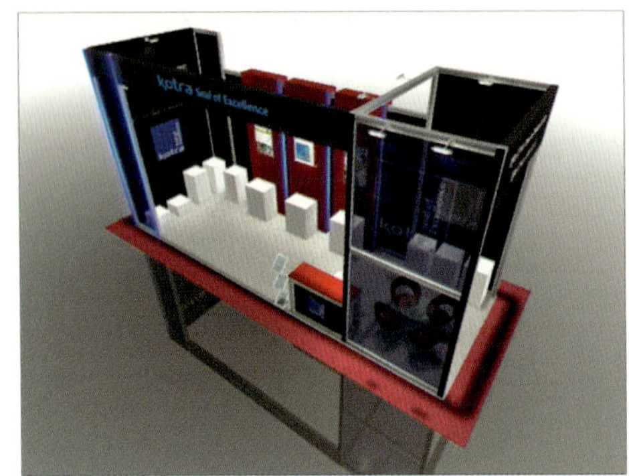

[다양한 시안을 보고 전시 장치업체를 선정한다]

최근 부스 시스템 방식으로는 뉴트러스 시스템, 이지우드 시스템, 목공 부스 등이 있으며 각 특징과 장점을 살려 선택하도록 한다.

① 뉴트러스 시스템

뉴트러스 시스템은 트러스 부스의 리뉴얼 제품으로 알루미늄 소재를 사용하여 기존 제품에 비해 가벼운 것이 특징이다. 은색 무광택 마감과 화이트 조명을 사용하여 깔끔하고 모던한 이미지를 연출할 수 있다.

② 이지 우드 시스템

이지 우드 시스템은 조립식 우드 시스템 부스로 고급 인테리어 자재인 호마이카를 외부 마감재로 사용하여 목공 부스보다 품격 있는 전시 연출이 가능하다. 기존 목공 부스에 비해 가격도 경제적인 친환경 시스템 부스이다. 화려한 조명으로 비주얼에 임팩트를 주어 시선 집중도가 뛰어나다.

③ 목공 부스

목공 부스는 다양한 형태로 제작이 가능하며 고급스러운 부자재들을 쉽게 활용할 수 있어 부스의 품격을 한 단계 더 높인 것이 특징이다. 고객이 요구하는 컨셉에 맞는 부스 제작을 할 수 있다는 것이 가장 큰 장점이며 전시회 부스, 기업 홍보관 등 다양한 용도로 제작된다.

나. 가구 비품

조립식 부스는 전시주최자가 전시 장치 계약사를 통해 기본적인 집기를 제공한다. 그러나 독립식 부스는 물론이고 조립식 부스로 참가하는 기업들도 경우에 따라서는 추가 가구나 비품을 임대하는 경우도 있다. 각 전시장 마다 등록된 임대업체들을 소개하거나 이용한다. 임대업체 홈페이지에서 비품별 종류와 가격 그리고 가구 부스 배치도와 렌탈 신청서 양식을 볼 수 있다.

[전시회에서 자주 렌트하는 진열대]

다. 카펫, 파이텍스

전시장에서는 카펫이나 파이텍스를 주로 사용한다. 전시장용 카펫은 파이텍스를 타일처럼 가공한 제품으로 시공이 간편하고 부분 보수가 용이하다. 파이텍스는 표면에 엠보싱 가공이 되어 있으며 더욱 고급스러워 보인다. 카펫이나 파이텍스 업체 선정 시에도 시공 경험이 많은 업체 중에서 선택하도록 하며 방염 처리 여부도 확인한다. 일반적으로 전시장 바닥은 붉은색 파이텍스로 부스 내부 바닥은 회색 카펫을 가장 많이 사용한다.

• 카펫

[회색] [청색] [핑크]

• 파이텍스

[빨간색] [녹색] [회색]

[바닥 카페트 및 통로바닥 부스번호 표기 시트]

이외 전기시설, 가스, 급배수/Air, 지게차, 조명에 대해서도 계약을 체결한다.

[전시회의 조명 처리]

[전시장 지게차]

12. 운송·통관, 보세설령, 부보 및 전시품 반입·반출

가. 운송 통관

해외참가업체들을 위하여 전시장 지정 공식 운송 업체 중 선정한다. 원활하게 통관하여 정해진 시간 내[10]에 전시품을 전시장까지 안전하게 배달해 줄 수 있는 시스템이 갖추어져 있는지를 확인한다. 특히, 해외참가업체의 전시품이 통관되기까지의 절차와 필요한 서류 등을 파악하여 해외참가업체들에게 공지하여야 한다. 일반적으로 해외참가업체 전시물품의 운송 통관 절차는 다음과 같다.

10) 원활한 전시품 통관, 운송 및 전시장내 반입을 위해 항공 화물 인천공항 도착 마감일은 반입 요청일 4일전, 해상 화물 부산항 도착 마감일은 반입 요청일 7일전으로 정한다.

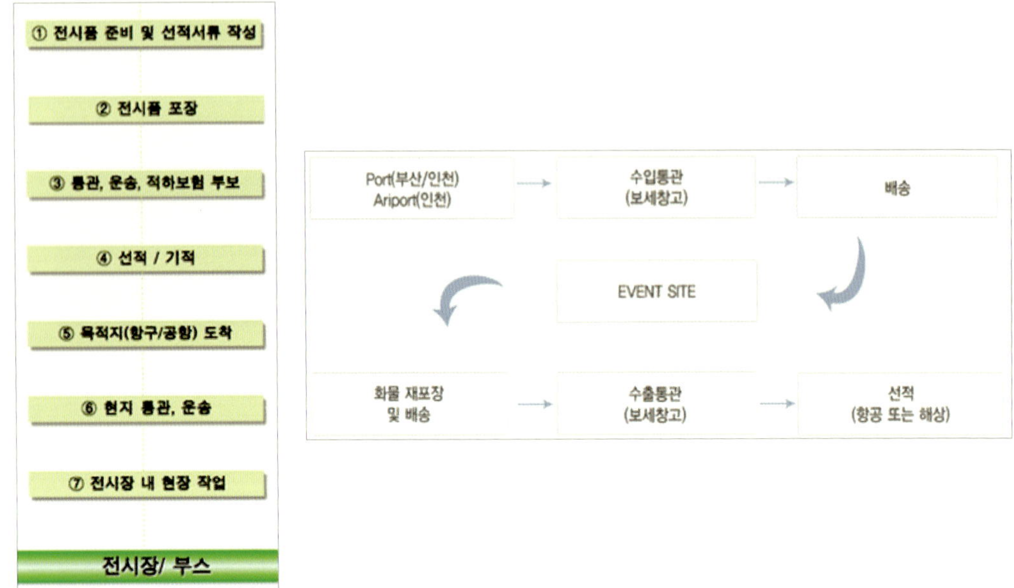

[전시화물 운송 통관 과정]

해외전시업체가 국내통관을 위해서는 해상선하증권 (B/L) 또는 항공송장 (AWB) 사본 1부, 상업송장 (Commercial Invoice) 사본 1부, 포장명세서 (Packing List) 사본 1부, 보험증권 (Insurance Policy) 사본 1부가 필요하며 해상화물의 경우, 모든 선적서류의 원본 또는 surrender 된 Bill 사본을 선적품의 부산항 도착 3일전까지, 항공화물의 경우에는 모든 서류의 복사본을 선적품의 인천공항 도착 전에 FAX로 선정 통관업체에게 보내도록 안내한다.

나. 특허보세구역 설치

국내외 참가업체의 원활한 전시물품 보관을 위해 전시회 개최 전후로 8일 내외 기간 중 전시장 보세 구역을 설치 운영한다. 통상 전시회 개최 1달 전에 구비서류와 신청수수료를 갖추어 세관에 신청한다.

[별지 제1호 서식]

<table>
<tr><td colspan="4">특허보세구역설치·운영특허(갱신)신청서</td><td>처리기간
10 일</td></tr>
<tr><td rowspan="3">신청인</td><td>①법 인 명 칭</td><td>대한무역투자
진흥공사(kotra)</td><td>②사 업 자
등 록 번 호</td><td>120-82-00275</td></tr>
<tr><td>③주 소</td><td colspan="3">서울시 서초구 헌릉로 13</td></tr>
<tr><td>④대 표 자</td><td>XXX</td><td>⑤주민등록번호</td><td></td></tr>
<tr><td rowspan="9">신청내역</td><td>⑥보세 구역 명칭</td><td>킨텍스</td><td>⑦종 류</td><td>보세전시장</td></tr>
<tr><td>⑧소 재 지</td><td colspan="3">경기도 고양시 일산서구 대화동 2306</td></tr>
<tr><td>⑨건물등 시설구조,
수, 면적</td><td colspan="3">킨텍스 전관(53,541m²)</td></tr>
<tr><td>⑩설 비
수 용 능 력</td><td colspan="3"></td></tr>
<tr><td>⑪장치·보관, 전시,
건설물품 종류</td><td colspan="3">농·수·축산 가공식품, 식품가공기기, 위생기기, 포장기기 등</td></tr>
<tr><td>⑫작업의원재료</td><td colspan="3"></td></tr>
<tr><td>⑬설치·운영의목적</td><td colspan="3">2011 서울국제식품산업대전(SEOUL FOOD 2011)</td></tr>
<tr><td>⑭운 영 기 간</td><td colspan="3">2011. 4. 23(토) - 4. 30(금), 8일간</td></tr>
</table>

관세법 제174조 및 동시행령 제188조의 규정에 의하여 위와 같이 특허보세구역을 설치·운영하고자 신청합니다.

2011 년 4 월 4 일

대한무역투자진흥공사 사장 XXX(인)

세 관 장 귀하

구비서류 : 후면참조	수 수 료
	45,000원

[별지 제1호서식 후면]

1. 보세창고 신규의 경우

1) 법인 등기부등본 1통
2) 금융기관 또는 공인감정기관의감정 평가서(개인의 경우) 1통
3) 부동산등기부등본 1통
4) 임원의 인적사항 각1통
5) 납세증명서 1통
6) 소방시설완공필증(신축건물에 한함) 1통
7) 전기사업법 제34조 및 제37조 규정에 의한 정기(사용전)검사필증 1통
8) 건축물대장사본 1부
9) 보세구역 도면 및 부근위치도 1부

2. 보세창고 갱신의 경우

1) 법인등기부등본 1통
2) 부동산등기부등본 1통
3) 납세증명서 1통
4) 전기사업법 제34조 및 제37조 규정에 의한 정기(사용전)검사필증 1통
5) 건축물대장사본 1부
6) 소방시설 완비여부 1부.

*1)-2) 및 5)은 변경이 있는 경우에 한함

3. 보세건설장의 경우

1) 법인등기부등본 1통
2) 보세구역도면 및 부근위치도 1부
3) 공사계획서 1부
4) 도입 시설재 명세서 1부

4. 보세전시장의 경우

1) 법인등기부등본 1통
2) 보세구역 도면 및 부근위치도 1부
3) 사업계획서 1부

<서울국제식품산업대전 특허보세구역 특허장>

특허번호 : 01731124

특 허 보 세 구 역 특 허 장

운영인	① 법 인 명 (성 명)	대한무역투자진흥공사(KOTRA)			
	② 사업자등록번호	120 - 82 - 00275			
	③ 주 소	서울시 서초구 헌릉로 13			
특허내역	④ 보세 구역 명 칭	(한글) 2012 서울국제식품산업대전 (영문) SEOUL FOOD 2012		종 류	보세전시장
	⑤ 대 표 자	오 영 호	생 년 월 일	1952. 6.25.	
	⑥ 소 재 지	경기도 고양시 일산서구 한류월드로 408 주식회사 킨텍스			
	⑦ 건물 등 시설·구조 수면적	철근 콘크리트/철골, 철근 콘크리트/철골조 (킨텍스 제1전시장 1홀 ~ 5홀 53,541㎡, 제2전시장 7A홀 5,645㎡) 합계 59,186㎡			
	⑧ 설비 수용 능력				
	⑨장치전시건설 물품종류	농수축산가공식품, 식품가공기기, 위생기기, 포장기기 등			
	⑩작업의 원재료				
	⑪ 설치·운영의 목적	「2012 서울국제식품산업대전」개최			
	⑫ 특 허 기 간	2012. 5. 5. ~ 2012. 5.12.(8일간)	⑬최초특허일자	2012. 4 27.	
	⑭ 특 허 조 건	1. 전시장내에 반출입하는 물품에 대하여는 세관장에게 신고하여야 합니다. 2. 판매용품, 증여용품 및 오락용품은 반드시 수입신고수리 후에 사용하여야 합니다. 3. 관세법 및 관계법규와 세관장이 발하는 제반명령을 준수하여야 합니다.			

「관세법」 제174조, 같은 법 시행령 제188조 및 「특허보세구역운영에관한고시」 제6조에 따라 보세구역을 특허합니다.

2012년 4월 27일

파 주 세 관 장

다. 부보

전시주최자는 전시기간 중 참관객에게 발생할 수 있는 사고에 대한 대비와 전시 장치기간 및 철거기간 중 전시회 장치도급업체로 인해 일반인에게 발생할 수 있는 사고에 대비하여 배상책임 보험에 가입한다. 시설소유자 배상책임 보험기간은 전시회 기간 중으로 하고 도급업자 배상책임기간은 장치일로 부터 철거일까지로 한다. 보상한도는 보험회사와 협의하여 결정한다.

〈2011 서울국제식품산업대전 보상한도〉

시설보유(관리)자 배상책임	도급업자 배상책임
• 보상한도액 - 대인사고 : 1인당 1억원, 1사고당 10억원 (구내치료비특약 2백만원, 1사고당 4천만원) - 대물사고 : 1사고당 5천만원 • 자기부담금 : 10만원	• 보상한도액 1인당 1억원, 1사고당 10억원 • 자기부담금 : 1사고당 30만원

라. 반입 반출

혼잡을 피하기 위해 독립식 부스는 전시회 개막일 이틀 전 부터, 조립식 부스는 하루 전 부터 반입토록 한다. 전시품은 화물 하역장을 통해 반입토록 하고 반입기간 중 화물차와 승용차에 한해 전시장 내부 출입을 허용한다. 또한 주최자가 제공하는 화물차는 신청 순서에 따라 사용토록 한다. 특히, 화재, 폭발 등의 위험성이 있는 전시품 및 물품은 소정 양식에 의거하여 주최자로 부터 사전 승인을 받은 후 반입을 허용한다.

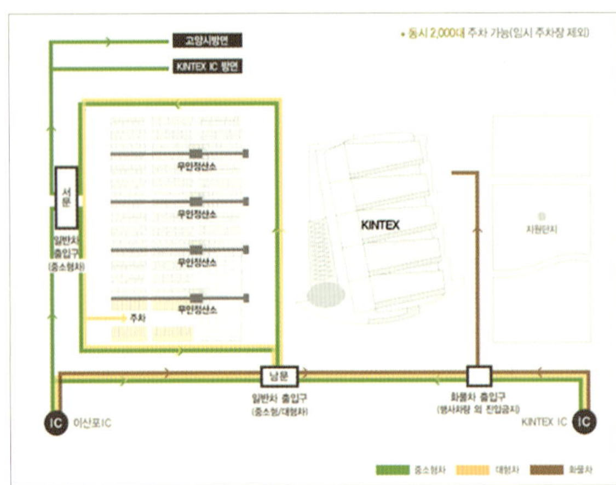

[KINTEX 화물 하역장 가는 길 및 외부]

13. 용역 계약

전시회 개최 시 외주 용역을 의뢰해야 하는 부분은 경비, 청소, 매표, 등록 및 접수, 개막식 행사 및 안내 분야이다. 이들 분야에 대한 용역 의뢰는 전시회가 개최되는 전시장에 등록 된 협력업체 중에서 선정해야 한다.

가. 경비

전시회 도중 전시품이 훼손되거나 도난당하는 경우가 종종 있다. 전시회 기간 중 당일 행사 종료 후 참가업체들이 모두 퇴장한 다음 발생하는 경우가 가장 많다. 이러한 사고를 예방하기 위해 경비 용역사에 의뢰하여 충분한 경비를 배치하여야 한다. 해외에서는 테러 방지를 위해 전시장 입구에 검색대를 설치하는 경우가 많다.

[전시회 경비원 및 보안장비]

나. 청소

전시장은 한정된 공간에 많은 사람들이 모이기 때문에 쓰레기가 많이 나온다. 쾌적한 분위기에서 상담과 관람을 할 수 있도록 전시장 곳곳에 휴지통을 설치하고 수시로 쓰레기를 수거하며 전시장을 청소할 수 있도록 청소 용역을 의뢰한다. 특히, 전시회 기간 중 당일 전시회가 종료되면 전시장 전체를 깨끗하게 청소하여 다음날 상쾌한 기분으로 전시회를 개장할 수 있도록 청소에 만전을 기한다.

[청소차로 전시장을 청소하면 청결한 전시장을 유지할 수 있다]

다. 매표

유료 입장 전시회인 경우, 전시장 입구 부근에 매표소를 설치 운영한다. 매표를 대행해 주는 회사에서는 입장권 발권과 수거 업무를 수행하며 전시회 기간 중 매일 판매 현황을 주최자에게 보고한다.

[입장권 판매소와 입장권]

라. 등록 및 접수

신속하고 친절하게 참관객 등록 및 접수 업무를 수행할 수 있는 대행사에 의뢰한다. 최근 전시회 등록 접수 시에는 종전 명함대신 편의와 기능을 보완한 참관객 데이터 관리시스템 (VDMS : Visitor Data Management System)을 활용하는 경우가 많다. 전시장 입구에서 정보가 저장된 전자명함을 발급 받은 참관객이 부스에 설치된 「전자명함 리더기」에 대기만 하면 참관객의 정보가 저장되며 저장된 참관객의 정보는 전시주최자와 참가업체에게 빠르고 정확하게 제공된다.

[전자명함을 활용한 등록 접수]

전자명함이 아닌 일반 출입증을 발급하는 경우에는 출입증을 목에 걸 수 있도록 비닐 커버를 충분히 준비한다.

[전시회 출입증 및 비닐 커버]

마. 개막식 및 안내 도우미

전시장내 설치될 안내데스크 운영과 개막식 행사를 지원할 도우미도 전문 이벤트 회사를 통해 채용한다. 필요 인원, 복장, 행사 비품 등은 이벤트 회사에서 일괄 제공한다. 그러나 전시회 주최 측에서도 도우미들에게 행사 내용과 각 도우미가 담당할 업무에 대한 사전 교육을 실시하는 것이 좋다.

[전시회에서 도우미의 역할이 점차 강조되고 있다]

14. 코트라를 통한 해외참가업체 및 바이어 유치 방안

가. 코트라의 전시회 지원 업무 강화 계획

100개 이상의 해외무역관을 보유하고 있는 코트라를 통해 해외참가업체와 바이어를 유치하는 것은 가장 바람직한 방안이다. 코트라는 2012년부터 뉴욕, 프랑크푸르트, 베이징, 도쿄 및 두바이 등 5개 지역에 전시업무를 전담하는 본사 파견 직원을 상주시켜 국내전시회에 해외업체 참가 및 해외바이어 유치 업무를 지원하고 있으며 2013년 부터는 9개 전 지역본부로 전시전담관 파견을 확대할 예정이다. 이와 별도로 2012년부터는 LA, 상하이, 홍콩 및 호치민 등 12개 무역관에 전시업무를 직접 수행하는 현지 채용직원으로 전시 전담요원을 배치하고 2013년 부터는 30개 무역관으로 확대할 계획이다.

〈전시전담관과 전담요원 주요 담당업무〉

구분	전담관		전담요원	
운영 시기 설치 지역	'12년	북미(뉴욕), 유럽(프랑크푸르트), 중국(베이징), 일본(도쿄), 중동(두바이)	'12년	뉴욕, 프랑크푸르트, 베이징, 도쿄, 상하이, LA, 홍콩, 타이베이, 광저우, 하노이, 호치민, 방콕
	'13년	전 지역본부로 확대	'13년	총 30개 무역관으로 확대
담당 업무	• 코트라 본부 전시사업의 기획, 조정, 평가 • 전시정보 수집, 보고 • 관할지역 해외전시회 참가 지원 • 국내전시회 참가업체, 바이어 유치 • 관할지내 전시 유관기관 협력사업 • 전시 전담요원 관리 • 기타 전시관련 제반 업무		• 전시정보 수집, 보고 • 해당무역관 해외전시회 참가 지원 • 국내전시회 참가업체, 바이어 유치 • 전담관 업무 지원 • 기타 전시관련 제반 업무	

나. 코트라와 공동주관 전시회로 선정되는 경우

코트라의 국내전시회 공동주관사업 운영지침은 매년 조금씩 변경되기 때문에 코트라 담당부서와 협의를 거쳐 최종 선정된 후 협약을 체결해야 한다. 코트라에 대한 바이어 및 참가업체 유치 인센티브는 기본적으로 표준협약서에 의거 책정하되, 사업성격에 따라 논의 후 확정된다. 협약이 체결되면 코트라는 해외조직망을 통해 해당 전시회 품목에 부합하는 바이어 DB를 전시주최자에게 제공하기도 한다. 전시주최자는 제공된 바이어 DB를 활용하여 전시회 홍보용 e-news letter를 발송할 수 있다.

〈2009년 – 2011년 코트라 국내전시회 공동주관 기여 현황〉

구분	2009년	2010년	2011년
공동주관 전시회수	26	17	21
해외참가업체수	259	155	73
참관바이어(개사)	1,912	1,340	1,255
참관바이어(명)	2,255	1,983	1,619

(1) 참가업체 유치

코트라 해외조직망 주재국에 맞는 언어로 제작된 참가업체 모집용 브로슈어를 최소 전시회 개최 6개월 전까지 발송한다. 코트라와의 협약에 따라 다소 차이가 있지만 코트라가 유치한 참가업체에 대해서는 부스 임차료의 20-30%를 인센티브로 코트라에 지급한다. 통상 무료 부스로 참가하는 경우에는 인센티브를 지급하지 않으며 종전 코트라 해당 무역관이 유치했던 해외업체가 재 참가시에는 10%만 인센티브로 지급한다. 그러나 이러한 인센티브 지급 방식은 매년 조금씩 변경될 수 있다.

(2) 참관 바이어 유치

전시주최자는 코트라가 유치한 바이어에 대해서 보통 1개사 당 최대 2-3박의 호텔 숙박비를 지원하며 투숙호텔과 전시장간 셔틀버스 운행 서비스도 제공한다. 또한 매출액 기준으로 글로벌 바이어, 유력 바이어, 일반 바이어로 구분하여 지역별로 한도액 범위 내에서 국제 노선 항공임을 차등 지원하기도 한다. 그러나 지방에서 개최되는 전시회의 경우, 국내 항공임 또는 철도/고속버스 요금은 바이어 구분 없이 전액 지원하는 경우가 많다. 코트라에 대해서는 전시장에 등록 확인된 바이어를 기준으로 지역에 따라 일정액의 인센티브를 제공하며 이와 별도로 전시주최자는 코트라가 참가업체 및 참관바이어를 일정 수 이상 유치하면[11] 해당 무역관 직원의 BTG (Business Tour Group) 인솔 경비를 지원한다. 인솔 경비는 코트라 여비 규정을 적용하며 중남미, 중동 아프리카 지역은 최대 5박 6일, 기타 지역은 최대 4박 5일을 지원하는 것이 통례이다. 코트라 해외무역관에 바이어 유치를 요청할 경우, 전시회 안내와 참관 바이어에 대한 인센티브 정보가 수록된 안내서를 해외무역관에 제공하는 것이 좋다.

11) BTG는 Business Tour Group의 약자로 일정 수 이상의 바이어 (통상 5-7개사 이상)를 유치하는 경우, 전시회 주최측에서 코트라 해외무역관 직원이 바이어들을 인솔해서 참가할 수 있도록 해당 직원에게 항공임 포함 출장 경비를 지급하고 출장비는 코트라 여비 규정을 준용한다.

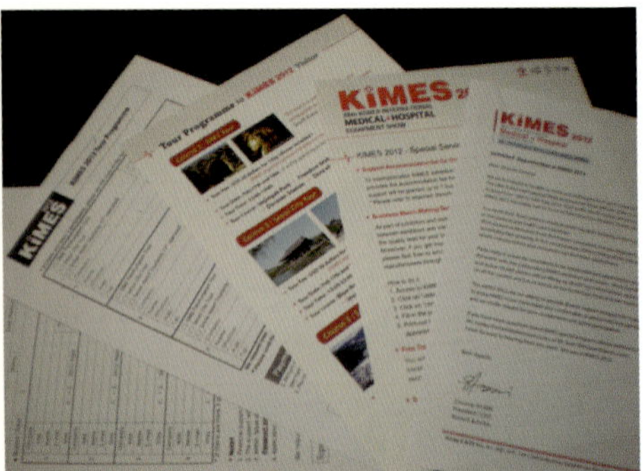

[한국이앤엑스가 무역관에 송부한 제28회 국제의료기기·병원설비전시회 바이어 유치를 위한 홍보 자료]

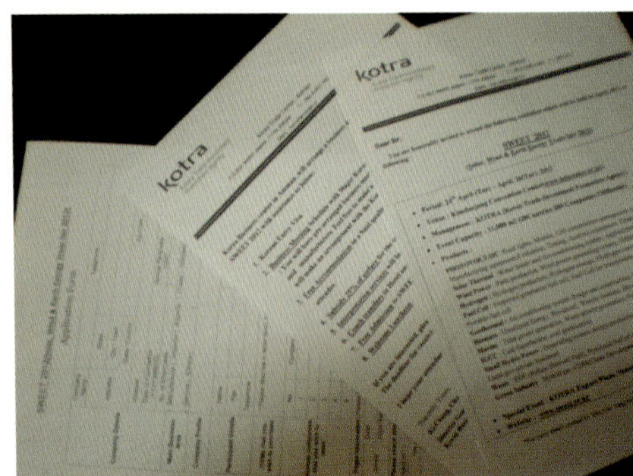

[암만무역관의 국내전시회 바이어 유치 공문 및 바이어에게 이를 팩스 발송하고 있는 현지 여직원]

〈코트라 유치 바이어 항공임 지원 한도액 (예)〉

(단위 : US$)

지역	글로벌 바이어	유력 바이어
북미, 유럽	1,000	500
일본	600	300
중국	600	300
중동, 아프리카	1,200	600
중남미	1,200	600
동남아, 서남아	900	450
CIS	900	450

〈바이어 인센티브 내역 (예)〉

구 분 (매출액기준)	글로벌 바이어 (1억불 이상)	유력 바이어 (1억불~천만불)	일반바이어 (천만불미만)
선별여부	해외무역관 유치 보고 바이어 중 코트라 본사 선정		
숙박 지원	3박	3박	3박
항공임지원	왕복항공임 (지역별 한도내)	왕복항공임 50% (지역별 한도내)	없음
공통	• 항공임 지원은 이코노미석 지원 원칙 • 호텔 : 미정 (추후통보)/숙박지원기간 : 9월 28일~10월 1일 • 바이어 환영 만찬 : 9월 29일 개막일 19:00-21:00 • 통역제공 및 호텔 - 상담장 (전시장) 이동 지원 • 해외활동비 : $150 / 바이어 유치 회사당 • BTG 구성 : 6개사 이상 유치, 선착순 4개 무역관 • 본사의 선별을 통해 선정된 바이어만 인센티브 수령 가능		

다. 코트라 공동주관 전시회로 선정되지 못한 경우

해당 전시회가 코트라와 공동주관 전시회로 선정되지 못한 경우에는 코트라의 해외시장 서비스 (조사)를 통해 참가 대상 해외업체와 참관 대상 바이어 명단을 입수 할 수 있다. 2012년 7월 현재, 조사 의뢰 1개 무역관 당 수수료는 150,000원 (VAT 포함)이며 신청 절차는 표와 같다. 또한 무역관으로 부터 제공받은 대상 해외 업체와 바이어들에게 의뢰 국내전시주최자가 직접 홍보 자료를 송부하고 그 반응을 해당 무역관을 통해 파악할 수도 있다.

〈해외시장 서비스 (조사) 의뢰 절차〉

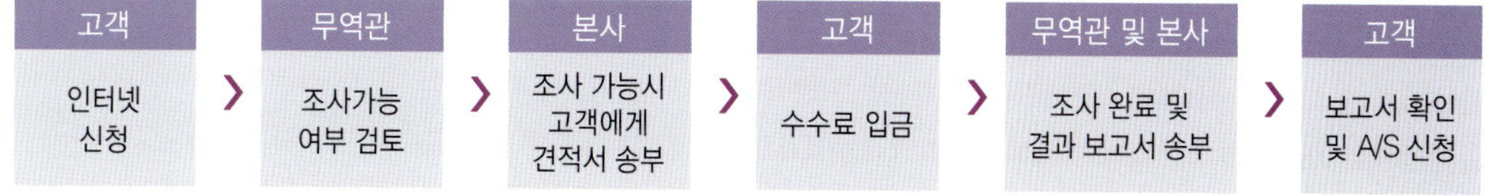

또한 코트라에서 아직 시도해 본적이 없는 사업이지만 국내 전시주최자는 일정한 서비스료 (현지 홍보물 배포 비용 포함)를 코트라에 지불한 후, 원하는 지역 소재 무역관에 해외 전시회 참가업체 및 참관객 유치를 위한 인쇄 홍보물을 송부한다. 의뢰 받은 무역관은 홍보물을 참가 및 참관 가능성이 높은 현지 업체와 바이어들에게 송부한 후, 유치 활동을 전개한다. 따라서 의뢰업체는 무역관이 충분한 시간 여유를 갖고 유치를 할 수 있도록 참가 유치를 요청해야 한다. 무역관은 유치 활동 전개 결과를 의뢰한 국내 전시주최자에게 회신하며 실제 참가업체를 유치한 경우에는 사전에 정한 소정의 유치 보수를 코트라 (또는 해당 무역관)에 지불한다.

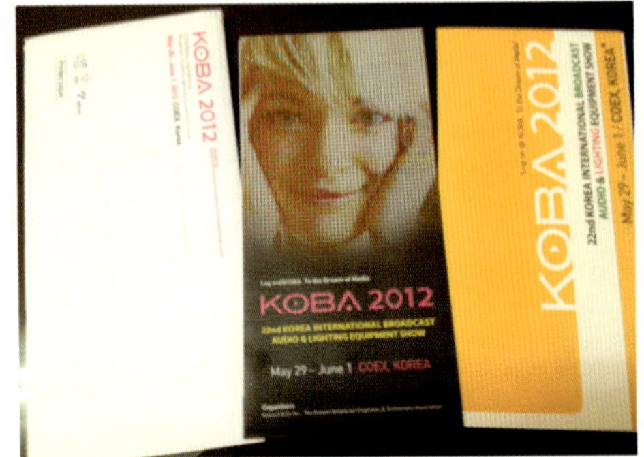

[참가업체 및 참관객 유치를 의뢰하기 위해 무역관에 송부된 홍보물]

국내 전시주최자로부터 참가업체와 참관객 유치를 의뢰받은 무역관은 홍보물을 일괄 수령하여 현지에서 배포를 하기 때문에 국내 전시주최자는 통신비를 절감할 수 있고 또한 무역관이 참가 및 참관 가능성이 높은 기업을 대상으로 유치활동을 하므로 국내 전시주최자가 국내에서 직접 유치활동을 할 때 보다 유치 가능성을 훨씬 높일 수 있다. 무역관에 더 많은 인센티브를 제공하기 위해 일정 수 이상의 참가업체나 바이어를 유치하는 경우에는 무역관 직원이 직접 이들을 인솔하여 한국을 방문할 수 있도록 의뢰 국내 전시주최자는 항공임과 체재비를 별도 지불한다.

<코트라 해외무역관에 제공된 「2011 서울건축박람회」 바이어 가이드>

1. Brief of HOMDEX

HOMDEX started in 1999 with the nation's first 'eco-friendly building materials' exhibition titled HOMDEX. In 2004, HOMDEX Co., Ltd was established and opened a new era for a building materials industry by offering the integrated marketing services including domestic and overseas trade exhibitions, advertisement and real estate development

Since the first exhibition in 1999, HOMDEX has shown a new trend to the industry and reinforced its position as a leading exhibition organizer. When 'New House Sick Syndrome', 'Coal Yard', 'Green Development' became a global trend in Korea, HOMDEX has always been in the center of them.

HOMDEX has been a partner of overseas organizers of prestigious international Building exhibitions. Since 2005, HOMDEX has got Korean companies participated overseas building materials and decoration exhibitions in Shanghai, Beijing, Almaty and Dubai.

Secretariat of 15th Seoul International Building + Deco Fair
Contact : Grace Oh
Tel : 82-2-6309-1004 E-mail : messequeen@homdex.com

2. Show Information

Name	The15th Seoul Int'l Building Materials & Decoration Fair
Date	Sep 1(Thu) ~ 5(Mon), 2011/5days
Venue	coex 1F Hall A, Seoul, Korea
Scale	10,368m^2/ 20 countries / 200 companies / 600 stands
Organized by	HOMDEX
Supported by	Ministryof Land, Transport and Maritime Affairs/Ministry of Knowledge Economy, Ministry of Environment, Small & Medium Business Administration, Korea Forest Service, Procurement Service, Construction Association of Korea, Korea Housing Association, KoreaHousing Builders Association, Korea Institute of Registered Architects, KoreaLED Association
Special Event	Trade Meeting, International Conference, Technical Seminar

3. One on One Business Meeting Program

Dates	Sep 2, 2011
Time	10:00 ~ 17:00
Venue	COEX 3F E4
Participants	Korean Companies and Foreign Buyers
Benefits For Foreign Participants	Free Limousine tickets between the airport and the KCAT(COEX) 2 nights stay in Hotel IBIS is on Homdex Free entrance to the standing party in the evening of 1 Sep

4. Access to the Venue

| How to get to Coex |

COEX is located in the World Trade Center Complex in Gangnam District south of the Han River in Seoul. You can find us at Samseong Station on subway line number two or at Cheongdam Station on subway line number seven.

Address: COEX, 159 Samseong dong, Gangnam-gu, Seoul 135-731, S. Korea

Tel: 82-2-6000-0114

Kotraemployee will greet you at the exit of the airport, give you a limousine pass and guide you to a limousine bus.

5. Tour Program (Tentative, charged around 50 dollars)

Seoul City Tour Program will be running on 3 sep 2011. Buyers who want to join the program can inform to us submitting the application form.

6. Hotel Information

Two nights(sep 1-2) of free stay will be presented to foreign buyers who participate in the business meeting.

* Only 1 person from each overseas company

| Ibis Seoul Hotel |

Hotel Address : 893-1 Daechi-dong, Gangnam-gu, Seoul, Korea

Contact :
Victo, Lee
Sales Executive
Phone : (82) (2) 3011 8105
Fax : (82) (2) 3011 8003
Mobile : (82) (0)10 8937 6302
E-mail : mice@ambatel.com

Hotel Description :
The Ibis Seoul is a 317-room hotel located in the Gangnam area in the immediate vicinity of Seoul's Convention & Exhibition Center (COEX). It will be the first Accor economy hotel and the first budget hotel managed by an international hotel operator in the market. The Ibis Seoul features a restaurant (La Table) with integrated bar, two meeting rooms, a business corner, fully-fledged sauna and gym facilities and a covered car park.
The Ibis Seoul offers immediate access to one of Seoul's most sought-after business and leisure locations. with the COEX just a few minutes' walk from the hotel, the ASEM Tower, Coex Shopping mall. Aquarium, Movie theaters, Department store and hundreds of retail shops and eateries are at your immediate reach.

Hotel Amenities :
Air-conditioning, Direct Dial Phone, Satellite TV, Mini Bar, Hair Dryer, Handicap facilities, Restaurant, Bar, Meeting room, 24 Hours Free Access to Sauna and Gym, Smoking/ Non smoking Floor, 24 Hours Free internet access

Travel Time to the COEX :

COEX is just 10 minutes' walk (0.6KM) from the hotel.

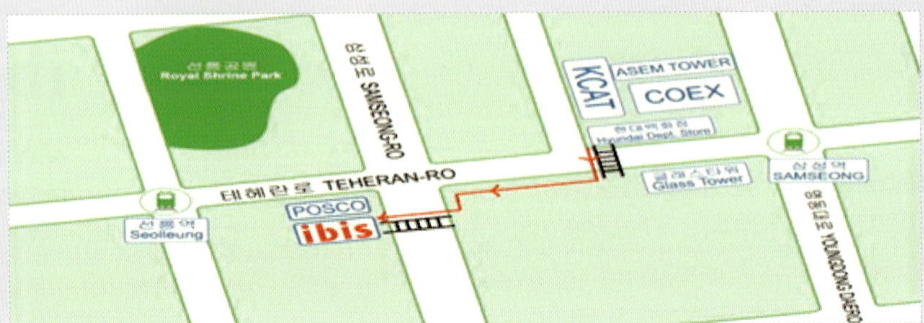

HOMDEX staff will meet you at the KCAT and take you to the Hotel IBIS.

Shuttle Bus Time Table

From the Hotel to KCAT				
6:15	7:00	7:45	8:30	9:15
10:00	11:00	15:00	16:00	17:00

From KCAT to the Hotel				
6:30	7:15	8:00	8:45	9:30
15:30	16:30	17:30		

Transportation From Airport

you can take a Korea City Air Terminal (KCAT) Bus in front of the gate #4A & #10B at Incheon.

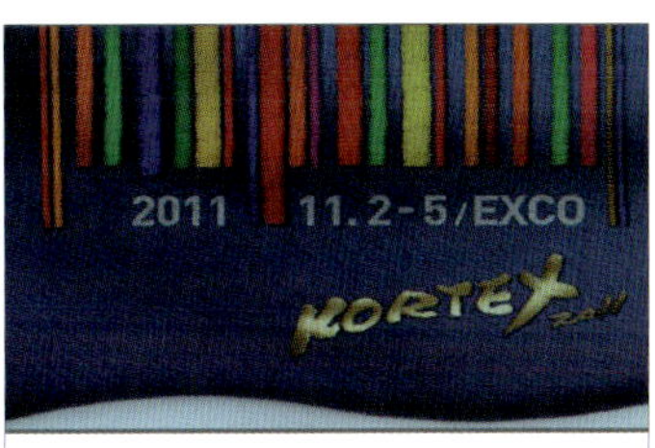

Developing Korean Textile Market Trend

The Secretariat of KORTEX 2011

The 18th KOREA INTERNATIONAL TEXTILE MACHINERY EXHIBITION

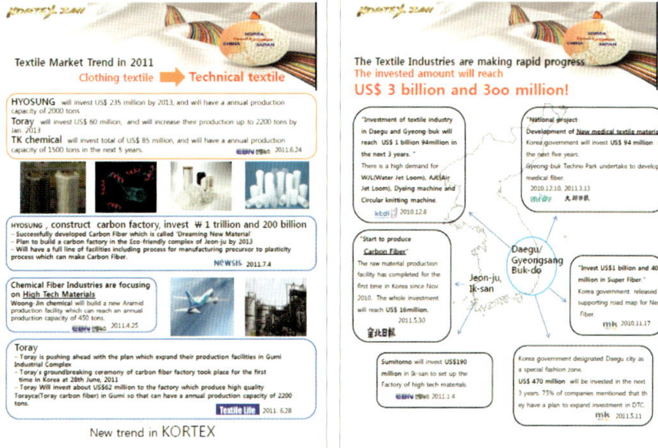

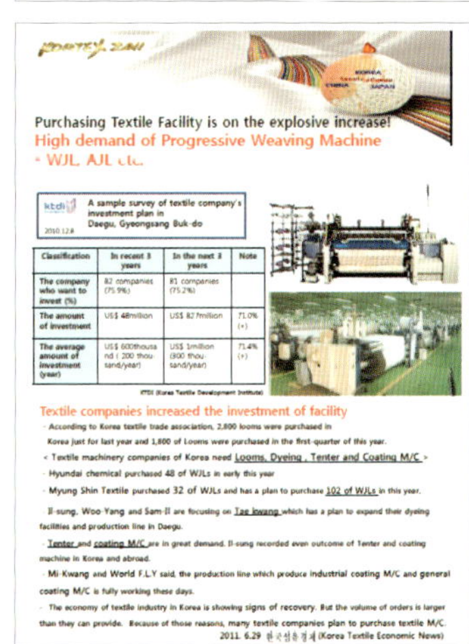

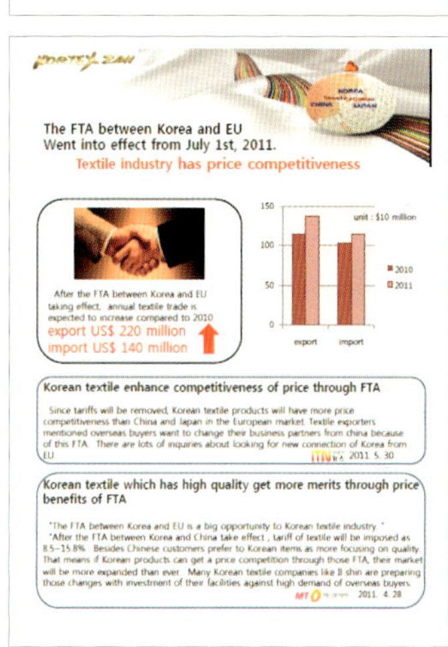

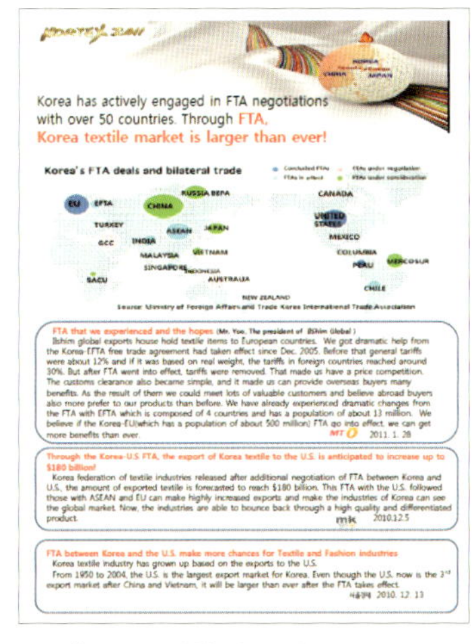

Korea is focusing on the Textile industry, and makes positive investment taking the FTAs as an opportunity.

Now, it is the time to carry out an aggressive marketing in order to increase your new market share and create new value.

In KORTEX 2011, you can meet the latest technologies and information.

Do not miss this chance to succeed in your business!

www.kortex.or.kr 

[2011 대한민국섬유기계전 주최자가 무역관에 송부한 pdf 자료]

15. 주최자 사무실 운영

거의 모든 전시주최자들은 전시회 개최 기간 중 전시장내 주최자 사무실을 운영한다. 사무실은 팀장 중심으로 일사불란하게 움직여야 한다. 너무 많은 인력을 배치하면 오히려 더 혼란스럽고 우왕좌왕 할 수도 있다. 팀장 포함 6-7명 정도의 직원 배치가 가장 바람직하다. 사무국에는 전시회 기획 단계부터 참여한 직원이 포함되어야 하며 각자 임무를 완벽하게 숙지하고 있어야 한다. 주최자 사무실에 배치된 요원들은 전시회 개최 기간 중 개장시간에 앞서 미리 출근하여 팀장으로부터 주요 임무를 부여받고 폐장 후에는 반드시 결산 회의에 참석토록 한다.

[전시장내 주최자 사무실]

거의 모든 전시장은 전시주최자를 위한 공간을 따로 마련하여 제공하고 있다. 주최자 사무실은 전시장을 한 눈에 조명할 수 있는 위치에 소재하는 것이 좋으며 전시회 기간 중 공지사항을 방송할 수 있는 마이크 등 음향시설을 갖추고 있어야 한다. 또한 운영 요원들의 업무뿐 아니라 참가업체 및 참관객들을 위한 서비스 지원이 가능하도록 다양한 사무기기, 집기 및 비품 등을 갖추고 있어야 한다. 사무실 벽면에는 부스 배치도 이외 주요 연락처, 공지 사항 등을 부착해둔다. 전시회 기간 중 주최자 사무실은 매우 어수선하고 주위가 지저분하기 쉽다. 따라서 주최자 사무실에서 운영 요원들이 식사하는 것은 바람직하지 않다. 항상 깨끗한 환경을 유지하고 참가업체나 참관객의 문의 및 지원 요청 사항에 대해 친절하고 신속히 조치해 준다. 전시주최자 사무실에 배치된 운영 요원들에게는 무전기를 지급토록 한다.

전시주최자 사무실이 가장 바쁜 시점은 부스 설치와 전시품이 반입되는 전시회 개막 전일이다. 이때 신속한 지원이 이루어지지 않으면 전시참가업체로부터 많은 불만을 사게 된다. 따라서 주최자 사무실에서는 이 기간 중 분야별 (부스 장치, 전기 및 조명, 전화, 인터넷, 카펫 등) 헬프데스크를 운영하는 것이 바람직하다. 헬프데스크에는 총괄 요원을 상주시키고 참가업체들로부터 지원 요청이 접수되면 무전기로 분야별 기술자에게 통보하여 해당 부스로 투입시켜 요청사항을 조치해주도록 한다. 전시회 기간 중 주최자 사무실에는 항시 최소 2명 이상의 직원을 상주시키고 중식도 교대로 하여 고객들의 요구에 즉각 응할 수 있도록 한다. 전시주최자들이 주최자 사무실에 가장 많이 요구하는 사항은 주요 연락처 제공이다. 따라서 장치업체, 전기/전화/인터넷 업체 등 주요 연락처를 프린트 하여 미리 준비해둔다. 또한 전시회 기간 중 전시장 내 방송은 최대한 자제한다. 이외 주최자 사무실에서 수행하는 주요 업무는 다음과 같다.

가. 전시회 개막 전

부스/부대시설 설치 안내 및 현장 지원, 헬프데스크 운영, 가구 및 비품 임차 안내, 통역 및 도우미 소개 및 지원, 전시품 반입 안내, 비즈니스룸 및 휴게실 설치, 참가업체를 위한 출입증 발급, 전시기간 중 주차증 발급, 안내 데스크에 홍보물 및 디렉토리 비치, 등록데스크 점검, 도우미, 매표 요원 및 경비원 등 현장 인력 배치 확인, 개막식 및 부대행사 준비 상태 확인, 개최자 사무실 비품 및 소모품 반입 확인 등

나. 전시회 기간 중

보안 및 화재 예방, 불만사항 처리 접수, 일일 정산 및 참관객 집계, 해외 바이어 입국 지원, 주차 안내, 전시회 기간 중 전시품 반입 및 반출, 현장 인력 운용 상태 확인, 전시기간 중 공지사항 전달, 전시장내 에어컨, 난방 가동 및 청소 상태, 비즈니스룸/휴게실 및 홍보물 비치대 운영 상태 확인, 부대 행사 진행 여부 확인, 전시회 기간 중 현장 판매 규제, 전시회 폐장 후 경비업체와 함께 전시장내 잔류 인원 여부 확인 및 소등, 언론 취재 지원 및 보도자료 배포, 사은품 지급, 차년도 전시회 홍보물 배포, 설문조사 등

다. 전시회 종료 후

부스 철거, 전시품 반출, 주차장 발급, 최종 보도자료 배포, 안전관리, 주최자 사무실 폐쇄 등

16. 고객만족도 제고 방안

전시회의 고객은 참가업체와 참관객이다. 전시회는 1회성 행사가 아닌 향후 지속적으로 개최되는 행사인 만큼, 전시주최자는 참가업체와 참관객에게 최고의 서비스를 제공함으로써 만족도를 제고시켜야 한다. 아울러 전시회 종료 후에는 참가업체와 참관객을 대상으로 만족도를 조사하여 미흡한 것으로 평가받은 항목에 대해서는 개선해나가야 한다.

가. 참가업체 만족도 제고

(1) 정기 e-Letter 발송

전시회 참가업체들을 대상으로 전시회 개막 전까지 정기적으로 전시회 개최 진행상황, 전시회 개최 관련 완료했거나 추진 예정 사항 안내, 공지사항 및 전시회 참가 준비를 위한 유의사항 등을 e-Letter 형식으로 송부함으로써 고객들이 안심하고 전시회 준비에 몰두 할 수 있도록 지원한다.

(2) 사전 상담회 일정 수립 서비스

전시회 홈페이지에 참가업체 제품 홍보코너와 참관객 (바이어)의 사전 상담신청코너를 마련하여 전시회 개최 전 1:1 매칭을 통해 전시회 기간 중 상호 상담을 할 수 있도록 지원한다.

(3) 참가업체 초청 바이어 호텔 무료 숙박 제공

일부 전시회는 참가업체 초청 바이어를 위해 공식 호텔을 정해 무료 숙박을 제공한다. 통상 업체 당 2명에 한해 2박을 제공하나 신청 부스에 따라 차등 지원하는 경우도 있다. 예산을 고려하여 기한 내 제출된 소정 신청서를 심사해서 개별 통보한 후, 숙박정산내역서가 제시되면 사후 지원한다.

(4) 제품 홍보 마당 제공

전시회 주최 측은 전시회 참가업체들에게 출품 제품에 대한 신기술, 특징, 차별화 등을 홍보할 수 있도록 공식 홈페이지에 제품 홍보 공간을 마련해준다.

제품홍보마당

제품 홍보 마당은 주최측이 Seoul Food 2011 참가업체에게 제공하는 공간으로 출품하시는 제품에 대한 신기술, 특징, 차별화 등을 홍보할 수 있는 공간입니다.
등록하시는 자료는 주최측이 홍보, 보도자료로 이용할 계획이며, 간접 홍보효과도 기대할 수 있으니 많이 이용하시기 바랍니다.

등록하기

회사명	전시품목	홈페이지	담당자	연락처
무주안성천마영농조합..	천마가공품	www.nonghyupcheonma.com	조규식	063-323-0082
(주)팜스빌	리토랄 예르바 마테차,라모레니..	www.i-appletree.com	이병욱	02-553-1323
영백염전 오가닉솔트(..	갯뜨락오가닉소금 10kg, 5kg (고..	www.organicsalt.co.kr	민동성	010-3610-8536
황태종가식품	황태(alaska pollack)는한겨울..	www.htjongga.co.kr	안영숙	033-256-9918
다림 이.엔.지	마이크로웨이브 분말 살균기,..	dalimeng.co.kr	김기중	031-862-7376

[서울국제식품산업대전 홈페이지상의 제품홍보마당]

(5) 참가업체 사전 설명회 개최

전시회 개최 1-2달 전 무렵, 참가업체 사전 설명회에서 참가가이드 자료를 배포하고 참가 세부 사항을 설명하며 Q&A를 갖는다. 참가업체 설명회 때 언급되어야 할 사항은 행사 개요, 운영일정 및 주요 마감일, 참관객 유치 및 홍보 계획, 전시장 도면 설명, 전시회 및 전시장 사용 규정, 통관 및 운송 그리고 무료주차권 지급 기준 예시 등이다.

(6) 홈페이지상에 FAQ (자주하는 질문), Q&A, 1:1 상담 및 고객게시판 설치

해당 전시회 홈페이지에 참가업체나 참관객이 자주하는 질문에 대한 답변을 올려놓는다. 또한 고객들이 개별적으로 문의사항이 있으면 홈페이지를 통해 문의할 수 있도록 Q&A를 설치하고 가능한 48시간 이내 답변을 할 수 있도록 조치한다. 그 외 1:1 상담 코너 또는 고객들이 참관기를 등재할 수 있도록 고객게시판을 설치한다.

[참가업체 사전설명회]

〈참가업체가 자주하는 질문〉

번호	제목
Q1	• 전시회 참가신청은 어떻게 하나요?
Q2	• 전시회 참가 시 적용되는 할인제도는 무엇이 있나요?
Q3	• 조립부스와 독립부스의 차이는 무엇인가요?
Q4	• 독립부스의 경우, 참가업체가 준비해야 할 사항은 어떤 것이 있나요?
Q5	• 독립부스의 경우, XXX 전시장에서 지정한 업체만 부스공사가 가능합니까?
Q6	• 기본부스인 경우 주최측에서 제공하는 장치내역 외에 준비할 것이 있나요?
Q7	• 참가신청 후 부스 배정은 어떻게 선정하나요?
Q8	• 주차지원은 어떻게 되나요?
Q9	• 전기는 언제부터 공급하나요?
Q10	• 인터넷은 언제부터 사용할 수 있나요?
Q11	• 상호간판에 상호명 외에 로고나 트레이드마크 등을 표현하고 싶으면 어떻게 하나요?
Q12	• 전시종료 후, 전시품 반출과 장치 철거 절차는 어떻게 되나요?
Q13	• 참가비 세금계산서는 언제 받을 수 있나요?
Q14	• 참가업체 디렉토리 원고는 언제, 어떻게 제출하나요?

〈참관객이 자주하는 질문〉

번호	제목
Q1	• 사전등록이 무엇인가요?
Q2	• 사전등록을 하지 않고 참관하는 경우 입장절차 및 입장료를 알려주세요.
Q3	• 단체관람을 하려면 어떻게 해야 하나요?
Q4	• Business Day와 Public Day가 무엇인가요?
Q5	• 부대행사에는 누구나 무료로 참석이 가능한가요?

(7) 홈페이지에 해외바이어리스트 등재

코트라는 서울국제식품산업대전 참가업체들에게 차별적인 서비스를 제공하기 위해 일반 바이어 리스트, 전년 행사 참관 해외바이어 리스트와 현재까지 참관 신청한 (예정인) 바이어 정보를 지속 업데이팅하여 홈페이지에 등재하고 있다. 이러한 서비스는 참가업체에 한해 제공 받을 수 있으며 참가업체들은 전시회 참가 전에 바이어들과 사전 접촉을 할 수 있는 기회를 제공받게 된다.

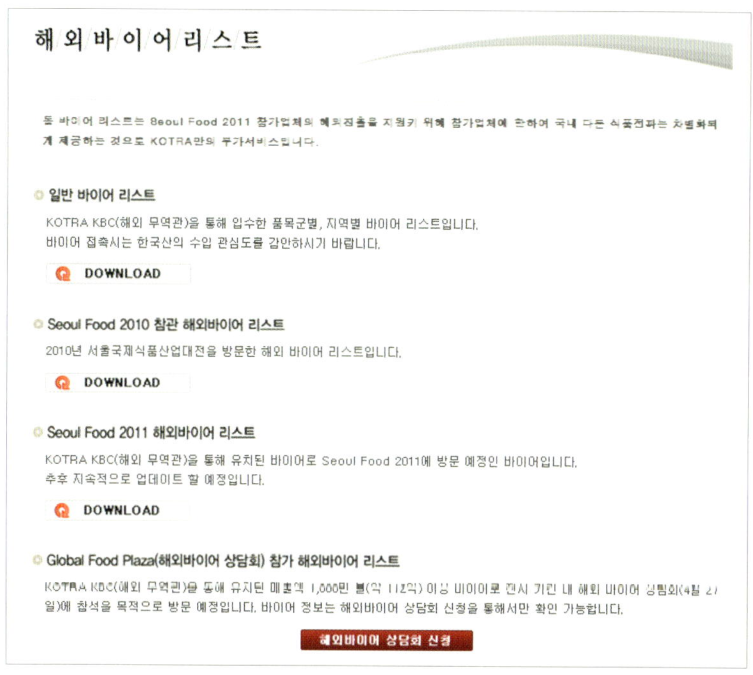

[서울국제식품산업대전 홈페이지상의 해외바이어리스트]

(8) 전시회 기간 중 발간되는 간행물에 참가업체 정보 및 제품 사진 수록

전시회 기간 중 국내외 바이어들에게 무료로 배포되는 간행물에 참가업체 정보 및 제품 사진을 수록해준다.

[전시회 기간 중 매일 발간된 KOBA Daily News (국제 방송 음향 조명기기전)]

(9) 무료 초청장 제공

참가업체들에게 일정량의 무료 초청장을 제공한다. 무료 초청장은 전시회 개막 1달 전까지는 배포하는 것이 좋다. 따라서 사전설명회 때 배포하는 경우가 많다.

(10) 전시 장치 기간 중 헬프데스크 설치 운영

전시회 참가업체가 전시품을 전시장으로 반입하고 부스 내 Display 하는 시점에서 참가업체 요구에 대한 즉각적인 서비스가 이루어지지 않으면 고객들의 불만을 사기 쉽다.

[서울국제식품산업대전 국내관 및 국제관 고객지원센터]

실제 참가업체들이 자신에게 배정된 부스를 처음 방문하여 전시할 상품을 Display할 때 가장 많은 지원 요구사항이 접수된다. 따라서 주최자는 전시장내 헬프데스크를 설치하고 이곳에 장치/전기/전화 및 인터넷/카펫/비품/기타 분야로 구분해서 충분한 서비스맨들을 배치하여 참가업체들의 요구가 있으면 즉시 투입해서 지원해야 한다. 특히, 부스 장치 분야의 서비스맨들을 가장 많이 배치한다. 아울러 참가업체들의 지원 요청을 받아 적격 서비스맨들의 투입 배정을 총괄 전담하는 별도의 직원을 헬프데스크에 상주시킨다. 또한 참가업체들이 서비스맨들을 쉽게 찾아 요청할 수 있도록 서비스맨들에게는 등에 「기술도우미」라고 적힌 일정한 유니폼을 입히도록 한다. 이러한 헬프데스크는 전시품 반입 시 뿐 아니라 전시회가 끝날 때 까지 설치 운영하여야 한다.

(11) 쾌적한 전시장 분위기 조성

전시장은 밀폐된 공간에 많은 사람들이 모이는 장소이다. 따라서 주최자는 환기, 실내온도(냉난방), 조명, 소음 (일부 참가업체들은 대형 확성기로 참관객의 주목을 끌려고 한다.), 청소 등에 유념하여 쾌적한 분위기를 조성해주어야 한다. 또한 전시회 분위기를 망치는 현장 판매 행위는 절대 금한다.

[통로도 넓고 쾌적한 전시장]

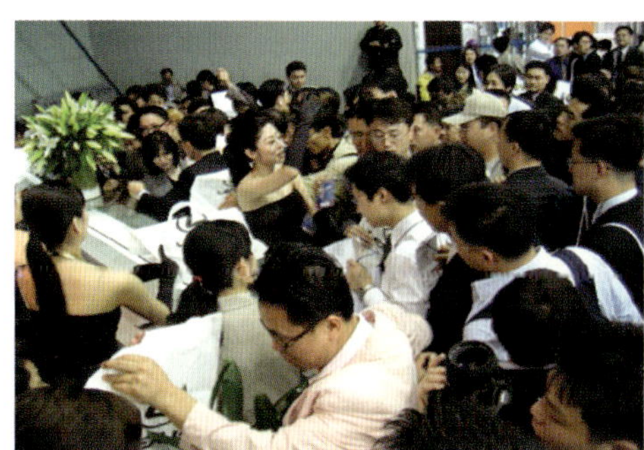

[무질서한 전시장, 에어돔은 에어컨이나 통풍이 잘 안될 경우, 불만을 사기 쉽다]

(12) 참가업체 사은품 증정

전시주최자는 참가업체에 대해 참가에 대한 사은의 뜻으로 기념품을 증정한다. 기념품은 손목시계, 우산, USB 등 실용적인 상품이 바람직하다. 각 기념품에는 전시회명과 로고를 표기하도록 한다.

[참가업체 및 참관객 사은품 예]

(13) 해외전시회 참가 우선권 부여

해당 국내전시회 참가업체에 대해서는 주최자가 국내 기업들을 모집하여 해외 유명 전시회 참가 시 우선권 또는 가점[12]을 부여한다.

(14) 감사 편지 송부

전시회 종료 후, 전시주최자 대표 명의로 참가 감사 편지와 함께 차기 전시회 홍보물을 송부한다.

(15) 개최 결과보고서 송부

전시회 종료 후 참가에 대한 감사 서신과 함께 전시회 성과 및 부대행사, 광고 및 홍보내용, 참가업체 설문조사 결과, 향후 개선사항, 행사 사진 및 다음 전시회 안내문이 수록된 개최 결과보고서를 각 참가업체에게 송부한다.

[서울국제식품산업대전 종합결과보고서]

결과보고서는 차기 전시회 참가업체와 참관객 모집에 매우 중요한 자료이므로 책자 발간 이외 홈페이지에도 별도 포스트 한다.

나. 참관객 만족도 제고

(1) 참관안내문 홈페이지 게재

일반인들의 참관이 가능한 전시회, 전시장 배치도, 참관절차, 일자 및 시간대, 입장료, 셔틀버스 관련 정보 등을 상세히 홈페이지에 사전 게재하여 현장에서 혼란이 발생하지 않도록 한다.

12) 일례로 서울국제스포츠레저전 주최측은 동 전시회 국내 참가업체에 대해 PGA Merchandise Show (올랜도 미국), RBO 국제헬스-레저박람회 (에센 독일), 중국국제체육용품박람회 (성도 중국), Outdoor Retailer Show Summer (솔트레이크시티 미국), SPORTEX middle East (두바이 UAE) 참가 신청시 가산점을 부여하고 있다.

● 참관객이 알아야 할 Tip!

2012 서울국제식품산업대전은 전시기간(2012.5.8~11) 4일 동안
▶ 식품관련 종사자 대상 B2B 전시회 : 서울국제식품전, 서울국제식품기술전
▶ 일반인 참관 가능 B2C 전시회 : 코리아커피페스티벌, 서울국제조리학교 및 학원전, KOREA FOOD SHOW 으로 나누어 진행됩니다.

아래 참관 계획을 반드시 사전에 숙지하시어 참관에 불편이 없으시길 바랍니다.

· 제1전시장에서 열리는 B2B전시회(서울국제식품전, 서울국제식품기술전) 참관객 온라인 사전등록 가능

[B2B전시회(제1전시장) 참관 대상]
식품기계 및 식품제조, 가공 등 현업 종사자, 식품관련 산학연 관계자, 식품 관련 유통, 연구 기관, 각종 식품관련 자격증 종사자, 요식업 종사자, 호텔, 무역, 관련 언론사 관계자, 식품관련 학과 대학생, 식품 산업 관련 타 산업 종사자 등

※ 서울국제식품기술전 및 서울국제식품전 참관 대상자는 B2C전시회(제2전시장) 참관 가능

· 제2전시장에서 열리는 일반인 참관 가능한 B2C전시회의 경우 추후 각 전시회 홈페이지에서 사전등록이 진행 될 예정입니다. (입장료 추후 공지)

[B2C전시회(제2전시장) 참관 대상]
식품관련 종사자 및 일반인(유아, 초·중·고등학생, 주부, 비 식품관련 종사자)

※ B2C전시회 일반인 참관객의 경우, B2B전시회(제1전시장) 참관 불가

· **전참관 시간** : 10:00~17:00 (입장권은 16:00까지 매표소에서 구입)
· **입장료 : 사전등록 시 무료 / 현장 등록 시 10,000원**

[2012 서울국제식품산업대전 참관객을 위한 안내문]

(2) 셔틀버스 운영

전시장 소재 도시의 주요 지점부터 전시장까지 또는 지하철, 버스정류장 및 주차장에서 전시장까지 참관객을 위한 무료 셔틀버스를 운영한다. 셔틀버스 운행 간격이 너무 길면 참관객들의 불편을 초래하므로 30분에서 1시간 간격으로 정하고 참관객들이 많이 몰리는 주말, 휴일은 운행 간격을 더 좁히는 것이 바람직하다. 승하차 지점에는 셔틀버스 운행 표지판과 함께 운행 시간 안내판을 세우며 전시장 로비에도 셔틀버스 안내데스크를 설치한다.

[전시장내 설치된 무료셔틀버스 안내 데스크]

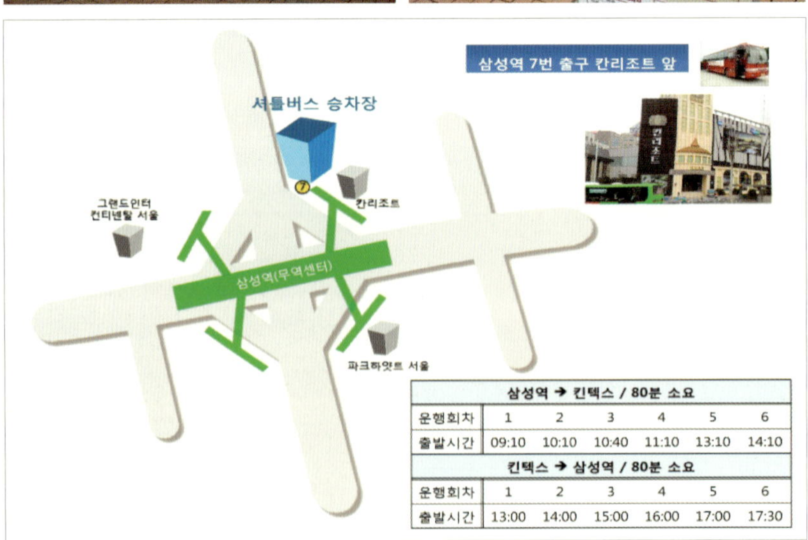

삼성역 → 킨텍스 / 80분 소요						
운행회차	1	2	3	4	5	6
출발시간	09:10	10:10	10:40	11:10	13:10	14:10
킨텍스 → 삼성역 / 80분 소요						
운행회차	1	2	3	4	5	6
출발시간	13:00	14:00	15:00	16:00	17:00	17:30

[전시회 홈페이지에 주요 승차 장소, 운행 시간 등 셔틀버스 운행 정보를 올려놓는다]

(3) 임시 주차장 운영

전시장내 주차장 규모가 크지 않을 경우에는 가능하다면 전시장 인근 지역에 임시 주차장을 마련하여 주차요원을 상주시킨다. 전시장과 임시 주차장간 거리가 먼 경우에는 셔틀버스를 운행하는 것이 바람직하다.

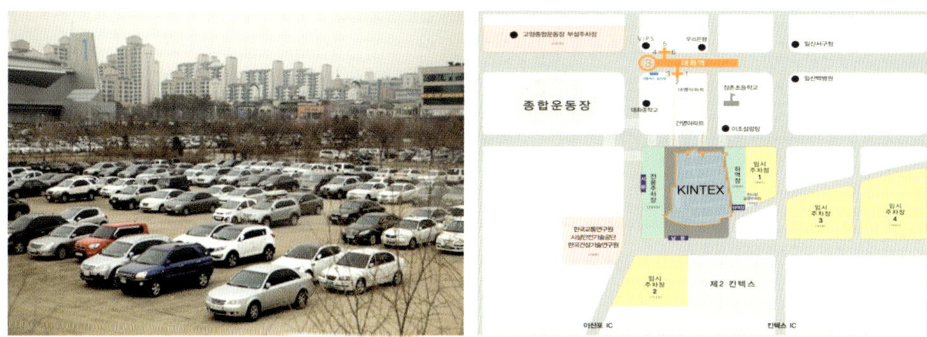

[많은 참관객 방문이 예상되면 별도의 임시 주차장을 운영한다]

(4) 충분한 옥내외 안내 간판 설치

전시장은 넓고 한 전시장에서 여러 전시회가 동시에 개최되는 경우도 있으므로 참관객들이 쉽게 원하는 전시장을 찾아갈 수 있도록 옥내 외에 충분한 안내 간판을 설치한다.

(5) 신속한 등록 시스템 마련

인기 있는 전시회에는 참관객들이 많이 몰리기 때문에 매표, 등록 접수까지 많은 시간이 걸린다. 따라서 인터넷으로 사전 등록을 권유하고 사전 등록 참관자는 무료 또는 입장료 할인 혜택을 주는 것이 좋다. 아울러 사전 등록 방법을 홈페이지에 게재한다. 현장 등록 참관객들에게도 등록 방법을 홈페이지나 현지 안내 간판을 통해 알려주어야 한다.

[서울국제식품산업대전 등록안내]

이와 함께 전시장을 방문하는 참관객들이 신속하게 등록을 마칠 수 있도록 충분한 등록 접수 인력을 배치한다. 이 인력들은 사전 철저한 훈련을 통해 신속하고 익숙하게 접수 할 수 있도록 한다. 일부 전시회는 등록 인력의 미숙으로 시간이 오래 걸려 참관객들의 불만을 사기도 한다. 등록데스크는 「바이어 및 초청자」「사전등록」「현장등록」「언론 및 VIP」등으로 구분하여 운영하며 「현장등록」이 가장 많으므로 여러 접수 창구를 설치한다. 그리고 「사전등록자」들의 출입증(입장 목걸이)은 미리 출력하여 ㄱ ㄴ순으로 정리하여 사전등록자가 나타나면 바로 배포할 수 있도록 한다.

등록데스크에는 일시에 참관객들이 몰릴 수도 있으므로 참관객들이 질서 있게 줄을 설 수 있도록 경계선 (가이드라인)을 설치하는 것이 좋다. 또한 등록대 부근에 참관객이 직접 작성하는 등록 양식과 필기구를 충분히 비치한다. 관람이 끝난 참관객들의 입장목걸이를 수거하려면 출구에 별도 수거함을 설치하거나 직원을 배치시켜 회수토록 한다.

[구분된 등록대와 등록절차 안내판도 설치한다]

(6) 개장시간과 Business Day (Hour) 확실한 사전 공지

개장시간과 마지막 입장 허용시간, 일반인의 출입이 허용되지 않는 Business Day 및 Hour를 사전에 확실히 공지하여 (홈페이지, 광고, 안내장 및 초청장 등) 이를 모르고 전시장을 방문하여 불편을 겪는 일반 참관객이 없도록 한다. 이와 별도로 전시장 등록대 부근과 전시장 입구에 입장 관련 정보가 기재된 안내판을 설치한다.

(7) 휴게실 운영

전시장내에 참관객들을 위한 휴게실을 설치 운영한다. 휴게실에는 충분한 의자와 테이블, 음료대와 휴지통을 설치한다. 육아박람회의 경우에는 수유실과 어린이 놀이터 시설을 설치하기도 한다.

[참관객을 위한 전시장내 휴게실 및 수유실]

(8) 안내데스크 설치 및 도우미 배치

전시장 주요 지점에 안내데스크를 설치하여 도우미를 배치한다. 도우미는 전시장 배치도 등 참관객들에게 무료로 배포하는 인쇄물과 대형 종이가방 등을 제공한다.

[도우미 역할은 매우 크다. 철저한 사전 교육이 필요하다]

(9) Help Desk 운영

안내데스크와는 별도로 참관객들이 자료를 찾아 보고 인터넷, 팩스, 복사기 등을 사용할 수 있는 Help Desk를 운영한다. Help-Desk에는 전시회 출품 품목과 관련된 정기간행물, 디렉토리, 개별업체 카타로그 등 홍보물도 비치한다.

[전시장내 Help-Desk]

(10) Cloak Room 운영

전시장내에 참관 기간 중 참관객 코트나 가방 등을 맡아주는 유료 또는 무료 Cloak Room을 운영한다.

[외국 전시장에는 참관객들의 편의를 위해 Cloak Room을 운영하는 곳이 많다]

(11) 우천시 대비 우산 비닐 커버 준비

우천시를 대비하여 우산 비닐 커버 비치대를 입구마다 설치해두고 사용한 비닐커버를 버릴 수 있도록 부근에 대형 수거함을 준비한다.

[우산 비닐 커버 비치대]

(12) 참관객 대상 행운권 추첨

참관객을 대상으로 행운권 추첨을 통해 경품을 제공한다.

[Automotive Week 2001 경품 안내]

17. 전시회 결과보고서 작성

전시회 종료 후에는 다음 전시회 개최 준비를 위해서도 결과보고서를 작성하는 것이 좋다. 인쇄물로 작성된 결과보고서를 참가업체들에게 발송하고 해당 홈페이지에도 게재한다. 다만 결과보고서는 객관적인 데이터와 정보를 수록해야지 부풀려서는 안 된다.

2010
서울국제식품산업대전
IFIES
종합결과보고서
kotra

Part 1

Part 2

Part 3

결과보고서 수록내용은 전시회 개요, 추진 경과, 개최 결과, 부대행사, 광고 및 홍보, 참가업체 설문조사 결과 및 부록 등이다.

가. 전시회 개요

전시회 명칭, 목적, 기간, 장소, 규모, 주최 및 후원, 전시품목, 주요행사, 추진경과와 특기사항 등이 수록된다.

나. 개최 결과

전시회 결과보고서에서 가장 핵심이 되는 부분이다. 전시회 성과, 전시장 구성, 참가업체 분석 및 참관객 현황 및 분석, 해외바이어 내역을 수록한다.

전시회 성과는 전시규모, 참관객을 국내 및 해외로 구분하고 전년대비 증감률을 표기한다. 상담 및 계약 실적도 건수와 금액으로 구분하여 수록한다. 전시회 구성은 배치도와 함께 관별 업체수와 부스 수 현황을 밝힌다. 참가업체는 국가별 참가업체수와 부스 수, 주요 품목군별 참가업체 수를, 참관객수는 전시회 기간 중 등록 일자별로 분석한다. 아울러 참관객의 업종별, 직무별, 관람 목적별 분포도와 전시회 인지경로 및 관심분야도 수록하며 내외국인을 지역별로 구분한다.

다. 부대행사

개막식과 리셉션을 일시, 장소, 참석자 및 내용별로 구분하여 수록하고 주요부대행사는 행사명, 일시, 장소, 규모, 내용, 주관, 참석자수를 밝힌다. 아울러 각 행사별 주요 사진도 함께 수록한다. 부대행사가 많은 경우에는 일정과 시간, 장소, 주제 및 주관 기관명을 표로 작성하여 수록하기도 한다.

라. 광고 및 홍보

해당 전시회 광고 내역과 매스컴 보도 내용을 수록한다. 광고의 경우, 신문, 전문지(잡지) 광고는 매체명, 광고개제수, 광고크기로 세분하며 대중교통이나 옥외전광판 광고는 기간과 광고내역 그리고 실문 사진을 수록하는 것이 좋다. 라디오 광고는 기간과 광고물, 광고내역 (멘트 포함)을 수록하고 옥외 광고의 경우 소재지, 장소명, 기간과 해당 사진을 수록한다. 매스컴 보도는 매체명과 기사제목 그리고 보도일자를 명기한다.

마. 참가업체 설문조사 결과 분석

참가업체에 대한 설문내용은 통상 참가횟수, 전시회 인지경로, 전시회 참가목적, 참가목적 달성, 전시회 재 참가 여부, 주최자 전시운영 서비스에 대한 만족도, 담당직원 친절도, 전시장 시설, 홈페이지 충실도 및 활용도, 부스 위치에 대한 만족도, 주최자의 전시회 홍보활동에 대한 만족도, 참관객 수에 대한 만족도, 상담 및 계약 판매실적에 대한 만족도, 부대행사의 다양성에 대한 만족도, 전시회 참가비의 적정성, 전시회 개최 시기 선호도, 별도의 Business Day를 설정한 경우 그 기간에 대한 의견, 조립부스에 대한 만족도, 시공업체에 대한 만족도, 유사 품목 전시 참가경험, 해외 바이어수에 대한 만족도, 해당품목 바이어 방문에 대한 만족도 등을 분석하여 수록한다.

<2011 서울국제식품산업대전 참가업체 및 참관자 대상 설문내용>

[참가업체 대상 설문내용]

• 전시회 인지 경로
- (선택) : 유관기관 및 협회, 관련업체, 이메일, 홈페이지, 브로슈어, 광고, 안내전화, 인터넷 블로그 및 카페, SMS (문자서비스)

• 전시회 참가 목적
- (선택) : 국내 내수 확대, 해외 수출 판로 개척, 신규 바이어 발굴, 기업 이미지 제고, 시장정보 획득

• 전시회 참가 목적 달성도
- (선택) : 전혀 달성하지 못함, 달성하지 못한 편, 보통, 달성한 편, 전적으로 달성함
· 시장개척
· 기업이미지 홍보
· 제품 홍보
· 바이어 발굴
· 다양한 시장정보 획득
· 실질적 제품 판매 및 계약

• 전시회 만족도
- (선택) : 매우 불만족, 불만족, 보통, 만족, 매우 만족
· 주최자의 전시 운영 서비스
· 전시장 운영요원의 친절도
· 전시장 부대시설, 편의시설
· 방문객의 전시장 접근용이성/교통편/위치 등
· 전시장 안내도 (전시장 내부 안내 정보)
· 전시장 홍보물 (리플렛, 포스터 등)
· 전시장 안내도 (바이어 및 참관객수)

· 상담 및 계약 (판매) 실적
· 부대행사 (세미나, 회의 등)
· 전시회 전반 만족도

- 전시회 재참가 여부
  - (선택) : 전혀 없음, 없는 편, 보통, 있는 편, 매우 있음
- 전시회 참가 추진 의향
  - (선택) : 전혀 없음, 없는 편, 보통, 있는 편, 매우 있음
- 조립부스 만족도
  - (선택) : 매우 불만족, 불만족, 보통, 만족, 매우 만족
- 조립부스 장치 업체 만족도
  - (선택) : 매우 불만족, 불만족, 보통, 만족, 매우 만족
- 전기공사업체 만족도
  - (선택) : 매우 불만족, 불만족, 보통, 만족, 매우 만족
- 희망 비즈니스 데이 기간
  - (선택) : 1일간, 2일간, 3일간, 4일 전 기간
- 해외 바이어수 만족도
  - (선택) : 매우 불만족, 불만족, 보통, 만족, 매우 만족
- 해당 품목 해외 바이어 방문 만족도
  - (선택) : 매우 불만족, 불만족, 보통, 만족, 매우 만족
- 해외 바이어 전반 만족도
  - (선택) : 매우 불만족, 불만족, 보통, 만족, 매우 만족
- 참관 희망 해외 바이어 지역
  - (선택) : 아시아, 유럽, 북미, 중남미, 아중동, CIS, 중국, 일본, 그 외
- 참관 희망 해외 바이어 업종
  - (선택) : 제조업, 무역업, 유통업, 기타
- 설문조사 응답 국내기업 업종
  - (선택) : 제조업, 무역업, 유통업, 공공기관, 프랜차이즈, 언론 및 매체, 요식업, 기타
- 설문조사 응답 국내기업 종업원 수
  - (선택) : 1명-10명, 11명-30명, 31명-100명, 101명-300명, 301명-500명, 500명 초과
- 응답자 직위
  - (선택) : 사장 및 임원급, 부/차장급, 과장, 대리, 사원
- 응답 국내업체 주요 수출국
  - (선택) : 아시아, 유럽, 북미, 중남미, 아중동, CIS, 중국, 일본, 그 외

[참관객 대상 설문내용]

• 전시회 만족도
  - (선택) : 매우 불만족, 불만족, 보통, 만족, 매우 만족
• 참관 목적 달성도
  - (선택) : 매우 불만족, 불만족, 보통, 만족, 매우 만족
• 전시회 참가업체에 대한 만족도
• 운영요원 및 주차요원에 대한 만족도
  - (선택) : 매우 불만족, 불만족, 보통, 만족, 매우 만족
• 정보 제공에 대한 만족도
  - (선택) : 매우 불만족, 불만족, 보통, 만족, 매우 만족
• 참가업체 수에 대한 만족도
  - (선택) : 매우 불만족, 불만족, 보통, 만족, 매우 만족
• 전시회 부대행사에 대한 만족도
  - (선택) : 매우 불만족, 불만족, 보통, 만족, 매우 만족
• 전시회 전체 관람시간
  - (선택) : 30분-1시간, 1시간-2시간, 2시간-3시간, 3시간 이상
• 평균 참가업체 방문시간
  - (선택) : 1-5분, 5-10분, 10-20분, 20분 이상
• Business day (3일) & Public day (1일) 운영에 대한 만족도
  - (선택) : 매우 불만족, 불만족, 보통, 만족, 매우 만족
• 국제관 분리 운영에 대한 만족도
  - (선택) : 매우 불만족, 불만족, 보통, 만족, 매우 만족
• 국내 타 식품 관련 전시회와 비교 시 특징
  - (선택) : 참가업체 수, 바이어 수, 부대행사, 장치장식물, 운영 서비스
• 식품관련 해외전시회와 비교 시 부족한 점
  - (선택) : 해외 참가업체 수, 해외 바이어 수, 품목군의 다양성, 전시장 환경
• 품목군 별 부스 배치에 대한 만족도
  - (선택) : 매우 불만족, 불만족, 보통, 만족, 매우 만족
• 품목군 구성에 대해 아쉬운 부분
  - (선택) : 기기관, 포장관, 안전관, 식품관
• 전시회 홍보에 대한 만족도
  - (선택) : 매우 불만족, 불만족, 보통, 만족, 매우 만족
• 본 전시회 내년 방문 계획
  (선택) : 있음, 없음

바. 부록

부록으로 전시회 참가업체 및 참관객의 후기, 언론보도 자료 실물, 제작물 및 인쇄물 리스트, 전시회 사진, 참가업체 리스트 및 기타 자료를 수록한다.

'다양한 신제품으로 볼거리 풍성'

한화호텔&리조트 구매물류팀 농산물구매
김동하 MD

눈에 띄는 신상품이 많았는데 해외관 중 칠레관이 독특한 인테리어와 굵직한 브랜드의 와인을 대거 출품해 인상적이었다. 국내관의 경우 서울우유의 육포가 기존에 맛봤던 상품들과 대비될 만큼 우수했다. 지역 특화관에 자리 잡은 강원도 농업회사법인 베리베리팜은 급냉동 제품을 다량 보유하고 있어 급식 식자재로 가능성이 보였다.
마늘을 전문으로 생산 업체인 남해보물섬영농조합법인과 의성흑마늘영농조합법인은 원물에 대한 공동 구매를 통해 최저가를 구현한다면 시장성이 있다고 판단된다.

'적극적 홍보 필요'

(사)대한영양사협회
김송희 사업국장

영암무화과 클러스터 사업단은 시장성도 있고 단체급식 접목 가능성도 보였다.
냉동탑차회사인 이에스티도 시장 전망이 밝았다. 위생적이고 안전한 배송에 대한 요구가 높은 상황이다. 냉동 · 냉장 배송차의 원리와 기능에 대한 홍보가 뒷받침돼야 할 것 같다.
한신기업의 밥솥과 제빙기도 살펴봤는데 제빙기 홍보를 적극적으로 진행할 필요가 있다.

'PB 상품 개발로 시장에서의 차별화'

농협유통 가공식품부
문선경 대리

벨기에 초콜릿, 조미식품 전문점을 상담했는데 규격품이 아닌 원료 납품으로는 매장에서 판매가 힘들 것 같다. 하지만 자체브랜드(PB) 상품 개발과 관련해서는 별도로 추진해볼 계획이다. 현재 시중에서 보기 힘들다는 점에서 시장성은 있다고 판단된다.

[2011 서울국제식품산업대전 참가업체 및 참관객 후기]

18. 전시회 종료 후 체크리스트

전시회 종료 후, 전시회 개최에 참여했던 직원들은 팀장 주도하에 결산을 하고 차기 전시회를 위해 잘 되었던 점, 보완이나 개선이 필요한 사항을 점검한다. 결산에서 도출 된 내용은 차기 전시회 개최 시 적극 반영한다.

〈전시회 종료 후 주요 체크 리스트〉

번호	체크 리스트
1	• 행사 준비가 당초 일정대로 추진되었는지?
2	• 참가업체 유치 목표가 달성되었는지? (국내/해외 구분)
3	• 전시 면적은 당초 목표대로 모두 판매되었는지?
4	• 참관객 유치 목표가 달성되었는지? (국내/해외 구분)
5	• 분야별 수입 목표는 달성되었는지?
6	• 예산은 당초 계획대로 지출되었는지? • 불용 예산과 부족 예산은 무엇이고 그 발생 원인은 무엇인지?
7	• 예산을 절감할 수도 있었던 분야는 무엇인지? • 수익을 더 올릴 수도 있었던 분야는 무엇인지?
8	• 참가비, 입장료, 광고료 등은 적정하게 책정되었는지?
9	• 전시장 면적은 적정하게 예약한 것인지?
10	• 협찬 및 후원기관은 잘 선정되었는지?
11	• 전시회 개최에 투입된 인력은 적절하였는지? • 투입된 인력들은 책임감을 갖고 업무를 수행하었는시? • 투입된 인력들간 협조는 잘 이루어졌는지?
12	• 홍보물 제작은 충분하였는지? • 남거나 부족했던 홍보물은 무엇인지?
13	• 참가업체 및 참관객 모집 D/B상에 문제점은 없었는지?
14	• 전시회 홈페이지, e-letter, 안내 브로슈어, 참가업체 안내서 등은 잘 제작되었는지?
15	• 텔러마케터들에 대한 교육에는 문제가 없었는지?
16	• 전시회 홍보 방안 중 가장 효과가 있었던 부분은 무엇인지? • 홍보 효과가 가장 떨어졌던 부분은 무엇인가?
17	• 전시장 부스 배정에 문제점은 없었는지?
18	• 조립식 부스는 당초 계획대로 설치되었는지? • 독립식 부스는 당초 신고대로 설치되었는지?
19	• 전시장은 당초 일정대로 조성되었는지?
20	• 카펫, 전기, 전화, 인터넷, 가스 등 Utility 서비스에 문제점은 없었는지?
21	• 등록대행, 입장권 발매, 보안, 청소, 도우미 등 외부 용역에는 문제점이 없었는지?
22	• 전시장 청결상태, 소음, 실내 온도 및 환기, 조명, 직매행위로 인한 소란 행위 등 문제점이 없었는지?
23	• 옥내외 배너, 광고탑, 안내판 등은 잘 설치되었는지?
24	• 비즈니스센터, 휴게실, Help Desk, 안내데스크, Cloak Room은 잘 운영되었는지?
25	• 참가업체들에게 전시회 참가 안내 정보를 사전에 제대로 제공하였는지?
26	• 참가업체들에게 전시품을 Display할 충분한 시간을 주었는지?
27	• 참가업체들의 전시품 반·출입은 이상 없이 진행되었지?
28	• 장치업체들은 참가업체들에게 제대로 서비스를 하였는지?
29	• 주문한 비품, 인쇄물은 제시간에 납품되었는지?
30	• 통역, 도우미들은 역할을 제대로 하였는지?

번호	체크 리스트
31	• 개막식은 계획대로 순조롭게 진행되었는지?
32	• 개막식 참석 귀빈에 대한 응접에는 문제가 없었는지?
33	• 참관객을 위한 등록 접수 과정에서 문제가 없었는지?
34	• 참관객수와 입장료 수입에 대한 일일 집계는 제대로 되었는지?
35	• 참관객들의 전시장 방문에 불편해 하던 점은 없었는지?
36	• 참가업체들의 요구 사항을 신속하게 처리해주었는지?
37	• 전시장내 주최자 사무실은 잘 운영되었는지?
38	• 부대행사 진행에 문제는 없었는지? • 세미나 행사 준비와 진행 과정에서 문제는 없었는지?
39	• 부대행사 중 가장 인기를 끌었던 행사는 무엇인지?
40	• 셔틀버스 및 주차장 운영은 잘 되었는지?
41	• 일일 개장 및 폐장시간은 잘 지켰는지?
42	• 전시장내 안전사고에 대한 대비는 잘 되었는지?
43	• 전시장내 도난 사고는 없었는지?
44	• 참가업체, 세미나 참석자 대상 설문지는 잘 수거되었는지?
45	• 차기 전시회 홍보 활동은 제대로 이루어졌는지?
46	• 전시참가업체 참가비 미수금은 없었는지?
47	• 해외참가업체 및 바이어를 위한 지원 서비스는 잘 이루어졌는지?
48	• 참가업체 사은품은 잘 분배가 되었는지?
49	• 전시회 개최 관련 對언론 홍보는 잘 이루어졌는지?
50	• Business Day와 Public Day는 잘 운영되었는지?
51	• 참가업체와 참관객의 불만 사항은 무엇이었는지? - 특히, 참가업체의 격렬한 항의는 없었는지?
52	•「전시회 개최 결과보고서」는 잘 제작되었는지?
53	• 전시회 종료 후, 전시장 훼손은 없었는지?
54	• 전시회 기간 중 민원은 발생하지 않았는지?
55	• 전시회 Staff 들의 불만 사항은 있었는지?
56	• 고객 사후관리는 제대로 진행되었는지? - 감사서신 및「전시회 개최 결과보고서」, 차년도 행사 홍보 자료 발송 등
57	• 차년도 행사에서 참가업체 유치를 위해 보완되어야 할 부분은 무엇인지? (국내/해외)
58	• 차년도 행사에서 참관객 유치를 위해 보완되어야 할 부분은 무엇인지? (국내/해외)
59	• 이번 전시회의 성장 가능성은 어디에서 찾을 수 있는지?
60	• 이번 전시회에서 가장 미흡했던 점은 무엇인지?
61	• 기존 유사전시회와 비교하였을 때 이번 전시회의 가장 큰 차별점 은 무엇이었는지?

19. 전시회 등록

가. GEP (Global Exhibition Portal) 등록

GEP에 전시회 등록은 주최자 권한을 가진 회원들에 한하여 등록이 가능하며 개인회원으로 등록한 사람들은 기업회원으로 변경 신청한 후 주최자 권한을 신청해야 한다.

기업회원 변경 신청방법은 코트라 사이트 (www.kotra.or.kr)에 로그인 후, 「My KOTRA > 기업회원 전환신청」을 클릭하면 된다. 주최자 권한 신청은 GEP 사이트 (www.gep.or.kr)에 로그인 후, 「나의 전시정보 > 업무권한 요청 > 국내」를 클릭한다.

주최자 권한이 주어지면 「국내전시 > 국내전시회 정보 > 전시회 등록」을 클릭하여 등록절차를 완료한다. 등록 직후에는 '비공개'로 표시되며, 관리자의 승인 절차를 거친 후, 승인된 전시회는 '공개'로 표시된다.

전시회 승인은 통상 1일 2회 실시되나, 빠른 승인이 필요할 경우, 한국 전시산업진흥회 GEP 싸이트 담당자에게 별도 요청한다. (연락처 02-574 2043 E-mail : infra@akei.or.kr) 전시회 등록 후, 관리자 운영에 의한 승인 절차를 거쳐야만 전시회 정보가 공개되며 전시회 등록 및 수정 관리는 「나의 전시 정보 > 국내전시 사업지원 > 전시회 수정」에서 확인 할 수 있다.

나. 한국전시주최자협회 발행 디렉토리 등록

한국전시주최자협회는 격년으로 「한국전시산업 디렉토리」를 제작, 코트라 해외무역관을 비롯하여 해외 및 국내 유관기관 배포를 통해 국내전시회 정보를 전파하고 있다. 이 디렉토리는 책자, e-Book, CD 형태로 제작되며 차기년도와 차차기년도 개최 예정인 전시회 세부사항 (전시회명, 기간, 장소, 품목, 신청마감일 등) 및 주최기관을 수록한다. 전시산업발전법 제 7조에 의한 전시주최사업자 보유기관은 무료로 등록할 수 있다. 등록 공고는 매년 9월에 하며 등록 요령은 다음과 같다. (자세한 내용 협회 홈페이지 참조)

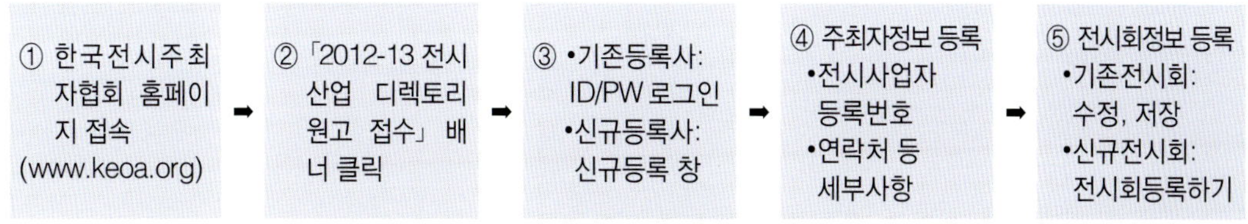

[원고 등록 요령]

2012-2013년도 국내개최 전시회 등록 신청서

(보내실 곳-F:02-556-9474)

□ 주최자 정보

○회사명 :	
○전 화 :	○Fax :
○등록책임자 :	○E-mail :
○전시사업자(주최)등록 번호 :	

□ 등록할 전시회 일반정보(세부항목은 online 등록)

전시명	장소	일자	공동주최자/주관자	비고 (예정/확정)

※전시회별 등록책임자를 기록할 것
※지면이 모자라는 경우는 복사해서 사용가능

□ 온라인등록

○ 한국전시주최자협회 홈페이지(www.keoa.org)/2012 전시일정디렉토리 원고일정
○ 등록기한 : 2011년 9월 23일(금) 18:00

본 주최자는 상기전시회 관련하여 공동주최자/주관사와 협의 후 대표 자격으로 등록할 것을 약속합니다.

2011. . .
기관/회사명 :
대 표 자 : (인)

한국전시주최자협회 귀중

20. 성공 사례 (서울국제식품산업대전)

가. 서울국제식품산업대전 연혁

코트라가 지난 1983년, 국내 최초의 전문전시장인 한국 종합전시장 (KOEX) 개장 기념 전시회로 「서울국제식품전」을 개최 한 이래 2012년 까지 30회 개최되었다. 동 전시회는 2004년 까지 COEX에서 개최되었다가 2005년부터 KINTEX에서 개최되고 있다. 2003년, 식품전으로선 국내 최초로 UFI 국제전문전시회 인증을 획득하였다. 특히, 이 해부터 종전 「서울국제식품기술전」이 「서울국제식품전」과 「서울국제식품기술전」으로 나뉘어 개최되었다. 2006년에는 세계적 전시주최자인 영국의 Allworld사와 전략적 제휴 (MOU)를 체결하고 코트라 무역관 부재지역을 중심으로 참가업체 모집을 Allworld사가 담당함으로써 더 많은 해외참가업체들을 모집 할 수 있게 되었다.

[서울국제식품산업대전의 여러 모습]

2008년, 기존 2개 전시회를 「서울국제식품전」, 「서울국제식품기술전」 및 「서울국제식품안전전시회」인 3개 분야로 분리 개최하다가 2009년에는 여기에 「서울국제식품포장관」을 신설함으로써 식품과 관련된 모든 분야를 통합하여 명실 공히 식품산업대전으로서의 위상을 확립하였다.

2010년부터 기기관, 포장관, 안전관으로 구성된 「서울국제식품기술전」은 코트라가 단독으로 주최하고 국내관과 국제관으로 구성된 「서울국제식품전」은 코트라, 한국식품공업협회, Allworld Exhibitions이 공동 주최하고 있다.

2012년에는 킨텍스 제 2 전시장 완공에 따라 기존의 「서울국제식품전」 및 「서울국제식품기술전」과 함께 「서울국제조리학교·학원전」, 「코리아 커피페스티벌」, 「서울국제식품산업전」을 신규로 개발하고 여기에다 농림수산식품부 주최 「KOREA FOOD SHOW」 까지 동시 개최하므로써 전시면적은 사상 최대 규모인 91,076㎡로 늘어나게 되었다.

〈2012 서울국제식품산업대전 구성〉

구분	서울국제식품기술전 〈FOODTECH〉			서울국제식품전 〈FOOD & HOTEL〉	
	식품기기관 (FOOD MAC)	식품포장관 (FOOD PACK)	식품안전관 (FOOD SAFETY)	국내관 (Domestic)	국제관 (International)
전시 품목	식품가공기기, 주방·요식기기, 주방가전, 가구용품	포장기계, 포장(원)재료, 포장용기, 디자인	식품위생기기, 검사·분석기기, 안전운송 물류	농·수·축산물, 가공식품, 식품소재 및 첨가물, 전통식품, 제과/제빵, 주류/음료, 건강식품	
위치	Hall 1	Hall 2 (1/2)	Hall 2 (1/2)	Hall 3,4	Hall 5
면적	14,184㎡	3,600㎡	3,600㎡	21,546㎡	10,611㎡
주최	KOTRA	KOTRA	KOTRA	KOTRA	KOTRA, Allworld, KEM

구분	코리아 커피 페스티벌 〈COFFEE〉	서울국제조리 학교·학원전 〈CULINARY ACADEMY〉	서울국제식품산업전 〈KOREA FOOD SHOW〉
전시품목	바리스타 국가대표 선발전	요리전문학원, 대학교, 고등학교, 학교기업	농,축 수산식품 (농,축,수산 유관기관 홍보관)
위치	Hall 6B, 6C	Hall 7A	Hall 9, 10
면적	3,720㎡	5,645㎡	26,310㎡
주최	KOTRA, (사)한국커피협회	KOTRA	KOTRA, 농림수산식품부

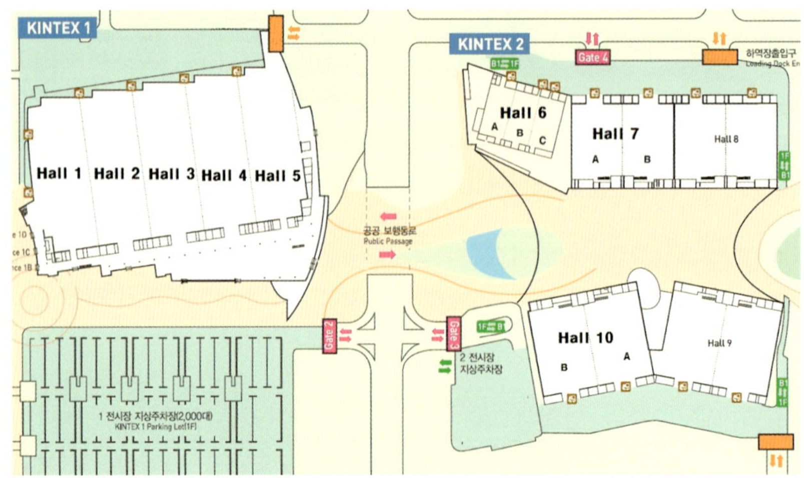

[2012 서울국제식품산업대전 배치도]

나. 서울국제식품산업대전 성장 추이

(1) 전시 규모

구분		2007년	2008년	2009년	2010년	2011년	2012년
전시면적(㎡)		32,157㎡	53,541㎡	53,541㎡	53,541㎡	53,541㎡	70,449㎡
참가업체 (개사, 개국)	국내	512	674	594	701	741	735
	해외	401	395	294	394	361	420
	합계	913	1,069	888	1,095	1,102	1,155
	참가국수	31	34	30	35	45	43
부스 규모 (개)	국내	1,158	1,548	1,344	1,652	1,728	1,816
	해외	472	474	376	469	397	517
	합계	1,630	2,022	1,720	2,121	2,125	2,333

주) '09년은 전 세계적인 금융불안 및 국내외 경기침체로 전시회 규모 축소
주) 2012년 전시면적은 농림수산식품부 주최 KOREA FOOD SHOW 포함시 91,076㎡으로 늘어남.

(2) 참관객

구분	2007년	2008년	2009년	2010년	2011년	2012년
국내바이어(명)	-	33,692	31,303	31,023	33,971	37,895
해외바이어(명)	-	1,392	1,248	2,316	2,787	3,079
일반 및 단체(명)	-	-	3,149	9,720	7,665	6,578
합계(명)	39,382	35,084	35,700	43,059	44,093	47,552

다. 성공요인

30년 역사를 자랑하는 서울국제식품산업대전이 국내 최대 식품산업전문전시회로 자리 매김을 하고 아시아 3대 식품전시회로 성장할 수 있었던 이유는 풍부한 전시 know-how를 갖고 있는 코트라가 타 전시회와 차별화를 기하고 전시회의 대형화, 전문화, 국제화를 이룰 수 있었기 때문이다.

코트라는 동 전시회의 대형화를 위해 해마다 전시 규모와 참관객 수 확대를 위해 노력해왔고 전시 품목도 식품관 뿐 아니라 기기관, 포장관, 안전관으로 지속 확대하며 시장 상황에 따라 식품 관련 새로운 전시회를 개발해 왔다. 아울러 한국식품공업협회와 공동 주최함으로써 국내식품관련 기업들의 참가 유치를 확대할 수 있었다. 또한 행사 전문화를 위해 다양한 세미나 및 심포지움을 통해 정보 공유와 취득을 할 수 있도록 하였으며 특별전시회, 이벤트 및 기획행사

등 다양한 볼거리를 제공함으로써 참관만을 위한 전시회가 아닌 참관객들이 다양한 방법으로 식품 관련 산업을 접하고 식문화를 체험할 수 있는 폭넓은 기회의 장을 마련하는데도 게을리 하지 않았다. 물론 넓은 해외조직망을 보유하고 있는 코트라는 다른 전시주최자들 보다 해외참가 업체와 바이어를 모집하는데 유리한 위치에 있는 것은 틀림없다. 최근 코트라는 해외조직망을 통해 3천명에 가까운 서울국제식품산업대전 참관 해외 바이어들을 유치해오고 있다. 게다가 코트라는 무역관 부재 지역을 중심으로 더 많은 해외 참가업체들을 유치하기 위해 영국의 Allworld 사와 전략적 제휴를 체결함으로써 전시회의 국제화에 박차를 가할 수 있게 되었다.

또한 코트라는 참가업체들의 고객만족도 제고를 위해 장치물 고급화, 해외 바이어를 포함하여 보다 많은 참관객 유치, 참가 고객들에게 사전 다양한 홍보물 제공 및 진행 상황 공지, 참가 고객들의 현장 요청사항에 대한 신속한 조치 등 서비스 제고에도 노력을 아끼지 않았다.

이와 같은 노력 덕분에 서울국제식품산업대전은 UFI (국제박람회연맹) 인증을 취득할 수 있었고 지식경제부 선정 Global Top 3 전시회에도 포함되어 정부로부터 많은 지원을 받고 있다. 또한 국내 전시회 최초로 ISO 9001 (품질경영시스템)을 획득하였다. 앞으로도 코트라는 서울국제식품산업대전을 아시아 최대 최고의 식품산업전문전시회로 육성하기 위해 참가 규모를 확대하고 국내외 바이어 상담회 및 프로그램을 강화하며 이와 함께 다양한 부대행사도 준비할 것으로 기대된다.

<2012 서울국제식품산업대전 언론보도 예>

서울국제식품산업대전 '30주년' … 사상 최대 규모

공감언론 NEWSis.( ) | 기사입력 2012-05-08 06:00

【서울=뉴시스】 추인영 기자 = 아시아 3대 식품전이자 우리나라 최대 식품 전시회인 '2012 서울국제식품산업대전(Seoul Food 2012 · 이하 서울푸드)'이 8~11일 일산 킨텍스(KINTEX)에서 열린다.

코트라는 이날 킨텍스에서 홍석우 지식경제부 장관, 서규용 농림수산식품부 장관, 오영호 코트라 사장 등이 참석한 가운데 개막식을 열었다.

이외에도 마렉 스비키 폴란드 농수산부 장관, 프란츠 피슬러 전 EU농림수산부 장관, 독일, 스페인, 프랑스, 콜롬비아 대사 등 100여명의 주한외교사절이 대거 참석해 각국의 식품 홍보에 나섰다.

올해로 30회째를 맞는 서울푸드는 43개국 1200개사의 해외기업이 대거 참가해 사상 최대 규모다. 농림수산식품부가 주최하는 대한민국식품대전(Korea Food Show)과 함께 열린다. 전체 개최면적은 9만㎡를 넘어섰다.

코트라는 전시 기간 중 81개국 119개 해외 무역관을 통해 3000여명의 바이어를 유치했다. 9일 열리는 글로벌 푸드 플라자(Global Food Plaza) 수출상담회를 비롯해 바이어와 참가기업 간 상담도 1500여건 추진했다. 이에 따라 3억 달러 이상의 수출상담 효과를 거둘 것으로 기대하고 있다.

올해 행사에서 가장 주목할 전시회는 서울국제조리학교&학원전(Seoul Int'l Culinary Academy 2012)이다. 프랑스의 르 꼬르동 블루(Le Cordon Bleu), 이탈리아의 일꾸오꼬 알마(ILCUOCO ALMA), 숙명 아카데미 등 국내외 유명 조리전문학교와 학원이 참가해 조리사 양성 프로그램에 대한 설명을 직접 들을 수 있는 국내 첫 전시회다. 요리사의 꿈을 가진 청소년과 취업을 앞둔 학생들에게 다양한 진로를 소개할 예정이다.

또 푸드TV 주관으로 샘 킴, 최현석 등 유명 쉐프들과의 진솔한 이야기를 들을 수 있는 쉐프토크 콘서트가 MC 박수홍의 사회로 진행된다. 이외에도 조리학교 및 학원들의 쿠킹콘서트, 주니어 요리대회, 국가대표 바리스타 선발대회 등 다채로운 이벤트가 열릴 예정이다.

한편, 지난해 총 4만3000명의 참관객을 동원한 서울푸드는 올해 전시 규모가 더 확대된 만큼 국내외 6만여명의 참관객이 전시장을 찾을 것으로 예상하고 있다.

코트라는 올해도 서울국제식품산업대전 입장료 수입을 세이브더칠드런(Save the children), 푸드뱅크에 낼 계획이다.

오영호 코트라 사장은 "국가를 알릴 수 있는 효과적인 방법은 첫 번째가 상품, 두 번째가 문화, 마지막이 음식이라고 했다"며 "서울푸드가 우리 식품산업의 과거와 현재를 돌아보고, 앞으로 다가올 미래 세계시장에서 우리의 식품의 우수성을 알릴 수 있는 계기가 되기를 바란다"고 말했다.

Chapter 4

전시회 수익 극대화 방안

전시기획론

제 4 장
전시회 수익 극대화 방안

1. 전시회 수입

전시회 개최 시 주 수입원은 전시회 참가비, 기술지원 서비스료 (Utility Service), 입장료, 광고 수익, 세미나 참가비, 지자체 및 중앙 정부 보조금 등이다.

가. 전시회 참가비

전시회 참가비는 전시회 개최에서 가장 중요한 수입원이다. 전시회 참가비는 가장 전략적으로 책정되어야 한다. 국내외 유사전시회 참가비도 고려 해야 할 요인이나 개최 규모, 시기, 장소, 전시회 지명도에 따라서 상이하므로 이러한 요인들도 참가비 책정 시 반영되어야 한다. 우선, 국내 및 해외참가업체에 대한 가격을 동일하게 책정할 것인지 차이를 둘 것인가를 결정한다. 국내업체와 해외업체의 참가비는 차별을 두어서는 안 되나 실제로는 많은 국내전시주최자들이 해외업체에게 더 비싼 가격을 적용하고 있다. 따라서 국내와 해외 참가업체간 참가비 차이가 있게 되면 해외참가업체가 국내업체 명의로 참가하는 경우도 있으므로 사전에 국내와 해외참가업체 정의를 명확히 해두어야 한다. 다음에는 회원사에 대한 할인 혜택을 비롯하여 조기 참가신청업체, 재참가업체, 대규모 부스로 참가하는 업체에 대한 할인제 적용 여부도 결정해야 할 사항이다. 조기 참가 할인율을 한차례만 적용하는 경우도 있고 1차 마감일 보다는 할인율을 낮게 책정해 2차 조기 참가 할인율을 적용하는 경우도 있다. 재참가업체 할인제도는 몇 회 이상 연속 참가하는 업체에 적용되는데 해당 전시회 홈페이지에 할인 혜택을 받을 수 있는 연속 참가업체 명단을 올려 둔다. 이외 대규모 참가를 유도하기 위해 일정 부스 이상 규모로 참가하는 경우에 할인을 해주는 전시회도 있다. 아울러 중복 할인이 가능한지 중복 할인은 허용되지 않는지도 분명히 밝혀둔다.

전시회 참가비는 판매부스 형태에 따라 가격이 상이하다. 전시 바닥만을 대여하는 독립식 부스와 기본적인 부스 및 집기를 제공하는 조립식 부스에 대해 가격을 제시한다. 최근에는 기본 조립식 부스에 비해 전시면적도 넓고 장치도 보다 고급스러운 프리미엄급 조립식 부스로 나누어

판매하기도 한다. 독립식 부스는 일정 부스 규모 이상 (예: 4부스 이상)으로 제한을 두는 경우도 있다. 부가세가 포함되지 않은 참가비를 제시하는 경우에는 「부가세 별도」라는 점을 명확히 밝혀야 한다. 통상 참가 신청서 제출 시 참가비의 50%를 계약금으로 지불하고 전시회 개막 3달 전까지 잔금을 완납토록 한다.

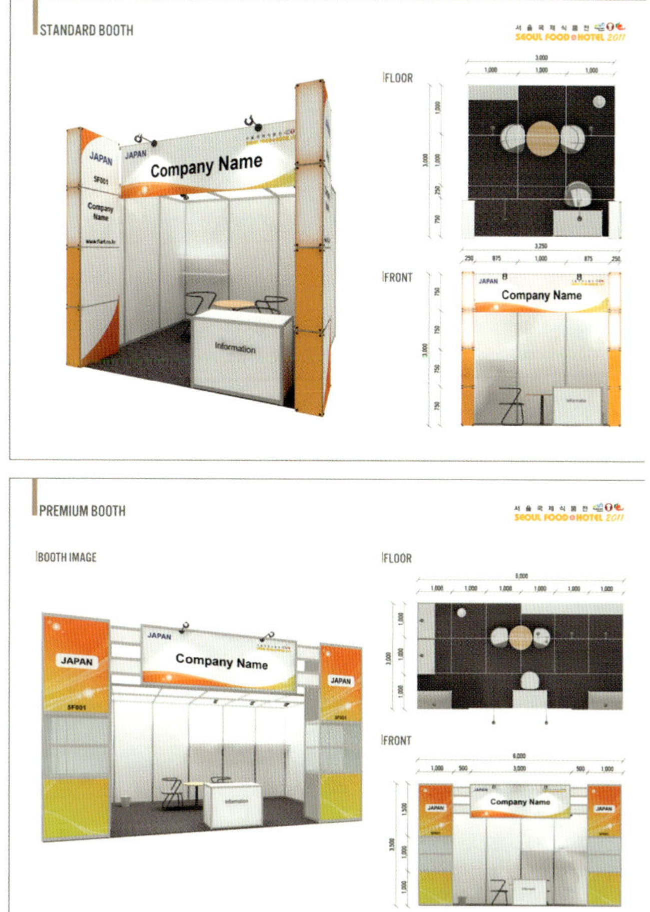

[서울국제식품산업대전 스탠다드부스와 프리미엄부스]

대부분의 전시주최자들은 전시회 참가비를 매년 전시장 임대료, 장치비, 인건비 등을 감안하여 인상하고 있으나 이것도 유사전시회의 참가비 인상을 고려하여 결정해야 한다. 전시회 참가비와 관련하여 절대 유의하여야 할 사항은 신청마감일이 임박했거나 지났을 때, 전시장 판매 부스가 소진되지 못했다고 하여 할인을 해주게 되면 향후 전시 부스 판매에 치명적인 악영향을 주게 된다는 점이다. 당초 제시하지 않은 할인제를 도입하게 되면 참가기업들은 해당 전시회가 막판에 할인을 해준다는 인식을 갖게 된다. 따라서 다음 전시회에는 당연히 이런 막판 할인을 기대하고 정해진 기간 내 신청하지 않고 미루게 되어 전시회 운영에 막대한 지장을 초래하게 된다. 따라서 처음부터 합리적인 참가비로 결정하고 설사 전시장 부스를 모두 판매하지 못했어도 계획되지 않은 할인은 하지 말아야 한다.

또한 참가비를 사전 제시한 마감일까지 완납하지 못하면 전시부스를 배정해서는 안 된다. 전시회 종료 후, 실제 회수 가능한 경우는 흔치 않으며 회수한다 하더라도 많은 시간과 인력이 투입된다. 간혹 소액 재판 등을 통해 회수하기도 하지만 번거롭고 많은 시간과 인력이 들어간다. 그렇다고 미납금을 포기하게 되면 이 역시 소문이 나서 다음 행사에도 미수금이 발생될 가능성이 높아지므로 참가비 미납 시에는 원천적으로 부스 배정에서 제외한다. 다만, 부스 배정 제외에 앞서 마감일까지 완납을 권유하고 미납 시에는 부스 배정에서 제외한다는 독촉장을 내용증명으로 보내어 후일 분쟁의 소지를 없앤다. 그럼에도 불구하고 전시회 종료 후, 참가비 미납 상태가 발생되면 포기하지 말고 타협이나 소액 재판 등을 통해 반드시 회수 하도록 한다.

〈2011년 개최 국내 주요 전시회 참가비〉

전시회명	독립부스	조립부스	비고
대한민국골프대전 2011	• 국내 : 140만원 - 조기 : 100만원 • 해외 : US$ 1,220 - 조기 : US$ 870	• 국내 : 190만원 - 조기 : 150만원 • 해외 : US$ 1,660 - 조기 : US$ 1,310	• 부가세 별도
서울국제스포츠레저 산업전 2011	• 국내 : 160만원 • 해외 : US$ 2,000	• 국내 : 190만원 • 해외 : US$ 2,500	• 부가세 별도 • 독립부스 조기할인
서울국제유아교육전 2011	• 180만원	• 210만원	• 부가세 별도
에듀엑스포 2010	• 회원 : 100만원 • 비회원 : 120만원 <2부스 이상>	• 회원 : 120만원 • 비회원 : 140만원	• 부가세 별도 • 조기할인 10%
서울국제임신출산육아용품전시회 2011	• 210만원 <4부스 이상>	• 250만원	• 부가세 별도
서울국제식품산업 대전 2011	• 국내 : 220만원/부스 • 해외 : US$ 310/㎡	• 국내 : 264만원/부스 • 해외 : US$ 370/㎡ • 해외 Premium : US$ 400/㎡	• 부가세 별도 • 조기할인 10% • 규모할인 5-15% • 특별할인 5-10%
서울국제주류박람회 2011	• 국내 : 175만원 • 해외 : US$ 2,450 <4부스 이상>	• 국내 : 220만원 • 해외 : US$ 2,850	• 부가세 별도
서울모터쇼 2011	• 전시관 : 19만원/㎡ • 용품판매관 : 24만원/㎡	• 전시관 : 221만원/부스 • 용품판매관 : 266만원/부스	• 부가세 별도 • 옥외전시관 : 10만원/㎡

전시회명	독립부스	조립부스	비고
한국기계전 2011	• 국내 : 200만원 • 해외 : US$ 2,350 <4부스 이상>	• 국내 : 240만원 • 해외 : US$ 2,800	• 부가세 별도 • 조기신청 10만-30만원 할인 해외업체 10% • 회원사 30만원 할인 • 인증사 10만-40만원 할인
경향하우징페어 2011	• 국내 - 1차 조기 187만원 - 2차 조기 198만원 - 일반 : 220만원 • 해외 US$ 2,500	• 국내 - A형 : 독립+20만원 - B형 : 독립+30만원 - C형 : 독립+100만원 • 해외 US$ 2,700	• 부가세 별도 • 연속참가업체 3-5% 추가 할인
2011 서울국제건축박람회	• 국내 : 220만원 • 해외 : US$ 2,600	• 국내 : 260만원 • 해외 : US$ 3,000	• 부가세 별도 • 해외 조기할인 10%
서울국제사진영상기자재 전 2011	• 국내 - 1차 조기 225만원 - 2차 조기 235만원 - 일반 : 255만원 • 해외 : US$ 2,600	• 국내 - 1차 조기 260만원 - 2차 조기 270만원 - 일반 : 290만원 • 해외 : US$ 3,000	• 부가세 별도 • 중소기업 별도 할인
국제음향산업전 2011	• 220만원 - 음향시연회장 동시 참가시 110만원	• 250만원 - 음향시연회장 동시 참가시 140만원	• 부가세 별도 • 음향시연회장 250만원 • 조기할인 20만원 • 전년도 참가사 할인 10만원
한국전자전 2011	• 국내 : 240만원 • 해외 : US$ 2,800	• 국내 : 280만원 • 해외 : US$ 3,200	• 부가세 별도 • 회원사 20%, 조기 신청 5%, 10%, 3년 연속 참 가사 5% 할인
SWEET 신재생에너지전문전 2012	• 국내 : 150만원 • 해외 : US$ 1,700	• 국내 : 180만원 - 프리미엄 A : 210만원 - 프리미엄 B : 230만원 • 해외 : US$ 2,000 - 프리미엄 A : US$ 2,300 - 프리미엄 B : US$ 2,500	• 부가세 별도 • 조기할인 부스당 20만원
국제환경에너지 산업전 2011	• 국내 : 121만원 • 해외 : US$ 1,200 <4부스 이상>	• 국내 : 154만원 • 해외 : US$ 1,500	• 부가세 포함 • 조기할인 10% • 전년참가할인 5% • 6부스 이상 할인 5% • 10부스 이상 할인 10%
국제의료기기병원 설비전 2011	• 국내 : 250만원 • 해외 : US$ 2,800	• 국내 : 290만원 • 해외 : US$ 3,600	• 부가세 별도 부스당 • 조기할인 - 국내 : 20만원 - 해외 : US$ 200 • 전년참가 - 국내 : 10만원 - 해외 : US$ 100

전시회명	독립부스	조립부스	비고
국제건강산업박람회 2011	• 국내 : 200만원 • 해외 : US$ 2,100 <2부스 이상>	• 국내 : 240만원 • 해외 : US$ 2,400	• 부가세 별도
프랜차이즈서울 2011	• 국내 : 170만원 • 해외 : US$ 2,200	• 국내 : 200만원 • 해외 : US$ 2,500	• 부가세 별도 • 조기할인 - 독립 : 153만원 - 조립 : 183만원 • 이코노믹부스 100만원
한국국제유통산업전	• 국내 : 180만원 • 해외 : US$ 2,300	• 국내 : 210만원 • 해외 : US$ 2,600	• 부가세 별도 • 조기할인 및 3회 이상 참가사 - 독립 : 165만원 US$ 2,100 - 조립 : 195만원 US$ 2,400
IT EXPO 2011	• 국내 : 70만원 • 해외 : US$ 700	• 국내 : 100만원 • 해외 : US$ 1,000	• 부가세 별도
국제정보 디스플레이전 2011	• 국내 - 회원 : 220만원 - 비회원 : 240만원 • 해외 : US$ 2,600	• 국내 - 회원 : 260만원 - 비회원 : 280만원 • 해외 : US$ 3,200	• 부가세 별도 • 조기할인 - 1차 : 10% - 2차 : 5% * 해외 조기신청 별도 할인혜택 • 3회 연속참가 5%
서울국제화장품미용박람회 2011	• 국내 : 207만원 • 해외 : US$ 3,000	• 국내 : 247만원 • 해외 : US$ 3,500	• 부가세 별도 • 코너 할증 - 국내 : 20만원 - 해외 : US$ 200 • 조기할인 10% (독립식기준)
서울뷰티엑스포 2011	• 국내 : 165만원 • 해외 : US$ 2,500	• 국내 : 200만원 • 해외 : US$ 3,000	• 부가세 별도
대한민국 섬유교역전 2011	• 국내 : 180만원 • 해외 : US$ 2,000	• 국내 : 220만원 • 해외 : US$ 2,500	• 부가세 별도 • 조기할인 10% • 연속참가 10%
해외이민투자박람회 2011	• 국내 : 187만원 • 해외 : US$ 2,200	• 국내 - 서울 : 220만원 - 부산 : 110만원 (6㎡ 기준) • 해외 : US$ 2,500	• 부가세 포함
서울디자인페스티벌 2011	• 트랜드나우 (7m x 4m x 3m) 2,500만원 • 디자인솔루션 (4.5m x 3m x 3m) 2,500만원		• 부가세 별도
서울캐릭터페어 2011	• 국내 - 회원 : 72만원 - 비회원 : 90만원 • 해외 : US$ 2,500	• 국내 - 회원 : 104만원 - 비회원 : 130만원 • 해외 : US$ 2,800	• 부가세 별도 • 조기할인 (해외업체만) - 독립:US$ 2,000 - 조립:US$ 2,240

* 별도의 언급이 없는 한 1개 부스 크기는 3m × 3m임.

나. 기술지원 서비스료 (Utility Service)

전시에 필요한 전기, 전화 (국내용, 국제용), 인터넷, 급배수, 압축공기, 참관자 등록시스템 등의 단가를 정해 참가신청서 접수 시 참가업체들로부터 선택사항으로 신청을 받는다. 이들 서비스 요금은 전시 기간을 기준으로 산정하되 유사전시회와 가격 차이가 크게 나지 않도록 합리적인 가격을 제시하여야 한다.

〈2011 서울국제식품산업대전 기술지원 서비스료〉

구분		국내	해외
전기	220V 단상	55,000원/Kw	US$ 50/Kw
	220V 삼상	55,000원/Kw	US$ 50/Kw
	380V 삼상	55,000원/Kw	US$ 50/Kw
	220V, 330V, 단상 삼상 (24시간)	66,000원/Kw	US$ 60/Kw
전화	국내용	77,000원/대	US$ 70
	국제용	220,000원/대	US$ 200
인터넷 (유선)		110,000원/port	US$ 100/port
급·배수		165,000원/개소	US$ 150
압축공기		165,000원/개소	US$ 150
가스 (LNG)		550,000원/개소	US$ 500

* 단가는 전시기간 (4일) 기준으로 산정 <부가세 포함>

다. 입장료 수입

무료입장 전시회도 있지만 최근 국내전시회는 대부분 유료 입장이다. 온라인을 통한 사전등록자에게는 할인 또는 무료입장 혜택을 주며 초청장 소지자에게는 무료입장이 허용된다. 유료 입장의 경우, 일반 성인과 중고등학생, 초등학생 등으로 구분하여 책정하며 (미성년자 입장을 불허하는 전시회는 예외) 20-30명 이상 단체 입장객은 할인해주는 경우도 있다.

최근에는 13세 미만 소아나 65세 이상 노약자와 장애인에게는 무료입장을 허용하는 전시회도 늘어나고 있다. 우리나라에서 개최되는 유료 입장 전시회는 성인 (일반) 입장료가 대부분 5,000원부터 10,000원 사이로 책정되기 때문에 주최자 측에서 볼 때 유료입장객이 많지 않는 경우, 입장권 판매 대행료 지불을 감안하면 실제 입장료 수입은 크지 않다.

〈2011년 개최 국내 주요 전시회 입장료〉

전시회명	입장료
대한민국 골프대전 2011	• 개인 : 3,000원 • 단체 30인 이상 : 2,000원 • 장애인 및 노약자(65세이상 6세 미만): 무료 • 초, 중, 고학생 : 1,000원
서울국제스포츠레저산업전 2011	• 5,000 원 • 초청장 지참자와 온라인 사전등록자 : 무료
서울국제유아교육전 2011	• 성인 : 5,000원 • 초, 중, 고교생 : 3,000원 • 미취학 아동 : 무료 • 인터넷 사전 등록자 및 초청장 소지자 : 무료
에듀 엑스포 2010	• 무료 입장
서울국제임신출산육아용품전시회 2011	• 일반 : 5,000원 • 중고생 : 2,500원 • 온라인 사전 등록자, 장애인, 경로우대자, 초등생 이하 : 무료
대한민국 벤처창업대전 2010	• 무료입장
방송엔터테인먼트 채용 박람회 2009	• 무료입장
서울국제식품산업대전 2011	• 10,000원 • 인터넷 사전 등록자 및 초청장 소지자 무료 입장
서울국제주류박람회 2011	• 10,000원
서울모터쇼 2011	• 일반인 : 9,000원 (현장), 7,000원 (조기예매) • 대학생 : 9,000원 (현장), 7,000원 (조기예매), 30명 이상 단체 7,000원 • 초중고생 : 6,000원 (현장), 4,000원 (조기예매), 30명 이상 단체 4,000원 (인솔교사 필수) • 국가유공자, 군인/경찰, 장애인, 경로자 : 6,000원 (현장), 4,000원 (조기예매) • 미취학아동 : 무료
한국기계전 2011	• 온라인 사전등록 : 무료 • 5,000원
MBC 웨딩 페어 2011	• 성인 및 학생 : 5,000원 • 사전등록자 : 무료
한국결혼상품전 2011	• 학생 및 일반인 : 3000원 (대학생 포함) • 미취학 아동 및 64세 이상 경로 우대증 지참자, 장애자 : 무료 • 무료 초청장 지참 시 무료 입장 가능
대한민국 과학축전	• 무료 입장
국제로봇대전 2011	• 일반 : Business Day - 10,000원, Public Day - 5,000원 • 단체 : 3,000원 (20명 이상) • 미성년자 : 무료
경향하우징페어 2011	• 일반 : 10,000원 • 단체 및 중고생 : 5,000원 (20인 이상) • 장애인 및 노약자 (65세 이상, 초등생) : 무료

전시회명	입장료
서울국제건축박람회 2011	• 온라인 사전 등록 : 무료 • 성인 : 10,000원 • 단체 : 7,000원 (20인 이상) • 노약자 (65세 이상) : 무료 - 신분증 지참 • 초등학생 이하 : 무료 • 초청장 소지자 : 무료
서울국제사진영상기자재전 2011	• 성인 및 학생 : 5,000원 • 단체 : 3,000원 (20인 이상) • 온라인 사전 등록자, 초청장 소지자, 13세 이하 어린이, 65세 이상 노인, 장애인 : 무료
국제음향산업전 2011	• 일반 및 학생 : 5,000원 • 초청장 소지자 및 사전등록자 : 무료
한국전자전 2011	• 개인 : 5,000원 • 단체 : 3,000원 (20인 이상) • 사전등록자 : 2,000원
LED EXPO FPD Korea 2009	• 일반인 및 학생 : 3,000원
SWEET 2011 신재생에너지전문전	• 무료 입장
국제 환경 에너지 산업전 2011	• 무료 입장
국제의료기기 병원 설비전 2011	• 일반 : 7,000원 • 사전등록자, 장애인, 경로우대자 : 무료
국제건강산업박람회 2011	• 무료 입장
프랜차이즈 서울 2011	• 일반 : 3,000원 • 초청장 소지자, 온라인 사전등록자, 코엑스 멤버스카드 및 현대카드 소지자, 무역협회 회원사 : 무료 • 단체 : 2,000원 (20명 이상)
한국 국제유통산업전 2011	• 성인 및 학생 : 3,000원 • 단체 : 2,000원 (20명 이상) • 온라인 사전 등록자, 초청장 소지자 : 무료
IT EXPO 2011	• 무료 입장
국제정보디스플레이전 2011	• 개인 : 5,000원 • 단체 : 3,000원 (30인 이상) • 온라인 사전 등록시 : 무료
서울국제화장품미용박람회 2011	• 일반 및 학생 : 5,000원 • 단체 : 3,000원 (20인 이상) • 온라인 사전 등록자 : 무료
서울 뷰티 엑스포 2011	• 일반 및 중학생 이상 : 5,000원 • 초대권 소지자 및 인터넷 사전 등록자 : 무료
대한민국 섬유교역전 2011	• 무료 입장
해외 이민 투자 박람회 2011	• 일반 및 학생 : 5,000원 • 온라인 사전 등록자 : 무료
세계 유학 박람회 2011	• 무료 입장
서울 디자인 페스티벌 2011	• 일반 및 학생 : 7,000원
서울 캐릭터·라이선싱 페어 2011	• 성인 및 대학생 : 7,000원 • 중고생 : 5,000원 • 초등생 및 유아 : 2,000원

라. 참가업체 디렉토리 판매 수입

참가업체 디렉토리를 무료로 배포하는 전시회도 있고 유료로 구입해야 하는 경우도 있다. 유료로 디렉토리를 판매할 때 영수증을 요구하는 참관객들도 있으므로 (간이)영수증을 준비한다.

마. 광고수입

전시회 개최와 관련된 각종 인쇄물에 광고를 게재하고 받는 금액이다. 통상 공식 디렉토리에 게재하는 광고도 전시주최자에게는 좋은 수입원이 될 수 있다. 광고 지면과 크기에 따라 광고료를 차등 책정한다. 특히, 표지 4면, 표지 2면 및 대면과 표지 3면 및 대면은 한정면이기 때문에 선착순으로 신청을 받는다.

〈예: 2011 서울국제식품산업대전 광고료〉

게재면	표지 4면	표지 2면 및 대면	표지 3면 및 대면	내지
광고료	1,320,000원	880,000원	880,000원	660,000원

* 납입조건 : 게재 신청시 100%, 금액은 부가세 포함

바. 세미나 참가비

일부 전시회는 부대 행사 일환으로 개최되는 세미나 참가자를 대상으로 참가비를 징수하기도 한다.

〈예 : KOAAShow 2011 유료 세미나〉

세미나명	구성 및 일정	참가비
Battery systems of EV & Hybrid Vehicles	2개 세션 3일 연수 과정 09:30-17:00	90만원 (부가세 없음)
한일 전기자동차 산업동향 및 기술세미나	하루 10:00-17:00	일반 : 10만원 대학생 : 5만원 (부가세 없음)

사. 지자체 및 중앙 정부 보조금

지자체 및 중앙정부로부터 전시회 개최와 관련 보조금을 받을 수 있다. 그러나 보조금을 지원받기 위해서는 보조금 지원 대상 전시회로 선정되어야 하며 지원 받은 보조금은 용도와 사용

방법이 정해져 있어 관련 지침을 준수하여야 한다. 지자체나 중앙정부 지원금은 주로 해외홍보, 해외바이어 초청, 해외업체 유치 비용 등으로 사용된다.

2. 전시회 비용

전시회 수입에 비해 전시회 비용은 항목도 많고 꽤 복잡하다. 따라서 전시회 기획 시, 최대한 정확한 비용을 산출하여 예산을 확보해야 한다. 여기서는 전시주최자 상근직원이나 사무실 임대료 및 회사운영 기본경비 등은 제외하고 해당 전시회에 투입되는 직접 비용만을 산출하고자 한다. 세부지출내역 산정 시에는 비목별 세부지출 내역단가에 수량을 곱한 소계와 여기에 부가세가 포함된 합계를 산출한다.

임대료와 장치비는 전시회 비용에서 가장 큰 비중을 차지하며 경직성 경비인 관계로 이 분야에서 예산 설감은 한계가 있다. 가장 예산 절감이 용이한 분야가 광고선전비이지만 이 비목의 축소는 참가업체 및 참관객 유치에 절대적인 악영향을 초래하므로 신중히 접근해야한다.

<비목별 세부 항목>

• 임대료

전시장 임차, 전시장 관리비, 전시장 세미나룸 임차, 전시회 홍보 차량 임차, 전시기간 행정차량 임차, 전시장 사무비품 임차, 지게차 임차, 워크숍 객실 임차, 바이어 수송용 버스 임차 등

• 장치비

국제관 장치공사, 국내관 장치공사 (가구, 배너), 바닥공사, 전기간선공사, 도시가스배관공사, 급·배수설치공사, 수도꼭지설치공사, 압축공기설치공사 등

• 도서인쇄비

참가안내 브로슈어 제작, 포스터 제작, 참가안내 공문 인쇄, 참관 초청장 제작, 참가안내 메뉴얼 제작, 설문서 및 상담실적표, 디렉토리 제작, 개막식 초청장, 쇼가이드제작, 차기 전시회 홍보 인쇄물, 종합결과보고서 제작, 감사서한 인쇄 등

• 광고선전비

전문지광고, 일간지 및 경제지 광고, 인터넷 광고, 해외광고, 지하 철/버스 등 대중교통을 이용

한 광고, TV 및 라디오 광고, 영화관 광고, 전광판 등 옥외광고 등

• 통신비

전시장 전화·팩스·인터넷 설치, 국내외 자료 발송 및 전화사용료 등

• 지급수수료

TM마케팅 행정인턴 급여, 통역비, 홈페이지 제작 및 관리비, 홈페이지 번역료, 브로슈어 주소라벨봉투작업, 초청장 발송, 참관객 등록시스템, 전시공사 원가조사 용역비, 입장권 판매 대행, 전시장 보험, 라디오 및 전광판 광고물 제작, 통역 및 진행요원 고용, 전시장 경비용역 고용, 전시장 청소용역 고용, 폐기물 처리 비용, 개막식 및 리셉션 행사, 주차권 구입, 셔틀버스 운용, 전시회 동영상 제작, 전시회 현장 촬영, 현장직원 출장자 숙박비, UFI 및 기타 인증비, 세미나 개최비, 설문조사 용역비, 세미나 연사 연사비, 코트라 참가업체 및 바이어 초청 인센티브 지급등

• 국내 및 국외여비

업체방문 및 지자체 출장, 전시기간 직원 출장, BTG인솔자 출장, 유력바이어 출장 지원, 해외홍보 출장경비 등

• 소모품비

참가업체 기념품, 설명회 음료대, 설명회 현수막, 주최자 사무실 및 상담장 소모품, 사무실 기본운영 소모품, 리셉션 기념품, 셔틀버스 안내판 제작, 임차차량 유류대, 참관객 경품, 행정요원 유니폼 등

• 운영비

수출상담회 운영 등

• 행사비

리셉션 오만찬

• 업무추진비

개막식 참석 VIP 다과 및 오찬, 유관기관 업무협의, 특근비 등

• 해외활동비

참가업체 유치수수료, 바이어 유치수수료 등

가. 임대료

(1) 전시장 임대료 및 관리비

전시장 임대료는 해당 전시장 홈페이지를 통해 파악할 수 있다. 통상 임대료는 ㎡당 얼마로 정해져 있으며 옥내, 로비, 옥외에 따라 상이하다. 아울러 월별로 할인과 할증제가 적용되는데 전시회가 많이 개최되는 봄과 가을철에는 할증이 되고 비수기인 여름과 겨울철에는 할인을 해준다. 이와 함께 임차 면적이 클수록 높은 할인 혜택을 준다. 그러나 월별 할인율과 규모별 할인율이 공히 적용되는 경우에는 높은 할인율 1개만 적용하는 경우가 대부분이다. 또한 1일 기본사용 시간이 정해져 있으며 초과 사용 시간 분에 대해서는 전시장에서 정한 시간외 사용료를 지불해야 한다. 일부 전시장에서는 총 임대기간 중 소정의 시간외 사용을 무료로 지원해주기도 한다. 전시장 임대료 이외 전기료, 냉·난방료, 상하수도료, 가스료, 압축공기사용료 등 관리비도 전시장에서 제시한 요율대로 추가 지불해야 한다.

(2) 회의실 및 상비 임대료

회의실은 규모 및 시간대에 따라 상이하다. 자세한 요율은 각 전시장 홈페이지를 통해 알 수 있다. 회의실 임대 시 강의용 책상, 의자, 유무선 마이크, 영사대, 사인보드, 화이트보드, 스크린, 강연대 (포디움), 사회자대 등은 기본 장비로 무료 제공 받을 수 있으나 LCD 프로젝트, 노트북, 보조 PDP, 이동형 앰프, 동시통역 장비 및 수신기 등 A/V 장비류와 기본 제공 이외의 가구 및 부품은 별도의 임대료를 지불해야 한다. 임대료는 시간당, 오전/오후/야간, 전일에 따라 정해져 있다.

(3) 기타 임차료

참관객을 위한 셔틀버스, 참관객 집계용 카드등록기, 비즈니스룸과 주최자 사무실을 비롯하여 전시장에서 사용할 각종 사무용기기 (컴퓨터, 프린터, 팩스, 전화, 무전기 등), 행정차량, 지게차 등 임차료도 반영되어야 한다.

나. 장치비

기본부스 (조립부스), 휴게공간, 비즈니스센터, 로비안내 데스크, 디렉토리 판매처, 등록카드 작성대, 헬프 데스크, 전자명함등록부스, 브리핑 현황판, 참가업체 현황판 및 부스배치도, 임시주차장 사인, 현판, 사인탑, 셔틀버스 운행 안내판 등이 주요 장치장식물이며 도로 및 주차장 가로등 배너, 캐노피 배너, 전시장 외벽 배너, 로비 천정 및 기둥 배너, 실내 천정 배너, 알파벳 배너 등 전시장에 따라 다양한 배너를 제작 한다. 또한 장치비에서 큰 비중을 차지하는 것이 전시장 바닥 카펫 (파이텍스) 설치비이다. 통상 새 파이텍스를 사용하기도 하나 부분적으로 재생(중고) 파이텍스를 사용하기도 한다. 또한 전시회 성격에 따라 전기선공사, 도시가스 배관공사, 급배수 설치공사, 수도꼭지 설치공사, 압축공기 설치공사도 포함한다.

다. 도서인쇄비

참가업체 모집용 브로슈어, 참관객 모집용 브로슈어, 포스터, 참가업체 메뉴얼, 참가업체 설명회 자료, 참가업체 디렉토리, 참가업체 및 바이어 초청장, VIP 초청장, 쇼가이드, 차기 전시회 홍보용 전단지 및 포스터, 설문지, 상담실적서 및 감사장 등 각종 양식 및 홍보물 제작비가 이에 해당된다.

라. 광고선전비

전문지광고, 일간지 및 경제지 광고, 인터넷 광고, 해외광고, 버스나 지하철 등 대중교통을 이용한 광고, 라디오/TV 광고, 영화관 광고, 옥외광고, 영화관 광고 등 각종 광고 계획에 따라 지출 예산을 수립한다.

마. 통신비

우편료 (우체국 및 특사배달 포함), 전화 및 인터넷 사용료, 전시장내 전화, 팩스, 인터넷 설치료 및 사용료 등이 포함된다.

바. 지급수수료

가장 세부 항목이 많은 지출 분야로 대부분 임시직 인건비, 대행수수료, 용역비와 공과금 및 보험료 등이 이에 해당된다. 예산 수립 시 제외되는 부분이 없도록 세심한 주의가 요구되는 항목이다.

사. 소모품비

전시회에 필요한 각종 소모품을 구입하는 비목이며 사무용 문구류, 기념품 및 경품 구입, 현수막 제작, 행정요원 유니폼 구입 등이 해당된다. 이외 행사비, 운영비, 업무추진비, 해외활동비 등의 비목이 있다.

3. 전시수익 극대화 방안

전시회는 첫 해부터 수익을 올리기란 거의 불가능하다. 그 이유는 처음부터 대규모 개최가 어렵고 따라서 참관객들도 생각만큼 유치하기가 쉽지 않기 때문이다. 여러 해 거듭하면서 전시회의 인지도가 높아지고 참가업체와 참관객이 몰려들어야 수익 모델로 발전할 수 있다. 따라서 처음 몇 해 동안 적자 운영이 불가피하다. 관건은 이러한 적자 규모를 어떻게 하면 최소화하고 최단 기간 내 수익이 발생되는 전시회로 육성하느냐 이다.

전시회의 가장 큰 수입원은 참가업체의 전시회 참가비 징수를 통해서 이루어진다. 첫 전시회이거나 아직 성숙 단계에 이르지 못한 전시회라면 기존 유사 전시회에 비해 참가비를 더 받을 수도 없다. 오히려 기존 유사 전시회보다 저렴해야 한다. 따라서 전시회 참가비 결정시, 국내뿐 아니라 해외 유사전시회의 참가비를 상세히 조사하여 가격경쟁력을 갖추어야 한다. 아울러 가능한 여러 할인제를 도입하는 것이 좋다. 조기 신청에 따른 할인, 참가 규모에 따른 할인 그리고 처음 개최되는 전시회가 아니라면 참가 횟수에 따른 할인 등을 채택하는 것이 바람직하다.

또한 전시 면적 소진을 목적으로 해당 전시회와 관련 없는 품목 및 분야의 참가신청을 받거나 공지하지 않았던 전시회 참가비 할인 행위는 절대 삼가야 한다. 이러한 행위는 당장 수익에 도움이 될지 몰라도 향후 전문전시회로 육성하는데 가장 큰 걸림돌이 된다. 아울러 제시된 일정까지 참가비 잔액을 납부하지 않는 업체에 대해서도 계약 조건대로 엄격하게 참가를 제한하여야 한다.

전시회가 어느 정도 정상에 올랐다 하더라도 너무 급격한 참가비 인상은 참가업체 유치에 부담으로 작용할 수 있다. 물가상승률과 유사 전시회의 참가비 인상 등을 감안하여 합리적인 선에서 인상을 결정해야 한다. 참가비 인상 시에는 참가업체들에게 종전에 비해 서비스가 향상되었다는 인식을 주어야 한다. 예를 들어 주차티켓을 더 발행한다든가 전시물품 반입 및 반출시 전시장 추가사용료 면제 또는 지게차 무료 사용 등 뭔가 혜택을 더 준다는 인식을 갖게 하는 것이 좋다.

참관객 입장료 수입 확대를 원한다면 더 많은 참관객 유인 방안을 생각해야 한다. 물론 전시회 품목과 내용이 좋으면 참관객들은 많이 모이게 된다. 그러나 이에 더해 셔틀버스 운행 확대, 전시회 이외 부대 행사 확대, 유명 연예인 초청, 전시품과 관련된 별도 직매장 운영, 시연회나 시식회 개최, 그 밖에 기존 전시회와는 차별화된 기획 행사 등으로 참관객들을 유인한다. 또한 기존 전시회라면 정부의 국고지원 국내전시회로 선정될 수 있도록 기본 요건을 갖추고 신청서류와 프리젠테이션을 철저하게 준비한다.

전시회는 예산의 효율적 운영과 절약을 통해서도 수익 증대를 기할 수 있다. 전시회 예산 중 가장 큰 비중을 차지하는 임차료와 장치비는 절약에 한계가 있다. 그러나 전시장 임차 면적에 대한 잘못된 예측으로 과다 임차하는 경우는 피해야 한다. 많은 전시회가 전시장 임차 면적에 대한 예측 착오로 실제 전시회 개최 시 임차 전시면적을 모두 활용하지 못하고 칸막이로 가려 불용상태로 남기는 경우도 많다. 또한 광고선전비도 가장 효율적인 광고 매체를 선정하여야 하며 불필요하게 많은 임시직을 채용하여 무분별한 마케팅을 전개하는 행위는 피해야 한다.

4. 국내전시회 수입 지출 분석

한국전시산업진흥회가 국내 전시주최자들을 대상으로 설문 조사한 바에 의하면 2009년에는 전시회 1건당 평균 매출액이 545,083천원, 영업이익 평균은 95,828천원, 지출액은 513,397천원으로 나타났다. 2010년에는 전시회 1건당 평균 매출액이 전년에 비해 13.6% 증가한 619,103천원, 영업이익 평균은 135,561천원으로 전년에 비해 41.5%나 크게 늘어났다. 한편 2011년에는 전시회 1건당 평균 매출액이 전년에 비해 23.7% 증가한 765,825천원 증가하였으나 영업이익 평균은 125,845천원으로 전년에 비해 오히려 7.2% 감소하였다. 그러나 2010년과 2011년 수입구조 평균 비율은 동일한 것으로 조사되었다.

〈수입구조〉

구분	평균비율 (%)		
	2009년	2010년	2011년
부스판매	69.4	60.8	60.8
입장료	3.0	4.1	4.1
스폰서	24.0	28.6	28.6
광고	1.0	0.9	0.9
기타	2.6	5.6	5.6
합계	100.0	100.0	100.0

수입구조는 부스 판매가 60%대로 비중이 가장 컸으며 그 다음으로 스폰서 (국고보조 등) 수입이 20%대를 차지하고 있다. 입장료 수입은 5%에도 미치지 못하는 미미한 실정이다. 이는 입장이 무료이거나 입장료를 매우 낮게 책정하였기 때문이다.

〈지출구조〉

구분	평균비율 (%)	
	2010년	2011년
임차비 및 각종 서비스 비용	48.7	41.8
시설공사 및 각종 제작비	18.4	22.1
도서인쇄비	3.7	4.1
행사진행비	9.0	13.2
식음료 및 숙박비	4.2	2.8
교통 및 운송비	2.8	2.0
보험료	0.3	1.5
연사초청비 및 일반관리운영비	6.8	7.5
기타	6.1	5.0
합계	100.0	100.0

지출구조를 살펴보면 임차비 및 각종 서비스 (행사장 임차비, 장치 임차비, 광고/대행비, 웹서비스비, 통번역료 등) 비용이 총 지출의 거의 40%-50%를 차지하며 시설 공사 및 각종 제작비 (부스, 카펫, 배너 등)가 20%내외를 차지하고 있다.

Chapter 5
국내전시회 인증 및 지원제도

제 5 장
국내전시회 인증 및 지원제도

1. 인증제도

가. 인증개요

(1) 인증이란

현재 우리나라에서 도입하고 있는 국제전시회 인증이란 전시주최사업자가 보고한 전시면적, 참가업체 및 관람객에 대한 정보를 제 3의 독립적 검증기관이 표준화된 기준에 따라 객관적인 방법으로 조사 확인한 것을 인증기관이 공개하고 전시회 인증서을 발급하되, 일정의 요건을 충족시킬 경우 국제전시회 인증마크를 부여하여 공인하는 제도이다.

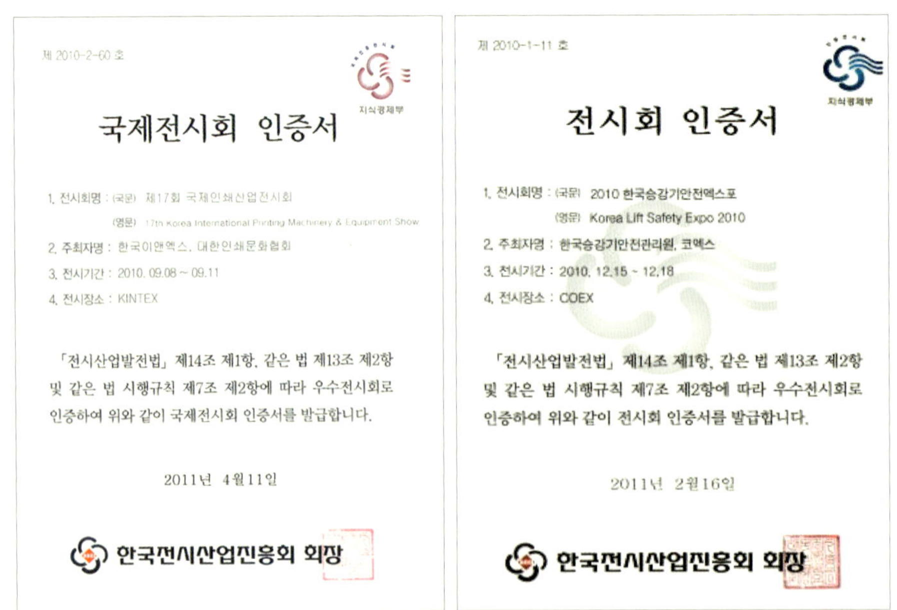

제 2010-2-60 호

지식경제부

국제전시회 인증서

1. 전시회명 : (국문) 제17회 국제인쇄산업전시회
   (영문) 17th Korea International Printing Machinery & Equipment Show
2. 주최자명 : 한국이앤엑스, 대한인쇄문화협회
3. 전시기간 : 2010. 09.08 ~ 09.11
4. 전시장소 : KINTEX

「전시산업발전법」 제14조 제1항, 같은 법 제13조 제2항 및 같은 법 시행규칙 제7조 제2항에 따라 우수전시회로 인증하여 위와 같이 국제전시회 인증서를 발급합니다.

2011년 4월11일

한국전시산업진흥회 회장

제 2010-1-11 호

지식경제부

전시회 인증서

1. 전시회명 : (국문) 2010 한국승강기안전엑스포
   (영문) Korea Lift Safety Expo 2010
2. 주최자명 : 한국승강기안전관리원, 코엑스
3. 전시기간 : 2010. 12.15 ~ 12.18
4. 전시장소 : COEX

「전시산업발전법」 제14조 제1항, 같은 법 제13조 제2항 및 같은 법 시행규칙 제7조 제2항에 따라 우수전시회로 인증하여 위와 같이 전시회 인증서를 발급합니다.

2011년 2월16일

한국전시산업진흥회 회장

[한국전시산업진흥회가 발급한 국제전시회 인증서 및 전시회 인증서]

(2) 인증 목적

인증제도를 도입한 목적은 공인인증을 통해 전시회에 대한 신뢰성 있고 객관적인 정보를 공개함으로써 향후 해당 전시회를 올바르게 판단할 수 있도록 근거를 제공하기 위함이다. 전시참가업체는 유사 전시회간 상호 비교 가능한 신뢰성 있는 정보를 획득 할 수 있으며 전시주최사업자는 개최 전시회에 대해 인증을 받음으로써 인증을 받지 않은 전시회에 비해 비교우위를 가져 더 많은 프로모션의 기회를 창출할 수 있으며 효율적인 경영관리와 질적 성장을 도모할 수 있다. 또한 정부는 인증제도를 통해 전시회간의 차별화와 경쟁을 유도하며 시장경제를 위한 합리적인 환경을 제공하고 경쟁력 있는 전시회 육성을 위한 정책 자료로 활용할 수 있다. 일부 지자체에서는 국내전시회 예산지원 시 인증전시회에 대해서는 가점을 부여하고 있다.

(3) 인증제도 도입

우리나라에서는 한국전시산업진흥회가 인증 주체가 되어 2002년도에 3개 전시회에 대한 시범인증이 실시되었으며 2003년과 2004년 시범 도입 기간을 거쳐 2005년도에 정식 도입되었다. 전시산업발전법 시행에 따라 2009년 부터 인증 주체가 한국전시산업진흥회로 부터 지식경제부로 변경되었으며 인증전시회와 국제인증전시회로 체계가 이원화되었다.

〈연도별 인증 전시회 현황〉

(단위: 건, %)

구분	2002	2003	2004	2005	2006	2007	2008	2009	2010	2011
인증전시회 총계 (A=a+b+c)	3	7	41	43	43	47	44	59	78	85
국제인증전시회수 (a)	-	-	-	-	-	-	-	48	64	74
인증전시회수 (b)	3	5	29	31	32	41	40	11	14	11
검증전시회수 (c)	-	2	12	12	11	6	4	-	-	-
국내전시회 개최수 (B)	248	268	300	336	353	354	409	422	479	552
인증비율 (A/B)	1.2	2.6	13.7	12.8	12.2	13.3	10.8	14.0	16.3	15.4

주) 2009년 부터 종전 검증전시회가 폐지되고 국제인증전시회가 신설됨.

〈우리나라 인증전시회 및 국제인증전시회 현황〉

(인) 인증전시회, (국) 국제인증전시회

연번	구분	전시회명
2010년		
1	(국)	제13회 한국국제용접기술전
2	(인)	2010 세계 태양 에너지 엑스포
3	(국)	2010 경향하우징페어 · 하우징브랜드페어
4	(국)	제21회 국제자동화종합전
5	(국)	서울국제 판촉물 및 생활용품전
6	(국)	대구국제섬유박람회
7	(국)	2010 서울국제스포츠레저산업전
8	(국)	SWEET 2010
9	(국)	제26회 국제의료기기 병원설비전시회
10	(국)	2010 오토모티브위크
11	(국)	제30회 해외 유학 어학연수 박람회
12	(국)	제20회 국제플라스틱 고무산업전시회
13	(국)	국제 표면실장 및 인쇄 회로기판 생산기자재전
14	(국)	제7회 대한민국 그린에너지엑스포
15	(인)	2010 홈덱스 Spring
16	(국)	2010 국제광산업전시회
17	(국)	제14회 2010 서울국제공작기계전
18	(국)	제22회 서울국제유아교육전
19	(국)	한국고양꽃전시회 (고양국제꽃박람회)
20	(국)	2010 국제전자회로산업전
21	(국)	2010 한국국제보석시계전시회
22	(국)	제19회 서울국제사진영상기자재전
23	(인)	2010 부산국제모터쇼
24	(국)	제9회 대구국제광학전
25	(국)	2010 서울화장품 미용박람회
26	(국)	2010 서울국제식품산업대전
27	(국)	2010 국제 스마트그리드 및 전기설비전
28	(인)	2010 국제 IT융복합 산업전
29	(국)	월드 IT 쇼
30	(국)	제15회 국제포장기자재전
31	(국)	2010 국제부품소재산업전
32	(국)	2010 국제수송 기계부품산업전
33	(국)	제32뢰 국제환경산업기술 그린에너지전
34	(국)	2010 경기국제보트쇼

연번	구분	전시회명
35	(국)	제20회 국제방송 · 음향 · 조명기기전시회
36	(국)	2010 대한민국 조경박람회
37	(인)	국제 LED EXPO & OLED EXPO 2010
38	(인)	제24회 MBC건축박람회
39	(인)	서울캐릭터 라이선싱페어
40	(국)	제8회 국제나노기술전시회 (나노코리아 2010)
41	(국)	제18회 서울국제 임신출산육아용품 전시회
42	(인)	제7회 대한민국국제소방안전박람회
43	(국)	2010 시니어 & 장애인 엑스포
44	(국)	2010 대한민국 섬유교역전
45	(국)	2010 바이오코리아
46	(국)	2010 국제환경에너지산업전
47	(국)	2010 서울국제종합전기기기전
48	(국)	2010 국제자동화정밀기기전
49	(국)	제17회 국제인쇄산업전시회
50	(국)	제5회 국제문화창의산업전
51	(국)	2010 한국국제건설기계전
52	(인)	2010 국제철강 및 비철금속산업전
53	(인)	제6회 한국국제인프라기술전
54	(인)	제11회 벤처국방마트
55	(국)	2010 광주국제식품전
56	(국)	2010 한국전자산업대전
57	(국)	2010 한국국제기계박람회
58	(국)	2010 대한민국에너지대전
59	(국)	제4회 대한민국 국제보트쇼
60	(국)	2010 국제조선해양산업전
61	(인)	한국건축산업대전 2010
62	(국)	전주국제발효식품엑스포
63	(인)	2010 대한민국우수상품박람회
64	(국)	2010 국제로봇산업대전
65	(국)	2010 인천국제정보산업전시회
66	(국)	제3회 부산국제용접, 절단 및 레이저설비산업전
67	(국)	2010 Korea Healthcare Congress 및 제8차 병원의료산업전시회
68	(국)	제11회 대구국제자동화기기전
69	(국)	2010 부산국제수산무역EXPO
70	(국)	2010 광주국제실버박람회
71	(국)	한국 자동차부품 및 연관산업 전시회

연번	구분	전시회명
72	(국)	2010 서울국제식품산업전
73	(국)	제3회 대한민국 전시산업전
74	(국)	제9회 서울카페쇼
75	(국)	제18회 한국국제사인디자인전
76	(인)	RFID/USN KOREA 2010 국제전시회
77	(국)	2010 인천국제물류산업전시회
78	(인)	2010 한국승강기안전엑스포
2011년		
1	(국)	SBS국제건축박람회
2	(국)	2011 세계태양에너지 엑스포
3	(국)	2011 경향하우징페어하우징브랜드페어 (KINTEX)
4	(국)	2011 경향하우징페어하우징브랜드페어 (Coex)
5	(국)	2011 서울바이크쇼
6	(국)	오토메이션 월드 2011
7	(국)	서울 국제 판촉물 선물 및 홈웨어전
8	(국)	2011 대구국제섬유박람회
9	(국)	한국국제낚시박람회
10	(국)	SWEET 2011
11	(국)	서울국제냉난방공조전
12	(국)	제20회 국제금형 및 관련기기전
13	(국)	제27회 국제의료기기병원설비전시회
14	(국)	2011 서울모터쇼
15	(국)	국제 표면실장 및 인쇄회로기판 생산기자재전
16	(국)	제8회 국제 그린에너지엑스포
17	(국)	2011 한국국제용접 및 절단기술전
18	(국)	2011 한국주얼리페어
19	(국)	2011 국제전자회로산업전
20	(국)	제20회 서울국제사진영상기자재전
21	(국)	2011 서울국제식품산업대전
22	(인)	2011 한국국제유통산업전
23	(국)	제10회 대구국제안경전
24	(국)	2011 서울국제화장품미용산업박람회
25	(국)	제16회 한국고양꽃전시회
26	(국)	제5회 대한민국 국제보트쇼
27	(국)	2011 월드 IT쇼
28	(국)	2011 국제 스마트그리드 및 국제설비전
29	(인)	국제자원순환산업전

연번	구분	전시회명
30	(인)	2011 대한민국국제소방안전박람회
31	(인)	2011 국제 IT융복합 산업전
32	(인)	2011 국제부품소재산업전
33	(국)	제5회 부산국제기계대전
34	(국)	제33회 국제환경산업기술그린에너지전
35	(국)	2011 경기보트쇼
36	(국)	제16회 국제포장기자재전
37	(국)	국제방송 · 음향 · 조명기기전시회
38	(국)	2011 부산국제철도 및 물류산업전
39	(국)	국제 LED EXPO & OLED EXPO 2011
40	(국)	2011 대한민국 조경박람회
41	(인)	국제안전보건전시회
42	(인)	2011 첨단국방산업전
43	(국)	제20회 서울국제 임신출산육아용품 전시회
44	(국)	2011 서울 터치패널 산업전 & 국제 LED 생산기자재전 & 국제 광전자 산업전
45	(국)	제9회 국제나노기술 심포지엄 및 전시회
46	(국)	2011 한국국제가구 및 인테리어산업대전 / 한국국제목공기계산업전시회
47	(국)	2011 대한민국 섬유교역전
48	(국)	2011 국제환경에너지산업전
49	(국)	2011 시니어 & 장애인 엑스포
50	(국)	2011 국제문화창의산업전
51	(국)	제18회 국제인쇄산업대전
52	(국)	2011 서울국제종합전기기기전
53	(국)	2011 국제그린카전시회
54	(국)	제21회 국제플라스틱 고무산업전시회
55	(국)	바이코리아 2011
56	(국)	한국산업대전
57	(국)	한국기계전 (한국산업대전)
58	(국)	2011 서울국제공구전 (한국산업대전)
59	(국)	금속산업대전 2011 (한국산업대전)
60	(국)	2011 국제광산업전시회
61	(인)	2011 벤처국방마트
62	(국)	2011 한국전자산업대전
63	(인)	2011 국제도로교통박람회
64	(국)	서울 국제 항공우주 및 방위산업 전시회 2011
65	(국)	대한민국 녹색에너지대전
66	(국)	2011 전주국제발효식품엑스포

연번	구분	전시회명
67	(국)	2011 부산국제조선해양대전
68	(국)	2011 로보월드 국제로봇산업대전
69	(인)	2011 대한민국우수상품박람회
70	(국)	대한민국국제섬유기계전
71	(국)	제12회 대구국제기계산업대전
72	(인)	제25회 서울국제유아교육전
73	(국)	2011 Korea Healthcare Congress 및 병원의료산업전시회
74	(국)	2011 대한민국 녹색기술 산업대전
75	(국)	국제음향 무대 조명 영산산업전 - 대한민국 교회건축 디자인 박람회
76	(국)	2011 서울국제식품산업전
77	(국)	2011 국제공작기계 및 관련부품전
78	(국)	RFID/USN KOREA 2011 국제 전시회
79	(국)	한국 자동차부품 및 연관산업 전시회
80	(국)	2011 월드 스마트그리드 산업대전
81	(국)	2011 부산국제수산무역EXPO
82	(국)	제19회 한국국제사인디자인전
83	(국)	2011 서울카페쇼
84	(국)	2011 국제뷰티엑스포
85	(국)	2011 대한민국 전시산업전

출처 : 한국전시산업진흥회

나. 인증 요건 및 현황

(1) 인증 요건

전시회 정보가 검증 (data audit)되면 「인증전시회」가 되며 그 결과 일정요건을 충족하면 「국제인증전시회」가 된다. 현행 국내에서 실시되고 있는 국제인증전시회는 국제기준과의 통일성을 유지하고 상호 비교를 위해 UFI 인증요건을 따르고 있으나 「국제인증전시회」가 「UFI 인증 전시회」는 아니다.

요건	인증종류/인증부여기관	비고
① 전시회 정보 검증 (data audit) - 전시면적, 전시회의 내용, 참가업체의 수, 관람객의 수 등을 검증	① 인증 전시회 (지식경제부)	체계 이원화
② 요건 충족 - 2회 이상 개최 실적 (3회부터 인증) - 해외참가업체 수 10% 이상, 해외 관람객 수 5% 이상 중 1개 이상 충족	①+② 국제 인증 전시회 (지식경제부)	

(2) 운영체계

지식경제부로부터 인증제도 운영업무를 위탁받은 한국전시산업진흥회는 전시주최사업자가 신청한 전시회의 데이터를 검증기관에 의뢰하여 검증 후 인증심사위원회를 개최하여 인증을 확정한다.

① 지식경제부는 인증업무를 한국전시산업진흥회에 위탁
② 전시주최기관은 GEP을 통해 한국전시산업진흥회에 인증신청 정보보고서 제출
③ 한국전시산업진흥회는 검증기관에 검증의뢰
④ 검증기관은 한국전시산업진흥회에 검증결과 보고
⑤ 한국전시산업진흥회는 인증심사위원회를 통해 인증 여부를 확정한 후, 지식경제부에 그 결과를 보고하며 전시주최기관에 인증결과를 통보

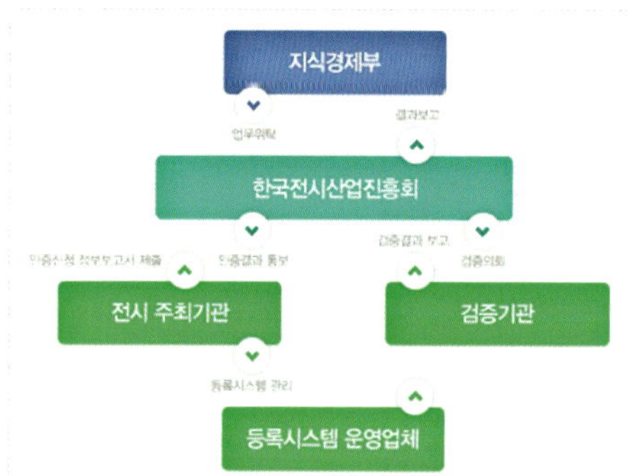

[인증제도 운영체계]

[인증 및 국제인증전시회 인증마크]

인증 마크는 차기 전시회까지만 사용 가능하며 인증전시회로 인정받아 이 마크를 계속 사용하기 위해서는 전시회 개최 시 마다 검증을 통해 갱신하여야 한다. 인증료는 전시면적에 따라 결정되며 부가세 없이 360만원에서 440만원 사이이다.

(3) 인증 요건의 집계기준

① 참가업체 수

참가업체란 전시주최사업자와 참가계약을 체결한 업체로, 직원이 제품 (서비스)과 함께 직접 부스를 점유하여 참가한 업체만을 말하며, 해당 업체는 참가신청서, 참가업체 디렉토리 등에 명시되어야 한다. 다른 업체의 부스에 제품을 전시하고, 직원이 직접 참가하지 않는 업체는 참가업체 수에 포함되지 않는다. 여러 업체가 공동으로 부스를 구성하여 참가할 때는 공동부스를

구성하는 각각의 참가업체는 독립된 참가업체로 인정된다. 그러나 공동 부스의 책임을 맡은 참가업체는 공동부스에 참가한 참가업체들의 전시면적과 리스트를 입증할 수 있는 서류를 제출하여야 한다. 또한 여러 개의 부스를 1개 업체가 사용할 경우, 참가업체 수는 1개 업체로만 인정하며 부스를 임차하고도 전시회에 참가하지 않는 업체는 참가업체 수에 포함되지 않는다. 국내 참가업체와 해외 참가업체로 구분하여 검증하되 국내 참가업체와 해외 참가업체는 참가신청서를 기준으로 구분되며 해외 현지로부터 참가신청서가 접수되었을 경우, 해외 참가업체로 구분되고 신청서 상에 기재된 국적에 따라 분류된다. 참가업체의 국적이 명확하지 않은 경우, 참가업체의 본사에서 본사를 대신하여 지사가 참가하였음이 확인되면 해외 참가업체로 인정된다.

② 전시면적

임차면적은 전시주최사업자와 참가업체 사이에 정식 계약이 체결되어 참가비가 지급된 면적(유상)과 무상으로 제공된 경우를 모두 포함하며 옥내 임차면적과 옥외 임차면적, 국내 참가업체의 임차면적과 해외 참가업체의 임차면적으로 구분한다. 또한 전시회 주최와 직접 관련이 있는 부대행사를 위한 면적도 임차면적에 포함한다. 한편 총 전시면적은 전시주최사업자가 전시회 개최를 위해 비용을 지불하고 전시시설사업자로부터 임차한 전체가 해당되나 식음료시설, 사무실, 창고 등은 제외한다.

③ 관람객

관람객 수는 전시회 입장을 위해 입장료를 지불하거나 등록과정을 거쳐 입장한 관람객을 뜻하며, 등록은 하였으나 전시장에 입장하지 않은 관람객은 포함하지 않는다. 등록과정을 거쳐 입장한 관람객이 작성한 등록 신청서, 이메일 및 전화번호 정보가 누락되었을 경우, 관람객이 전시회에 방문하지 않은 것으로 간주되며 관람객은 전시회 기간 동안 방문 횟수에 상관없이 입장객 또는 등록자 1명당 한 번만 집계된다. 관람객과 별도로 전시회 방문수를 집계할 수 있으며, 방문은 관람객이 전시장에 방문한 수를 뜻하고 하루에 한번만 집계된다. 관람객 수와 관람객의 반복 방문수를 합계하여 총 방문수를 집계할 수 있다.

참가업체의 직원, 전시회 운영을 위해 고용된 자, 해당 전시장 관계자 등은 관람객 수에서 제외되며 관람객은 구매자와 일반인으로 구분하여 집계된다. 여기서 구매자란 소속기관 및 기업의 사업상 목적 혹은 직업적인 관심을 가지고 전시회를 방문한 관람객을, 일반인은 개인적인 관심으로 방문한 관람객을 뜻하며 등록양식상에 이를 구분할 수 있는 항목을 삽입하여 관람객이 직접 기재할 수 있도록 한다. 일반인은 국내 일반인과 해외 일반인으로 구분된다. 구매자는 국내 구매자와 해외 구매자로 구분되며 구매자의 지역별, 업종별, 직위별 분류와 담당부서에 대한 현황 등이 포함되고 그 분류는 전시회별 상황에 따라 전시주최사업자가 별도로 정할 수 있다.

(4) 인증마크 활용

인증전시회는 인증마크를 인쇄 광고 (디렉토리, 신문광고, 쇼가이드, 브로슈어, 편지봉투 및 명함 등)와 옥외 광고 (배너, 인포메이션데스크, 육교 현판, 부스, 버스 현수막, 지하철 전광판 등)에 활용할 수 있다.

[초청장 (국제 표면실장 및 인쇄회로기판 생산기자재전)]

[육교 현판 (서울국제유아교육전)]

[포스터 (시니어 & 장애인 엑스포)]

[디렉토리 (국제인쇄산업전)]

[천정배너 (국제그린에너지엑스포)]

2. 전시회 등록

가. 전시회 등록권한

국내전시회 등록은 주최자 권한을 가진 전시포탈사이트 GEP (http//www.gep.or.kr) 회원들에 한해서 가능하다. 개인회원으로 등록한 경우 기업회원으로 변경 신청 한 후 주최자 권한을 신청해야 한다.

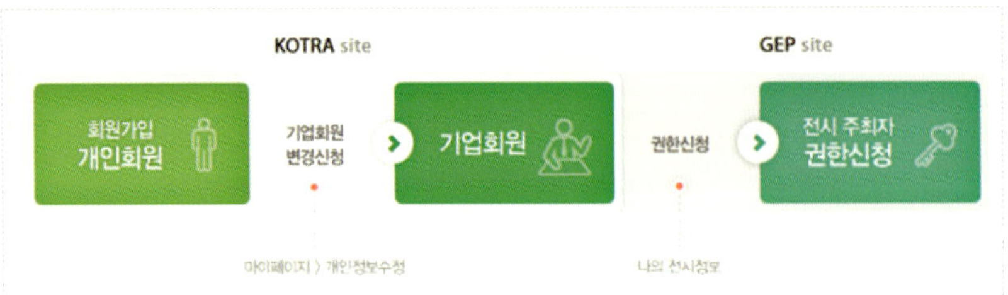

나. 등록승인 및 수정관리

전시회 등록 후 관리자 운영자에 의한 승인 절차를 거친 후에 전시회 정보가 공개되며 전시회 등록 및 수정 관리는 GEP에서 나의 전시정보 > 국내전시 사업지원 > 전시회 수정에서 확인 할 수 있다.

다. 전시정보 수록 내용

대분류	세부항목
전시회 정보	전시회명 (한글, 영문, 약칭), 전시기간, 전시장, 산업분야, 전시분야, 세부품목, 최초개최연도, 개최주기, 개최횟수, 전시회성격, 홈페이지, 블로그
전년도 개최결과	총전시면적, 참가업체면적, 참가업체수, 부스수, 주요참가국, 참관객 (일반, 바이어)
문의처	연락담당자, 전화, 팩스, 이메일, 주소, 홈페이지
주최자 정보	주최기관, 주관기관, 후원기관, 전화, 팩스, 이메일, 주소, 홈페이지

전시회정보

전시회명(한글)	2012 한국국제건설기계전
전시회명(영문)	Korea International Construction Equipment Exhibition 2012
전시회명(약칭)	CONEX KOREA 2012
전시기간	2012.09.19 ~ 2012.09.22
전시장	KINTEX(4, 5홀 및 옥외전시장) 전시장위치 보기
산업분야	일반기계
전시분야	기계류,엔지니어링,운송,물류,전기,전자,하드웨어,공구
세부품목	○ 토공장비 : 굴삭기, 로더, 도저, 스크레이퍼, 덤프트럭, 그레이더 등 ○ 운반·하역장비 : 지게차, 크레인, 콘크리트펌프트럭, 트레일러 등 ○ 도로·포장장비 : 롤러, 아스팔트믹싱플랜트, 아스팔트피니셔 등 ○ 콘크리트장비 : 콘크리트뱃칭플랜트, 콘크리트믹싱트럭 등 ○ 특수장비 : 제설차, 사리채취기, 터널용 고소작업차, 세륜기 등 ○ 어태치먼트 및 부품 : 유압브레이커, 크라샤, 버킷, 리퍼, 컴팩터 등 ○ 기타분야 : 각종 건설, 건축용 기자재
최초개최년도	1996년 / 개최주기: 격년
개최횟수	7회 / 전시회성격: 무역전시회
홈페이지	http://www.kocema.org / www.conexkorea.org
블로그	

전년도 개최결과

총 전시면적	27,181.0 ㎡
참가업체 면적	국내 10,449.0 ㎡, 해외 1,104.0 ㎡ (전체 11,593.0 ㎡)
참가업체	국내 90개사, 해외 32개사
부스수	국내 0개, 해외 0개 (전체 0개)
참가국수	0개국 122개 업체
주요참가국	
참관객	
- 일반	국내 19,688 명, 해외 644 명 (전체 20,332 명)
- 바이어	국내 18,387 명, 해외 629 명 (전체 19,016 명)

문의처

연락담당자	이석제
전화	02-2052-9300 / 팩스: 031-713-9300
이메일	info@kocema.org
주소	463-804 경기 성남시 분당구 금곡동 35
홈페이지	http://www.kocema.org / www.conexkorea.org

주최자정보

주최기관	한국건설기계산업협회
주관기관	한국건설기계산업협회
후원기관	국토해양부, 경기도
전화	02-2052-9300 / 팩스: 02-2052-9339
이메일	ysyoon@kocema.org
주소	서울 강남구 역삼동 725-24 삼우빌딩 4층
홈페이지	http://www.kocema.org

지식경제부

관련전시회

전시회 참가업체 모집정보

참가업체모집기간

2011.12.01~2012.06.29

기타모집안내

- 1부스 : 9㎡(3×3m)
- 독립부스 최소신청 면적 : 4부스(36㎡)
- 옥외전시장은 독립부스만 신청 가능

전시회 참관정보

입장료

3000원

부대행사

- 건설기계인의 날(참가업체의 날),전국 건설기계인 한마음 대축제(참관객의 날), 수출상담회, 정비경진대회, 가족투어
- 국제회의
- 각종 세미나

[GEP에 수록된 국내전시정보]

3. 국내전시회 개최 지원제도

전시회의 경우, WTO 체제하에서도 중앙정부나 지방정부의 예산지원이 허용된다. 따라서 우리나라에서도 지식경제부, 중소기업청 등 중앙정부 뿐 아니라 지자체에서도 국내전시회에 대해 예산 지원을 하고 있다. 이와 같이 유망한 국내전시회를 지원하는 목적은 중소기업에 효과적인 수출 마케팅 기회를 제공하고 국제비즈니스와 교류의 장소로서 해외바이어가 찾아오는 국제경쟁력을 갖춘 전시회를 육성하기 위함이다.

가. 지원절차

통상 지식경제부는 매년 7월 경 선정계획을 공고하고 한국전시산업진흥회를 통해 공고일로부터 2주 내외로 사업 신청을 접수 받는다. 이어 8월 경 별도 심사위원회를 구성하여 심사를 거쳐 9월 경, 선정결과를 발표하며 개별 통보한다. 그러나 이러한 일정은 사정에 따라 변경될 수도 있다. 심사기준은 전시회 규모, 전시회의 국제화 수준, 성장가능성, 주최자 마케팅 능력과 정부지원 필요성 등이다.

[국고 지원 국내전시회 선정 절차]

나. 지원대상

현재 지식경제부는 Global Top 후보 전시회, 유망전시회, 합동·통합전시회로 구분하여 지원하고 있다.

(1) Global Top 후보 전시회

세계적 수준의 대표전시회로 육성하기 위해 도입된 Global Top 후보 전시회로 선정되기 위해서는 2013년 기준, 기본요건으로 「전시산업발전법」에 의한 전시시설에서 개최[1]되어야 하고 총

1) 단 업종특성에 따라 예외 인정됨.

전시면적 3만㎡ 이상,[2] 총 참가업체 400개사 이상, 해외 참가업체 100개사 이상, 해외바이어는 1,500명 이상이어야 한다. 기본요건은 업종특성에 따라 예외가 인정될 수 있으나 전시면적, 참가업체, 참관객의 인증데이터는 최근 3회 평균값을 기준으로 한다. 또한 지식경제부나 UFI 등으로부터 국제인증을 받은 전시회여야 한다. Global Top 후보전시회는 유망전시회로도 동시 신청해야 한다.

(2) 유망전시회

유망전시회는 수출 증진 및 국내 전시산업 발전을 위해 지원할 필요성이 있다고 판단되는 전시회로 「전시산업발전법」에 의한 전시시설에서 개최되어야 하고 2013년 기준, 기본요건[3]으로 총 전시면적 5천㎡, 총 참가업체 100개사 이상, 해외참가업체 8개사 이상이며 해외바이어는 80명 이상이어야 한다. 여기서 전시면적, 참가업체, 참관객은 전회 인증데이터 및 개최실적을 기준으로 한다. 아울러 1회 이상 개최실적이 있어야 한다. 그러나 지역특화전시회 및 정책적 필요에 의한 전시회는 기본요건이 충족되지 않아도 선정이 가능하다.

(3) 합동·통합전시회

2개 이상의 유사품목 전시회가 동일 기간과 장소에서 합동·통합 개최되는 전시회이다. 합동·통합전시회를 선정 지원하는 이유는 난립되어 있는 전시회의 통폐합을 통해 국내전시회의 대형화를 기하기 위해서이다. 합동·통합전시회로 선정되기 위한 기본요건은 「전시산업발전법」에 의한 전시시설에서 개최되어야 하며 총 전시면적은 2만㎡이상 되고 합동·통합전시회의 전시회명을 포함하여 구성전시회 주최기관의 합동·통합 개최의사가 명확하게 입증되어야 한다. 또한 유망전시회로 선정된 전시회에 한하여 합동·통합전시회로 선정될 수 있다.

합동·통합전시회는 Global Top 후보전시회 또는 유망전시회로 동시 신청이 가능하나 Global Top 전시회로 선정되면 합동·통합전시회로 추가 선정될 수 없다. 또한 구성전시회[4]는 개별적으로 Global Top 또는 유망전시회로 신청이 불가하며 합동·통합전시회는 책임기관[5]만 신청이 가능하다. 신청 기본요건은 전회 전시면적, 참가업체, 참관객에 관한 인증데이터 및 개최실적과 해당년도 계획을 기준[6]으로 하며 합동·통합전시회 신청 주최기관은 당해년도 유사품목 전시회

---

2) 단, 2만㎡ 이상 지방전시장의 경우 전관 사용시 Global Top 전시회로 신청 가능함.

3) '5+2 광역경제권 개발계획' 권역별 선도산업 지역특화전시회 및 정책적 필요에 의한 전시회는 기본요건 미충족시에도 선정이 가능함.

4) 구성전시회란 합동·통합전시회를 구성하는 개별전시회를 말함.

5) 책임기관이란 합동·통합전시회의 개최를 위해 각 주최기관의 의견을 종합하는 대표기관 (위원회 또는 협의체 형태로 가능)

신설 개최가 허용되지 않는다. 그럼에도 불구하고 유사품목 전시회를 신설 개최 시에는 당해년도 국고보조금은 전액 회수된다. 합동·통합전시회가 지속적으로 개최되지 못하는 경우 지원 받았던 금액의 50% 이내로 환수하고 구성전시회 주최자의 차년도 국내전시회 개최 지원사업 신청 자격을 박탈한다.

다. 지원내용

2013년 기준, 전체 국고보조금의 60% 이상을 해외홍보비, 해외업체 및 해외바이어 유치비 등 해외마케팅 비용으로 사용하여야 한다.[7] 아울러 해외마케팅 비용의 30% 이상을 주최자가 자부담해야 한다. 해외홍보비는 해외 언론매체를 통한 광고, 해외 홍보 자료 제작, 해외전시회 홍보부스 참가, 해외설명회 개최 비용을 포함하며 해외업체 및 해외바이어 유치경비는 이들에게 지원되는 항공비 및 숙박비 등을 의미한다. 전체 국고보조금 중 해외마케팅비에 사용된 금액을 제외한 금액은 주최자 자부담 없이 전시정보화 구축비, 시설설치 및 부대행사 운영비로 모두 사용해도 무방하다. 이외 지식경제부장관이 필요하다고 인정되는 비용은 지원이 가능하다.

라. 신청 자격

현재 지식경제부가 지원하는 국내전시회에 신청하기 위해서는 해당 전시회가 인증전시회이어야 한다. 매년 개최되는 전시회라면 직전 연도 인증전시회이고 격년개최 전시회는 2년 전 인증전시회가 대상이 된다. 또한 대한민국 국적의 전시주최자로 전시산업발전법 제 7조[8]에 따라 전시주최사업자로 등록된 자에 한하며 외국인의 경우 대한민국 국적의 주최자와 공동으로 주최 할 경우 신청이 가능하다. 그러나 전시회 주최자의 귀책사유로 전시회가 취소되거나 국고보조금 환수 처분을 받은 경우, 2008년 이후 합동·통합전시회로 3회 이상 지원받았거나,[9] 기 지원받은 전시회의 주최자로서 전시회 결과보고서, 보조금 집행내역 등의 관련 증빙서류를 제출하지 않았거나 허위 보고한 경우에는 신청 자격에서 제한을 받는다.

---

6) 합동 통합전시회 판정 부가기준
- 동일품목 (수평적) 또는 관련품목 (수직적) 전시회간 통합
- 합동·통합 개최 시 수출증가 등 시너지 효과가 창출될 수 있는 전시회간 통합
- 대형전시회가 소형전시회를 흡수·통합하는 형태가 아닌 전시회간 조정 협력하는 형태일 것

7) 종전 연초에 전액 지급됐던 국고보조금이 2013년부터 연초에 70%를 지급하고, 사후평가 후 나머지 30%를 지급하는 것으로 변경됐다. 해외바이어가 사후평가의 기준이 되며 인증데이터를 현행 전시회 종료 후 20일 이내에 제출하지 않을 시, 지연일수에 따라 사후평가 후 지원금액 (30% 부분)을 감액한다.

8) 동 법에 의하면 전시주최사업자는 상시 직원 2명 이상을 보유하고 영리법인은 자본금이 5천만원 이상, 비영리법인은 예산 교부액이 연간 5천만원 이상이어야 한다.

9) 2013년도 국내전시회 개최 지원사업 선정계획에 동 내용이 포함되어 공고되었다.

〈신청 서류〉

구분	No.	제출서류	부수	비고
Global Top 후보 및 유망전시회공통서류	1	국내전시회 개최 지원신청서	1	소정양식
	2	한글 사업계획서 및 파워포인트 사업계획서	7	소정양식
	3	한글 사업계획서 및 파워포인트 사업계획서를 첨부한 CD	1	USB도 가능
	4	전년도 (격년개최전시회는 최근년도) 전시장 임차계약서 사본	1	
	5	전시회 신청년도 전시장 임차계약서 사본[10]	1	
	6	전시주최사업자 등록증 사본	1	
	7	서약서	1	소정양식
UFI 인증전시회 추가서류	8	인증전시회 증빙서 사본 및 인증데이터	1	
지역특화 전시회 추가서류	9	지역특화전시회 확인서 원본	1	소정양식
합동·통합 전시회	10	합동·통합전시회 개최 지원신청서	1	소정양식
	11	합동·통합전시회 개최 협약서 사본	1	MOU도 가능
	12	합동·통합전시회개최 지원금 사용계획	1	소정양식
	13	구성전시회별 전년도(전회) 증빙서류[11]	1	

마. 선정

서류심사 (70점)와 종합심사 (30점) 또는 가·감점 (최고 10점) 합산 점수를 기본으로 총사업비 범위 내에서 지원 대상 전시회별로 선정한다. 서류심사는 제출 서류를 근거로 계량 지표 (한국전시산업진흥회에서 전시회 규모, 전시회의 국제화 수준, 고객만족도, 평가결과 등 4가지 지표)에 대한 양적 평가를 실시한다. 종합심사는 유관기관, 학계 대표 등으로 분과위원회 (산업별 5-6개 분과위원회를 두고 분과별 위원은 5-7명으로 구성)를 개최하여 서류와 프리젠테이션을 통해 최고·최저 점수를 제외한 심사위원 평균값을 종합점수로 한다.

최종심사는 지식경제부에서 서류심사 및 종합심사 결과를 기초로 정책적 수요, 해당연도 예산액 등을 고려하여 지원대상 전시회 및 지원금액을 결정한 후, 별도 공고 절차 없이 지원대상 사업자에게 개별 통보한다.

10) 작성된 계약서 있을 경우 제출

11) 전년도 (전회) 전시회 브로슈어 또는 참가업체 디렉토리 1부

〈종합심사를 위한 분과별 심사위원회〉

분과위원회	해당업종
기계/금속/비금속	일반기계, 육상수송, 해상수송, 금속 등
전기/전자/정보통신	전기, 전자, IT, 반도체, LED 등
화학/섬유/패션/물류/도소매	화학, 섬유, 패션, 도소매, 유통, 물류, 문구 등
건축/환경/에너지	건축, 환경, 에너지 등
문화/교육/오락/식음료	방송, 교육, 출판, 게임, 농축산물, 식음료 등
의료·건강/스포츠·레저	의료, 광학기기, 실버산업, 스포츠, 레저 등

바. 유의사항

2013년도 선정계획에 의하면 선정 후 계획 대비 전시면적 (임차계약서 기준)이 감소한 경우 감소면적에 비례하여 국고보조금이 환수된다. 신청서류는 반환하지 않으며 제출한 개최지원신청서 데이터가 오기재 또는 허위기재된 경우 신청기관에 사전통보 없이 한국전시산업진흥회가 심사위원에게 정확한 인증데이터를 제공할 수 있다. 또한 신청서류 기준으로 심사 및 선정이 진행되며, 신청서류상의 오기재, 기재누락, 관련 증명서 미첨부 등으로 인한 불이익은 신청자 책임이다. 신청업체 또는 기관은 신청 및 심사과정에서 관련서류에 대한 추가 또는 보완을 요청받을 경우 적극 협력해야 하며, 프리젠테이션에 참가하지 않을 경우 심사에서 제외된다. 아울러 지원대상 사업으로 선정된 이후라도 부정행위 등 심사와 관련된 일체의 부정행위가 적발될 경우 최대 5년간 지원대상에서 제외되므로 유의해야 한다.

Chapter 6
UFI

제 6 장
UFI (The Global Association of the Exhibition Industry)

1. UFI 개요

가. UFI 설립 목적

UFI의 설립 목적은 전 세계 회원사와 전시 산업을 대표하고 전시 산업을 촉진시키며 지원함에 있다. 보다 구체적으로 설명하면 UFI는 회원사간 아이디어와 경험을 교환할 수 있는 효율적인 네트워크를 구성하며 전 세계 전시회를 효율적인 마케팅과 정보 취득의 장으로 육성한다. 또한 회원사들에게 전시 산업과 관련된 귀중한 정보와 연구 결과뿐 아니라, 교육 및 훈련 기회를 제공하며 다양한 전문 세미나도 개최한다. 아울러 지역 및 분야별 정기 모임을 통해 회원사간 공동 이익을 구현한다.

나. UFI 회원 현황

UFI는 2011년 현재, 86개국 222개 도시에 소재하고 있는 600개 단체 (전시회 주최자 307개사, 전시장 운영자 72개사, 전시회 주최자 겸 전시장 운영자 125개사, 전시산업 관련 협회 38개사, 전시산업 파트너 45개사, 기타 13개사)를 정회원사[1])로 두고 있다. UFI는 2011년 말 현재, 회원사들이 개최하는 883개 전시회에 대해 UFI 인증서를 발급하였다. 국제전시회를 선도하고 있는 UFI 회원사들은 연간 4,500개 이상의 전시회를 개최하고 있으며 연간 전시면적으로 총 5천만m² 를 사용하고 있다. 또한 매년 UFI 회원사들이 개최하는 전시회의 참가업체 수는 연간 1백만개 이상이며 참관객 수는 1억 5천만명이 넘는다. 아울러 UFI 회원사중 전시장 운영자들이 임대 가능한 총 전시면적은 1200만m²에 이른다.

1) 한국은 2012년 2월 현재, KOTRA, KINTEX, K-Fairs, 한국전시산업진흥회 등 총 18개사가 UFI 회원사로 가입되어 있음.

〈UFI 주요국가별 회원수 및 인증박람회수 2011년 기준〉

국가	회원수	인증박람회수	국가	회원수	인증박람회수
독일	45	119	중국	93	81
프랑스	30	24	일본	10	2
이태리	25	32	대만	5	5
영국	19	3	말레이지아	8	4
미국	25	4	싱가포르	15	15
한국	18	30	UAE	6	7

다. 역사

UFI는 세계 전시회를 선도하는 전시주최자와 전시장 운영자, 전시협회 및 전시산업 관련 기업들을 회원으로 구성하고 있는 국제단체이다. UFI는 1925년 4월 15일, 정치색을 띄지 않는 국제 조합으로써 20개 유럽의 주요 도시에서 전시회 개최를 선도하고 있는 국제전시회 관계자들에 의해 이태리 밀라노에서 설립되었다. 설립 당시 UFI는 불어로 「Union des Foires Internationales」 (영어로는 「Union of International Fairs」)라는 의미였다. 그 후 2003년 10월 20일 이집트 카이로 총회에서 현재 영문명인 「The Global Association of the Exhibition Industry」로 명칭을 개정하였으나 설립 이래 널리 알려진 약어인 UFI는 그대로 유지하고 있다.

1925년부터 1937년까지는 설립 초기 단계로 UFI의 주요 목표는 세계 1차 대전 이후 국제 상거래를 부활시키기 위해 유럽에서 개최되는 국제 전시회간 협력 방안을 강구하는 것이었으며 이 기간 중 회원사는 33개사였다.

1947년부터 1956년은 국제적 도전의 시기였다. 세계 2차 대전으로 10년간 UFI의 활동은 중단되었다가 1947년부터 그 역할을 재개하였으며 UFI 본부를 밀라노에서 파리로 이전하였다. 2차 대전 종전 직후 UFI 잔존 회원수는 24개사였으며 이들은 경제 회복을 위해 노력을 경주하였다. 아울러 이 기간 중 비유럽권 전시회들이 UFI에 가입하기 시작하였다.

1957년부터 1975년까지는 광범위한 경제 변화의 시대였다. 대량 생산 확대와 다양한 상거래 분야가 출현하면서 여러 전시회들이 UFI에 속속 가입하였다. 그러나 회원 간 혼란을 예방하기 위해 평가를 통해 UFI 기준을 충족시키는 개별전시회만 가입을 허용하였다. 엄격한 비정치적 국제 조직으로서 UFI는 공동 목표를 추구하기 위해 동서간 냉전 체제하에서도 전시주최자들을 위한 대화의 장이었으며 1975년, UFI는 40개국 99개 단체와 119개 특수전시회 및 55개 일반전시회를 대표하는 단체로 성장하였다.

1976년부터 1990년까지는 세계 경제의 통합과 성숙의 시대였다. 지속적으로 늘어나는 국가간 무역 환경 하에서 UFI의 기능은 자문 서비스와 교육 훈련을 제공하는 쪽으로 집중되었다. 종전 유럽의 식민지에서 독립하여 새롭게 성장하고 있는 국가들에서 개최되는 전시회 관계자들과 UFI 회원간 협력을 위한 합의 도출에 많은 노력이 기울여졌다. 1991년에는 유럽 11개, 아시아 21개, 아프리카 9개, 남미 7개, 북미 5개, 호주 1개 등 총 153개 회원을 보유하게 됨으로써 명실상부한 세계적 기구로 자리매김하게 되었다.

1991년부터 2000년까지는 마케팅에 집중하는 시기였다. 동서 냉전체제의 붕괴와 정보통신의 급속한 발전에 따라 전시산업은 새로운 도전에 직면하게 되었다. UFI는 광범위한 교육 세미나와 기술 및 지역간 위원회의 정기 모임을 활성화하고 새로운 분야의 회원들, 이를테면 국제 전시회 관련 국가 또는 국제협회 및 전시회를 주최하지 않는 전시장 운영자, 전시 통계 관련 단체 및 전시산업 연구기관들도 UFI에 가입할 수 있도록 문호를 개방하였다.

끝으로 2001년부터 현재까지 UFI는 새로운 파트너십 협약을 통한 새로운 지평선을 확대하고 있다. 최근 UFI는 전시 관련 기업 및 단체 간 전략적 제휴 및 파트너십 체결에 최고 주안점을 두고 있다.

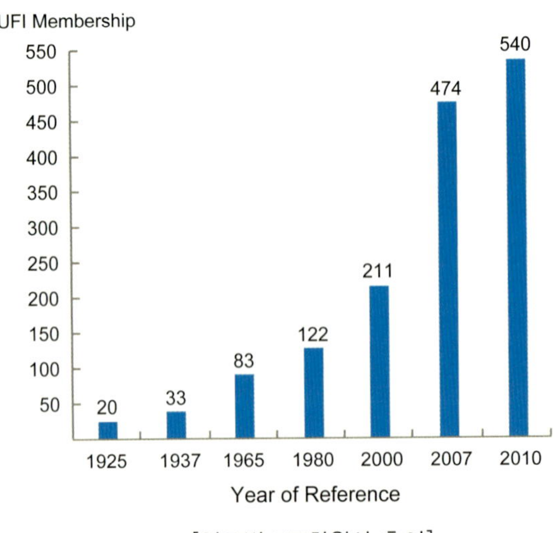

[연도별 UFI회원사 추이]

2. UFI 조직

1901년 7월 1일 제정된 프랑스 법에 따라, 1925년에 설립된 UFI는 비영리 국제협회이다. 그 조직은 의사결정 기구, 지역별 지부 및 기능별 위원회로 구성되어 있다. 본부는 프랑스 파리에 소재하고 있다.

UFI 본부
• 주소 : 17, rue Louise Michel 92300 Levallois-Perret France • 전화 : +33 (0) 1 46 39 75 00 • 팩스 : +33 (0) 1 46 39 75 01 • E-mail : info@ufi.org • 홈페이지 : http://www.ufi.org

가. 집행위원회 (Executive Committee)

집행위원회는 1명의 회장, 2명의 집행 부회장과 11명의 부회장 (3개 지역별 지부장, 감사, 사무총장, 연합위원회 회장은 당연직)으로 구성되며 UFI의 일반적인 정책 방향을 결정한다. 집행위원회 결정 사항은 심의를 위해 이사회로 상정된다. 회장은 총회에서 선출하며 1년 임기이다. 그는 UFI를 대표하며 집행위원회, 이사회 및 총회 회장을 겸임한다.

나. 이사회 (Board of Directors)

이사회는 UFI 정책 및 국제전시회에 영향을 주는 문제와 관련된 모든 의안을 결의한 후, 투표를 위해 연례 총회에 넘긴다. 이사는 최고 60명으로 이루어진다.

다. 지부 (Regional Chapters)

미국, 유럽, 아시아/태평양, 중동/아프리카 지부를 두며 각 지부마다 회장과 수석부회장, 부회장을 각각 1명씩 두고 있다.

UFI 아시아/태평양 지부	UFI 중동/아프리카 지부
• 주소 : 1101 Wilson House 19-27 Wyndham Street Central, Hong Kong, China, People's Republic • 전화 : +852 2525 6129 • 팩스 : +852 2525 6171 • E-mail : asia @ufi.org	• 주소 : Int'l Fair Grounds 6th Ring Road Mishref, Kuwait • 전화 : (965) 2538 2542 • 팩스 : (965) 2539 6316 • E-mail : mea@ufi.org

라. 주제별 실무위원회 (Thematic Working Committees)

전시통계위원회, 정보통신위원회, 운영위원회, 교육위원회, 마케팅위원회, 개발위원회, 조합위원회 등 실무위원회를 두며 각 위원회에는 회장, 부회장, 사무총장을 두고 있다.

- 전시통계위원회
  (Statistics and Transparency of Trade Fairs/Exhibitions Committee)
- 정보통신위원회
  (Information & Communication Technologies Committee)
- 운영위원회 (Operations Committee)
- 교육위원회 (Education Committee)
- 마케팅위원회 (Marketing Committee)
- 개발위원회 (Sustainable Development Committee)
- 조합위원회 (Associations' Committee)
- 회원위원회 (Membership Committee)

3. UFI 회원

가. 회원 혜택

UFI 회원들에게는 전시산업 관련 주요 전문 인사들을 접촉할 수 있는 특혜가 주어지며 전시회와 관련된 각종 정보를 교환할 수 있고 교육 프로그램이나 세미나 참석 시 할인혜택이 주어진다. 또한 UFI는 세계적으로 유명한 전시 관련 단체로 인식되어 있으므로 자연스레 회원으로서 프리미엄을 얻게 된다.

나. 회원 가입

UFI 회원에 가입하기 위해서는 먼저 회원위원회의 검토를 거쳐 집행위원회의 승인을 받아야 한다. 회원 신청 시, 2개국 2개 정규회원의 추천서를 받아야 하며 집행위원회의 결정에 따라 필요하다면 실사단의 실사를 받아야 한다.

다. UFI 인증 행사

UFI는 회원사가 주최하는 전시회에 대해 면밀한 평가를 거쳐 인증서를 발급한다. 인증을 받고자 하는 전시회는 국제전시회로서 최소한 2회 이상 개최 되어야 하며 참가업체 중 외국업체가 최소 10% 이상, 참관객 중 외국인이 최소 5% 이상이어야 한다. 아울러 가장 최근에 개최된 전시회에 대한 검증된 통계를 제출하여야 하며 UFI 인증을 위해 처음 검증을 받은 전시회인 경우, UFI 규정에 따라 다음번 전시회에서도 반드시 검증을 받아야 한다.

라. 회원 구분

UFI 회원은 개인이 아닌 단체 (회사, 협회, 조합 등)를 대상으로 하며 정회원 (Full Member)과 협회 회원 (Associate Mamber) 등 2개 분류로 나뉜다.

(1) 정회원

UFI의 정회원은 1개국 또는 다국적 국제 전시회 주최자, 국내 전시회 주최자, 전시장 운영자, 전시회 주최자들을 회원으로 둔 협회, 전시회 통계 관련 단체나 전시회 연구 단체 등을 대상으로 한다. 정회원들은 자사와 UFI로부터 인증 받은 전시회에 대해 인쇄물과 동영상 등에 UFI 로고를 사용할 수 있다. 그러나 UFI 승인을 받지 못한 전시회에 대해서는 동 로그 사용이 허용되지 않는다.

(2) 협회 회원

전시산업을 위해 서비스를 제공하는 협회나 파트너를 대상으로 하며 2011년 말 현재, 45개사를 회원으로 두고 있다.

마. 회비

(1) 정회원

- 전시주최자 : 순 전시임대면적에 따라 참가비가 결정된다. 2011년-2012년 최소 회비는 2,600 유로, 최대 회비는 18,720 유로로 책정되었다.

- 전시장운영자 : 전시장의 총 전시면적에 따라 참가비가 결정된다. 2011년-2012년 최소 회비는 2,600 유로, 최대 회비는 10,400 유로이다.
- 전시주최자 겸 전시장운영자 : 각각에 대해 할인된 회비를 적용받는다.

(2) 협회 회원

- 협회 : 연간 총매출액과 정규 직원 수 (fulltime employees)에 따라 결정되며 회비는 1,250 유로에서 2,080 유로 사이이다.
- 서비스 기업 : 전시회 통계 검증 기관이나 기업이 이 범주에 속하며 연 매출액에 따라 회비는 2,080 유로에서 4,160 유로 사이이다.
- 전시산업파트너 : 회비는 기업의 크기에 따라 결정되며 7,280 유로 (기본), 5,200 유로 (소규모), 2,080 유로 (개인 컨설턴트)로 나뉘어진다.

4. UFI 활동

가. 세미나 및 총회 개최

UFI는 매년 평균 2-3차례, 회원사들만이 참가할 수 있는 전시 산업 관련 세미나를 전 세계를 순회하며 개최하고 있다. 또한 설립 이래 2차 세계대전 전후를 제외 (1938년-1946년) 하고 매년 총회를 개최하고 있는데 2012년, 78차 총회는 11월 6일부터 9일까지 UAE 두바이에서 개최되었다. 이와 별도로 UFI는 매년 CEO FORUM도 개최하고 있다.

나. 교육 프로그램 운영

UFI는 현재 전시산업에 종사하고 있는 전시주최자 및 전시장 운영자를 위한 교육 프로그램과 전시회 참가업체 직원을 위한 교육 프로그램을 운영하고 있다. 이와 별도로 현재는 전시 산업에 종사하고 있지 않지만 향후 전시주최자 및 전시장 운영자와 향후 전시참가업체를 위한 대학 및 대학원 프로그램도 운영하고 있다.

(1) 전시주최자 및 전시장 운영자를 위한 교육 프로그램

이 프로그램은 대학원생과 전시사업 종사 전문인을 대상으로 하며 6시간부터 180시간까지 장단기 코스로 구분되어 있다. 학습은 강의, 팀워크, 사례 연구 및 현장 실습 등으로 이루어지며 주요 교육내용은 다음과 같다.

<UFI 전시주최자 및 전시장 운영자를 위한 교육 프로그램 내용>

1. 전 세계 전시시장의 일반적인 특징

역사적 배경, 경제적 영향, 정치/사회/문화/기술적 요소

2. 미래의 전시회

새로운 비즈니스모델, 브랜드 창출, 멀티미디어 및 IT 발전과 영향

3. 전시산업의 국제 규범 및 법적 근거

4. 전시회 운영

4-1 전시산업 운영상의 특징, 의사 결정 단계, 타산업과 경제적 연관
4-2 기획, 예산, 재무, 회계, 감사

5. 전략적 경영

5-1 강점/약점/기회/위협분석, 비즈니스계획, BSC
5-2 제품 및 서비스 개발
5-3 협력, 제휴, 통합, 인수, 복제, 민영화
5-4 세계화 및 이종문화적 측면
5-5 인간관계경영 (리더쉽)
5-6 국제지적소유권, 윤리
5-7 국제 및 국내전시협회

6. 마케팅경영, 마케팅 수단, 통신 도구

6-1 미디어 계획
6-2 전시참가업체 유치 방안
6-3 관람객 유치 방안
6-4 전시회 광고, 대중매체와의 협력 방안
6-5 파트너, 상호 이익
6-6 고객관리경영 (CRM), 개념 및 기업전략, CRM과 데이터베이스
6-7 참관객은 우리 고객, 참가 전략 개념, 참가일정, 부스운영, 참가평가
6-8 협찬
6-9 마케팅 리서치 연구
6-10 부대행사

7. 프로젝트 운영

7-1 전시회를 위한 특별 훈련 (타겟, 개념, 현실화, 통제, 위험요인)
7-2 부대행사 관련 특별 교육

8. 전시장 운영

8-1 전략적 운영, 기획, 예산, 품질, 지역 네트웍
8-2 시설 관리, 비용, 통제, 계약, 보수, 공급, 안전, 에너지, 폐기물
8-3 전시회 관련 물류
8-4 위험 및 위기 관리
8-5 케이터링, 식음료 조리

9. 정보 관리

9-1 데이터베이스 관리
9-2 관람객 등록

10. 서비스 제공자와의 파트너 관리

10-1 조직, 아웃소싱 및 내부소싱
10-2 부스 장치 및 기술
10-3 외부 용역업체와의 계약 (여행사, 통역, 판촉 등)
10-4 부대행사 주최자와의 협조 (총회, 세미나 등)

(2) 전시회 참가업체 직원을 위한 교육 프로그램

이 프로그램은 전시회 참가업체 마케팅 책임자나 직원을 대상으로 하며 6시간부터 12시간까지 최고 2일 단기 과정이다. 학습은 강의, 팀워크, 사례 연구 등으로 이루어지며 주요 교육내용은 다음과 같다.

<전시회 참가업체 직원을 위한 교육 프로그램 내용>

1. 전시회 참가 의미

1-1 가장 강력한 마케팅 및 판매 수단으로써의 전시회
1-2 전시회의 잇점
1-3 B-2-B와 B-2-C 전시회
1-4 참가 파급 효과

2. 기업 전략으로써 전시회

2-1 참가 목적, 주주의 목적, 영업부 준비사항
2-2 올바른 전시회 선정 (선정기준)
2-3 고객관리 전략으로써 전시회 참가

2-3 전시회 개념 부서

3. 전시회 참가를 위한 기획 및 예산

3-1 기획수단

3-2 비용

3-3 목표 재정립

4. 관람객

4-1 어떤 부류의 참관객을 필요로 하나?

4-2 참관객들을 부스로 유인하는 방법

5. 전시회 참가 조직

5-1 부스 디자인 및 설치

5-2 전시회 주최자 및 서비스 제공 기업과의 협력 방안

5-3 서비스 요청

5-4 부스 방문 참관객 정보 집계

5 5 전시히 참가 사전 활동 (적격 바이어 발굴 및 mailing 등)

6. 부스 운영

6-1 전시품 관측 및 PR, 미디어 활용법, 핵심 관람객

6-2 인터넷 및 신기술 역할

6-3 부대행사 참가 및 구성 (컨퍼런스, 프리젠테이션)

6-4 성공 요인

7. 운영 요원

7-1 운영 요원 선발 및 준비

7-2 부스 관리 및 에티켓

7-3 판매 및 대화 기법

8. 타 전시참가업체

8-1 네트워크

8-2 경쟁업체 관측 및 평가

9. 참가 성가

9-1 참가 효율성을 어떻게 측정할 것인가?

9-2 시장정보, 목표 및 수단 마케팅

9-3 후속조치 전략

다. 우수 전시회 수상

(1) UFI ICT Award

가장 훌륭하게 IT를 활용한 전시회에 대해 수상하며 2008년 처음 도입되었다. 선정 작업은 UFI의 정보통신위원회 (Information & Communication Technologies Committee)에서 담당하며 매년 선정 기준이 되는 주제를 사전 발표하고 비회원들에게도 수상 자격이 주어진다.

〈UFI ICT Award 역대 수상자〉

연도	주제	수상국	수상자
2008년	「Best Web Applications for Visitors」	네덜란드	VNV Exhibition Europe
2009년	「Best Innovation Web-Applications for Exhibitors」	스페인	IFEMA Madrid
2010년	「Best CRM Application」	독일	Messe Muchen Int'l
2011년	「Best Practice of Social Media within the Exhibition Industry」	스페인	IFEMA Madrid
2012년	-	독일	Messe Frankfurt GmbH

(2) UFI Marketing Award

2001년부터 UFI의 마케팅위원회 (Marketing Committee)에서 마케팅을 가장 훌륭하게 수행한 전시회에 대해 수상하며 2006년부터는 비회원사에게도 수상 자격을 부여하고 있다. 2010년에는 영국의 Media 10 Ltd가 그리고 2011년에는 네덜란드의 vnu exhibitions가 수상하였다.

(3) UFI Operations Award

2007년부터 UFI의 운영위원회 (Operations Committee)에서 가장 창의적이고 성과 있는 전시회를 개최한 주최자에게 수상하고 있다. 매년 선정 기준 주제가 발표되는데 2011년 선정 주제는 「Smart use of it to improve your operations」로 이탈리아의 BF Servizi가 수상하였고 2012년에는 스페인의 Firade Barcelona가 수상하였다.

(4) Poster Competition

우수 전시회 포스터에 대해 수상하며 1997년부터 International Fair Plovdiv가 운영하였으나 2003년부터는 UFI가 수상하고 있다. 비회원사에게도 문호가 개방되어 있다.

[2011년 수상작]

라. 자료 발간

UFI는 Exhibition Newsletter, UFI Infor (월간 e-Bulletin), UFI Who's Who (단행본, UFI 회원사 및 인증전시회 정보 수록), Exhibition World 등 각종 간행물을 발간하고 있다.

5. UFI 공인 전시회 관련 감사 기준

2010년 1월 수정 (2009년 10월 29일 회의 결과 반영)

가. 개요

UFI는 누구의 간섭도 받지 않고 독자적으로 전시회에 대한 데이터를 감사하기 때문에 UFI 인증 전시회는 가장 객관적이고 공정하다는 평을 받고 있다. 또한 인증 전시회에 대한 엄격한 평가 및 심사 기준과 절차는 UFI 내부 규정에 명확히 정의되어 있다. 그러나 UFI 규정은 최소한의 규정이며 일부 국가의 표준과 법 조항이 UFI 규정보다 더 엄격할 수도 있다.

UFI가 수행하고 있는 전시회 감사 비용은 전시 주최자가 부담한다. 구체적인 비용은 국가별로 상이할 수 있고 주최자와 감사인간 협상에 의해 정해진다. 그러나 주최자는 UFI 인증 전시회라는 자격을 취득하고 유지하기 위해 엄격한 감사에 대한 합리적인 가격을 지불 할 자세가 되어 있어야 한다.

전시 주최자는 감사 통계를 마케팅이나 연구 목적으로 활용할 수 있으며, 검증받은 데이터를 활용하여 해당 전시회를 대내외적으로 홍보할 수 있다. UFI 또한 이러한 감사 통계의 공개를 장려하고 있다.

나. 용어

UFI에서 수행하고 있는 인증 전시회 감사와 관련된 용어 및 그 정의는 다음과 같다.

- 감사 (Audit) : 전시 주최자나 제 3의 등록 회사가 제공하는 자료, 그리고 이 표준의 목적에 따라 전시에 참가하는 방문객과 전시회 참가자에 대한 독립적인 증명 절차
- 감사 협회 (Audit Association) : 전시 산업 감사 기준의 발전과 유지를 위한 국가적 혹은 국제적인 협회임. 때로 감사인의 선정이나 국가 전시 통계에 대한 수집과 제시를 담당함. 예를 들어 독일의 FKM, 프랑스의 OJS, 이탈리아의 ISF, 중부유럽의 Centrex, 미국의 EEIAC가 포함됨.
- UFI 표준 감사 인증서 (UFI Standard Audit Certificate) : UFI의 감사 증명 요구에 부합하도록 주최자와 감사인이 UFI 소정 양식에 따라 작성한 인증서이며 전시 주최자가 UFI에 보고하는 핵심 요소들로 구성되어 있음.
- 감사 보고서 (Audit Report) : 전시 주최자를 위해 감사인에 의해 작성된 보고서임. 이 보고서에는 UFI의 표준 감사 인증서와과 별도로 세부 정보들이 포함될 수 있으며, UFI에 보고해야 하는 필수 부분은 아니지만 얼마든지 보고할 수 있음.
- 감사인 (Auditor) : 위에서 정의된 감사를 수행할 수 있도록 공인된 자격을 갖춘 독립적인 제 3자이며 감사인은 보통 전시 주최자와의 계약을 통해 이 업무를 수행함.
- 마무리 검증 (Check-back Procedure) : 감사인이 전화, 서면 질의 등의 과정을 통해 전시회 출품자, 참관객이 실제로 해당 전시회에 참가 또는 참관했는지와 그들이 참가 주최자의 기록에 부합하는지를 확인하는 과정임.
- 통계적 관리 인증 (Statistical Control Certificate) : UFI 표준 감사 증명 참조
- UFI 공인 전시회 (UFI Approved Event) : UFI의 회원이 주최하고 UFI 내부 규정과 UFI 표준 감사 규정을 만족하여 UFI가 인증한 전시회

※ 전시 용어에 대한 자세한 정보는 ISO 국제 전시 산업 표준의 ISO 25639-1와 ISO 25639-2를 참고할 것.
(http://www.iso.org/iso/iso_catalogue/catalogue_tc/catalogue_detail.htm?csnumber=43910)

다. 기본 원칙

UFI 인증 전시회로 선정되기 위한 감사 기본 원칙은 다음과 같다.

해당 전시회가 UFI 공인 전시회로 인증 받기 위해서는 UFI 회원 주최자가 UFI 내부 및 관련 규정에 따라 UFI 표준 감사 인증서 (UFI Standard Audit Certificate)를 작성하여 UFI 회원 위원회 (UFI Membership Committee)에 제출하여야 한다. 인증 대상 전시회는 2회 이상 개최된 전시회에 한하며 감사용 통계는 가장 최근에 개최되었던 전시회에 대한 정보를 반영한 것이어야 한다. 또한 인증 전시회는 인증을 받은 후 반드시 다음번 전시회에서도 감사를 받아야 한다.

한번 인증 받은 전시회가 UFI 공인 전시회로 존속되기 위해 주최자는 반드시 UFI 본부에 격회제로 해당 전시회에 대한 최신 감사 인증을 제공해야 한다. 유일한 예외는 전시회가 3년에 한 번씩 개최되거나 혹은 이보다 빈번하지 않게 개최되는 경우이다. 이 경우, 매회 개최되는 전시회 마다 감사를 받아야 한다.

예) • 매년 열리는 전시회의 경우, 격년제로 감사를 받아야 한다.
- 2년에 한 번씩 열리는 전시회의 경우, 4년에 한 번씩 감사를 받아야 한다.
- 3년에 한 번씩 열리는 전시회의 경우, 매번 감사를 받아야 한다.

※ 공통사항 : 처음으로 전시회 감사를 받았다면 개최 주기에 관계없이 차기 전시회 때 반드시 감사를 받아야 한다.

감사를 성공적으로 받았다고 해서 모두 UFI 회원이 되거나 UFI 공인 전시회로 선정되는 것은 아니다. UFI 내부 규정에 따라 회원 가입 및 UFI 공인 전시회를 UFI 회원 위원회에 신청하게 되면 동 위원회 심사를 거쳐 UFI 집행 위원회 (UFI Executive Committee)에서 최종 결정한다. 집행 위원회가 가입 여부를 최종 결정하면 회원 자격은 즉시 효력을 발휘하게 된다.

만일 감사 인증이 UFI가 요구하는 최소한의 조건을 충족시키지 못하거나 해당 전시회 종료 이후 6개월 이내에 요구조건이 제출되지 않았을 경우, 해당 전시회는 UFI 공인 전시회로서 자격을 상실하게 된다. 이 경우, 오직 조건에 부합하는 감사 증명 제출을 통해서만 박탈된 자격을 회복할 수 있다. UFI 공인 전시회 자격에 대한 재부여 여부는 UFI 회원 위원회가 결정한다. 만약 전시주최자가 단 한 개의 전시회만 UFI 공인을 받고 있고 이 전시회가 조건을 만족시키지 못해 자격이 박탈되는 경우라면, 해당 전시회 주최자는 UFI 회원 자격까지 상실될 수도 있다. (6.1 조 법규, 3.6 조 내부 규정)

만약 회원 주최사가 이 기준을 시행하는 데에 있어 어려움이 있을 경우, UFI 본부에 다음 회의 전시회 전까지 그 사유를 통보해야 한다. UFI는 회원들이 직면하게 되는 어려움에 대해 주목하고 가능한 한 회원들의 문제가 해결될 수 있도록 지원하고 있다.

라. 감사

(1) 과정

감사 과정에서 시스템 평가, 전시회 점검, 데이터 검토와 검증, 감사 인증 발급 등 4가지 절차가 최대한 구체적이고 합리적으로 수행되어야 한다.

(가) 시스템 평가

① 최초 감사인 경우

전시회 개막 전, 감사인은 반드시 해당 전시 주최자가 운영하게 될 참관객 등록, 티켓 판매, 전시장에 대한 출입 통제, 등록자와 티켓 판매에 대한 자료 관리 시스템을 검증하여야 한다. 이를 위해 전시 주최자는 감사인에게 운영되고 있는 시스템에 대해 사전 설명하고 감사인이 시스템 운영과 관련된 운영 요원들을 자유롭게 접촉할 수 있도록 허용해야 한다.

또한 이 기준은 구체적으로 특정 시스템을 요구하지는 않지만 UFI가 제시한 기준과 정의에 따라 통계 자료를 생산하고 있는지 감사인이 확인할 수 있도록 제시되어야 한다. 아울러 참관인 등록이 해당 전시 주최자의 당초 계획에 따라 수행되고 있는지 그리고 전시장 출입 과정에서 참관객들에 대한 수치가 정확하게 집계되고 있는지 감사인은 반드시 최소한 한 번 이상 전시장을 방문하여 확인해야 한다.

② 후속 감사인 경우

감사인이 이전에 감사했던 동일 전시회에 대해 후속 감사를 수행하게 될 경우, 전시주최자는 다음과 같은 조치로 충분하다.

(a) 티켓 판매와 참관객 검증 방법에 변동이 없을 경우 : 주최자는 감사인에게 시스템이 이전과 변동 없음을 확인시켜주면 된다.

(b) 티켓 판매와 참관객 검증 방법에 변동이 있을 경우 : 주최자는 감사인이 변동된 내용을 파악할 수 있도록 운영요원 접촉을 허용해야 한다.

그러나 검증 방법, 등록 회사, 전시 주최자의 소유권 등에 상당한 변동이 있을 경우, 해당 감사인은 추가 방문을 반드시 해야 하고 UFI는 전시 주최자에 대해 감사인의 추가 방문을 요구할 수 있다.

감사인은 정보 검증을 위해 사전 통보 없이 해당 전시회를 방문하고 점검할 수 있는 권리를 갖고 있기 때문에 전시회가 종료되고 난 후에도 감사를 수행할 수 있다.

(나) 전시회 점검

앞서 설명한 시스템 평가에 이어, 감사인은 반드시 전시회 디렉토리에 기재된 전시회 참가업체들이 도면에 따라 참가하고 그들이 요청한대로 전시 공간을 배정 받았는지 무작위로 임의 추출하여 검사한다. 이러한 과정은 통상 감사인의 육안 점검으로 충분하며 당초 제시된 전시 면적과 참가업체 내역이 크게 다른 경우를 제외하고는 전시장 면적 측정을 요구하지 않는다.

감사인은 전시회 개최 기간 동안 전시회 주최자 측 직원들의 업무에 지장을 주지 않고 전시회 참가업체와 참관객들에게 방해를 주지 않는 범위 내에서 감사 업무를 수행하여야 한다. 주최자는 차후 감사를 대비하고 전시회 종료 후에도 감사인이 전시회 참가업체와 참관객에 대한 정보를 확인할 수 있도록 가능하다면 티켓과 등록 서류 등을 포함한 물적 증거를 계속 보유해야 할 책임이 있다.

(다) 데이터 검토와 검증 (확인 과정)

전시회 종료 후, 감사인은 등록 자료, 티켓 판매 기록 등이 주최자가 제시한 내역과 부합하는지 검증해야 한다. 해외 참관객에 대한 숫자와 비율의 타당성을 보장받기 위해서는 모든 해외 참관객들은 등록데스크에서 반드시 등록을 마쳐야 한다. 가능하다면 전화나 서면 검증 과정을 실행함으로서 해외 참관객 방문이 정확하다는 것을 입증할 수 있어야 한다.

(라) 감사 인증 발급

감사인이 앞서 명시한 시스템 평가, 전시회 점검, 데이터 검토와 검증 등 3단계가 모두 완료하게 되면, 감사 대행사는 다음과 같은 문서를 발급할 수 있다.

① 제시된 데이터가 UFI 공인 전시회 기준을 충족시키면 회원 주최자와 감사 대행사가 서로 서명하고 날인한 UFI 표준 감사 인증서 (UFI Standard Audit Certificate) 가 발급된다. 감사 인증서에 포함된 주요 통계는 공식 정보로 간주된다. 여기서 말하는 주요 통계란 해외 및 국내 참관객수, 해외 및 국내 전시 참가업체수와 이들의 전시회 참가 면적을 포함한다.

② 감사인은 전시 주최자 혹은 해당 국가의 다른 감사 조직의 요청이 있다면 별도로 보다 자세한 감사 보고서를 작성할 수 있다. 이러한 보고서는 통상 전시 주최자가 해당 전시회의 홍보를 목적으로 또는 해당 국가의 전시 통계 집계를 위해 활용되기도 한다. 이러한 보다 자세한 별도 정보는 UFI로 통보된다. 그러나 전시회가 UFI 공인을 받기 위하여 반드시 별도 세부 정보를 작성해야만 하는 것은 아니다.

(2) 감사 주기

3년에 한 번씩 개최되거나 혹은 이보다 빈번하지 않게 개최되는 경우를 제외하고, 전시회는 최소한 격회에 한 번씩 UFI 감사를 받아야 한다. 3년에 한 번씩 개최되거나 혹은 이보다 빈번하지 않게 개최되는 경우에는 매회 감사를 받아야 한다. 유일한 예외는 UFI 전시회 인증을 받기 위해 처음으로 감사를 받을 때 뿐이다. 이 경우에는 차기 전시회 때 반드시 감사를 받아야 한다. 그러나 이러한 규정에도 불구하고 UFI는 가능한 전시회가 개최될 때마다 매번 감사 받을 것을 권유한다.

마. 감사인

(1) 인가된 감사 수행 기관

UFI 인증전시회 선정을 위해 감사를 수행하는 기관으로는 감사 전문 조직이나 기업, 공인회계사 혹은 자격을 갖춘 협회 등이며 업무 수행 전, 반드시 UFI의 승인을 받아야 한다. UFI로부터 승인을 받을 수 있는 감사 수행 기업 및 기관은 다음과 같다.

- 재무 감사를 수행하는 국제적으로 인정받은 독립 회사
- 전시회 및 미디어 산업과 관련된 감사를 전문적으로 수행하는 독립 회사
- 전시회 데이터 검증과 국내외 전시회 통계를 수집하고 배포할 목적으로 설립된 조직이나 협회 그러나 감사 기능을 갖고 있지 않는 전시산업협회는 감사 업무를 수행 할 수 있는 적합 조직으로 간주하지 않음.

(2) 감사인에 대한 승인

UFI 감사 인증서 발급 여부를 결정하기 위해 감사를 수행하는 감사인은 사전에 UFI로부터 그 자격을 승인 받아야 한다. 감사를 수행하는 감사인은 적정한 경험을 갖고 있어야 하며 충실한 업무 수행을 위해 UFI와 긴밀히 협조하여야 한다. 감사인은 일단 UFI로부터 감사 수행에 대한 승인을 받게 되면 UFI 결정에 따라 해당 전시회 데이터와 관련, 일정 기간 동안 감사를 지속하고 감사 인증서를 발급하게 된다.

UFI로부터 감사인에 대한 승인을 득하기 위해 감사인은 다음과 같은 사항을 제출해야 한다.

- 감사인 자격증
- 전시산업 (유사 산업) 감사와 관련된 경력증명서
- UFI 감사 규정 및 UFI 산정 기준과 정의에 따라 감사가 진행 될 것이라는 사실을 인지하고 있음을 밝히는 감사인 자술서
- 감사 업무를 수행할 전문가들의 이름과 이메일 주소 (UFI는 업데이팅된 감사 규정이 있는 경우 통보할 예정)

* UFI는 감사업무를 수행하게 될 감사인이 UFI 주최 교육과 회의에 참석해줄 것을 권유함.

바. UFI 표준 감사 인증서

UFI가 발급하는 표준 감사 인증서는 전시 주최자와 감사인에 의해 영문으로 작성되며 다음과 같은 내용을 포함한다.

(1) 일반 사항

- 전시회의 명칭
- 전시회 주최자 명칭 (회사 혹은 기타 조직)
- 전시회 개최 장소
- 전시회 개최 기간
- 이전 개최된 전시회 횟수
- 이전 전시회 일정과 피감사 여부
- 감사 조직의 이름과 주소
- 감사를 감독하는 선임 관리자(파트너)의 이름, 서명과 감사 조직의 공식 도장 날인

(2) 통계 정보

UFI 공인 전시회 자격을 지원하는 감사 증명으로 사용되기 위해서 증명은 반드시 다음과 같은 내용을 포함해야 한다.

- 「UFI 측정 기준과 정의」에 따른 총 참관객 수 와 총 방문횟수
- (해외 대 국내) 참관객과 방문 내역
- 「UFI 측정 기준과 정의」에 따른 총 전시참가업체 수
- (해외 대 국내) 전시참가업체 내역
- 총 순 전시 면적 (실내와 실외 면적을 구분한 수치)

이 감사 인증에서는 동 감사가 최신 수정 기준에 따라 수행되었는지 UFI가 확인할 수 있도록 반드시 UFI 감사 기준 및 「UFI 측정 기준과 정의」의 참조 번호와 일자 그리고 해당 기준이 적용되었다는 점이 언급되어야 한다.

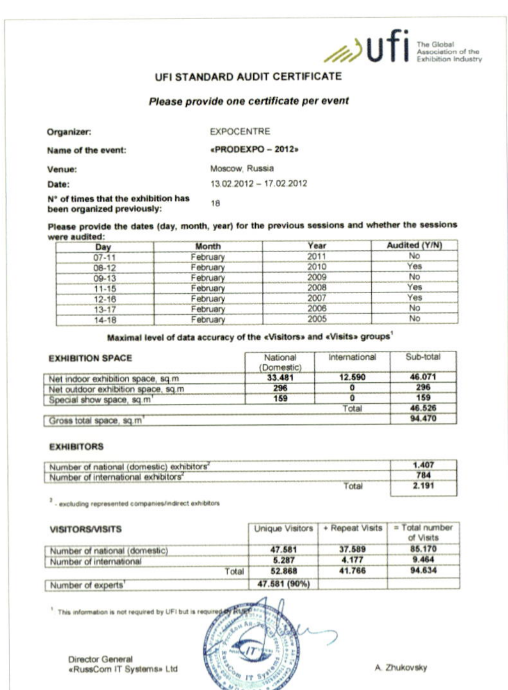

ufi The Global Association of the Exhibition Industry

UFI STANDARD AUDIT CERTIFICATE

Please provide one certificate per event

Organizer: EXPOCENTRE
Name of the event: «PRODEXPO – 2012»
Venue: Moscow, Russia
Date: 13.02.2012 – 17.02.2012
N° of times that the exhibition has been organized previously: 18

Please provide the dates (day, month, year) for the previous sessions and whether the sessions were audited:

Day	Month	Year	Audited (Y/N)
07-11	February	2011	No
08-12	February	2010	Yes
09-13	February	2009	No
11-15	February	2008	Yes
12-16	February	2007	Yes
13-17	February	2006	No
14-18	February	2005	No

Maximal level of data accuracy of the «Visitors» and «Visits» groups[1]

EXHIBITION SPACE	National (Domestic)	International	Sub-total
Net indoor exhibition space, sq.m	33.481	12.590	46.071
Net outdoor exhibition space, sq.m	296	0	296
Special show space, sq.m[1]	159	0	159
		Total	46.526
Gross total space, sq.m[1]			94.470

EXHIBITORS

Number of national (domestic) exhibitors[2]	1.407
Number of international exhibitors[2]	784
Total	2.191

[2] - excluding represented companies/indirect exhibitors

VISITORS/VISITS	Unique Visitors	+ Repeat Visits	= Total number of Visits
Number of national (domestic)	47.581	37.589	85.170
Number of international	5.287	4.177	9.464
Total	52.868	41.766	94.634
Number of experts[1]	47.581 (90%)		

[1] This information is not required by UFI but is required by RUEF

Director General
«RussCom IT Systems» Ltd
A. Zhukovsky

The list of participant countries[1]:

1. Argentina
2. Armenia
3. Australia
4. Austria
5. Azerbaijan
6. Belgium
7. Brazil
8. Bulgaria
9. Canada
10. Chile
11. China
12. Cyprus
13. Denmark
14. Estonia
15. Finland
16. France
17. Germany
18. Great Britain
19. Greece
20. Hungary
21. Iceland
22. India
23. Iran
24. Ireland
25. Israel
26. Italy
27. Japan
28. Kazakhstan
29. Korea
30. Kyrgyzstan
31. Latvia
32. Lithuania
33. Macedonia
34. Mexico
35. Poland
36. Portugal
37. Republic of Belarus
38. Republic of Moldova
39. Rumania
40. Russia
41. Serbia
42. Singapore
43. Slovakia
44. South Africa
45. Spain
46. Sri Lanka
47. Switzerland
48. Thailand
49. The Netherlands
50. The UAE
51. The USA
52. Turkey
53. Ukraine
54. Uruguay

Name and address of the auditing organization:

RussCom IT Systems
Aviamotornaya str, 8, Moscow, Tel/fax: +7 (495) 925-04-32, 925-04-33, 957-79-70
web: www.auditexpo.ru e-mail: audit@auditexpo.ru

Name of the person who conducted the audit: Kalacheva Valeria

Position: Manager of the Exhibition Audit department
Email: auditor@auditexpo.ru

Name of the person who completed this form: Kalacheva Valeria

Position: Manager of the Exhibition Audit department

Signature:

This audit has been conducted in accordance with the "UFI Auditing Rules for the Statistics of UFI Approved Events" Version «January 2010» and the "UFI Calculation Standards and Definitions" Version «January 2010»

Moscow 27.02.12

Director General
«RussCom IT Systems» Ltd
A. Zhukovsky

Please note: this document alone does not confirm UFI Approved Event status

[UFI Standard audit Certificate 실물]

사. 분쟁 조정

(1) 부정행위

UFI는 제시된 통계에 부정이 있다거나 정확한 감사 절차가 이루어지지 않았다고 판단될 경우 다음과 같은 조치를 취하게 된다.

- 전시 주최자는 자료 제출과 감사 절차에 대한 UFI의 구체적인 질의에 답해야 한다.
- 질문에 대한 회신은 한 달 이내에 UFI에 제출되어야 한다.
- 질문이 접수 된 후 기한 내 회신이 없는 경우, UFI 회원위원회는 다른 감사대행사를 선임하여 재감사를 요구할 수 있는 권리를 갖는다.
  재감사에 따르는 비용은 해당 회원사가 부담한다. UFI 회원위원회는 해당 전시회의 UFI 승인 취소와 회원자격 박탈을 제청할 수 있다.

(2) 이의 제기

만일 UFI 회원이, 제출된 감사 통계가 부정확하다는 신뢰할 만한 근거를 갖고 있다면 UFI 회원위원회에 이의를 제기할 수 있다. 이와 같은 이의 제기가 있을 경우, 조사는 비공개로 처리된다. 그러나 재조사 또는 재감사 결과, 이의 제기가 근거 없는 것으로 판명되면 이의 제기 회원사에 그 결과를 통보하고 종료한다.

그러나 당초 제시된 통계에 이상이 있거나 재감사가 시행된다면 이의 제기 회원사에게 최종 결과가 통보되지만 자세한 조사 내역은 통보되지 않는다. UFI는 모든 이의 제기 사항에 대해 철저한 조사를 하고 적절한 조치를 취하게 된다.

아. UFI 공인 전시회 자격 취득 조건

UFI 공인 전시회 신청은 UFI 회원사인 전시 주최자 또는 해당 회원 카테고리에 들어가는 회원신청자만이 할 수 있다. UFI 공인 전시회로 선정되기 위해서는 다음과 같은 조건을 만족해야 한다.

- 다음 중 한가지 조건을 만족하는「국제화」된 행사이어야 한다.
  - 해외 참가업체수 (출품업체수)가 전체 참가업체수의 최소 10% 이상이어야 한다.
  - 해외 참관객수 또는 이들의 전시장 방문횟수가 전체 참관객수 또는 전체 참관객의 전시장 방문횟수의 5% 이상이어야 한다. 일반전시회의 경우, 이러한 비율은 확인 가능하다면 전문 참관객수 또는 이들의 방문횟수에 근거하여 산출되어야 한다.

- 총 순 전시면적 (total net exhibition space), 국내 및 해외 전시참가업체수, 국내 및 해외 참관객수와 전시장 방문 횟수 등이 감사 통계에 반영되어야 하며 「UFI 인증 전시회 통계에 관한 감사 규정」에 부합하고 UFI 회원위원회의 결정에 따라야 한다.
- 또한 이 통계 자료는 반드시 독립적으로 감사를 수행하는 회사나 UFI로 부터 감사 수행 승인을 받은 공인회계사와 같은 특별 감사 조직에 의해 객관적으로 검증되어야 한다. 전시회가 3년에 한 번씩 개최되거나 혹은 이보다 빈번하지 않게 개최되는 경우를 제외하고는 격회에 한 번씩 감사를 받아야 한다. 또한 3년에 한 번씩 개최되거나 혹은 이보다 빈번하지 않게 개최되는 전시회는 매번 감사를 받아야 한다. UFI 인증 전시회의 자격 획득을 위해 처음으로 감사를 받는 전시회도 바로 다음 개최되는 전시회 때 반드시 감사를 받아야 한다.
- UFI 인증전시회로 신청을 하려면 신청 전, 반드시 2회 이상 국제 전시회로 개최된 적이 있어야 한다.
- 전시회는 적절한 상설전시장에서 개최되어야 하며 전시장 이용자 즉 전시회 참가업체와 참관객들에게 필요한 모든 편의가 제공되어야 한다. 참관객 신청서, 광고물 및 전시회 카타로그는 전시회 개최국 언어뿐 아니라 최소 1개 이상의 외국어 (가급적 영어)로 제작되어야 한다.
- 해당 전시회는 3주를 넘지 않는 일정 기간 동안 개최되어야 한다.

자. 예외사항

지정학적 상황이나 전시회의 본질적인 성격상 UFI가 제시한 산출 기준에 부합하지 않는 전시회인 경우, 예외를 적용할 수 있다.

6. UFI 통계 산출 기준 및 정의

가. 전시회 면적 산출 기준

「총 순 전시 면적 (total net exhibition space)」이란 전시 참가업체가 점유하는 옥내외 총 바닥면적이며 계약면적이라고도 한다. 유료든 무료든 상관없으며 여기에는 전시회 주제와 직접 관련된 특별 쇼 (행사)를 위해 배정된 공간도 포함된다. 또한 전시장 운영자는 「총 전시 면적 (total gross exhibition space)」를 제시해야 한다. 이는 전시 주최자를 위해 전시장 운영자가 제공하는 통로를 포함한 총 면적을 의미하나 식당, 주최자 사무실, 창고 등은 포함되지 않는다. 전시 면적을 언급할 때는 반드시 「순 전시 면적」과 「총 전시 면적」으로 구분되어야 한다.

나. 전시참가업체 (출품업체) 수 산출 기준

「주 출품 업체 (main exhibitors)」로 참가하든 「공동 출품 업체 (co-exhibitors)」 로 참가하든 「직접 전시참가업체 (direct exhibitors)」만 전시참가업체 수로 집계된다. 「직접 전시참가업체 (direct exhibitors)」란 자사 직원이 제품 및 서비스와 함께 직접 부스를 점유하여 참가하는 업체를 의미한다. 또한 「주 출품 업체」란 전시주최자와 직접 전시회 참가 계약을 체결한 업체를 말한다. 「공동 출품 업체」란 「주 출품 업체」의 부스에 자사 직원을 파견하여 자사 제품과 서비스를 전시하는 업체를 의미한다. 그러나 「공동 출품 업체」는 「주 출품업체」의 신청서, 전시회 카타로그 양식 등을 통해 명확하게 식별되어야 한다.

반면, 자사 직원을 파견하지 않고 자사 제품이나 서비스에 대한 전시를 타인에게 의뢰하여 참가하는 경우를 「간접 전시참가업체 (indirect exhibitors)」라고 하며 이들은 전시참가업체 수에 포함되지 않는다.

단체 참여의 경우, 전시 공간은 단체 참여를 대표하는 출품자에게 배정되고 참가비도 그가 납부해야 한다. 공동 참가한 각자가 배정된 공간에서 각자 직원을 파견하여 각 사별 제품과 서비스를 전시한다면 이들은 각각의 참가업체로 간주되지만 이러한 조건을 만족하지 않는다면 「간접 전시참가업체」로 간주되어 참가업체로 산입되지 않는다.

다. 전시참가업체 국적

전시참가업체의 국적은 주최자와의 계약서에 명시된 출품 회사/조직의 주소에 따른다. 주소가 출품자의 실제 국적을 나타내지 못할 경우에, 주최자는 출품자가 스스로 신고한 국적에 따른다. 다만 주최자가 단독으로 판단한 신고서는 수용될 수 없다. 출품자의 국적에 대해 의심의 여지가 있는 경우, 해당 전시참가업체 본사로부터 자회사가 대표 자격으로 전시회에 참가하고 있다는 확인서를 수령해야 한다.

라. 참관객수 및 전시회 방문횟수 산출 기준

참관객 집계는 전시회 개최 기간 중 일반인들에게 공식적으로 개방된 시간에 전시장을 방문한 각 개인을 대상으로 이루어진다. 그리고 방문이란 출입증을 휴대하고 전시회 공식 개최 기간 중 개방 시간에 전시장을 출입하는 행위를 의미한다. 여기서 전시장 방문 횟수에 포함되는 경우는 다음과 같다.

- 현장에서 전시장 입장권을 구입한 사람
- 전시회 개최 전 입장권을 구입하고 실제 전시회를 방문한 사람
- 무료 초청장이나 할인 입장권을 소지하고 전시회를 방문한 사람
- 계절 입장권 (season ticket)을 소지하고 전시회를 방문한 사람
- 언론계 인사 (기자 등)

그리고 한사람이 하루에 여러 번 전시장을 출입하였더라도 당일에는 한번 방문한 것으로 집계한다. 또한 다음과 같은 사람은 방문 횟수에 포함하지 않는다.

- 전시장운영자 및 전시주최자 직원
- 전시회 관련 용역회사 담당 직원
- 전시참가업체 직원
- 전시회 부대행사 관련 연사

한편 참관객이란 전시회를 방문하는 사람으로서 전시회 개최 기간 중 몇 번을 방문하더라도 참관객 한명으로만 집계된다. 재방문이란 최초 방문 이후 참관객의 각각의 추가 방문을 의미하나 여기에서는 당일 방문 횟수와 관계없이 하루에 한번만 재방문 한 것으로 산입된다. 따라서 총 방문횟수는 총 참관객수와 총 재방문 횟수를 합한 것과 같다. 또한 총 참관객수는 여기에 전시참가업체 직원, 연사 및 기자를 합한 것이다.

예) 전시회 개최 기간이 4월 5일부터 8일까지 4일이며
A라는 참관객이
4월 5일 : 1회
4월 7일 : 3회
4월 8일 : 2회 전시장을 방문했다면
▸ 참관객은 1명으로 산입되며
▸ 방문 횟수는 3회 (4월 5일, 7일, 8일 각각 1회)로 집계된다.
여기에서 재방문은 2회이며 방문 횟수는 3회 (= 참관객 1명 + 재방문 2회)라고 표시할 수 있다.

참관객 (한 번만 집계됨)	+ 재 방문	= 총 방문
+ 참가업체 직원 + 연사 + 기자 = 총 참관객		

마. 국내 및 해외 참관자 및 방문

「국적」은 방문객의 주거지에 의해 결정되며 반드시 해외 주소가 참관객 등록 양식에 기재되어 있어야 한다. 해외 혹은 국제 방문은 전시회의 개최 국가가 아닌 다른 곳에 거주하고 있는 참관객의 방문을 말한다.

개인별 등록이 불가능한 시스템인 경우, 주최자의 요청에 의해 UFI로부터 승인을 받았을 때에는 UFI 국제 공인 전시회 자격을 득하기 위해 표본 추출로 외국인 방문의 비율을 결정한다. 이 조사는 반드시 시장 조사 회사에 의해 수행되어야 하며 독립적인 감사 회사로부터 검증을 받아야 한다. 증명은 반드시 표본 추출에 사용된 기법을 밝혀야 한다.

전시회가 일반 전시회일 경우, 외국인 전문 방문객만을 집계하여 전체 전문 방문객의 수와 비교하는 방법을 적용할 수 있으며, 이 때 가급적 각 외국인 방문객에 대한 등록 체계를 사용하길 권장한다. 감사인은 반드시 산출에 사용된 방법을 밝혀야 한다. (EU 국가들은 개별 국가로 취급된다.)

Chapter 7
CEM

제 7 장 CEM (The Certified in Exhibition Management)

1. 전시전문기획사 자격증 (CEM : Certified in Exhibition Management)

전시전문기획사 (CEM)는 미국의 IAEE[1] (International Association for Exhibitions and Events : 국제전시운영협회)에서 1975년에 개발한 프로그램으로 1989년부터 본격적으로 보급되기 시작하였다.

CEM 과정은 전시산업에 근무하는 전문가들을 위한 재교육 차원의 전시전문 프로그램으로 지속적인 산업정보 교류의 기회를 제공하며 공인된 자격증으로 전시전문기획사의 인지도를 높이는데 그 목적이 있다. 이 과정 이수를 위해 현장 강의와 온라인 강의 중 선택할 수 있으며 현장 강의 일정과 장소는 IAEM 홈페이지 (http://www.iaem.com) 에서 찾아볼 수 있다. 현지 강의 시간표는 다음과 같다.

〈CEM 현지 강의 시간표〉

시작	마감	내용
08:00	08:30	등록
08:30	12:00	오전 강의
12:00	13:30	중식 (각자 해결)
13:30	15:30	오후 강의
15:30	16:00	자습
16:00	17:00	온라인 시험 (선택)

* 강의 30분 넘어 도착하면 불인정

1) 1928년에 설립된 비영리민간단체이며 미국 텍사스주 달라스에 본사를 두고 있다. 52개국에 7,800여명의 회원을 보유하고 있다. IAEE 홈페이지를 통해 회원에 가입할 수 있다.

CEM 강의는 온라인을 통해 연중 10개 과목을 수강할 수 있다. 각 과목은 4주 과정으로 이루어진다. 각 과목 전 과정을 수강하여야 이수가 완료된다. 대략 강의 개시 5일 전에 첫 강의 날짜를 이메일로 통보받게 된다. 주간별 강의는 수요일 오전에 시작되어 화요일 오후에 종료된다. 수강생들은 주간 단위로 과제물이 주어지며 모든 과제물을 화요일 저녁까지 제출하여야 한다. 또한 매주 강의는 1시간 반 내지 2시간용으로 이루어진다. 대략 강의 시작 1주일 전에 환영 이메일을 받게 되며 강의 시작 하루 전에 도메인 관련 정보 및 기타 더 자세한 강의 정보를 이메일로 수신하게 된다. 회원가를 적용받기 위해서는 ID가 필요하다. 등록에 문제가 있으면 registration@iaee.com을 접촉한다.

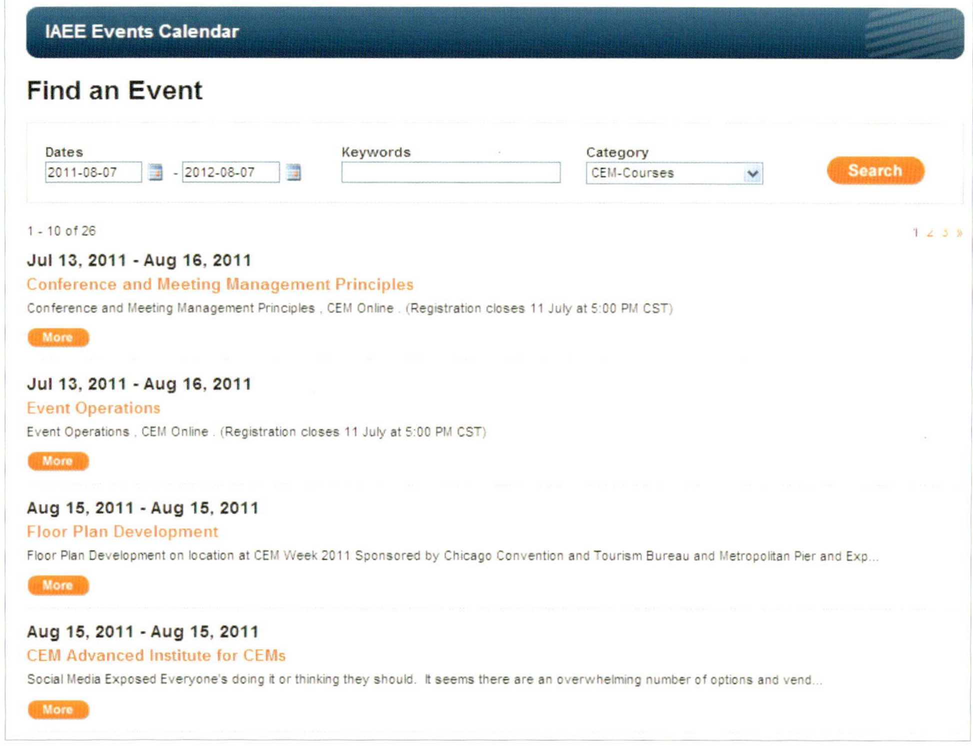

[CEM 현장 강의 일정 검색 사이트]

온라인 강의는 과목 강의 첫날 모듈 개통이 가능하며 강의가 모두 끝나게 되면 성공적으로 수강을 완료한 수강생에게만 시험을 볼 자격이 주어진다. 모든 시험은 온라인으로 이루어진다.

2. 수강료

〈과목당 수강료〉

구분	회원	비회원
현장 강의	US$ 215	US$ 350
온라인 강의	US$ 315	US$ 570

* 주 : 강의가 시작되면 환불 불가

〈복수 과목 수강시 할인〉

현장 강의					
구분	1개 과목	2개 과목	3개 과목	4개 과목	5개 과목
회원	US$ 215	US$ 380	US$ 570	US$ 760	US$ 950
비회원	US$ 350	US$ 650	US$ 975	US$ 1300	US$ 1650
할인액		US$ 50	US$ 75	US$ 100	US$ 125

온라인 강의					
구분	1개 과목	2개 과목	3개 과목	4개 과목	5개 과목
회원	US$ 315	US$ 580	US$ 870	US$ 1160	US$ 1475
비회원	US$ 570	US$ 1090	US$ 1635	US$ 2180	US$ 2750
할인액		US$ 50	US$ 75	US$ 100	US$ 125

- 수강 취소
  - 이미 신청한 과목의 전체 또는 일부 취소는 문서로만 가능하며 취소 수수료가 부과될 수 있음.
  - 전액 환불을 받기 위해서는 강의 개시 영업일 기준 30일 이상을 남겨둔 상태에서 문서로 수신되어야 함.
  - 강의 개시 11-29 영업일[2] 사이에 취소 통보를 받는 경우 US$ 75의 취소 수수료가 부과되며 10 영업일 이내 취소 통보 시 강의료는 환불되지 않음.

  * 취소 통보처 :

  IAEE Meetings, 12700 Park Central Drive 308, Dallas, 75251, TX USA

  FAX : ++ 1 (972) 458 8119

  E-mail : registration@iaee.com

2) 영업일이란 휴일을 제외한 Business Day를 기준으로 한다.

3. 이수 과목 및 지원 자격

- 지원자는 11개 과목 중 9개 과목을 이수하여야 하며 3년 이내 이수한 9개 과목에 대해 시험에 합격하여야 함.

〈개설 과목 소개〉

개설 과목
• Conference and Meeting Management Principles (**전시 및 회의 관리 원론**) 전시기획자는 행사와 관련된 기능과 활동에 대한 실무 지식을 가지고 있어야 한다. 전시회와 이벤트에서 중요한 역할을 하게 되는 교육 프로그램, 각종 회의, 리셉션, 특별 행사, 사전예약, 객실 관리 방안 등을 다루게 된다.
• Event Marketing (**이벤트 마케팅**) 전시기획자는 기획하고 있는 행사를 마케팅하기 위해 가장 좋은 방법과 전략을 선택해야 하는 끊임없는 도전에 직면하게 된다. 이벤트 마케팅은 성공적인 이벤트나 전시회를 창출하기 위해 참관객, 전시참가업체, 후원사 선정, 광고 매출 등을 어떻게 마케팅하고 통합 관리 할 것 인가를 다루게 된다.
• Event Operations (**이벤트 운영**) 전시회 개최 기간은 단지 며칠 동안 이지만 그 전시회를 기획하고, 준비하는 데는 몇 달씩 걸리게 된다. 계획과 준비 과정에서 뿐 아니라 전시회 기간 중 전시기획자로서 전시회 현장에서 행사를 지시하고 관리하는 기법을 배우게 된다.
• Exhibition & Event Sales Fundamentals (**전시 및 행사 판매 기초**) 부스 판매는 쉬운 일이 아니다. 행사를 성공적으로 치루기 위해서는 지속적으로 사전에 부스 판매 방안이 수립되어야 한다. 경쟁력을 갖춘 타 행사에 대한 벤치 마킹과 네트워킹 방안 등 부스 판매와 관련된 기초 과정을 다룬다.
• Facilities and Site Selection (**시설 및 부지 선택**) 기획하고 있는 전시회 개최 장소 (설비 및 부지) 선정은 전시회의 성공 여부를 결정하는 가장 중요한 첫 단추이다. 개최 장소를 올바르게 선정할 수 있는 기법을 배우게 된다.
• Finance, Budgeting and Contracts (**재무, 예산 및 계약**) 회계, 예산과 계약은 성공적인 전시회 운영을 결정하는 중요한 요인이다. 잘 계획, 관리되고 있는 예산을 통해 전시기획자는 수입과 비용을 정확하게 전망하고 통제할 수 있다. 현금 흐름과 비용 파악은 전시 주최자의 투자에 대한 회수로 이어지기 때문이다.
• Floor Plan Development (**도면 계획 계발**) 전시회에서 가장 중요한 단계 중 하나는 적절한 전시장 도면 구상이다. 도면 구상은 전시장 내부를 디자인하는 작업인 동시에 타겟으로 정한 전시참가업체들을 끌어들이기 위한 도구를 판매하는 것과 같다.
• Housing and Registration Management (**숙박시설 확보 및 등록 관리**) 전시회에 참가업체와 참관객을 위한 숙박 시설 확보와 등록 및 관리하는 방안을 다룬다.

개설 과목
• **Selecting Service Contractors (서비스 계약자 선택)** 여러 외부 용역업체의 지원 없이는 성공적인 전시회는 담보될 수 없다. 이들 외부 용역업체 선정 방법과 계약 관련 노하우를 다루게 된다.
• **Strategic Planning and Management (전략적 기획 및 관리)** 전시회는 산업 전반에 미치는 영향이 매우 크기 때문에 경쟁력 있는 전시회를 육성하기 위해서는 세밀한 전략이 필요하다.
• **Security, Risk and Crisis Management (보안, 위험 및 위기 관리)** 위험 평가 및 관리, 보안 관리, 위기와 위급 상황의 관리는 사전 계획 수립 과정과 전시 및 이벤트 현장에서 다루어져야 한다. 안전한 전시회 운영 방안을 다루게 된다.

- 지원자는 전시회나 이벤트 분야에서 최소 3년 경력이 있어야 하며 첫 강의 수강 시 경력증명서를 제출하여야 함.

4. 지원 절차

- 첫 수강을 위해 현장 강의 (On Location)와 온라인 강의 (Online) 중 한가지를 선택한다.
- 이때 경력증명서 (Work History Verification)를 제출한다.
- 첫 번째 시험을 치루고 Plan of Action을 제출한다.
- CEM 프로그램 시작일은 첫 강의에 대한 시험을 보고 합격한 날로부터 기산하며 이 날부터 3년 안에 모든 과정을 이수해야 한다.
- 과목이 개설되지 않아 3년내에 이수하지 못하는 경우 CEM Learning Program Manager (cem@iaee.com)에 이메일을 보내야 하며 이는 이수 마감일 60-90일전에 이루어져야 한다.

| 양식 | CEM 과정을 이수하기 위한 경력증명서

CEM Learning Program
Work History Verification

Before receiving the CEM designation a minimum of three (3) years experience is required as a practitioner in exhibition management. Please provide employment information beginning with your most recent or current position. Volunteer and part–time experience **will not** be considered as a practitioner in exhibition management.

Note: This form must be submitted when registering for your ninth and final CEM Learning Program. The CEM Commission will not grant the designation until confirmation of work experience is submitted to IAEE.

Name: ____

Employer:		**Description of duties:** **(Please attach copy of most recent job description)**
Job Title:		
(MM/YYYY) **From:**	(MM/YYYY) **To:**	
Supervisor:		
Phone:		

Employer:		**Description of duties:**
Job Title:		
(MM/YYYY) **From:**	(MM/YYYY) **To:**	
Supervisor:		
Phone:		

Employer:		**Description of duties:**
Job Title:		
(MM/YYYY) **From:**	(MM/YYYY) **To:**	
Supervisor:		
Phone:		

I certify that the information and statements made by me in this application are true, complete and correct to the best of my knowledge and are made by me in good faith. I understand that any misstatement or omission of material facts in this form/application (or any information I have submitted) may be cause for rejection of this form.

Signature ______________________________ Date: ______________________________

For questions please contact the IAEE Education Department by phone at 972-687-9224.

| 양식 | CEM 액션 플랜

CEM LEARNING PROGRAM
PLAN OF ACTION

To start the CEM Learning Program, candidates are required to have at least three years of full-time experience as a practitioner in exhibitions and events management. Nine of the eleven courses offered, including passing each corresponding examination, must be successfully completed within three years in order to obtain the CEM designation. A candidate's start date is the date the first exam is passed and the completion date is three years after that date.

Candidates are urged to use this form to design a personal action plan for the CEM Learning Program and to assist in mapping out the required courses over three years. It is not necessary to submit this form to IAEE. It is for the candidate's records.

Candidate Name: ______________________________
Target Completion Date: ______________________________

COURSES (CHOOSE NINE OF THE FOLLOWING):

√	Course	Location	Date
☐	Conference and Meeting Management*		
☐	Event Operations		
☐	Event Marketing		
☐	Exhibition and Event Sales		
☐	Facilities and Site Selection		
☐	Finance, Budgeting and Contracts		
☐	Floor Plan Development		
☐	Housing and Registration Management		
☐	Selecting Service Contractors		
☐	Security, Risk and Crisis Management		
☐	Strategic Planning and Management		

Current CMPs may receive credit for this course. Send a copy of your CMP certificate along with a letter requesting that it be applied to your CEM course record to IAEE.

QUESTIONS?

Contact IAEE by phone at (972) 687-9224, by email at cem@iaee.com,
or by visiting us at www.iaee.com/cem for program information.

5. 시험

수강생은 CEM 종료 후, 90일안에 과목 관련 시험을 신청하고, 합격해야 한다. 특히 온라인 과정을 이수하고 있는 수강생은 온라인 과정이 종료된 후, 시험을 치루기 위해서 다음 사항을 준수해야 한다.

- CEM (Certified in Exhibition Management)을 취득한 사람이 시험감독관 임무를 수행함. CEM을 취득한 사람을 알고 있을 경우 직접 연락하거나 또는 수강생이 소속된 직장의 인사 과장 혹은 CEM 취득자 주소록을 참고하여 연락을 취함. 주소록에 있는 인근지역 CEM 취득자를 알지 못하거나 적절한 날짜를 잡지 못할 경우 소속 직장의 인사과장이 시험 감독관의 임무를 수행할 수 있음. 다만 인사과장은 응시자의 상관이거나 부하직원이 아니어야 함. 시험 감독관과 함께 가장 적절한 시험 장소와 날짜 및 시간을 정해야 함.
- Online exam request form을 작성하여야 함. 시험 이틀 전 응시자와 시험 감독관에게 시험에 대한 내용이 담긴 메일이 전송될 것임. 메일에는 모의시험 실시에 대한 내용이 포함되어 있음. 모의시험은 특정한 과정과 관련되어 있지 않으며 실제 시험 전에 연습할 기회를 제공할 것임.
- 시험당일, 인터넷 사용이 가능한 컴퓨터 또는 노트북일 경우 최소 한 시간 이용 가능한 충전기가 있어야 함. 문제가 발생하거나 계획한 날짜에 시험을 치룰 수 없을 경우 반드시 +1 (972) 687-9224로 전화하거나 cem@iaee.com로 메일을 보내 IAEE에 연락을 취해야 함.

CEM 시험 지원자는 각 과정에서 한 번의 재시험을 치룰 수 있는 기회가 주어진다. 재시험은 CEM 과정 등록일로부터 1년 안에 이루어져야 한다. 재시험 비용은 25달러이며 CEM Exam Re-take form을 반드시 작성해서 IAEE에 제출해야 한다. 만약 재시험에서도 통과하지 못할 경우 동 과정을 재수강하여 시험 기회를 다시 얻을 수 있다.

| 양식 | CEM 시험 신청서 - off line

The CEM CENTRE Online Entrance Test Registration Form 2009/2010

Please complete this form using block capitals. We recommend that you keep a copy of this form for your own records.

Name of Institution ____________

Address ____________

____________ Postcode ____________

Tel No ____________ Fax No ____________

Headteacher ____________ DfES No ____________

I would like to register my school for GETINTU:

Name of Co-ordinator (Please include title Mr/Mrs/Dr/etc)				
Email address of co-ordinator				
Expected testing dates	From		To	
Estimated number of candidates				
Are you part of a consortium?	Yes / No	Are you the consortium leader?	Yes / No	
Name of Consortium				

Cost of Service

For Individual Schools
This years' cost of the service is based upon usage. It is a 550 pounds registration fee plus £4.95 per candidate (they can take both test 1 and test 2) up to a maximum of 2200 pounds in total.

For schools in a consortium
We charge 550 pounds per school registration plus £4.95 per pupil to a maximum amount, calculated using the equation £1000 pounds times the number of schools in the consortium. The consortium leader will be invoiced for the consortium as a whole.

Examples
1. A school with 50 candidates. This would cost £797.50 (that is 550 + (50 x 4.95))
2. A school with 340 candidates. This would cost £2200 (that is 550 + (340 x 4.95) is greater than the maximum cost of 2200)
3. A consortium of 4 schools with 450 candidates taking the test. This would cost £4427.50 (that is 550x4 plus 450x4.95).

Testing Deadlines

GETINTU can be taken at any point from 1st August until July 31st 2010. **If you have any queries** please contact Anne Kirk on 0191-3344232 or email anne.kirk@cem.dur.ac.uk.

If you require a purchase order number on your invoice please provide this here: ____________

I understand that my school will be invoiced based on the number of candidates taking the test and that invoices will be sent during July 2010.

Signature (Headteacher) ____________ **Date** ____________

Please check that all the information requested has been provided and return this form to
Anne Kirk, CEM Centre, Mountjoy Research Centre 4,
Durham University, Stockton Road, Durham, DH1 3UZ or fax to 0191-3344180.

| 양식 | CEM 시험 신청서 - on line

CEM Exam Registration Form

CEM Course/Exam Name

- select -

*Course Format: - select - *Date Taken:

Examinee Information

*Name of Examinee:

Company:

*Address:

*City: State/Province:

Zip/Postal Code: *Country:

*Phone: *E-mail:

*Date of Exam *A miminum of 5 business days from Submission Date:*

Proctor Information

*Name of Proctor:

*Title:

Company:

*Address:

*City: State/Province:

Zip/Postal Code: *Country:

*Phone: *E-mail:

*Fields marked with an * are Required.

Incomplete forms will not be processed. If your request is successfully processed, you will be immediately taken to a confirmation page. If that does not happen, you will need to contact the CEM Learning Program Coordinator immediately at +1(972) 687-9224 or cem@iaee.com.

| 양식 | CEM 재시험 신청서 (CEM Exam Re-take Form)

International Association of Exhibitions and Events
CEM EXAM RETAKE REQUEST FORM

Requested Exam*/CEM Course Name: ______________________________
**Fee is $25 USD per exam for re-take*

Format*/Location of Course: ____________________ **Date of course:** ____________
**Online, On-Location, Co-Location, Onsite*

Name of Examinee: ____________________ Company: ____________

Address: ____________________ City: ____________

State/Province: ________ Zip/Postal Code: ________ Country: ____________

Phone: ________ E-mail: ________ Re-take Exam Date: ________

Name of Proctor: ____________________ Proctor Title: ____________

Proctor Address: ____________________ City: ____________

State/Province: ________ Zip/Postal Code: ________ Country: ____________

Phone: ________ E-mail: ________

Payment Options:

☐ Check enclosed (checks payable to IAEE) ☐ Mastercard
☐ Visa ☐ American Express

Credit Card Number: ____________________ Exp. Date: ____________

Cardholder Name: ______________________________

Signature: ______________________________

Please mail, email or fax re-take form to:

IAEE
ATTN: Jennifer Weller
12700 Park Central Drive, Suite # 308
Dallas, TX 75251 USA
Email: cem@iaee.com
Fax: 972.458.8119

6. 자격 갱신

IAEM에서는 2010년 1월부터는 기존 취득한 CEM이라 하더라도 만 61세 이하 취득자라면 3년마다 12시간의 추가 교육을 받아야만 자격이 그대로 유지되는 자격 갱신 제도를 도입하고 있다. IAEM에서는 갱신을 위한 별도 과정을 운영하고 있다. <자세한 내용은 해당 홈페이지 참조>

IAEM에서 사전 지정하지 않은 과정이라도 최소 수강 30일 이전에 갱신 과목 인증 양식(Recertification Course Approval Application Form)을 작성하여 제출하면 과정 인정 여부를 통보해준다. 그러나 2010년 이전에 수강한 CEM 비제시 과목은 인정되지 않는다. 12시간의 추가 과목을 모두 수강했다면 CEM Recertification Application을 작성해서 제출해야 한다. 갱신일이 속한 해의 10월 31일까지 제출해야 하며, 날짜가 지난 이후 제출하게 되면 50 달러를 지불해야 한다.

| 양식 | CEM 재시험 신청서 (CEM Exam Re-take Form)

IAEE CEM Learning Program Recertification Course Approval Application

Effective 1 January 2010, IAEE will accept professional development courses provided by outside organizations for credit towards CEM Recertification. All courses used towards CEM recertification must meet the following guidelines:

1. Course must be a minimum of 3 hours in length (maximum of 6).
2. Course content and learning outcomes must directly correlate to the current CEM body of knowledge as outlined in the CEM blueprint (http://www.iaee.com/cem/cemrewrite).
3. Course must be pre-approved by IAEE.
4. Candidate will provide IAEE with documentation verifying successful completion of the course.

To submit a course for approval, complete and submit the form below at least 45 days prior to the course date.

Submit your completed application at least 45 days prior to:
IAEE CEM Learning Program
12700 Park Central Drive, Suite 308
Dallas, TX 75251 USA
FAX: 972.458.8119 or cem@iaee.com

PLEASE NOTE: Any submissions received less than 30 days prior to the course will not be considered. All requested information is required. Incomplete submissions will not be considered.

Applicant Information			
Date:		Member number (If Applicable):	
Full Name:			
Title:		Company:	
Address:			
City:		State:	
Postal Code:		Country:	
Phone:		Email Address:	

COURSE INFORMATION			
Name of Course:			
Course offered by:			
Start date of course:		Start time of Course:	
End date of course:		End time of Course:	
Total length of course (3 hours minimum):			
I will teach the course ☐		I will be a student in the course ☐	
Course Description:			
Learning Outcomes: (must include at least 2 learning outcomes)	1.		
	2.		
	3.		
This course directly relates to the following CEM Course:			
Explanation of correlation to CEM body of knowledge. Using the current CEM Curriculum Blue Print, please list the corresponding section(s) that this course correlates to.			

I certify that the information and statements made by me in this application are true, complete and correct to the best of my knowledge and are made by me in good faith. I understand that any misstatement or omission of material facts in this form/application (or any information I have submitted) may be cause for rejection of this application.

Signature:	
Date :	

For IAEE Use		
Form Received		
Form Reviewed by:		
Approved/Declined:		
Date Applicant Notified:		

| 양식 | CEM Recertification Application

IAEE CEM Learning Program Recertification Application

Submit your completed application to:
IAEE CEM Learning Program
12700 Park Central Drive, Suite 308
Dallas, TX 75251 USA
FAX: 972.458.8119 or cem@iaee.com

In order to recertify, a CEM must complete 12 hours of professional development education during their 3-year recertification period. The CEM Learning Program Recertification Application may be submitted to IAEE at any time during the year the CEM is due to recertify, but must be received by December 31 of that year. **All submitted professional development must be completed at the time the application is submitted.** Each CEM Recertification Application is evaluated equally on the renewal criteria alone and does not discriminate on any basis including race, sex, religion, national origin, sexual orientation or disability. If you don't meet your requirements, you will be dropped from the program and no longer be able to use the designation.
Below is a list of ***Approved Professional Development Credit:***

- CEM Learning Program, Online or On-Location = 6 credit hours per course
- CEM Advanced programs = 6 credit hours
- IAEE Senior Executives Roundtable = variable
- IAEE Sales Academy or IAEE Robert L. Krakoff Leadership Institute = 12 credit hours per course
- CMP designation achieved during the 3 year time frame = 6 credit hours (certificate or confirmation letter must be submitted with recertification form)
- Pre-approved education sessions provided by IAEE/other organizations, minimum 3 hours in length and directly correlate to the current CEM Body of Knowledge as outlined in the current CEM Blueprint. ****CEM's responsibility to research whether an outside professional development program aligns with the current CEM Body of Knowledge and to submit the course for approval to IAEE at least 30 days in advance of the course using the** Recertification Course Approval Application form.*

Recertifying CEM's are exempt from taking the exam. Any CEM in good standing that reaches the age of 61 will not be obligated to recertify. These CEMs will be categorized as Emeritus CEMs. If you need further assistance, please contact IAEE at cem@iaee.com or 972.687.9224

APPLICANT INFORMATION			
Date:	Click here to enter a date.	CEM Recertification Date:	Click here to enter a date.
Last Name:		First Name:	
IAEE Member Number (if applicable):			
Title:			
Organization:			
Address:		Country:	
City:		State:		ZIP Code:	
Phone:		Email:	

LAST NAME:			FIRST NAME:
PROFESSIONAL DEVELOPMENT ACTIVITIES (must fall within the above list of approved professional development education)			
Title of Program:			
Sponsoring Organization:			For this course, I participated as: Student ☐ Instructor ☐
Start Date of Program: (mm/dd/yyyy)	Click here to enter a date.	End Date of Program: (mm/dd/yyyy)	Click here to enter a date.
Total Program Hours:			
Program Description:			
Title of Program:			
Sponsoring Organization:			For this course, I participated as: Student ☐ Instructor ☐
Start Date of Program: (mm/dd/yyyy)	Click here to enter a date.	End Date of Program: (mm/dd/yyyy)	Click here to enter a date.
Total Program Hours:			
Program Description:			

TOTAL HOURS (A total of 12 hours are required for recertification)	
Total of Hours for Professional Development:	
Total Hours for Speaking:	
Total Hours:	

AGREEMENT

I certify that the information and statements made by me in this application are true, complete and correct to the best of my knowledge and are made by me in good faith. I understand that any misstatement or omission of material facts on this application (or any information I have submitted) may be cause for rejection of this application.

Applicant Signature:		Date:	Click here to enter a date.
FOR IAEE USE ONLY			
Reviewed by:		Date of Receipt:	Click here to enter a date.
Comments:		Approval Date:	Click here to enter a date.

IAEE would like to thank you for your continued support of the Certified in Exhibition Management Credential (CEM). Confirmation of your application for recertification will be sent within two (2) weeks of receipt by the IAEE office. **Failure to submit the recertification application by December 31 the year recertification is due will result in forfeiture of the CEM designation.**

7. 우리나라에서 CEM 취득 방법

국내에서는 2002년부터 자격요건을 종전보다 평이하게 개정하여 한국전시산업진흥회, COEX, 한국전시주최자협회가 공동 주관 하는 프로그램을 통해서도 CEM을 취득할 수 있다. 매년 상·하반기 각 1회 실시하고 있으며 매회 3과목씩 운영된다. 총 9개 과목을 이수해야 하므로 CEM 자격을 취득하기 위해서는 약 1년 반이 소요된다. 참가 대상은 전시컨벤션산업에서 3년 이상 경력이 있는 사람이며 과목당 참가비는 15만원(부가세 별도)이다. 한국전시산업진흥회 홈페이지를 통해 참가신청 할 수 있다.

〈CEM 자격 취득을 위한 필수 이수과목〉

번호	과목명
1	Event Operations
2	Event Marketing
3	Exhibition & Event Sales Fundamentals
4	Strategic Planning and Management
5	Security, Risk and Crisis Management
6	Conference and Meeting Management Principles
7	Floor Plan Development
8	Facilities and Site Selection (신규)
9	Selecting Service Contractors (신규)

[CEM 국내 강의 장면]

통상 교육 장소는 COEX이며 1회 수강인원은 40명 내외이다. 수강생들은 3년 내 총 9개 과목을 이수하고 시험에 합격해야 자격증을 취득할 수 있다. 시험은 교육기간 중 강의 종료 후 매일 실시되며 자격증 취득을 위해 일정 점수 (80점) 이상을 득점해야 되는데 수강생 대부분이 합격 점수를 얻는다.

| 양식 | CEM 신청서 - on line

2011년 상반기 CEM 교육 참가 신청서

- 필수 입력사항

교육명칭	2011년 상반기 CEM 교육			
교육기간	2011. 6. 21(화)~23(목)			
교육장소	삼성동 Coex 컨퍼런스룸 307호			
성 명	국 문		영 문	※ CEM 수료증에 기입될 영문성명
회 사 명	국 문			
	영 문			
홈페이지				
직 위	국 문		영 문	
전 화			F A X	
휴 대 폰			이 메 일	
우 편 물 (수료증등) 수령주소	국 문			
	영 문			

전시경력 ( )년	기 간	경력사항
	년 월~ 년 월	
	년 월~ 년 월	
	년 월~ 년 월	

교육일자	과목	수강신청	수강료(원)	비고
6. 21(화)	Selecting Service Contractors	□	150,000	· 수 강 료 : 150,000원/과목 · 입금계좌 정보 - 은 행 명 : 한국외환은행 - 계좌번호 : 631-000300-582 - 예 금 주 : 한국전시산업진흥회
6. 22(수)	Facilities and Site Selection	□	150,000	
6. 23(목)	Floor Plan Development	□	150,000	
금액합계			0	

〈2011년 상반기 CEM 교육 프로그램 (예)〉

일자	구분	시간	내용	과목 및 강사
1일차	오전 교육	09:00-10:20	1교시	Selecting Service Contractor ★ Ms. Kimberly Hardcastle-Geddes - Marketing Design Group 전시회 마케팅 전략가
		10:20-10:30	휴식	
		10:30-12:00	2교시	
	점심	12:00-13:30	점심	
	오후 교육	13:30-14:50	3교시	
		14:50-15:00	휴식	
		15:00-16:30	4교시	
	자습	16:30-17:00		
	평가	17:00-18:00	평가	
2일차	오전 교육	09:00-10:20	1교시	Facilities and Site Selection ★ Mr. Chris Brown - Association Headquarters Inc. 전시팀장
		10:20-10:30	휴식	
		10:30-12:00	2교시	
	점심	12:00-13:30	점심	
	오후 교육	13:30-14:50	3교시	
		14:50-15:00	휴식	
		15:00-16:30	4교시	
	자습	16:30-17:00		
	평가	17:00-18:00	평가	
	Farewell	18:00-19:00	레셉션	
3일차	오전 교육	09:00-10:20	1교시	Floor Plan Development 공고 당시 미결정
		10:20-10:30	휴식	
		10:30-12:00	2교시	
	점심	12:00-13:30	점심	
	오후 교육	13:30-14:50	3교시	
		14:50-15:00	휴식	
		15:00-16:30	4교시	
	자습	16:30-17:00		
	평가	17:00-18:00	평가	

* 강의는 영어로 진행

Chapter 8

전시학도 대상 프로그램

전시기획론

제 8 장
전시학도 대상 프로그램

1. 해외전시회 해외인턴

가. 프로그램 개요

한국전시산업진흥회에서는 교육과학부, 지식경제부가 주관하는「해외전시회 해외인터사업」을 수행하고 있으며 본 사업의 목적은 글로벌 전시전문인력 양성을 통해 국내 전시산업의 경쟁력 강화와 국제화를 촉진하기 위함이다. 파견인원은 연간 150명이며 서류 및 면접전형으로 선발한다. 모집은 상·하반기 각 2차례 실시하며 선발자들은 오리엔테이션, 전시산업 현황 및 전시회 현장 체험 등 7일간 국내교육을 받고 3개월간[1] 해외인턴 생활을 하게 된다. 파견 지역은 유럽, 미주, 아시아, 중동 등에 소재해 있는 코트라 해외무역관, 관광공사 및 aT센터 해외지사, 국내기업 해외지사, 해외기업, 해외전시기관 및 해외전시주최사 등이다. 파견자들은 이곳에서 해외전시회 참가 지원업무, 유명전시회 참관 및 기타 행정 업무 등을 보조한다. 파견자들은 국내교육비, 왕복항공료, 비자발급 및 보험가입비와 소정의 체재비[2]를 지원받게 된다. 파견지는 해외인턴 선발성적, 현지 파견 기관 및 회사의 요구조건 (언어 구사 능력, 관련 경험, 전공 등)과 본인의 파견 가능 시기 등을 종합적으로 고려하여 한국전시산업진흥회에서 결정한다.

나. 지원자격

전시산업에 관심이 있는 대학, 전문대학 재학생[3] (휴학생 포함) 및 졸업생으로 아래 조건을 모두 충족한 자이어야 한다.

1) 2011년까지는 2개월간 파견하였으나 2012년부터 3개월로 연장함.

2) 2012년부터 저소득층에게는 현지 체재비의 30%를 추가 지원함.

3) 4년제 대학 재학생은 4학기 이상 수료자 (학기 중 해외파견 가능자)이며 전문대학은 졸업자 (졸업 후 2년 이내만)만 지원 가능함. 또한 4년제 대학 졸업자 역시 졸업 후 2년 이내 경과자만 지원 가능함.

〈해외전시회 해외인턴 지원자격〉

분야	기준
① 학점	지원시점 기준 前학기까지 평균 B학점 이상을 받은 자 - 3.0이상/4.5 기준, 2.8이상/4.3 기준 단, 편입생은 편입전/후 성적 모두 포함. 대학원생의 경우 학부실적 기준
② 공인 어학	공인 어학성적 보유자 (영어 또는 제2외국어 중 1개 이상 보유 시 지원 가능) • 영어 : TOEIC 750, TOEFL (iBT85), TEPS 600점, IELTS 6.5, FLEX 2B (750점) 이상 취득자 • 제2외국어 : 해당 언어 FLEX 2B (750점) 이상 취득자 또는 - 중국어 : 舊 HSK 7급 / 新 HSK 5급 이상 취득자 - 일본어 : JLPT 1급 이상 / JPT 750점 이상 취득자 - 독일어, 러시아어, 스페인어, 이태리어, 프랑스어 : 공인어학성적 50% 이상 취득자 - 아랍어, 인도네시아어, 네덜란드어, 태국어, 베트남어 : 해당언어 전공자 (국내에서 공인어학시험을 실행하지 않는 언어는 별도 어학성적 제출 없이 지원 가능) * 모든 공인어학성적은 지원마감일 기준 2년 내에 취득한 성적만 인정함.
③ 해외 비자취득 및 해외 출입국에 결격사유가 없는 자	
④ 정부지원 일자리 사업(국고) 기존 수혜자는 지원불가 (중복수혜불가)	
우대사항	• 저소득층 (최저생계비 150% 이하 + 소득 1-3분위) • 취업 취약계층 (최저생계비 150% 이하, 6개월 이상 장기실업자, 장애인, 여성가장, 고령자, 북한이탈주민, 결혼이주자) • 국가유공자 및 그 자녀 • 정보화 자격증 (국가공인) 취득자 • 전시, 컨벤션, 관광 관련 전공자 및 관련교육 이수자 * 지원자격을 갖춘 저소득층은 우선 선발하며 상기 항목에 해당하는 자는 서류 전형에서 가점을 받을 수 있음.

라. 선발기준

1차 선발기준은 서류전형으로 어학성적 (영어/제2외국어), 전공, 우대사항 등을 고려하며 2차 선발기준은 면접전형이다. 주로 전시산업에 대한 이해, 일반상식 및 어학능력 등을 테스트한다.

마. 제출서류

통상 상하반기 2차례 한국전시산업진흥회 홈페이지를 통해 신청을 받으며 모든 제출서류는 1차 서류 전형 합격자에 한 해 면접일에 제출한다. 면접시 필수서류는 물론 선택서류 미제출 또는 신청서 내용과 다를 경우 불합격 처리된다. 필수서류는 재학 (졸업/휴학) 증명서 원본 1부, 대학성적증명서 원본 1부, 공인 어학성적증명서 사본 1부, 여권 (없는 경우 주민등록증, 운전면허증 등 신분증) 사본 1부이며 해당자의 경우, 선택서류는 저소득층, 취업 취약계층, 국가유공자 등 증빙서류 원본 1부, 전시/컨벤션/관광 관련교육 이수 증빙 서류 사본 1부, 정보화 자격증[4] 사본 1부이다.

바. 면접 유의 사항

지원자들은 통상 4-5명이 동시에 3-4명으로 구성된 면접관들 앞에서 면접을 받게 된다. 단정한 복장으로 면접에 참석하되 주어진 시간 내에 면접관의 질문에 답변한다. 자신 있는 태도가 중요하며 답변은 일목요연하게 요점 위주로 한다. 면접에 응하기 전, 한국전시산업의 현황에 대해 어느 정도 공부를 하고 간다. 한국전시산업진흥회 홈페이지를 방문하면 이러한 정보를 얻을 수 있다. 지원 동기와 연수 기간 중 무엇을 배우고 싶고 귀국하여 연수를 통해 얻은 경험을 어디에 어떻게 활용할 것인지도 미리 생각하고 면접에 임한다.

사. 파견 전 유의 사항

파견지가 결정되면 파견 기관(회사)과 파견 국가에 대해 미리 공부를 한다. 아울러 3달 동안 체류할 거처와 갖고 가야 할 준비물을 파악한다. 전에 동일 파견 기관(회사)에서 인턴 생활을 경험한 인턴을 소개 받아 출국 전에 각종 정보를 수집하고 유의 사항을 전달 받는 것도 바람직하다.

2. 대학(원)생 전시회 기획서 공모전

가. 프로그램 개요

한국전시산업진흥회는 매년 지식경제부와 지자체(매년 바뀜)가 후원하는 「대학(원)생 전시회 기획서 공모전」을 실시하고 있다. 본 사업의 목적은 국내 전시산업의 발전과 활성화를 위하여 독창적이고 실현 가능성이 있는 전시회 개발을 모색함에 있다. 공모 내용은 독창적이고 참신한 전시회 기획안과 지역 전시산업 발전에 기여할 수 있는 전시회 기획안이어야 한다. 그러나 기존 공모전에 참가하여 입상하였거나 모방한 작품은 응모 및 심사대상에서 제외된다. 참가자격은 지도교수의 추천을 받은 국내 대학(원)생으로 3-5인 이내 팀을 구성하되 휴학생도 참여가 가능하며, 팀 구성원 모두가 참가자격을 갖추어야 한다. 또한 2개 이상 대학교 연합팀도 참가가 가능하나 팀 구성원 중 1인이 소속된 대학의 지도교수 추천서를 반드시 지참해야 한다.

---

4) 국가공인 자격증으로 1가지만 인정하며 민간자격증은 불인정함.

나. 제출방법 및 서류

제출은 한국전시산업진흥회 앞으로 우편접수를 원칙으로 하며 제출서류는 전시회 기획서 공모전 신청서 1부, 전시회 기획서 (한글 A4, 25매 내외, 13point, 흑백출력) 8부, 전시회 기획서 (프리젠테이션용, MS Power Point, 20매 내외, 흑백출력) 8부, 재학(휴학)증명서 1부, 전시회 기획서 파일 (한글, MS Power Point) 2개를 저장한 CD 2개 등이다.

다. 심사방법 및 기준

심사방법은 1차 서류심사, 2차 프리젠테이션 심사로 실시되며 1차 서류 심사는 내용의 독창성 및 창의성, 전시회의 개최 실현가능성 및 타당성, 기획서 추진계획의 우수성 및 구체성, 전시회의 공익성 및 지역기여도와 기술적 측면을 보게 된다. 2차 프리젠테이션은 기획서 내용, 발표 형식, 발표 내용, 발표 태도, 질의 응답 및 기술적 측면 등을 평가한다.

라. 시상 내역

대상, 최우수상, 우수상 및 장려상 등 총 7개 팀에게 상장 및 상금이 수여된다.

[대학생 공모전 시상식 (출처 : 한국전시산업진흥회)]

마. 연도별 수상작

연도	구분	학교	기획서
'07년	대 상	부산대	기상산업박람회
	최우수상	경희대	국제위생관리설비산업전시회
	우수상	경희대	IBWFAIR 2009
		충남대	2008 서울크리스마스쇼
		동덕여	2009 World Blue Gold Fair
'08년	대 상	충남대	over UCC to PCC
	우수상	국민대	2009 휴(休)박람회
	장려상	동의대	2011 PB상품 무역박람회
		강원대	세계 웹 2.0박람회
'09년	대상(지식경제부장관상)	계명대	2010 부산국제숙면박람회
	우수상	동덕여	2010 인터페이스기술산업전
	장려상	한양대	향연
		경희대	2010 국제도시개발박람회
'10년	대상(지식경제부장관상)	계명대	2011 도시농업박람회
	최우수상(대전광역시장상)	전남대	서울국제싱글산업박람회
	우수상	경희대	국제인공지능전시회 2012
		계명대	2012 인천국제장애엑스포
	장려상	한림대	소셜네트워크 어플리케이션
		한남대	2012년 감성 ICT산업전시회
		동덕여	2011 국제공연문화예술박람회
'11년	대상(지식경제부장관상)	한남대	제1회 적정기술전시회
	최우수상(대전광역시장상)	계명대	2012 부산국제슬로라이프Expo
	우수상	인하대	2012 서울자기계발박람회
		제주대	바이오미미크리전시회
	장려상	한림대	2013 해양바이오전시회
		안동대	국제휴먼에너지산업박람회
		인하대	서울국제컬러산업박람회

바. 심사에서 좋은 평을 받기 위한 10계명

① 종전 수상작들을 벤치마킹하고 기초 전시 지식을 쌓는다.

전시 기획을 구상하기 전에 종전 수상자들의 전시기획서를 면밀히 살펴보고 어떤 특징과 우수한 점이 있었는지를 벤치마킹한다. 연도별 수상자들의 전시기획서는 한국전시산업진흥회 홈페이지를 방문하면 찾아 볼 수 있다. 전시회 공모전에 참가하기에 앞서, 주최 측으로 부터 양해를 구한 후 행사장을 직접 방문하여 타 참가자들의 발표를 들어보는 것도 바람직하다. 또한 전시회 주최 관련 자료 및 도서 등을 읽어보거나 전시관련 기관의 홈페이지를 방문하여 전시회 개최에 관한 기본적인 지식을 쌓는 것도 중요하다.

② 독창적인 기획서를 만들어라.

대학(원)생 대상 전시회 기획서 공모전에서 가장 중요한 것은 독창성과 참신성이다. 기존 개최되고 있는 전시회나 종전 수상작들을 단순 모방해서는 좋은 점수를 얻을 수 없다. 독창성 있는 전시기획서를 작성하기 위해서는 기존 국내 전시회들과 다른 차별성을 부각시켜야 한다. 이를 위해 어떤 전시회들이 국내에서 개최되고 있는지를 살펴본다. 기존의 유사 국내전시회를 직접 참관해보는 것도 아이디어를 구하는 데 도움이 된다. 또한 우리나라에서는 아직 개최되고 있지 않지만 전시 선진국들에서 개최되고 있는 새로운 전시회를 찾아 해당 홈페이지를 방문하여 벤치마킹 하는 것도 바람직하다. 아울러 어떤 분야와 목적으로 전시회를 개최하려고 하는지 염두에 두고 기획서를 작성한다.

③ 실현 가능한 기획서를 만들어라.

아무리 독창적이고 참신성이 있는 전시 기획이라도 실제 개최 가능성이 없는 전시회라면 아무런 의미가 없다. 현실적으로 참가업체와 참관객 모집에 문제가 없는 분야인지를 먼저 생각해야 한다. 전시회에서 가장 중요한 것이 참가업체와 참관객 모집이므로 그 방안도 설명되어져야 한다. 현재 시장 규모가 작아도 미래에는 유망 분야라면 그렇게 전망되는 객관적인 근거를 제시하여야 한다. 아울러 전시회 개최를 위해 현실성 있는 추진 일정도 제시한다.

④ 수익성을 염두에 두어라.

전시회 개최도 하나의 비즈니스이다. 물론 정부가 지방자치단체가 공익을 목적으로 수익에 큰 비중을 두지 않고 전시회를 개최하는 경우도 있으나 민간 전시주최자의 경우, 수익이 없는 전시회 개최는 의미가 없다. 물론 최초 전시회부터 수익을 올릴 수는 없겠으나 중장기적으로 수익이 창출되는지 그 전망과 근거를 제시한다. 또한 비용 지출과 수익 산출이 현실성 있게 반영된 예산 계획을 수립해야 한다.

⑤ 발전가능성을 제시하라.

해당 전시회를 어떻게 발전시켜 나갈 것인지 단기 및 중장기별로 그 전략을 제시한다. 향후 국내외 인증 취득, 국내 기관 및 타 전시주최자들과의 공동개최 방안, 해외 전문전시주최자와의 전략적 제휴 방안을 비롯하여 전시회 확대 및 내실화 방안이 나와야 한다.

⑥ 다양한 부대행사를 포함하라.

전시기획서 작성 시, 단순히 전시회 개최에만 초점을 맞추는 것은 바람직하지 못하다. 최근 전시회 추세는 본 전시회 개최 이외에도 다양한 부대행사를 병행 개최하고 있다. 따라서 세미나,

상담회, 시연회 및 공연 등 다양하고 참신한 부대행사를 포함시킨다.

⑦ 코트라, 정부 및 지자체로의 지원방안을 언급하라.

처음부터 코트라, 정부 및 지자체의 지원을 받기란 쉽지 않다. 그러나 중장기적으로 이런 기관들로부터 어떤 지원을 받고 이를 위해 어떤 전략을 구사할 것인지도 기획서에서 언급되어야 한다. 이를 위해 코트라, 정부 및 지자체의 국내 전시회 지원 내용과 지원을 받을 수 있는 방법을 잘 파악하고 있어야 한다.

⑧ 프리젠테이션 자료를 잘 만들어라.

짧은 시간에 심사위원들에게 좋은 메시지를 전달하기 위해서 기획서는 최대한 축약하여 임팩트 있게 작성되어야 한다. 시작적인 효과를 위해 가능한 동영상, 사진, 도표 등을 포함시키도록 한다. 너무 자세하고 비현실적인 너저분한 자료 제시는 감점 요인이 된다.

⑨ 발표 연습을 충분히 하고 예상 질의에 대한 답변을 준비하라.

사전 발표 연습을 충분히 하여 자신감을 갖고 프레젠테이션을 한다.

프리젠테이션을 마치면 심사위원들로부터 질문이 있을 수 있으니 예상 질의에 대한 충분한 답변을 준비한다. 심사위원들로부터 예상 밖의 질문을 받아 당장 답변이 어려우면 엉뚱한 답변을 하는 것보다 준비가 안 되어 앞으로 더 공부하겠다고 솔직히 답변하는 편이 낫다. 또한 발표 허용 시간을 넘기는 것을 절대 피해야 한다.

⑩ 전문가나 전시회 주최 경험자로부터 감수를 받아라.

전시기획서 제출 전에 전시회 관련 전문가나 전시회 주최 경험자로부터 감수를 받는 것이 좋다. 그러나 아직 전시 분야에 대해 경험이 없거나 미천한 대학(원)생들의 기획서가 너무 완벽하거나 전문적으로 작성되면 오히려 감점 요인이 된다. 조금 미숙한 점이 있더라도 대학(원)생만의 독창성과 참신성을 부각시키는 것이 더 중요하다.

이 밖에 대학(원)생들이 해외 전시회에 참가 또는 참관할 수 있는 기회를 갖기란 어렵겠지만 한국전시산업진흥회에서 매년 150명 가량의 해외전시 인턴을 파견하고 있으므로 이런 기회를 이용하여 코트라 해외무역관 등 파견 기관에서 직접 전시 관련 실무를 수행해 보는 것도 많은 도움이 될 것이다.

제O회 대학(원)생 전시회 기획서 공모전 참가 신청서

<table>
<tr><td>팀 명</td><td colspan="5"></td></tr>
<tr><td rowspan="6">팀 장</td><td>성 명</td><td colspan="2"></td><td>주민등록번호</td><td>–</td></tr>
<tr><td>학 교 명
(학과/전공)</td><td colspan="2"></td><td>과 정</td><td>□ 대학교 재학중
□ 석사과정
□ 박사과정
□ (　)과정 휴학중</td></tr>
<tr><td>e–mail</td><td colspan="2"></td><td>학년/학기</td><td></td></tr>
<tr><td>전화번호</td><td colspan="2"></td><td>휴대전화</td><td></td></tr>
<tr><td>자택주소</td><td colspan="4">(우편번호 :　　–　　)</td></tr>
<tr><td colspan="5"></td></tr>
<tr><td rowspan="5">팀 원</td><td colspan="2">성명
(주민등록번호)</td><td>학교명
(학과/전공)</td><td>과정
(학년/학기)</td><td>연락처</td></tr>
<tr><td colspan="2">(　　–　　)</td><td>(　　)</td><td>(　　)</td><td>휴대전화 :
e–mail :</td></tr>
<tr><td colspan="2">(　　–　　)</td><td>(　　)</td><td>(　　)</td><td>휴대전화 :
e–mail :</td></tr>
<tr><td colspan="2">(　　–　　)</td><td>(　　)</td><td>(　　)</td><td>휴대전화 :
e–mail :</td></tr>
<tr><td colspan="2">(　　–　　)</td><td>(　　)</td><td>(　　)</td><td>휴대전화 :
e–mail :</td></tr>
<tr><td>기획서 제목</td><td colspan="5"></td></tr>
<tr><td>기획서 개요</td><td colspan="5"></td></tr>
</table>

위와 같이 귀 주최측이 제시한 모든 공모 요강에 동의하고 본 공모에 참가 신청하며, 수상시 기획서의 모든 권리를 주최측에 양도할 것을 서약합니다.

2011년　　월　　일

팀 장 :　　　　(인)

한국전시산업진흥회 회장 귀하

제O회 대학(원)생 전시회 기획서 공모전 지도교수 추천서

<table>
<tr><td>팀 명</td><td colspan="4"></td></tr>
<tr><td rowspan="6">팀 장</td><td>성 명</td><td></td><td>주민등록번호</td><td>–</td></tr>
<tr><td>학 교 명
(학과/전공)</td><td></td><td>과 정</td><td>□ 대학교 재학중
□ 석사과정
□ 박사과정
□ ( )과정 휴학중</td></tr>
<tr><td>e-mail</td><td></td><td>학년/학기</td><td></td></tr>
<tr><td>전화번호</td><td></td><td>휴대전화</td><td></td></tr>
<tr><td>자택주소</td><td colspan="3">(우편번호 :   –   )</td></tr>
<tr><td>성명
(주민등록번호)</td><td>학교명
(학과/전공)</td><td>과정
(학년/학기)</td><td>연락처</td></tr>
<tr><td rowspan="4">팀 원</td><td>(–   )</td><td>(   )</td><td>(   )</td><td>휴대전화 :
e-mail :</td></tr>
<tr><td>(–   )</td><td>(   )</td><td>(   )</td><td>휴대전화 :
e-mail :</td></tr>
<tr><td>(–   )</td><td>(   )</td><td>(   )</td><td>휴대전화 :
e-mail :</td></tr>
<tr><td>(–   )</td><td>(   )</td><td>(   )</td><td>휴대전화 :
e-mail :</td></tr>
<tr><td>기획서 제목</td><td colspan="4"></td></tr>
<tr><td>기획서 개요</td><td colspan="4"></td></tr>
<tr><td colspan="5">본인은 당 대학(원)에 재학(휴학)중인 위 팀을 「제5회 대학(원)생 전시회 기획서 공모전」에 추천합니다.

2011년   월   일
(   )대학교 (   )대학원 지도교수 :   (인)

한국전시산업진흥회 회장 귀하</td></tr>
</table>

<공모전 유의사항 및 기획서 작성요령>

- 제O회 대학(원)생 전시회 기획서 공모전 -

- 유의사항 및 기획서 작성요령 -

□ 일반 유의사항

- 팀명, 기획서 본문 등에 작성자의 소속 및 인적사항이 드러나지 않도록 할 것
- 제출된 기획서는 타 공모전에 참가하여 입상한 작품인 경우는 제외됨
- 팀원 구성은 팀장 포함 3~5인을 원칙, 팀원 전원의 재학(휴학) 증명서 제출

※ 공모전 관련, 안내 및 결과통보는 팀장에게 연락함

□ 기획서 작성 요령

- 기획서는 국문을 원칙으로 하되, 필요시 한문, 영문을 괄호로 처리할 것
- 기획서 분량은 A4용지(세로방향) 25매 내외, 워드프로세서는 '한글' 사용
- '한글' 기준 글자체 휴먼명조, 글자크기 13point, 줄간격 160%로 작성할 것
- 프레젠테이션용 기획서는 MS Power Point로 A4용지(가로방향) 20매 내외로 작성하며, 글자체, 글자 크기 등은 자유롭게 작성
- 팀명으로 전시회 기획서 파일(한글, MS Power Point)을 저장한 CD 제출
- '한글'로 작성하는 기획서는 첨부 표지의 양식을 따를 것

□ 기획서 주요 작성내용

- 기획서 작성요건
  - 전시기간 : 4일(장치 3일, 철거 1일 포함, 총 8일)
  - 전시면적 : 10,000m2 내외
  - 사업예산 : 3억원 내외
- 예산 책정 시 참고사항
  - 전시장 임대비 : 전시장별 홈페이지 상의 전시장 임대료 및 임대요율 참고 또는 전시장 담당자 문의
  - 부스 임차비 :
    - · 전시회당 1개 부스임차비 : 국내참가업체 조립부스의 경우 평균 269만원, 독립부스의 경우 149만원, 해외참가업체 조립부스의 경우 234만원, 독립 부스의 경우 197만원
    - · 국내참가업체, 조립 · 독립 부스료가 150만원 이상 200만원 미만인 전시회 비중이 가장 높으며, 해외참가업체의 경우에는 조립부스료가 300만원 이상이 가장 높고 독립부스료의 경우 200만원 이상 250만원 미만인 전시회가 많음

(출처 : 2010 국내전시산업 통계, 한국전시산업진흥회)

- 수입·지출 항목(※ 하기 항목은 예시임)

수입 항목	지출 항목
전시회 참가비	전시장 사용료
입장권 판매	전시 공사비
부대행사 참가비	행사 운영비
광고비	관리·인건비
중앙정부 보조금	시설설치 및 부대행사 운영비
타기관 보조금(지차체 포함)	홍보비 및 해외바이어 초청비 등
기 타	기 타

(출처 : 국고지원 국내전시회 지원지침)

부 록

전시기획론

부록 1
해외 주요 전시유관기관 명단

[1] Canadian Association of Exposition Managers (CAEM)

- 주소: 160 Tycos Drive, Suite 2219, Box 218 Toronto, ON M6B 1W8, Canada
- TEL: (416)787-9377
- FAX: (416)596-1808
- URL: www.caem.ca

[2] Center for Exhibition Industry Research (CEIR)

- 주소: 12700 Park Central Drive, Suite 308 Dallas, TX 75251, USA
- TEL: (972)687-9242
- FAX: (972)692-6020
- E-mail: info@ceir.org
- URL: www.ceir.org

[3] Exhibit Design & Producers Association (EDPA)

- 주소: 10 Norden Place Norwalk, CT 06855, USA
- TEL: (203)852-5698
- FAX: (203)854-6735
- E-mail: kwilson@edpa.com
- URL: www.edpa.com

[4] Exhibitor Appointed Contractor Association (EACA)

- 주소: 2214 NW 5th St. Bend, OR 97701, USA
- TEL: (541)317-8768
- FAX: (541)317-8749
- URL: www.eaca.com

[5] Exposition Service Contractors Association (ESCA)

- 주소: 5068 West Plano Parkway Suite 300 Plano, TX 75093, USA
- TEL: (972)447-8212
- FAX: (972)447-8209
- URL: www.esca.org

[6] Healthcare Convention & Exhibition Association (HCEA)

- 주소: 1100 Johnson Ferry Road Suite 300 Atlanta, Georgia 30342, USA
- TEL: (404)252-3663
- FAX: (404)252-0774
- E-mail: hcea@kellencompany.com
- URL: www.hcea.org

[7] International Association of Convention & Visitors Bureaus (IACVB)

- 주소: 2025 M Street NW, Suite 500 Washington, D.C. 20036, USA
- TEL: (202)296-7888
- FAX: (202)296-7889
- E-mail: info@destinationmarketing.org
- URL: www.destinationmarketing.org

[8] National Association of Consumer Shows (NACS)

- 주소: 147 SE 102nd Ave. Portland, OR 97216, USA
- TEL: (503)253-0832
- FAX: (503)253-9172
- E-mail: info@publicshows.com
- URL: www.publicshows.com

[9] Society of Independent Show Organizers (SISO)

- 주소: 2601 Ocean Park Blvd. Suite 200 Santa Monica, CA 90405, USA
- TEL: (310)450-8831
- FAX: (310)450-9305
- E-mail: info@siso.org
- URL: www.siso.org

[10] Trade Show Exhibitors Association (TSEA)

- 주소: McCormick Place 2301South Lake Shore Drive, Suite 1005, Chicago, IL 60616, USA
- TEL: (312)842-8732
- FAX: (312)842-8744
- URL: www.tsea.org

[11] Western Fairs Association (WFA)

- 주소: 1776 Tribute Road, Suite 210 Sacramento, CA 95815-4495, USA
- TEL: (916)927-3100
- FAX: (916)927-6397
- URL: www.fairsnet.org

[12] Association of Exhibition Organizers (AEO)

- 주소: 119 High Street Berkhamsted Hertfordshire HP4 2DJ, UK
- TEL: (44)1442-285810
- FAX: (44)1442-875551
- E-mail: info@aeo.org.uk
- URL: www.aeo.org.uk

[13] Exhibition Industry Association of Australia (EDPA)

- 주소: PO Box 952 CHATSWOOD NSW 2057, Australia
- TEL: (612)9413-9520
- FAX: (612)8088-1325
- URL: www.eeaa.com.au

[14] Major American Trade Show Organizers (MATSO)

- 주소: 7 Fox Creek Drive Rehoboth, DE 19971, USA
- TEL: (302)260-9487
- FAX: (302)260-9489
- E-mail: meg@matso.org
- URL: www.matso.org

[15] Singapore Association of Convention and Exhibition Organisers and Suppliers (SAEOS)

- 주소: 135 Joo Seng Road PM Industrial Building #05-02, Singapore, 368363
- TEL: (65)6339-7383
- FAX: (65)6339-2318
- E-mail: secretariat@saceos.org.sg
- URL: www.saceos.org.sg

[16] Union Des Foires Internationales (UFI)

- 주소: 17 Rue Louise Michel F-92300 Levallois-Perret, France
- TEL: (33)1-46397515
- FAX: (33)1-46397501
- E-mail: info@ufi.org
- URL: www.ufi.org

[17] International Association for Exhibitions and Events (IAEE)

- 주소: 12700 Park Central Drive Suite 308 Dallas TX 75251 USA
- TEL: (1) 972 458 8002
- FAX: (1) 972 458 8119
- E-mail: news@iaee.com
- URL: www.iaee.com

전시기획론

부록 2
국내 주요 전시주최자 명단

[1] 케이훼어스

○ 주소: 서울시 강남구 삼성동 159-1 무역센타 4401호
○ TEL: 02-555-7153
○ FAX: 02-556-9474
○ E-mail: ykshin@kfairs.com
○ URL: www.kfairs.com
○ 주최전시회:
- 국제표면실장 및 인쇄회로기판 생산기자재전(www.nepconkorea.com)
- 국제기능성필름산업전(www.filmtech.co.kr)
- LED 생산기자재전(www.led-fair.com)
- World IT Sho(wwww.worlditshow.co.kr)
- 국제 스마트그리드 및 전기설비전(www.electrickorea.org)
- 국제 원자력산업 전시회(www.electrickorea.org)
- 국제보안기기 및 정보보호전(www.secuexpo.com)
- 전기자동차 및 전장엑스포(www.evkorea.kr)
- 국제 공기청정 및 그린환경산업전(www.icatech.org)
- 국제 조선 및 해양산업전(www.kormarine.com)
- RFID/USN KOREA 국제 전시회 및 컨퍼런스(www.rfidkorea.or.kr)

[2] 한국전람

○ 주소: 서울시 영등포구 여의도동 17-1 금산빌딩710호
○ TEL: 02-783-8261
○ FAX: 02-784-6810
○ URL: www.ktfairs.com
○ 주최전시회:
- 해외 유학·어학연수 박람회(www.yuhak2min.com)

- 국제유리·창호 산업전(glasswindoor.com)
- 금속산업대전(www.korea-metal.com)

[3] 한국이앤엑스

○ 주소: 서울시 강남구 삼성동 159-1 무역회관 2001호
○ TEL: 02-551-0102
○ FAX: 02-551-0103
○ E-mail: ex@eandex.co.kr
○ URL: www.eandex.co.kr
○ 주최전시회:
- 국제의료기기 · 의료정보전시회(www.kimes.kr)
- 국제플라스틱 · 고무산업전시회(www.koplas.com)
- 국제방송 · 음향 · 조명기기전시회(www.kobashow.com)
- 국제인쇄산업전시회(www.kipes.com)

[4] 한국산업마케팅연구원

○ 주소: 서울시 서초구 서초1동 1678-2 동아빌라트 2타운 301호
○ TEL: 02-588-2480
○ FAX: 02-588-2599
○ E-mail: hipark@kimikorea.com
○ URL: www.kimikorea.com
○ 주최전시회:
- 대구건축박람회(www.dahos.or.kr)
- 부산국제식품전(www.bofas.com)
- 대한민국국가인프라기술대전(www.infratech.or.kr)
- 광주국제금형 및 기계산업전(www.gimma.or.kr)
- 광주건축박람회(www.gehos.or.kr)

[5] 이상네트웍스

○ 주소: 서울시 금천구 가산동 239-4 ES빌딩 (주)이상네트웍스
○ TEL: 02-3397-0066
○ FAX: 02-3397-0067
○ E-mail: ec@e-sang.net

○ URL: bs.e-sang.net
○ 주최전시회:
- 부산경향하우징페어(www.khfair.com/busan)
- 경향하우징페어(www.khfair.com)

[6] 넥스페어

○ 주소: 서울시 영등포구 문래동 5가 9번지 벽산디지털밸리 604호
○ TEL: 02-2088-3888
○ FAX: 02-2088-3887
○ E-mail: info@nexfair.com
○ URL: www.nexfair.com
○ 주최전시회:
- 일본 도쿄 국제 물류 로지스테크 박람회(www.logis-tech-tokyo.gr.jp)
- 중동 두바이 국제 중소기업 박람회(www.smeexpo.com)
- 중동 두바이 국제 패션 보석 & 시계 전시회(www.intexdubai.com)
- 중동 두바이 국제 추계 무역 박람회(www.dubaiautumnfair.com)
- 중국 상하이 국제 어업 박람회(www.sifse.com)
- 나이제리아 아부자 자동차 부품 박람회(www.autopartsnigeria.net)
- BIG5 중동 두바이 건설기계설비 국제박람회(www.alfajer.net)

[7] 서울전람

○ 주소: 서울시 강남구 역삼동 779-3 광진빌딩 5층
○ TEL: 02-529-0692
○ FAX: 02-529-0695
○ E-mail: Info@seoulfairs.com
○ URL: www.seoulfairs.com
○ 주최전시회:
- 춘·추계웨덱스코리아(www.weddex.com)
- 가을 웨딩엑스포(www.wexpo.co.kr)
- 에센스 웨딩박람회(www.esswedding.com)
- 노후준비 & 실버산업 박람회(www.silvertopia.com)
- 서울바이크쇼(www.seoulbikeshow.com)
- 드럭스토어 박람회(www.jadskorea.co.kr)

[8] 이오컨벡스

- 주소: 서울시 송파구 가락동 99-7 가락ID타워 15층 1501호
- TEL: 02-3462-2525
- FAX: 02-3401-2571
- E-mail: ioinfo@ioconvex.com
- URL: www.ioconvex.com
- 주최전시회:
  - 한국산업기술교류전(www.kiteexpo.org)
  - 대한민국 국제의료관광 컨벤션(www.kimtc.co.kr)
  - STAGE EXPO(www.stagexpo.co.kr)
  - MIPIM Asia(www.mipimasia.com)
  - ENVEX(www.envex.or.kr)
  - Retail Investments(www.eucck-rcc.org)

[9] 이플러스

- 주소: 서울시 강남구 삼성동 무역센터 4306호
- TEL: 02-556-2236
- FAX: 02-556-2261
- E-mail: jms@eplus21.com
- URL: www.eplus21.com
- 주최전시회:
  - 서울 국제 임신출산 육아용품 전시회(www.babyfair.co.kr)

[10] 경연전람

- 주소: 서울시 영등포구 여의도동 17-1 금산빌딩 501호
- TEL: 02-785-4771
- FAX: 785-6117
- E-mail: sara@kyungyon.co.kr
- URL: www.kyungyon.co.kr
- 주최전시회:
  - 국제전자회로산업전(www.kpcashow.com)
  - 한국전자부품산업전(www.kepes.co.kr)
  - 국제 모션컨트롤 전시회(www.motioncontrol.or.kr)

- 국제포장기자재전(www.koreapack.org)
- 제약·화장품 산업전(www.cophex.com)
- 국제 연구·실험기자재 및 첨단분석장비전(www.korealab.org)
- 국제화학장치산업전(www.koreachem.org)
- 국제물류기기전 & 미래물류기술 국제 워크숍(www.koreapack.org)
- 국제원료의약품전(www.koreapharm.org)
- 국제부품·소재산업전(www.imac21.co.kr)
- 국제안전보건전시회(www.kiss21c.org)
- 국제항만·물류 및 해양환경산업전(www.marineweek.org)
- 국제 해양 방위산업전(www.marineweek.org)

[11] 동양전람

○ 주소: 서울시 영등포구 여의도동 13-6 기계회관 신관 7층
○ TEL: 02-780-0843
○ FAX: 02-780-0845
○ E-mail: dyex@dongyangfairs.co.kr
○ URL: www.dongyangfairs.co.kr
○ 주최전시회:
- Green Transport Korea(www.gtkorea.org)
- MBC 웨딩페어(www.mbcweddingfair.co.kr)
- SBS 결혼박람회(www.sbsweddingexpo.co.kr)
- 코리아 나라장터 엑스포(www.koppex.com)
- 안티에이징 엑스포(www.antiagingexpo.co.kr)
- 대한민국 세계여성 발명대회(www.kiwie.or.kr)
- 해킹방어대회 및 보안컨퍼런스(www.codegate.org)
- 한경 은퇴이민 박람회(www.retireshow.com)

[12] 엑스포럼

○ 주소: 서울시 강남구 삼성동 151-2 백신빌딩 4층
○ TEL: 02-2051-3322
○ FAX: 02-2051-3326
○ E-mail: Info@exporum.com
○ URL: www.exporum.com

○ 주최전시회:
- 교육박람회(www.edufair.net)
- 에듀엑스포(www.eduexpo.or.kr)
- 한국국제여객항공엑스포(www.aviationkorea.co.kr)
- 국제전지산업전(www.greenexpo.co.kr)
- 전기자동차 및 전장엑스포(www.evkorea.kr)
- 국제조명산업전(www.lightingfair.co.kr)
- LED/OLED 응용기술산업전(ledshow.kr)
- 디지털사이니지 및 키오스크산업전(www.digisign.co.kr)
- 디지털미디어페어(www.digimfair.or.kr)
- 서울카페쇼(www.cafeshow.co.kr)
- 서울팬시푸드페스티벌(www.fancyfood.co.kr)
- 세계원자력 및 방사신 엑스포(www.nure.or.kr)
- 자격증 및 평생교육박람회(www.careerexpo.co.kr)
- 영어 및 외국어교육박람회(www.languageexpo.co.kr)
- 교육IT 전시회(www.editec.co.kr)
- 스마트워크/모바일 오피스페어(www.smartworkfair.co.kr)
- LEDTEC ASIA(www.ledtecasia.com)

[13] 엘이디엑스포

○ 주소: 서울시 영등포구 여의도동 44-1, 대명빌딩 1161호(우 : 150-714)
○ TEL: 02-783-7979
○ FAX: 02-783-7292
○ E-mail: led@exponu.com
○ URL: www.ledexpo.com
○ 주최전시회:
- 국제 LED EXPO&OLED EXPO(www.ledexpo.com)

[14] 인터페어스

○ 주소: 서울시 영등포구 문래동 3가 77-8 한영빌딩 302호
○ TEL: 02-2635-6481
○ FAX: 02-2635-6480
○ URL: www.interfairs.co.kr

○ 주최전시회:
- 두바이추계박람회(www.dubaiautumnfair.com)
- 베트남 국제 산업 기계전(www.machinery-vietnam.com)
- 베트남 국제 플라스틱 및 고무 산업전(www.besallworld.com/plastic_rubber)
- 인도 국제 전기 및 산업용 전자전(www.elecrama.com)
- 이스탄불 국제 플라스틱 산업전(www.plasteurasia.com)
- 인도네시아 국제 포장 기자재전(www.propakindonesia.com)
- 탄자니아 국제 종합 산업 박람회(www.profexexhibitions.com)
- 러시아 원자력 및 전기, 발전 산업전(www.inconex.ru)
- 아제르바이잔 국제 건설전시회(www.bakubuild.az)

[15] 중앙일보 문화사업

○ 주소: 서울시 중구 순화동 7 전시팀
○ TEL: 02-751-9614
○ FAX: 02-751-9640
○ E-mail: albatro9@joongang.co.kr
○ URL: culture.joins.com
○ 주최전시회:
- 국제동계스포츠박람회(www.siwinter.com)
- 한의학국제박람회(www.exom.co.kr)
- 서울국제헬스케어박람회(www.gohealth.kr)
- 글로벌 헬스케어 국제컨퍼런스(culture.joins.com/conference/main/main.html)
- 어린이영어박람회(www.kidsenglishexpo.com)

[16] 한국자동차공업협회

○ 주소: 서울시 서초구 서초3동 1461-15 자동차회관 5층 전시사업팀
○ TEL: 3660-1888
○ FAX: 3660-1901
○ URL: www.kama.or.kr
○ 주최전시회:
- 서울모터쇼(www.seoulautosalon.com)

[17] 한국기계산업진흥회

○ 주소: 서울시 영등포구 여의도동 13-31 기계진흥회관
○ TEL: 02-369-7903, 02-369-7864
○ FAX: 369-7899, 369-7897
○ URL: www.koami.or.kr
○ 주최전시회:
 - 한국기계전(2011.komaf.org)
 - 국제자동화정밀기기전(kofas2011.kofas.org)
 - 한국국제기계박람회(www.kimex.org)

[18] 홈덱스

○ 주소: 서울시 영등포구 여의도동 15-24, 익스콘벤쳐타워 703호
○ TEL: 2168-0088
○ FAX: 2168-0089
○ E-mail: info@homedex.com
○ URL: www.homdex.com
○ 주최전시회:
 - 서울국제건축박람회(www.homdex.com)

[19] 월드전람

○ 주소: 서울시 강남구 삼성동 149-2 코엑스408호
○ TEL: 02-557-6776
○ FAX: 02-557-0870
○ E-mail: info@world-expo.co.kr
○ URL: www.world-expo.co.kr
○ 주최전시회:
 - 세계유기농 박람회(www.worldorganicfair.org)
 - 프랜차이즈서울(www.franchiseseoul.co.kr)
 - 농어촌 체험학습 관광박람회(www.edu-expo.co.kr)
 - 친환경 유기농 무역박람회(www.organicshow.co.kr)
 - 도시농업 · 식물공장기술전(cityfarmexpo.co.kr)
 - 귀농귀촌 도시민유치 박람회(www.returnfarm.co.kr)

[20] 서울메쎄 I&C

- ○ 주소: 서울시 송파구 잠실본동 222-3 장학빌딩 3층
- ○ TEL: 02-3432-4550
- ○ FAX: 02-3432-4559
- ○ URL: www.seoulmesse.co.kr
- ○ 주최전시회:
  - 서울국제스포츠레저산업전(www.spoex.com)
  - 한국국제보석시계전시회(www.jewelfair.com)
  - BIO KOREA(www.biokorea.org)
  - 인천국제물류산업전시회(www.interlogis.kr)
  - 대한민국안경대전(www.expolook.kr)
  - 스파, 사우나 & 아쿠아 시설 및 관련산업 전시회(www.spaexpo.kr)
  - 국제세탁기자재전시회(www.cleanexpo.co.kr)
  - 인천국제악기전(www.imusickorea.net)

[21] 서울메쎄 ID

- ○ 주소: 서울시 강남구 삼성동 159-1 무역센터 트레이드타워 3606호
- ○ TEL: 02-6000-1520/1511
- ○ FAX: 02-6000-1519
- ○ E-mail: jiae@seoulmesse.com
- ○ URL: www.seoulmesse.com
- ○ 주최전시회:
  - 부산국제 골프 박람회(www.golfbusan.com)
  - 한국국제낚시박람회(www.kofish.co.kr)
  - 국제 스마트그리드전 / 국제전기설비전(www.electrickkorea.org)
  - 국제 빌딩관리 산업전(www.cleanfair.com)
  - 녹색 화장실·욕실 산업전(www.toilet.or.kr)
  - 서울오토살롱(www.seoulautosalon.com)
  - 부산오토살롱(www.seoulautosalon.co.kr)
  - 대한민국 팜 엑스포(www.pharmexpo.kr)
  - 국제 뷰티 엑스포(www.expobeauty.co.kr)
  - 전문대학 입시홍보 박람회(2n3.jinhak.com)

[22] 광륭

- 주소: 서울시 서초구 방배동 880-9 동아빌딩 1층
- TEL: 02-599-1582
- FAX: 02-599-1498
- E-mail: kobuid@krcom.kr
- URL: www.krcom.kr
- 주최전시회:
  - 국제자원순환산업전(www.re-tech.org)
  - 글로벌헬스케어&의료관광엑스포(www.gmtexpo.com)
  - RE-TECH 자원순환·미래에너지 전시회(www.re-tech.org)
  - 대한민국 성인병박람회(www.gohealth.kr)

[23] 네오엑스포

- 주소: 서울시 마포구 공덕동 463 현대하이엘 1906호
- TEL: 02-6353-2544
- FAX: 02-6356-2546
- E-mail: neoexpo@hanmail.net
- URL: www.neoexpo.biz
- 주최전시회:
  - 부천국제만화축제(www.bicof.com)
  - 개원 및 경영정보박람회(www.mdex.or.kr)

[24] 엑스포네트웍스

- 주소: 서울시 강남구 삼성1동 코엑스 4층 422호
- TEL: 02-6000-7901
- FAX: 02-6000-7900
- E-mail: leehm@expo-networks.com
- URL: www.expo-networks.com
- 주최전시회:
  - 서울국제 판촉물 및 생활용품전(sipremium.com)
  - 국제자동화종합전(www.aimex.co.kr)
  - 한국국제 사인디자인전(www.kosignshow.com)
  - 국제기후변화 자원순환 전시회(www.wastechfair.com)

- 서울국제 오토모티브 쇼(www.siashow.kr)

[25] EXMG

- ○ 주소: 서울시 강남구 삼성동 159 코엑스 4층
- ○ TEL: 02-6000-7850
- ○ FAX: 02-6000-7855
- ○ E-mail: hwpark@exmg.co.kr
- ○ URL: www.exmg.co.kr
- ○ 주최전시회:
  - 국제캠핑산업전시회(www.campingkorea.org)
  - 국제수처리산업전(www.waterkorea.org)
  - 국제접착코팅산업전(www.atemfair.com)
  - 국제연구분석장비전(www.analab.or.kr)
  - 아이방꾸미기전시회(www.kidsdecofair.com)
  - 목재산업박람회(www.woodfair.or.kr)

[26] 비투엑스포

- ○ 주소: 서울 강남구 삼성동 159 코엑스 419호
- ○ TEL: 6000-2800
- ○ FAX: 6000-2805
- ○ E-mail: expo1@b2expo.org
- ○ URL: www.b2expo.org
- ○ 주최전시회:
  - 내 나라여행박람회(www.naenara.or.kr)
  - 서울수산식품전시회(www.seoulseafood.com)
  - 국제로봇대전(www.irobas.co.kr)
  - 대한민국주류박람회(www.kalexpo.co.kr)
  - KOREA FOOD EXPO(www.koreafoodexpo.com)
  - 국제로봇대전(www.robotworld.or.kr)

[27] 세미코리아

- ○ 주소: 서울시 강남구 삼성동 159-1번지 무역센터 4005호
- ○ TEL: 02-531-7821

○ FAX: 02-551-3406
○ E-mail: semikorea@semi.org
○ URL: www.semi.org
○ 주최전시회:
- SEMICON Korea(www.semiconkorea.org)
- PV Japan(www.pvjapan.org)
- FPD China(www.fpdchina.org)
- LED Korea(www.led-korea.org)

[28] 동아전람

○ 주소: 서울시 영등포구 여의도동 13-31 기계진흥회관 본관 5층
○ TEL: 02-780-0366
○ FAX: 02-780 0368
○ E-mail: dongaf@naver.com
○ URL: www.dong-afairs.co.kr
○ 주최전시회:
- 건축박람회(www.dong-afairs.co.kr/m27)
- 바닥재 및 석재 박람회(www.dong-afairs.co.kr/b01)
- 리모델링 및 전원주택 박람회(www.dong-afairs.co.kr/m04)
- 공공시설 및 조경박람회(www.dong-afairs.co.kr/m07)
- 디지털프린팅·사인엑스포(www.dong-afairs.co.kr/m15)
- 조명박람회(www.dong-afairs.co.kr/l01)
- 냉·난방 및 건축설비 박람회(www.dong-afairs.co.kr/m20)

[29] 한국공작기계공업협회

○ 주소: 서울시 강남구 대치동 1008-1 타워크리스탈빌딩 4층
○ TEL: 02-3453-2721
○ FAX: 02-564-5639
○ E-mail: komma@komma.org
○ URL: www.komma.org
○ 주최전시회:
- 서울국제공작기계전(www.simtos.org)

[30] 한국전자정보통신산업진흥회

- 주소: 서울시 마포구 상암동 1599 전자회관
- TEL: 02-6488-6000
- FAX: 02-6388-6069
- URL: www.gokea.org
- 주최전시회:
  - KES 한국전자전(www.kes.org)

[31] 이엔씨커뮤니케이션스

- 주소: 서울시 구로구 구로3동 197-7 에이스테크노타워2차 206호
- TEL: 02-2109-8610~12
- FAX: 02-2109-8613
- URL: www.ienc.co.kr
- 주최전시회:
  - 한국건설기계전(www.conexkorea.org)
  - 어린이 성교육전(www.jam2.co.kr)
  - ITC Fair 수출상담회(www.itc.or.kr)
  - 인천국제자동차부품전시회(www.icccahsow.org)

[32] 한국섬유산업연합회

- 주소: 서울 강남구 대치3동 944-31 섬유센터 16층
- TEL: 02-528-4001
- FAX: 02-528-4050
- E-mail: kofoti@kofoti.or.kr
- URL: www.kofoti.or.kr
- 주최전시회:
  - 대한민국 섬유교역전(www.previewinseoul.com)
  - 대한민국 국제섬유기계전(www.kortex.or.kr)

[33] 지엔에이인터내셔날

- 주소: 경남 창원시 두대동 298-7 창원 컨벤션센터 1층
- TEL: 055-212-1334

○ FAX: 055-212-1331
○ URL: www.gnai.net
○ 주최전시회:
- 대한민국 국제보트쇼(yachtkorea.or.kr)
- 생태교통창원총회 & 세계자전거축전(www.ecomobility.co.kr)
- 국제표면처리 및 도장기술전시회(sfkorea.or.kr)

[34] 문화뱅크

○ 주소: 대구광역시 북구 산격동 1579번지 B동 205호
○ TEL: 053-384-7244~6
○ FAX: 053-384-6969
○ E-mail: tourgroup@hanmail.net
○ URL: www.munhwabank.com
○ 주최전시회:
- 대한민국영어교육박람회(www.englishfair.co.kr)
- 대구경북소상공인창업박람회(www.dgcu.or.kr)

[35] 이즈피엠피

○ 주소: 서울 서초구 방배 4동 874-1번지 한국수입업협회빌딩 2,3층
○ TEL: 02-3475-2600
○ FAX: 02-3475-2666
○ E-mail: ezinfo@ezpmp.co.kr
○ URL: www.ezpmp.co.kr
○ 주최전시회:
- G-Design Festival(www.gdesignf.org)
- G20 방송통신 미래체험전(www.g20ce.kr)
- Korea Food Expo(www.koreafoodexpo.com)
- 인천국제디자인페어(www.indef.org)

부록 3
해외 주요 전시주최자 명단

[1] Advanstar Communications Inc.

- 주소: 2501 Colorado Avenue, Suite 280, Santa Monica, CA 90404, USA
- TEL: 310-857-7500
- FAX: 310-857-7510
- 홈페이지: www.advanstar.com

[2] Goerge Little Management, LLC

- 주소: 1133 Westchester Avenue, Suite N136, White Plains, NY 10604, USA
- TEL: 914-421-3200
- FAX: 914-948-6180
- 홈페이지: www.glmshows.com

[3] Speciality Trade Shows. Inc

- 주소: 3939 Hardie Road, Coconut Grove, Florida 33133-6437, USA
- TEL: 305-663-6635
- FAX: 305-661-8118
- 홈페이지: www.spectrade.com

[4] Reed Exhibitions

- 주소: 383 Main Avenue, Norwalk CT 06851, USA
- TEL: 203-840-4800
- FAX: 203-840-5805
- 홈페이지: www.reedexpo.com

[5] Clarion Events Ltd

- 주소: Earls Court Exhibition Centre, Warwick Road, London, SW5 9TA, UK
- TEL: 44-20-7370-8200
- FAX: 44-20-7370-8344
- 홈페이지: www.clarionevents.co.uk

[6] EMAP Communications Ltd

- 주소: Greater London House, Hampstead Road, London, NW1 7EJ, UK
- TEL: 44-20-7728-5000
- 홈페이지: www.emap.com

[7] United Business Media Plc

- 주소: Ludgate House 245, Blackfriars Road, London, SE1 9UY, UK
- TEL: 44-20-7921-5000
- 홈페이지: www.unm.com

[8] DMG World Media

- 주소: Northcliffe House, 2 Derry Street, London, W8 5TT, UK
- TEL: 44-20-7938-6000
- 홈페이지: www.dmgworldmedia.com

[9] Penton Media Europe

- 주소: Dorset House, 297 Kingston Road, Leatherhead, Surrey KT22 7PL, UK
- TEL: 44-1372-824284
- 홈페이지: www.penton.com

[10] Centaur Communications Ltd.

- 주소: St Giles House, 50 Poland Street, London, W1F 7AX, UK
- TEL: 44-20-7970-4000
- 홈페이지: www.centaur.co.uk

[11] Ente Autonomo per le Fiere di Verona

- 주소: V.le del Lavoro 8, 37135 Verona, Italy
- TEL: 39-045-8298111
- FAX: 39-045-8298288
- 홈페이지: www.veronafiere.it

[12] Reed Expositions France(REF)

- 주소: 52 -54, quai de Dion Bouton, CS 80001, 92806 Puteaux Cedex, France
- TEL: 33-(0)1-47-56-50-00
- FAX: 33-(0)1-47-56-14-40
- 홈페이지: www.reedexpo.fr

[13] Nippon Omni-Management Association(NOMA)

- 주소: 3-11-8 Sendagaya, Shibuya-ku, Tokyo 151-0051, Japan
- TEL: 03-3403-1330
- FAX: 03-3403-1341
- 홈페이지: www.noma.or.jp

[14] JMA Exhibition

- 주소: 3-1-22 Shiba Koen, Minato-ku, Tokyo 105-8522, Japan
- TEL: 03-3434-6211
- FAX: 03-3434-8076
- 홈페이지: www.jma.or.jp/CONVENTION

[15] Nikkan Kogyo Shimbun Ltd.

- 주소: 14-1, Nihombashi Koami-cho, Chuo-ku, Tokyo 103-8548, Japan
- TEL: 03-5644-7221
- 홈페이지: www.nikkan.co.jp

[16] Shanghai UBM Sinoexpo International Exhibition Co., Ltd.

- 주소: 7&8/F, Xian Dai Mansion, 218 Xiang Yang Road(S), Shanghai 200031, P.R. China
- TEL: 86-21-6437-1178

- FAX: 86-21-6437-0982
- 홈페이지: www.ubmsinoexpo.com

[17] Hong Kong Trade Development Council

- 주소: 38/F, Office Tower, Convention Plaza, 1 Harbour Road, Wanchai, Hong Kong
- TEL: 852-1830-668
- FAX: 852-2824-0249
- 홈페이지: www.hktdc.com

[18] Nippon Omni-Management Association(NOMA)

- 주소: 3-11-8 Sendagaya, Shibuya-ku, Tokyo 151-0051, Japan
- TEL: 03-3403-1330
- FAX: 03-3403-1341
- 홈페이지: www.noma.or.jp

[19] The Japan Food Machinery Manufacturers' Association

- 주소: 3-19-20 Shibaura,Minato-ku, Tokyo, 108-0023, JAPAN
- TEL: 03-5484-0981
- FAX: 03-5484-0989
- 홈페이지: www.fooma.or.jp

[20] Japan Self-Service Association

- 주소: 101-0047, 東京都千代田区内神田3-19-8, 櫻井ビル4F
- TEL: 03-3255-4825
- FAX: 03-3255-4826
- 홈페이지: www.jssa.or.jp

[21] Japan 전자계측기 공업 협회

- 주소: Keisokukaikan, 2-15-12, Nihonbashi-Kakigaracho, Chuo-ku, Tokyo 103-0014, Japan
- TEL: 03-3662-8181
- FAX: 03-3662-8180
- 홈페이지: www.jemima.or.jp

[22] JMA Exhibition

- 주소: 3-1-22 Shiba Koen, Minato-ku, Tokyo 105-8522, Japan
- TEL: 03-3434-6211
- FAX: 03-3434-8076
- 홈페이지: www.jma.or.jp/CONVENTION

[23] Japan Packaging Institute

- 주소: 10F Togeki Bldg. 4-1-1, Tsukiji, Chuo-ku, Tokyo 104-0045, Japan
- TEL: 03-3543-1189
- FAX: 03-3543-8970
- 홈페이지: www.jpi.or.jp

[24] The Japan Refrigeration and Air Conditioning Industry Association(JRAIA)

- 주소: Kikai Shinko Bldg. 201, 5-8, Shibakoen 3-chome, Minato-ku, Tokyo 105-0011, JAPAN
- TEL: 03-3432-1671
- FAX: 03-3438-0308
- 홈페이지: www.jraia.or.jp

[25] Nikkan Kogyo Shimbun Ltd.

- 주소: 14-1, Nihombashi Koami-cho, Chuo-ku, Tokyo 103-8548, Japan
- TEL: 03-5644-7221
- 홈페이지: www.nikkan.co.jp

[26] Shanghai International Exhibition Co.

- 주소: 8/F, OOCL Plaza, 841 YanAn Zhong Rd, Shanghai 200040, China
- TEL: 86-21-6279-2828
- FAX: 86-21-6545-5124
- 홈페이지: www.siec-ccpit.com

[27] Legend Exhibition Design Engineering Co.,Ltd.

- 주소: 3/F Fortune Center LongYu, No.7 Lane 98 Danba Road, Shanghai, China
- TEL: 86-21-5108 6677-8055/8016
- 홈페이지: www.lizhan.com.cn

[28] SHANGHAI MODERN INTERNAIONAL EXHIBITION CO., Ltd.

- 주소: 18F No.8 ShengZe Road. Shanghai, China
- TEL: 86-21-6328-8899
- FAX: 86-21-6374-9188
- 홈페이지: www.chinamie.com

[29] Shanghai UBM Sinoexpo International Exhibition Co., Ltd.

- 주소: 7&8/F, Xian Dai Mansion, 218 Xiang Yang Road(S), Shanghai 200031, P.R. China
- TEL: 86-21-6437-1178
- FAX: 86-21-6437-0982
- 홈페이지: www.ubmsinoexpo.com

[30] Hong Kong Trade Development Council

- 주소: 38/F, Office Tower, Convention Plaza, 1 Harbour Road, Wanchai, Hong Kong
- TEL: 852-1830-668
- FAX: 852-2824-0249
- 홈페이지: www.hktdc.com

전시기획론

부록 4
인증 전시회 규정

제1조 (목적) 이 규정은 「전시산업발전법」 제14조 및 같은 법 시행령 제13조, 시행규칙 제7조, 통합고시 제5조에 따른 전시산업의 효율적인 육성 및 지원을 위한 전시회 인증제도 운영에 필요한 사항을 규정함을 목적으로 한다.

제2조 (전시회 인증제도 정의) "전시회 인증제도(이하 "인증제도"라 한다)"란 지식경제부로부터 국내 전시회 인증 업무를 위탁받은 한국전시산업진흥회가 전시회주최사업자가 제출한 전시회의 전시면적, 참가업체, 관람객에 관한 정보를 검증기관을 통해 조사확인하여 그 결과를 통보하고 공개하며, 해당 전시회가 일정의 요건을 충족시킬 경우 인증마크를 부여하여 공인하는 것을 뜻한다.

제3조 (용어의 정의) 이 규정에서 사용하는 용어의 정의는 다음과 같다.

1. "전시회"란 무역상담과 상품 및 서비스의 판매·홍보를 위하여 개최하는 상설 또는 비상설의 견본상품박람회, 무역상담회, 박람회 등으로서 대통령령으로 정하는 종류와 규모에 해당되는 전시회를 뜻한다.

2. "전시회의 종류와 규모"란 「전시산업발전법」(이하 "법"이라 한다) 제2조 제2호에서 "대통령령으로 정하는 종류와 규모에 해당하는 것"으로 다음 각 호의 어느 하나에 해당하는 것을 말한다.

① 「국제박람회에 관한 협약」에 따라 박람회 국제사 무국 총회에 등록하거나 박람회 국제사무국 총회에서 승인한 박람회

② 옥내와 옥외 전시면적이 2천 제곱미터 이상, 100명 이상의 외국인 구매자가 참가등록 중 어느 하나에 해당되는 상설 또는 비상설 전시회

③ 그 밖에 상설 또는 비상설 전시회로서 옥내와 옥외 전시면적이 1천 제곱미터 이상, 10개 이상의 전시부스 중 어느 하나에 해당하는 요건을 갖춘 전시회 중 법 제7조에 따라 등록한 전시주최사업자의 신청에 의하여 지식경제부장관이 전시산업 발전을 위하여 필요하다고 인정하는 전시회

3. "전시회 부대행사"란 전시회와 관련된 홍보 및 판매촉진을 위하여 개최되는 설명회, 시연회, 국제회의 및 부대행사 등을 말한다.

4. "전시시설"이란 전시회 및 전시회 부대행사의 개최에 필요한 시설과 관련 부대시설로서 대통령령으로 정하는 종류와 규모에 해당하는 것을 말한다.

5. "전시주최사업자"란 전시회 및 전시회 부대행사를 기획·개최 및 운영하는 사업자를 말하며 전시회에 대한 실질적인 소유권을 가지고 있는 기관을 뜻한다.

6. "인증기관"이라 함은 전시주최사업자가 제출한 전시회 정보에 대한 검증업무를 총괄 관리 및 감독하는 기관으로서 동법 제28조 및 동법 시행령 제19조의 규정에 따라 지식경제부로부터 인증업무를 위탁받은 한국전시산업진흥회(이하 "진흥회"라 한다)를 뜻한다.

7. "검증기관"이라 함은 전시회 인증을 실시함에 있어 인증기관으로부터 전시회 정보 검증에 대한 업무를 위탁받아 검증을 실시하는 기관으로서 인증기관이 지정하는 기관을 뜻한다.

8. "등록시스템 운영업체"라 함은 전시주최사업자와의 계약을 통해 전시회 등록업무를 대행하는 업체를 뜻한다.

9. "전시회 참가업체(이하 "참가업체"라 한다)"라 함은 전시주최사업자가 개최하는 전시회에 일정한 공간을 임차하여 부스를 설치하고 제품 및 서비스를 진열하는 기업 및 단체를 뜻한다.

10. "관람객"이라 함은 전시주최사업자가 개최하는 전시회에 소정의 등록절차를 통하여 전시장에 실제로 입장한 사람을 뜻한다.

11. "인증마크"라 함은 전시주최사업자가 제출한 전시회 정보를 통해 전시회에 대해 부여하는 마크[별지 제4호서식]를 뜻한다.

제4조 (인증기관의 업무) 인증기관은 전시회 인증과 관련하여 다음 각 호의 업무를 수행한다.

1. 전시회 인증 신청업무 관리
2. 검증기관의 지정 및 감독
3. 전시회 현장 검증(참가업체, 면적)
4. 전시회 정보에 대한 1차 검토 실시
5. 인증심사위원회를 구성하여 전시회 인증결과 확정
6. 인증마크의 부여 및 관리
7. 인증정보의 관리 및 활용
8. 전시회 인증관련 자료의 제작 및 발행
9. 전시회 인증에 대한 적극적인 홍보 및 교육 시행
10. 기타 전시회 인증을 위하여 필요한 사업

제5조 (검증기관의 지정 및 업무) 인증기관은 다음 각 호의 자격요건을 갖춘 기관을 검증기관으로 지정하여 전시회 정보 검증업무를 시행하게 할 수 있다.

1. 정보 검증에 대한 유경험 회계법인
2. 해외 제휴법인이 있는 회계법인
3. 인증결과와 이해관계가 없는 회계법인

① 검증기관은 다음 각 호의 업무를 성실히 수행하여야 한다.

1. 전시회 정보에 대한 검증 실시
2. 인증기관에 검증실시 결과보고
3. 검증규정의 준수
4. 기타 검증에 필요한 사항 등

제6조 (전시주최사업자의 업무협조) 전시회 인증을 받고자 하는 전시주최 사업자는 전시회 개최 전, 중, 후에 있어서 인증기관 혹은 검증기관의 업무협조 요청에 적극 응해야 한다.

① 전시주최사업자가 인증기관 혹은 검증기관의 요청사항을 성실히 수행하지 않을 시에는, 인증기관이 전시주최사업자의 전시회 인증 신청 및 결과를 무효로 할 수 있다.

제7조 (등록시스템 운영업체 지정 및 업무) 등록시스템 운영업체는 각 전시주최사업자에서 지정한다.

① 지정된 등록시스템 운영업체는 사전에 협의된 등록절차를 성실히 이행하며, 관련 등록정보를 전시회 기간 중 매일 인증기관에 지정된 방법에 따라 제출 할 수 있다.

② 등록시스템 운영업체는 해당 전시장에 등록된 업체로 한정한다. 단, 전시장에 미등록된 운영업체를 이용하고자 하는 경우 사전에 인증기관과 협의하여 승인을 받아야 한다.

제8조 (인증요건) 인증 절차를 완료한 전시회에 대해 인증서를 발급하며, 국제전시회 인증요건은 필요조건과 충분조건으로 나뉜다.

① 전시주최사업자가 인증을 신청한 전시회의 전시면적, 전시의 내용, 참가업체의 수 및 관람객의 수 등을 검증하여 전시주최사업자에게 전시회 인증서를 발급하되, 전시회가 필요조건을 충족시키고, 충분조건 2개 중 1개의 요건을 충족시키면 국제전시회 인증서를 발급하여야 한다.

② 필요조건은 다음 호와 같다.

1. 2회 이상 개최 실적 (3회부터 국제인증)

③ 충분조건은 다음의 각호와 같다.

1. 해외 참가업체의 수가 참가업체의 총 수의 10% 이 상
2. 해외 관람객의 수가 관람객의 총 수의 5% 이상

제9조 (정보 검증범위) 전시회 정보 검증의 범위는 전시면적, 참가업체수, 관람객수 및 세부현황 등 총 4개 부문이다.

제10조 (전시면적의 규정) 참가업체의 임차면적과 총 전시면적으로 구분한다.

① 임차면적은 다음 각 호와 같이 규정된다.

1. 전시주최사업자와 참가업체 사이에 정식계약이 체결되어 참가비가 지급된 면적(유상)과 무상으로 제공된 경우 모두를 포함한다.
2. 옥내 임차면적과 옥외 임차면적으로 구분한다.
3. 국내 참가업체의 임차면적과 해외 참가업체의 임차면적으로 구분한다.
4. 전시회 주제와 직접 관련이 있는 부대행사를 위한 면적도 포함된다.

② 총 전시면적은 다음 각 호와 같이 규정된다.

1. 전시주최사업자가 전시회 개최를 위해 비용을 지불하고 전시시설사업자로부터 임차한 전체 전시면적이다.
2. 식음료 시설, 사무실, 창고 등은 제외한다.

제11조 (참가업체 수의 규정) 참가업체 수는 다음 각 호와 같이 규정된다.

1. 전시주최사업자와 참가계약을 체결한 업체로, 직원이 제품(서비스)과 함께 직접 부스를 점유하여 참가한 업체만을 말하며, 해당 업체는 참가신청서, 참가업체 디렉토리 등에 명시되어야 한다.

2. 다른 업체의 부스에 제품을 전시하고, 직원이 직접 참가하지 않는 업체는 참가업체 수에 포함되지 않는다.

3. 여러 업체가 공동으로 부스를 구성하여 참가할 시, 공동부스를 구성하는 각각의 참가업체는 독립된 참가업체로 인정된다. 단, 공동 부스의 책임을 맡은 참가업체는 공동부스에 참가한 참가업체의 전시면적과 리스트를 입증할 수 있는 서류를 제출해야 한다.

4. 여러 개의 부스를 1개 업체가 사용할 경우 참가업체 수는 1개 업체로 본다.

5. 부스를 임차하고도 전시회에 참가하지 않은 업체는 참가업체 수에 포함되지 않는다.

6. 국내 참가업체와 해외 참가업체로 구분한다.

7. 국내 참가업체와 해외 참가업체는 참가신청서를 기준으로 구분되며, 해외 현지로부터 참가신청서가 접수되었을 경우 해외 참가업체로 구분되고 신청서 상에 기재된 국적에

따라 분류된다.

8. 참가업체의 국적이 명확하지 않은 경우, 참가업체의 본사에서 본사를 대신하여 지사가 참가하였음을 확인하는 경우는 인정된다.

제12조 (관람객 수 및 세부현황의 규정) 관람객 수는 다음 각 호와 같이 규정된다.

1. 관람객수는 전시회 입장을 위해 입장료를 지불하거나 등록과정을 거쳐 입장한 관람객을 뜻하며, 등록은 하였으나 전시장에 입장하지 않은 관람객은 포함하지 않는다.

2. 등록과정을 거쳐 입장한 관람객의 작성된 등록 신청서, 이메일 및 전화번호 정보가 누락되었을 경우, 관람객이 전시회에 방문하지 않은 것으로 간주된다.

3. 관람객은 전시회 기간 동안 방문 횟수에 상관없이 입장객 또는 등록자 1명당 한 번만 집계한다.

4. 관람객과 별도로 전시회 방문수를 집계할 수 있으며, 방문은 관람객이 전시장에 방문한 수를 뜻하고 하루에 한번만 집계된다.

5. 관람객수와 관람객의 반복 방문수를 합계하여 총 방문수를 집계 할 수 있다.

6. 참가업체의 직원, 전시회 운영을 위해 고용된 자, 해당 전시장 관계자 등은 제외한다.

7. 관람객은 구매자와 일반인으로 구분하여 집계한다.

8. 구매자는 소속기관 및 기업의 사업상의 목적 혹은 직업적인 관심을 가지고 전시회를 방문한 관람객을, 일반인은 개인적인 관심으로 방문한 관람객을 뜻하며, 등록양식상에 이를 구분할 수 있는 항목을 삽입하여 관람객이 직접 기재할 수 있도록 한다.

9. 일반인은 국내 일반인과 해외 일반인으로 구분된다.

10. 구매자는 국내 구매자와 해외 구매자로 구분하며, 구매자의 지역별, 업종별, 직위별 분류와 담당부서에 대한 현황 등이 포함되며, 그 분류는 전시회별 상황에 따라 전시주최사업

자가 별도로 정할 수 있다.

제13조 (전시회 인증의 신청) 전시회 인증을 받으려는 전시주최사업자는 지식경제부령으로 정하는 신청서를 인증기관에 제출함으로써 이루어지며, 전시회 인증신청서는 별지 제1호서식에 따른다.

① 인증신청서는 전시회 개최 전 최소 2개월 이내에 제출 해야 한다.

② 인증신청서 제출 기한을 넘길 경우, 인증 신청의 유효 여부는 인증기관의 판단에 따른다.

③ 전시주최사업자는 인증 신청 시, 인증 신청 전시회와 관계된 과거자료(최근 2회 이상 전시회 개최 실적 결과)를 인증기관에 제출해야 한다.

제14조 (인증 진행에 관한 사전협의) 인증기관, 전시주최사업자, 검증 기관은 전시회 개최 전에 등록절차와 검증 시 필요한 자료의 종류 및 형식에 대하여 협의를 한다.

① 전시주최사업자는 현장 검증에 필요한 자료(전시회 디렉토리, 전시장 레이아웃 등)를 인증(검증)기관에 제출한다.

제15조 (현장검증) 인증(검증)기관은 [전시회 정보 검증규정]에 따라 전시규모, 참가업체의 참가여부, 등록절차 이행상황 등을 확인한다.

① 그 외 인증(검증)기관이 필요하다고 판단하는 현장검증을 실시할 수 있다.

제16조 (전시회 정보 보고) 등록시스템 운영업체는 전시회 개막과 동시에 매일 집계 정보를 성명별(가나다 순)로 정리된 등록정보 파일을 인증기관에 제출할 수 있으며, 별도 등록시스템 운영업체가 없을 경우 인증기관과 협의 후 별도로 정한다.

① 인증기관 및 검증기관은 전시주최사업자를 통하지 않고 등록시스템 운영업체로부터 직접 관람객 등록정보를 받을 수 있으며, 등록시스템 운영업체는 이러한 요청에 응해야 한다.

② 전시회 인증신청서를 제출한 전시주최사업자는 전시회 종료 후 20일 이내에 다음 각 호의 내용을 인증기관에 제출한다.

1. 전시회 정보 보고서
2. 전시장 임대차계약서 사본
3. 전시회 정보 세부내역 (관람객 정보 세부내역)
4. (필요시) 참가업체 신청서(임차면적 명시) 사본
5. (필요시) 참가업체 참가비 납입증명 서류(선수금, 중도금, 잔금에 대한 세금계산서 및 납입영수증) 사본
6. (필요시) 전시장 임차료 납입증명 서류(선수금, 중도금, 잔금에 대한 세금계산서 및 납입영수증) 사본
7. 기타 검증기관이 요청하는 추가자료 등

③ 전시회 정보 보고서를 제출한 후 수정할 사항이 발견되면 관련 증빙서류와 함께 전시회 인증이 완료되기 전에 인증기관에 보고 후 변경한다.

④ 전시회 정보 보고를 규정된 기일 내에 제출하지 않으면 인증 신청을 무효로 할 수 있다.

제17조 (사후검증) 검증기관은 [전시회 정보 검증규정]에 따라 검증을 수행하되, 검증절차의 신뢰성과 효율성을 위해 필요하다고 판단되는 검증절차를 취할 수 있다.

① 표본조사, 전수조사 등 검증기관이 필요하다고 판단하는 사후검증을 실시할 수 있다.

제18조 (인증결과의 확정) 인증기관은 분기별로 인증심사위원회를 구성하여 검증기관이 실시한 검증결과를 기초로, 인증여부에 대한 결과를 확정한다.

제19조 (인증마크) 인증기관은 전시산업발전법 시행령 제13조 제3항에 따라 전시회 또는 국제전시회의 인증을 받은 전시주최사업자에게는 전시회 인증서 또는 국제전시회 인증서와 함께 전시회 인증마크 또는 국제전시회 인증마크를 부여한다.

① 인증기관은 인증을 획득하지 못한 전시회의 인증마크 사용에 대하여 적극적으로 감시한다.

② 전시회 인증서 및 국제전시회 인증서는 각각 [별지 제5호서식] 및 [별지 제6호서식]에 따른다.

제20조 (인증결과 보고서의 제작 및 발행) 인증기관은 전시회 인증서 또는 국제전시회 인증서를

발급한 실적[별지 제7호서식]을 회계연도 종료 후 1월 이내에 지식경제부장관에게 보고하며 인증결과 보고서를 익년 2월까지 작성 및 발행한다.

제21조 (인증비용) 인증신청 전시회의 정보에 대한 평가 및 검증을 위한 비용의 산출기준 및 요율은 임대차 면적에 따라 부과된다.

(단위 : 천원)

총 전시 면적(m^2)	10,000m^2 미만	10,000m^2~ 20,000m^2 미만	20,000m^2~ 30,000m^2 미만	30,000m^2 이상
인 증 비	3,600	4,000	4,400	4,800

부칙 [2010·1·1]

제1조 (시행일) 이 규정은 2010년 1월 1일부터 시행한다.

제2조 (적용례) 이 규정은 시행일 이후 시작하는 전시회에 대한 인증부터 적용한다.

전시기획론

부록 5
전시회 정보 검증규정

제1장 총 칙(제 1조~제 4조)

제1조 (목적) 이 규정은 전시주최사업자에 의해 작성된 전시회 정보 보고 자료를 검증하는 것을 목적으로 한다.

제2조 (전시회 정보 보고자료 검증의 준수) 검증인은 전시회 정보 보고자료 검증(이하 "검증"라 한다)에 관련되는 모든 사항의 중요성과 위험도에 대한 합리적인 판단에 따라 이 기준을 준수하여야 한다.

제3조 (검증의 목적) 검증은 전시회 전시주최사업자가 보고한 검증대상 전시회의 전시면적, 참가업체 수, 관람객 수 및 세부현황에 대한 정보를 '전시회 인증제도 운영 지침'에 따라 적정하게 표시하고 있는지에 대하여 독립적인 검증인이 의견을 표명함으로써 전시회 정보에 대한 신뢰성을 제고하고 전시회 정보의 이용자가 전시회에 관하여 올바른 판단을 할 수 있도록 함을 목적으로 한다.

제4조 (용어의 정의) 이 규정에서 사용하는 용어의 정의는 다음 각 호와 같다.

1. "전시회 인증제도 운영 지침"이라 함은 인증기관에 의하여 제정된'전시회 인증제도 운영 지침'을 뜻한다.

2. "검증인"이라 함은 인증기관의 지정에 의해 특정 전시회에 대한 검증업무 수행책임을 맡게 된 회계기관을 뜻한다.

3. 이 규정에서 별도로 정하지 않은 용어의 정의는 [전시회 인증제도 운영지침]을 준용한다.

제2장 일반기준(제 5조~제 8조)

제5조 (일반기준의 적용) 일반기준은 검증인이 전문직업인으로서 갖추어야 할 자격과 검증을 수행함에 있어서 지켜야 할 자세 및 행위의 기준을 규정한 것으로서 검증실시 및 보고과정의 전반에 걸쳐 적용된다.

제6조 (검증인의 적격성) 검증인은 검증 및 이에 관련되는 분야에 대한 전문지식과 실무경험을 구비하여야 하고 계속적인 교육과 훈련을 통하여 이를 연마하여야 하며 전문직업인으로서의 사회적 책임을 다할 수 있는 인격을 갖추어야 한다.

제7조 (독립성) ① 검증인은 검증과 관련된 업무를 수행함에 있어 독립의 정신을 견지하여야 한다.
② 검증인은 외관상으로 독립성에 의문을 초래할 만한 이해관계가 있는 경우에는 당해 검증에 관여하여서는 아니된다.

제8조 (신의성실) ① 검증인은 검증업무를 수행함에 있어 전문직업인으로서의 정당한 주의를 다하여야 하며, 관계법규에서 규정한 책임과 의무를 충실히 이행하여야 한다.

② 검증인은 업무상 취득한 정보를 정당한 사유없이 누설하거나 검증 목적 이외에 이를 사용하여서는 아니된다.

제3장 실시기준(제 9조~제 20조)

제9조 (실시기준의 적용) 실시기준은 검증인이 검증의견의 형성에 필요한 증거자료의 수집 등 검증실시과정의 전반에 걸쳐 적용된다.

제10조 (검증계약) ① 검증인은 인증기관과 검증계약을 체결함에 있어 검증의 목적과 범위, 검증인의 권한과 책임의 범위 등을 명확히 하여야 한다.

② 검증인은 관계법규에 위배되는 내용의 약정을 하여서는 아니된다.

제11조 (검증위험) ① 검증인은 검증업무를 계획하고 실시하는 과정에서 전시회 자료에 대하여 적절한 의견을 표명하지 못할 위험(이하 "검증위험"이라 한다)을 고려하고, 이를 일정수준 이하로 감소시키기 위하여 노력하여야 한다.

② 검증인은 검증위험을 적절히 통제하기 위하여 검증위험을 평가하여야 한다. 이 경우 검증위험의 평가에 필요한 중요성 기준을 사전에 합리적으로 설정하여야 한다.

③ 검증인은 검증위험의 평가를 기초로 하여 적절한 검증계획을 수립하여야 한다.

제12조 (부정과 오류) 검증인은 검증을 계획하고 실시함에 있어 부정이나 오류로 인한 전시회 정보의 왜곡 가능성을 고려하여야 한다.

제13조 (검증증거) 검증인은 전시회 자료의 적정성 여부에 대한 검증의견을 형성하기 위하여 적격하고 충분한 검증증거를 수집하고 평가하여야 한다.

제14조 (검증절차) ① 검증인은 검증의 목적을 효과적이고 능률적으로 달성할 수 있도록 합리적인 검증 절차를 선택하여 적용하여야 한다.

② 검증절차는 일반검증절차와 기타의 검증절차로 구분한다.

③ 검증절차는 일반적으로 표본검증의 방법에 의하여 실시하나, 필요시에는 전수조사를 겸하여 실시할 수 있다.

제15조 (일반검증절차) 일반검증절차는 검증인이 일반적으로 실시하여야 할 다음 각 호의 검증절차를 말하며, 특정 한 사유 없이 이를 생략하여서는 아니되며, 다음과 같은 절차를 수행하여야 한다.

1. 전시회 개최 이전 단계

(1) 전시회에 대한 이해 및 예비적 평가

① 전시회에 대한 제반정보를 수집하고 이해하여 전반적인 검증위험에 관한 예비적인 평가를 실시한다.

② 전시회 전시주최사업자 및 등록시스템 운영업체와의 회의를 통해 등록절차 및 검증 시 필요한 자료의 종류 및 형식에 대한 협의 절차를 수행한다.

(2) 검증계획의 수립

전시회에 대한 이해와 전반적인 검증위험에 관한 예비적 평가에 근거하여 적절한 검증계획을 수립하고 이에 따라 검증이 체계적으로 수행되도록 한다.

2. 전시회 개최 기간 단계

(1) 전시규모, 참가업체의 참가여부, 등록절차 이행 상황 등을 현장방문을 통해 확인한다.(필요시)

(2) 관람객에 대한 시험 카운트(Test-counts)를 실시할 수 있다.

(3) 필요시에는 전시장 출입구에 검증인 또는 검증보조자를 배치하여 관람객 수치에 대한 실사를 실시할 수 있다.

3. 전시회 종료 후 단계

(1) 입증절차

전시회 인증규정을 적용한 자료가 적정하게 표시되었는지의 여부를 입증 할 수 있는 증거를 수집하는 검증절차를 실시한다.

(2) 분석절차

주요 항목과 비율 등을 분석하고 그 결과 이상 항목이 있는 경우에는 이에 대하여 조사검토 한다.

제16조 (기타의 검증절차) 기타의 검증절차는 일반검증절차 이외에 검증인이 필요하다고 인정하여 선택 적용하는 검증절차로 한다.

제17조 (표본검증) 관람객 현황과 관련하여서는 전체 관람객의 특성을 적절히 반영할 수 있도록 표본을 설계하여 추출하고, 추출된 표본에 대해서 검증절차를 적용한다.

제18조 (전산화된 환경에서의 검증) 전시회의 관련업무처리가 전산화되어 있는 경우에는 그 특성을 충분히 고려한 검증절차를 적용한다.

제19조 (검증업무의 관리) ① 검증인은 검증계약부터 검증보고서가 발행되기까지의 모든 절차를

조직적으로 관리하여야 한다.

② 검증인은 전시회 자료에 대한 검증의견이 이 기준에 따라 실시한 검증결과라는 것을 뒷받침하기 위하여 검증조서를 작성한다.

③ 검증조서는 검증인의 소유이며 검증 종료 후 상당기간 이를 보존하여야 한다.

제20조 (수정권고) 검증인은 검증수행과정에서 자료의 수정을 요하는 주요 사항을 발견한 경우에는 전시회 전시주최사업자가 전시회 정보 보고서를 확정하기 이전에 이를 반영할 수 있도록 권고하여야 한다.

제4장 보고기준(제 21조~제 27조)

제21조 (보고기준의 적용) 보고기준은 검증인이 검증을 실시한 후 검증대상 전시회 정보에 대한 의견을 형성하고 전달함에 있어서 적용한다.

제22조 (검증보고서) ① 검증인은 검증보고서에 수행한 검증의 범위와 검증의견을 간결하고 명료하게 기술하여야하며, 검증보고서 이용자가 합리적인 의사결정을 할 수있는 유용한 정보를 제공할 수 있도록 검증보고서를 작성하여야 한다.

② 검증보고서에는 제목, 검증보고서 일자, 수신인 및 검증인의 명칭과 주소를 기재하고 검증인이 기명 날인하여야 한다.

③ 검증보고서에는 검증의 범위와 검증의견 및 검증보고서 이용자에 대한 유용한 정보를 다음과 같이 배열하여 기술한다.

1. 도입문단에는 검증대상 전시회를 명시하고 전시회개최 담당자와 검증인의 책임한계 등을 기재한다.

2. 범위문단에는 검증인이 준거한 전시회 인증제도 운영 지침을 명시하고 그 준수 여부와 검증인이 수행한 검증의 성격에 대해 기술한다.

3. 중간문단(범위문단과 의견문단 사이)에는 검증의견에 영향을 미친 예외사항이 있는 경우에

이를 기술한다.

4. 의견문단에는 전시회 정보 자료가 전시회 인증제도 운영 지침에 따라 중요성의 관점에서 적정하게 표시되고 있는지의 여부 등에 대한 검증인의 의견을 표명한다.

5. 특기사항문단(의견문단 다음)에는 검증의견에는 영향을 미치지 아니하나 검증보고서 이용자의 합리적인 의사결정에 참고가 될 것이라고 판단되는 사항을 기술한다.

제23조 (검증의견) ① 검증인이 검증한 전시회 자료에 대하여 표명하는 의견은 적정의견, 한정의견 및 의견거절로 구분한다.

② 검증인은 예외사항의 중요성을 고려하여 검증의견을 결정하여야 한다. 예외사항이 전시회 보고서에 미치는 영향이 중요한 경우에는 의견거절을 표명하여야 한다.

제24조 (적정의견) 적정의견은 검증범위의 제한을 받지 아니하고 전시회 정보 검증규정을 준수하여 검증을 실시한 결과 전시회 정보가 전시회 인증제도 운영 지침에 따라 적정하게 작성되었다고 판단되는 경우에 표명한다.

제25조 (한정의견) 한정의견은 검증의 실시에 중요한 영향을 미치는 검증범위의 제한 또는 제20조 수정권고에 따른 검증인의 중요한 수정사항을 전시회 전시주최사업자가 수용하지 아니하는 경우에 표명한다.

제26조 (의견거절) 의견거절은 검증인의 독립성이 결여되어 있거나 전시회 자료에 특히 중요한 영향을 미치는 검증범위의 제한이 있는 경우에 표명한다.

제27조 (기타 전문가의 활용) 검증인은 전시회 정보에 대한 검증절차 중 일부를 기타 전문가를 이용할 수 있으며 이 경우 검증인은 기타 전문가의 전문 직업인으로서의 능력과 객관성을 평가하여야 한다.

제5장 보 칙(제 28조~제 29조)

제28조 (세부사항) 이 기준의 시행에 관하여 필요한 세부사항에 관하여는 인증기관이 따로 정할 수 있다.

제29조 (검증기준의 준용) 이 기준에서 정하지 아니한 사항은 주식회사의 외부검증에 관한 법률을 준용할 수 있다.

부칙 (2010. 1. 1.)

제1조(시행일) 이 기준은 2010년 1월 1일부터 시행한다.

제2조(적용례) 이 기준은 시행일 이후 시작하는 전시회 정보에 대한 검 증 부터 적용한다.

※ 별지 제1호 서식 - [전시회 인증 신청서]

<table>
<tr><td colspan="4" rowspan="2">전시회 인증 신청서</td><td>처리기간</td></tr>
<tr><td>30일</td></tr>
<tr><td rowspan="3">신청인</td><td>①법인명</td><td></td><td>②법인등록번호</td><td></td></tr>
<tr><td>③대표자</td><td></td><td>④주민등록번호</td><td></td></tr>
<tr><td>⑤주 소</td><td colspan="3">(전화 :)</td></tr>
<tr><td rowspan="12">신청내용</td><td rowspan="2">⑥전시회명</td><td colspan="3">(국문)</td></tr>
<tr><td colspan="3">(영문)</td></tr>
<tr><td>⑦개최기간</td><td>20 . . .~ 20 . . .</td><td>⑧최초 개최년도</td><td></td></tr>
<tr><td>⑨개최주기</td><td>년</td><td>⑩최근 2회 개최년도</td><td></td></tr>
<tr><td rowspan="2">⑪총 전시면적
(임대차 계약서상의 총면적)</td><td rowspan="2">㎡</td><td>⑫국내업체 임차면적</td><td>㎡</td></tr>
<tr><td>⑬해외업체 임차면적</td><td>㎡</td></tr>
<tr><td rowspan="2">⑭전체 참가업체수</td><td rowspan="2">개사</td><td>⑮국내 참가업체수</td><td>개사</td></tr>
<tr><td>⑯해외 참가업체수</td><td>개사</td></tr>
<tr><td rowspan="2">⑰전체 관람객수</td><td rowspan="2">명</td><td>⑱국내 관람객수</td><td>명</td></tr>
<tr><td>⑲해외 관람객수</td><td>명</td></tr>
<tr><td colspan="5">「전시산업발전법」제14조제1항, 같은 법 시행령 제13조제1항 및 같은 법 시행규칙 제7조에 따라 전시회 인증을 신청합니다.

년 월 일

신청기관 :(서명 또는 인)

지식경제부장관 귀하</td></tr>
<tr><td rowspan="3">첨부서류</td><td colspan="4">신청인 제출서류</td></tr>
<tr><td colspan="3" rowspan="2">1. 최근 2회 이상 전시회 개최실적
2. 전시면적(옥내, 옥외를 구분하여 표시합니다)
3. 전시주최사업자 등록증</td><td>수수료</td></tr>
<tr><td></td></tr>
</table>

(뒤쪽)

※ 작성요령

1. ⑨란은 봄·가을, 1년, 2년, 3년 등 개최주기를 기재합니다.
2. ⑩란은 ⑨개최주기에 따른 최근 2회 개최된 연도(월)를 기재합니다.
3. ⑪란·⑫란·⑬란은 옥내, 옥외 전시면적을 구분하여 기재합니다.

이 신청서는 아래와 같이 처리됩니다.

신 청 인	처 리 기 관
	인증기관(전시회 인증 담당부서)

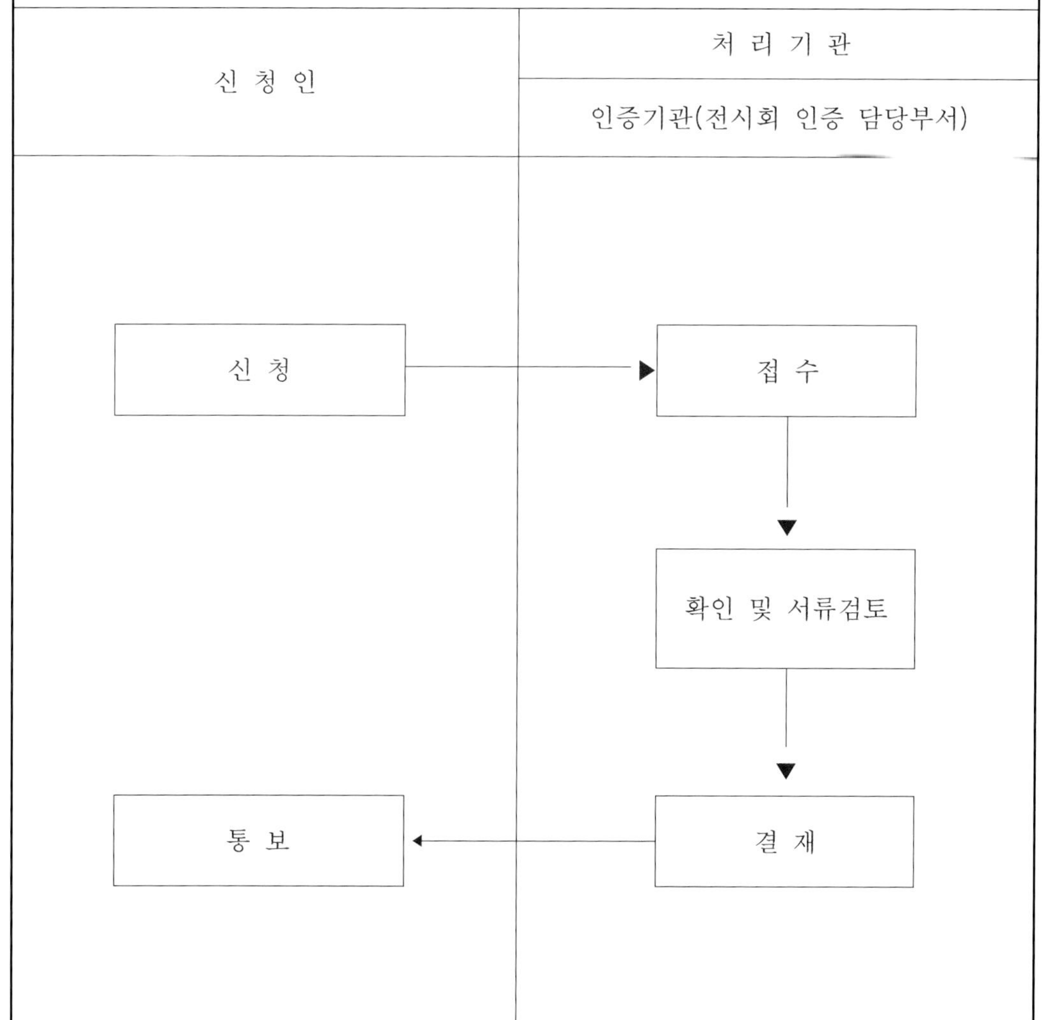

[별지 제1호 서식 첨부서류]

최근 2회 전시회 개최 실적서

Ⅰ. 전시회명	

Ⅱ. 전시회 개최 결과						
구 분	년도			년도		
전시기간						
전시장소						
총 전시면적(㎡) (임대차 계약서상의 총면적)						
임차면적 (㎡)	총	국내	해외	총	국내	해외
참가업체 수 (개)	총	국내	해외	총	국내	해외
관람객 수 (구매자 포함) (명)	총	국내	해외	총	국내	해외
구매자 수 (명)	총	국내	해외	총	국내	해외
인증(검증)기관						

※ 별지 제2호 서식 - [전시회 정보 보고서]

<table>
<tr><td colspan="8">전시회 정보 보고서</td><td>처리기간
30일</td></tr>
<tr><td rowspan="2">보고자</td><td>①법인명</td><td colspan="3"></td><td colspan="2">②법인등록번호</td><td colspan="2"></td></tr>
<tr><td>③대표자</td><td colspan="3"></td><td colspan="2">④주 소</td><td colspan="2">(전화:)</td></tr>
<tr><td rowspan="12">보고내용</td><td>⑤전시회명</td><td colspan="7">(국문)
(영문)</td></tr>
<tr><td>⑥전시기간</td><td colspan="3"></td><td colspan="2">⑦전시장소</td><td colspan="2"></td></tr>
<tr><td rowspan="4">⑧전시면적</td><td rowspan="3">총전시면적
(임대차 계약서상의 총면적)</td><td colspan="6">임차면적</td></tr>
<tr><td rowspan="2">소 계</td><td colspan="2">옥 내</td><td colspan="3">옥 외</td></tr>
<tr><td>국내업체</td><td>해외업체</td><td>국내업체</td><td colspan="2">해외업체</td></tr>
<tr><td>㎡</td><td>㎡</td><td>㎡</td><td>㎡</td><td>㎡</td><td colspan="2">㎡</td></tr>
<tr><td rowspan="2">⑨참가업체수</td><td colspan="2">총참가업체수</td><td colspan="2">국내 참가업체</td><td colspan="3">해외 참가업체</td></tr>
<tr><td colspan="2">개사</td><td colspan="2">개사</td><td colspan="3">개사</td></tr>
<tr><td rowspan="3">⑩관람객수</td><td rowspan="2">총관람객수</td><td colspan="3">구매자(바이어)</td><td colspan="3">일반인</td></tr>
<tr><td>소 계</td><td>국 내</td><td>해 외</td><td>소 계</td><td>국 내</td><td>해 외</td></tr>
<tr><td>명</td><td>명</td><td>명</td><td>명</td><td>명</td><td>명</td><td>명</td></tr>
<tr><td colspan="9">「전시산업발전법」 제14조제1항 및 같은 법 통합고시 제5조제1항에 따라 전시회 정보를 보고합니다.

년 월 일

전시주최사업자 (서명 또는 인)

인증기관의 장 귀하</td></tr>
<tr><td rowspan="3" colspan="2">첨부서류</td><td colspan="7">보고자 제출서류</td></tr>
<tr><td colspan="6" rowspan="2">1. 전시회 정보 세부내역(붙임자료)
2. 전시장 임대차계약서 등 증빙서류</td><td>수수료</td></tr>
<tr><td>없음</td></tr>
</table>

※ 별지 제3호 서식 - [전시회 정보 세부내역서]

1. 관람객 정보 세부내역

가. 국내 지역별 분류

지역	서울	인천/경기	부산/경남	대구/경북	광주/전남북	대전/충청	강원도	제주도	합계
비율(%)									100

나. 해외 지역별 분류

지역	아시아	북미	중남미	유럽	중동	아프리카	오세아니아	합계
비율(%)								100

다. 업종분류

구분	비율(%)	구분	비율(%)
제 조		금융/투자	
무 역		대학/연구/교육기관	
유 통		언론/출판기관	
정부/공공기관		기 타	
비즈니스 서비스		합 계	

라. 직위분류

구분	비율(%)	구분	비율(%)
대표이사		숙련기술자	
임원급		강사/교사/연구보조원	
부장급		직업훈련생/대학생	
과장급		기 타	
사원급		합 계	

마. 담당부서

구분	비율(%)	구분	비율(%)
최고경영자		기 획	
마케팅/영업		연구개발/디자인	
광고/홍보		총무/관리/복지/교육	
구매/조달		재고/물자관리/운송	
제조/생산		유지/보수	
재무/회계		기 타	
품질관리/검사		합 계	

2. 참가업체 세부내역

구분[1]	참가업체명	원산지	부스구분	부스수	부스 No.
:	:	:	:	:	:

※ 국내, 해외, 해외 간접참가 순으로 정렬 요망

1) 해외 직접 : 해외 직접 참가

해외 간접 : 참가기업의 소재지는 국내이나 참가기업이 다국적기업(ex, IBM) 이거나 해외에 소재하는 회사의 자회사, 지점, 지사인 경우

3. 관람객 세부내역

국내/해외	구매자/일반	반복 방문 수	이름	전화 번호	휴대폰 번호	이메일	지역	주소	관심 분야	…
:	:	:	:	:	:	:	:	:	:	:

* 반복 방문 수 : 등록자가 등록일 외에 다른 전시일에 방문한 수
* 연락처(전화번호나 휴대폰 번호, 이메일)가 누락되었을 경우 집계되지 않음

※ 별지 제4호 서식

인증 전시회 인증마크

전시회 인증마크 및 국제전시회 인증마크

전시회 인증 및 국제전시회 인증마크는 다음과 같다.

구분	인증 전시회	국제 인증 전시회
국문	인증전시회 지식경제부	국제인증전시회 지식경제부
영문	ENDORSED EXHIBITION Ministry of Knowledge Economy	INT'L ENDORSED EXHIBITION Ministry of Knowledge Economy

※ 별지 제5호 서식

제호

전시회 인증서

1. 전시회명 : (국문)
(영문)

2. 주최자명 :

3. 전시기간 :

4. 전시장소 :

「전시산업발전법」제14조제1항, 같은 법 제13조제2항 및 같은 법 시행규칙 제7조제2항에 따라 우수전시회로 인증하여 위와 같이 전시회 인증서를 발급합니다.

년 월 일

인증기관의 장 직인

※ 별지 제6호 서식

제호

국제전시회 인증서

1. 전시회명 : (국문)
(영문)

2. 주최자명 :

3. 전시기간 :

4. 전시장소 :

「전시산업발전법」제14조제1항, 같은 법 제13조제2항 및 같은 법 시행규칙 제7조제2항에 따라 우수전시회로 인증하여 위와 같이 국제전시회 인증서를 발급합니다.

년 월 일

인증기관의 장 직인

※ 별지 제7호 서식

전시회 인증서 관리대장

인증번호	전시회명	주최자명	대표자	전시기간	개최장소	인증일

210㎜×297㎜[보존용지(2종)70g/㎡]

전시기획론

초 판 1쇄 인쇄 —— 2013년 4월 25일
초 판 1쇄 발행 —— 2013년 4월 30일
지은이 —— 조 기 창
펴낸이 —— 전 두 표
펴낸곳 —— 도서출판 두남
서울시 강동구 성내로6길 34-16 두남빌딩
신 고 : 제25100-1988-9호
TEL : 02) 478-2065, 2066, 2067, 2311
FAX : 02) 478-2068
E-mail : dunam1@unitel.co.kr
http://www.dunam.co.kr

정가 30,000원

ISBN 978-89-6414-416-9 93320